경제철학 입문: 현대편

경제철학 입문: 현대편

줄리안 라이스 지음/ 김용준 · 김승원 옮김

눈형

감사의 말

Dan Hausman은 원고의 초고 전체를 읽고 폭넓은 의견을 제안해주었다. 이에 대해 정말 감사를 표한다. 그의 코멘트는 책의 질을 향상시키는데 큰 도움이 되었다. 하지만 내가 그에게 진 지적인 빚은 그보다 더 크다. 그는 내가 LSE에서 보낸 2년의 첫 해 동안 박사논문을 지도해주었고, 지금까지도 내 학술논문과 책의 여러 장에 대해 일일이 코멘트를 해주고 토론을 통해 나의 지적 발전에 도움을 주었다. Nancy Cartwright가 법칙, 인과관계, 증거에 관한 나의 견해에 끼친 영향은 5장, 6장, 10장에서 뚜렷하게 나타난다. 그녀는 원고의 이전 판을 읽고 코멘트를 해주었는데, 여기에 대해서도 정말 감사드린다. 나는 에라스무스대학교 경제철학원(EIPE) 독서그룹(Conrad Heilmann, François Claveau, Willem van der Deijl, Luis Mireles Flores, Darian Heim, Vaios Koliofotis, Attilia Ruzzene, Johanna Thoma, Melissa Vergara Fernandez and Philippe Verreault-Julien)과 함께 이 책의 "C" 부분을 읽고 토론했는데, 그 분들에게도 참으로 큰 빚을 진 데 대해 감사드린다. 그리고 각 장(章)들마다 Anna Alexandrova, David Birke, Till Grüne-Yanoff, Francesco Guala, Conrad Heilmann, Caterina Marchionni, Robert Northcott, Ingrid Robeyns and Johanna Thoma가 해준 코멘트가 대단히 큰 도움이 되었다. Philippe Verreault-Julien은 원고 작성에 아주 큰 힘이 되었고 직접 코멘트도 해주었다. 여기에 실로 큰 감사를 드린다. 에라스무스대학교 교과상담자들 —François Claveau,

Joost Hengstmengel, Clemens Hirsch, Freddy van Houten, Luis Mireles Flores, Attilia Ruzzene, Melissa Vergara Fernandez-and Jack Vromen- 을 비롯하여, 피드백을 위해 네덜란드어로 공부하는 학생들을 대상으로 경제철학을 가르친 Jack Bromen, 그리고 경제학부 2010/11년과 2011/12년 과정 학생들에게 일일이 감사를 표하고 싶다.

7장은 예전에 학술지 *Journal of Economic Methodology* 19(1): 43-62(2012) 안에 "설명의 역설"로 게재된 것이다. 8장의 여러 부분은 예전에 출간된 나의 저서 『경제학에서의 오류(*Error in Economics: Towards a More Evidence-Based Methodology*)』 안의 2장에 수록된 내용이다.

이 책을 에라스무스대학교 경제철학원(EIPE)에 바친다. 이곳에서 이 책의 골격이 형성되었으며, 이곳의 학생, 동료, 방문자가 아니었으면 이 책은 세상에 나오지 못했을 것이다.

언제나 그러하듯이, 크고 작은 실수에 대한 책임은 나의 몫이다.

역자 서문

"철학을 모르는 경제학자는 줄 없이 줄타기를 하는 재주꾼과 같다."

"현대 경제학자는 철학적 기반 없이 현실에만 입각해 경제이론들을 쏟아내고 있다."

세계 100대 지성으로 꼽히는 마사 누스바움(Martha Nussbaum) 시카고대 석좌교수가 철학을 모르는 현대 경제학에 대해 개탄하며 한 말이다. 이 책의 저자인 줄리안 라이스(Julian Reiss) 교수도 누스바움과 비슷한 제목으로("Why Economics Needs Philosophy") 강연을 한 적이 있다.

라이스는 2008년 미국발 금융위기가 경제철학 분야에 명분을 주었다고 말한다. 아마도 금융위기를 계기로 경제학이 당연시하는 가정과 방법론에 대한 근본적인 점검이 필요하다는 공감대가 철학자들 사이에서 널리 형성되고 있다는 말일 것이다.

저자에 의하면, 과학의 객관성을 위해서 경제학은 가치를 책상에서 추방하고, 배경 가정을 더 그럴 듯하게 하기 위해 더 많은 수학적 방법에 집착해왔다. 이런 객관성 관념은 한 마디로 수상한 객관성이며, 진정한 객관성은 신뢰에 기초해야 한다. 경제학자들의 이론이 현실성과 신뢰성을 가지려면 가치판단을 윤리학자의 몫으로 전가하지 말고 규범적인 문제에 적극적으로 개입해야 한다. 예컨대, 경제학자가 무엇이 좋은 삶인가에 대한 판단을 하지 않고 형식적인 가정만으로 좋은 삶, 즉 후생을 논한다는 것은 이치에 맞지 않는다.

이런 문제의식은 최근 우리나라에서 출간된 경제학 책에서도 발견된다.

'주류'에 휩쓸리거나 '정통'에 얽매이는 것보다 '경제학'에 갇히는 것이 더 위험할 수 있다. 경제를 정치와 분리하여 설명하는 게 가능할까? 경제를 윤리와 분리하여 진단하는 게 타당할까? 이런 물음에 아니라고 답하면서 협의의 경제학을 넘어서려는 시도들이 있으니 그 또한 주목할 만하다 (『경제의 교양을 읽는다(현대편)』 2014).

이 책은 크게 세 부분으로 구성되어 있다. Ⅰ부에서는 철학의 인과론과 관련된 내용이고, Ⅱ부는 경제학의 방법론을 점검해보고, Ⅲ부에서는 시장의 문제와 후생 개념, 분배 정의 등의 윤리적인 문제를 성찰한다.

이 책의 가치는 무엇보다 경제철학의 중요한 주제들을 체계적으로 소개한 데 있다. 저자가 본문에서도 언급하는 바와 같이 국내외를 막론하고 경제철학서 중에 이처럼 체계를 갖춘 입문서는 거의 찾아보기 어렵다. 그런 의미에서 역자는 이 책의 가치가 제대로 평가되기를 바란다.

이 책을 옮길 때 염두에 둔 사항들 몇 가지를 밝혀두고자 한다.

이 책에는 외국의 일상적이지만 우리에게는 생소하게 느껴지는 이름, 문화적 차이로 인해 한국의 독자들이 이해하기 어렵다고 판단되는 예시가 있다. 그런 것은 저자의 허락을 받아 우리 실정에 맞게 적절히 바꾸었다.

저자는 우리나라에서 흔히 쓰는 '삶의 질'이라는 말 대신에 웰빙(well-being)이라는 용어를 쓴다. 저자는 복지(후생)라는 용어가 있지만 웰빙이 철학적인 용어이기 때문에 이 말을 쓰겠다고 밝히고 시종일관 이 말을 사용했다. 따라서 우리도 저자의 뜻을 존중하여 이 용어를 그대로 우리말로 옮겼다.

마지막으로, 이 책을 읽기 전에 뒷부분에 있는 해제를 먼저 읽기를 권한다. 경제철학이 학제적 연구이기 때문에 경제학과 철학이 교차하는 분야의 주요 사항들을 미리 알아두면 독서에 도움이 될 것이다.

경제철학입문: 현대편 | 차례

Philosophy of Economics

Philosophy of Economics

Philosophy of Economics

〈그림〉

〈표〉

일러두기

- justifiers: 이 책에서는 이 용어에 대한 설명이 없지만, 존 브룸이 그의 논문에서 정의한 바에 따라 선호정당화 요인으로 옮겼다.

- well-being과 welfare: well-being을 예컨대 복리나 안녕 등으로 옮길 수도 있으나 OECD에서 1970년대부터 이 용어를 삶의 질을 가리키는 용어로 공식적으로 사용해왔기 때문에 그대로 옮기기로 했다. 웰빙과 같이 삶의 질을 의미하는 welfare는 흔히 복지로 번역되지만 후생경제학(welfare economics)에 이 용어를 쓰기 때문에 후생으로 옮겼다. 저자의 말대로 이 말은 사회적 지원을 의미하는 용어로 많이 사용되는데, 그럴 경우에는 복지로 옮겼다.

- libertarian paternalism: 이것을 자유주의적 간섭주의로 번역하는 사람들도 있으나 명백히 잘못이라고 생각한다. paternalism이라는 말 속에는 단순한 간섭이 아니라 간섭을 하는 쪽이 간섭을 당하는 쪽을 배려한다는 의미가 내포되어 있다. 간섭주의에는 배려의 의도가 반영되어 있지 않다. 또 가부장주의로 번역되기도 하는데, 이 말은 너무 권위주의적인 느낌이 강하다. 따라서 온정주의가 바른 역어라고 생각했다.

1장

경제철학의 목적, 대상, 방법

경제철학은 아주 오래된 학문인 동시에 최근의 학문분야다. 아리스토텔레스로부터 시작하여 세계에서 가장 유명한 경제학자들이 주로 철학자이고 좁은 의미로서의 경제과학이 아닌 경제철학과 관련하여 그들이 많은 공헌을 했다는 점에서 경제철학은 아주 오래된 학문이다. 19세기에 여러 학문이 점차 전문화·세분화되면서 철학으로부터 분리되었고, 특히 2차 세계대전 이후에는 철학적 성찰에 적대적인 주류 패러다임을 발전시켰다. 그와 동시에 과학철학자들은 주로 자연과학에 관심을 가지면서 경제학을 비롯한 사회과학은 무시하는 경향을 보였다. 경제학과 철학이 다시 서로 관심을 갖고 교류하여 경험을 쌓고 경제학과 철학의 교차점에 역점을 둔 학술기관의 발전을 보게 된 지는 고작해야 30년 정도 되었다. 그런 의미에서 최근의 학문분야라 할 수 있다. 이 장에서는 왜 경제철학이 그 다양한 분과에 대해, 그리고 이 책에 나오는 전반적인 접근방식과 증거에서의 서사(敍事)에 대해 연구·설명할 가치가 있는 학문인지 살펴볼 것이다.

반대되는 두 패러다임

초면인 사람에게 나를 소개하거나 새로 알게 된 사람이 나에게 직업이 뭐냐고 물을 때 "경제철학자"라고 말하면, 그들은 놀라거나 당황스러워하는 표정으로 보거나, 못 믿겠다는 표정을 짓는다. 철학과 경제학이란 한 곳에 담을 수 있는 학문이 아니지 않는가? 경제학은 도표와 방정식으로 사실을 다루는 과학인 반면, 철학은 인문학에 속하고 과학보다는 예술에 더 가까우며 데이터보다는 사상을 다루는 학문 아닌가? 더 과감히 말하자면, 경제학자는 냉정하게 자유시장과 개인적 책임을 옹호하지만, 철학자는 이상주의적인 원칙과 인간의 선량함을 곧이곧대로 믿는 사람이 아니던가?

이런 고정관념에는 확실히 중요한 뭔가가 있다. 경제학자와 철학자를 관찰해보면 그 두 분야가 참으로 판이한 문화에 의해 지배되고 있다는 예사롭지 않은 증거를 발견하게 된다. 그러나 두 분야 모두 외부로부터 온 사상에 어느 정도까지는 더 개방적이었고, 현재는 자기 분야에서 유래하지 않은 가치들이 각각의 분야에서 중요한 역할을 하고 있다. 비전형적인 태도가 논쟁에 큰 영향을 미치는 경제학과 철학의 두 가지 하위분야를 든다면 행복경제학과 형식윤리학을 들 수 있다. 행복경제학은 주관적인 웰빙의 원인과 결과를 연구한다. 그것은 매우 학제적이며 경제적 분석을 심리학, 사회학, 철학과 같은 다른 분야의 연구와 접목시키기도 한다. 행복경제학은 근본적으로 다른 웰빙 개념에 의존한다는 점에서 전통적인 후생경제학과 다르다(상세한 내용은 12장 참조). 물론 이런저런 웰빙 개념이 적절한지 아닌지는 윤리학 이론을 연구하는 철학자가 논의해야 할 주요 주제들 중 하나다. 다음으로 형식윤리학은 합리적 선택이론과 게임이론처럼 경제학에서 파생된 도구들을 사용하여 전통적인 철학적 주제들을 논의하는 철학의 한 분야다. 치밀함과 수학적 우아함이라는 덕목은 철학분야보다 형식적으로 경제학의 특성인 치밀함과 수학적 정밀함이라는 덕목은 확실히 논쟁에 적잖은 영향을 미친다.

경제학과 철학을 별개의 학문으로 나누는 것은 사실상 꽤 근래에 일어난 일이고, 또 상당히 인위적이다. 사실 세계적으로 유명한 많은 경제학자들 ―애덤 스미스, 데이비드 흄, 존 스튜어트 밀, 칼 마르크스, 윌리엄 스탠리 제본스(William Stanley Jevons), 존 메이너드 케인즈, 아마티아 센(Armartya Sen)― 은 철학자이기도 했다. 아리스토텔레스는 경제학의 시조로 불리지만 역사상 가장 위대한 철학자로 더 잘 알려져 있다.

별개의 학문분야로 나누는 현상은 모든 과학이 경험해왔고 앞으로도 계속 경험하게 될 일반적인 경향과도 관련이 있지만, 사회과학을 포함한 과학의 세분화와도 관련이 있다. 소위 "모더니즘"(McClosky 1983)이라는 이런 태도는 (a) 과학은 사실(만)을 탐구하고 (b) 사실적 지식은 모두 관측과 실험을 바탕으로 하여 확인 가능한 것으로 환원된다는 관점을 취한다.

(a)와 (b)의 두 구절은 경제과학을 다른 종류의 탐구와 구분하는 역할을 한다. 과학은 가치나 당위가 아닌 사실과 존재를 탐구한다고 들어왔다. 이런 견해에 따르면 과학자로서 경제학자는 객관적이고 과학적 지식은 가치중립적이다. 가치판단은 윤리학자의 몫이다. 더 나아가 객관적이되기 위해서 우리의 지식은 세계의 관측 가능한 특성에 기초해야 한다. 과학은 사태의 검증 가능한 진술을 다루어야지 감각을 초월하는 사변(思辨)을 다루어서는 안 된다. 이런 전통적 관점의 고전적인 명제는 가장 위대한 경험론자 데이비드 흄으로부터 유래한다.

> 우리가 이런 원리들을 납득한 상태에서 장서를 훑어 본다면 무엇을 파쇄해야 할 것인가? 가령 신학이나 형이상학 책을 손에 쥔다면 질문해보자. **그것이 양이나 수에 관한 추상적 추론을 조금이라도 포함하고 있나?** 아니다. **그것이 사실과 존재의 문제에 관한 실험적 추론을 조금이라도 포함하고 있나?** 아니다. 그렇다면 불 속에 던져버려라. 왜냐하면 그것은 궤변과 환상으로 가득 차있을 테니까.
>
> (Hume 1999[1748]: 211; 원저 강조)

이런 관념을 가진 사상가들 중에서 흄보다 덜 급진적인 사람들은 무기를 들자는 흄의 선동에는 멈칫하겠지만, 그럼에도 관측 가능한 사실과 수에 기초한 과학이 가설과 사변에 기초한 형이상학과 완전히 구분된다는 데에는 동의할 것이다.

따라서 우리는 다음과 같은 이분법 ―존재 대 당위, 관측에 의해 확인되는 것 대 사변적인 것― 에 직면한다. 이런 견해에 따르면 과학자로서의 경제학자는 이런 이분법에 신중을 기하는 반면, 윤리학자로서의 철학자는 가치판단과 당위를 다루고, 형이상학자로서의 철학자는 실재의 궁극적 구성에 대한 사변을 다룬다.

20세기 후반에 와서 경제학과 철학의 병행 발전은 이런 이분법을 극복하는데 도움을 주었다. 한편에서는 소위 실증(또는 사실적)경제학과 규범(또는 평가적)경제학 사이의 구분을 여전히 강조하는 가운데, 최소한 몇몇 경제학자들은 가치판단을 완전히 도외시할 수는 없다는 사실을 깨닫게 되었다. 특히 아마티아 센의 저작을 통해서 뒤늦게나마 과학자로서의 경제학자는 윤리적 질문에 관여할 필요가 있음을 알게 되었다(예컨대, Sen 1987). 다른 한편, 경제학자들은 경제 지식이 모두 관측 가능한 것으로 환원된다고 주장하지 않게 되었다. 한 가지 예를 들자면, 오늘날 경제학자들은 한때 과학자에게 너무 형이상학적이라고 간주된 개념인 원인에 관한 논쟁에 적극적으로 참여한다. 다른 예를 들자면, "현시선호(revealed preference)"라는 개념이 한 때는 경제학자로 하여금 사태의 관측 불가능한 명제에 관한 가설 설정을 피하도록 해준다 하여 전문가의 지지를 받았지만 이제는 오히려 호된 비판을 받고 있다(Hausman 2012).

하나의 학문으로서 철학도 변했다. 철학은 인과관계의 본질, 자연법칙 등에 관한 전통적인 형이상학적 질문 뿐 아니라, 선(善)의 본질, 정의의 원칙에 관한 전통적인 윤리학적 질문에 대한 답을 구하면서도, 점점 더 과학적 지식을 활용하며 과학과 연관 짓는 방식으로 답을 구한다. 따라서 현대철학이 경험적 정보, 수학적 모형화, 심지어 실험적 방법을 사용하는 예들을 보면 어느 정도 과학과 유사하다.

달리 말해서 경제학과 철학은 경제학자들이 한때는 "비과학적"이라는 경멸적인 의미로 여겨졌던 "철학적" 질문을 하기 시작하고, 철학자들이 자신들의 문제를 전통철학보다 과학에 더 가까운 방식으로 논의함으로써 서로 더 가까워졌다. 이런 수렴의 결과는 경제학과 철학 분과에서 행해지고 학술 회의에서 논의되며 양쪽의 학술지에서 출판되는 많은 연구들인데 "순수경제학" 또는 "순수 철학"으로 단순히 범주화되는 것을 거부한다 이 책이 관심을 두는 지점이 바로 철학과 경제학의 교차점에 있는 연구다.

최근(2008년 이후)의 금융위기는 그 하나만으로도 경제철학이 학문적으로나 실천적으로 매우 의미가 큰 연구분야라는 독자적 근거를 제공한다. 노벨상을 수상한 경제학자들을 포함한 많은 평론가들은 그 위기를 하나의 학문으로서 경제학이 실패한 탓으로 돌렸다. 그 생생한 목소리를 들어보자.

[2008년 이후에] 터진 모든 경제적 거품들 가운데 경제학 자체의 명성에 낀 거품만큼 크게 터진 것은 거의 없다.

(The Economist 2009)

작년, 모든 게 풍비박산이 났다.
현재의 위기가 다가오고 있음을 인지했던 경제학자는 거의 없다. 이런 예측 실패는 그나마 이 분야의 문제점들 중에서 가장 하찮은 것이다. 더 심각한 것은 시장경제에 있어서 파국적 실패의 개연성을 볼 수 없는 전문가의 무능력이었다.

(Krugman 2009a)

위기의 주범은 은행의 행동이었다 —선의의 규제에 의해 억제되지 않은, 주로 오도된 유인(誘因)의 결과였다. ...
다른 공범이 있다. 금융시장 사람들에게 편리하고 잇속 챙기기 쉬운 논리를 제공한 경제학자들이다. 이런 경제학자들이 완전한 정보, 완전한 경쟁, 완전한 시장이라는 비현실적인 가정을 바탕으로 한 모형을 제공했고, 거기에 규제는 필요없었다.

(Stiglitz 2009)

크루그먼과 스티글리츠의 말을 달리 표현하면, 우리는 금융 위기의 원인들 가운데 현재와 같은 금융 위기 예측과 은행 규제와 같은 정책 개입에 동의하는 등의 중요한 목표를 위해 활용될 수 없을 정도로 이상화된 경제 모델이 있었다고 말할 수 있을 것이다. 그런데 그들의 주장 속에 담긴 이런 비판은 정당한가? 현재의 주류 경제학의 모형을 거부하고 위기를 이런 모형의 탓으로 돌리는 것이 과연 온당한가? 냉정한 관찰자라면 크루그먼과 스티글리츠 둘 다 앙심을 품고 있다고 지적할지 모른다. 분명히 두 사람 다 대안적인 경제 패러다임의 지지자들이다. 크루그먼이 쓴 기사는 케인즈적인 의제를 추구하고, 스티글리츠는 불완전하고 불충분한 정보를 가진(당연히 다른 규제를 함축하는) 모형을 옹호하는 사람으로 유명하다.

그리하여 크루그먼과 스티글리츠는 —시장에 대해 비현실적인 가정을 하고, 명백한 현실임에도 불구하고 "파국적 실패"를 인정하지 않는— 좋지 않은 이론을 사용한다는 이유로 주류 경제학을 비판한다. 크루그먼의 기사는 다른 측면을 지적한다. 그는 뭐가 잘못되었는지를 분석하면서 다음과 같이 썼다. "내가 보기에 경제학의 전문성이 길을 잃은 이유는 경제학자 집단이 인상적으로 보이는 수학의 아름다움과 치장을 진리로 착각한 데 있다"(Krugman 2009a). 다시 말해서 그는 경제학자들이 진실보다 수학적 우아함을 추구한 나머지, 중요한 경제적 사건을 예측하지도, 좋은 정책 조언을 하지도 못하는 모형을 생산하는 좋지 않은 방법론을 사용한다고 비판한다.

철학자들, 아니 좀 더 구체적으로 과학철학자들은 이론 평가 및 과학적 방법론과 관련된 문제들에 대해 전문적으로 고찰한다. 일반적으로 말해서, 과학철학자들은 과학이 제기한 형이상학적, 인식론적 문제에 관심을 갖는다. 형이상학적 문제는 대상이나 속성, 개별자, 자연법칙, 사회규범, 인과관계와 양상(개연성과 필연성)처럼 자연과 사회를 구성하는 기본 구성요소와 관련된 문제다(형이상학을 과학과 반대되는 개념으로 이해하는 경향이 있는데, 사실은 과학적 탐구도 형이상학적 가설을 전제로 한다. 과학적 탐구는 세계가 법칙의 산물임을 전제로 할 때에만 가능하다. 그런데 "세계는 법칙의 산물이다."라는 주장은 경험적 반증이 불가능하다는 의미에서 형이상학적 가설이다—역자주). 인식론적인 문제는 과학자들이 실험, 측정, 관측을 통해 답을 찾는 방식에 관심을 갖는다. 만약 과학철학자들이 그런 일을 잘 하면 그들이 고안해 낸 도구, 개념, 이론은 이론 평가 및 방법론과 관련하여 크루그먼과 스티글리츠가 지적했던 문제점이 과연 보기만큼 설득력이 있는지 판단하는 데 도움을 줄 것이다.

세 번째 측면이 있다. 스티글리츠 같은 몇몇 사람들은 은행의 행동이 위기의 주요 원인들 중 하나라고 주장했다. 그러나 스티글리츠와 달리 그들은 비현실적 이상화로 인한 실패는 보지 못하고, 비즈니스 스쿨에서 미래의 은행가들이 배우게 되는 경제학의 부적절한 도덕적 기초로 인한 실패만 보았다. 『가디언』은 다음과 같이 주장한다.

> 결국 은행가에 그 영광스러운 MBA 과정 졸업생들로 넘쳐나도록 만든 장본인은 비즈니스 스쿨들이다. 그들이 경제를 추락시키는 데 일조했다.
> 근래에 미국의 한 웹사이트가 비즈니스 스쿨에 "종말론의 전당"이라는 별명을 붙여주었다. 그리고 세계적으로 잘 나가는 MBA들을 "사악한 은행가들과 사기꾼들"이라고 비난하고, 정부의 월스트리트 규제에 격렬하게 반대하는 연설을 했던 부시 정부에서 재무장관을 지낸 헨리 폴슨(Henry Paulson)에서부터 HBOS[Halifax Bank of Scotland] 최고 책임자 자리에서 물러난 앤디 혼스비(Andy Hornsby)까지 하버드 대학교 MBA 졸업생 이름을 올렸다.
>
> (James 2009)

『가디언』이 계속해서 시사하는 바와 같이, 학교 교육과정에 사회적 책임과 기업윤리를 통합하지 않은 비즈니스 스쿨의 실패만이 비난받아 마땅한 것은 아니다. 오히려 학생들이 비즈니스 스쿨과 대학에서 배우는 그 경제적 패러다임이 고든 게코(Gordon Gekko)의 "탐욕은 선"이라는 격언을 정당화하는 데 이용 또는 오용될 수 있다는 것이다. 경제학과 학생들이 맨 처음에 배우는 것은, "보이지 않는 손"이라 하는 메커니즘이 있고 그로 인해 사적인 이익추구가 마법처럼 사회적 이익으로 탈바꿈한다는 내용이다. 조금 더 상급학년 학생들은 애덤 스미스의 '보이지 않는 손' 가설이 후생경제학의 소위 첫 번째 기본정리에 의해 수학적으로 확증되어 왔다고 배운다.

우리들 대부분이 동의하듯이, 만약 금융위기가 나쁜 일이고 자유로이 작동하는 시장에 의해 발생한 일이라면 분명히 '보이지 않는 손' 이념에 잘못이 있는 것이다. 어쨌든 탐욕이 선은 아니겠지만 그래도 경제학이 어떤 견고한 윤리적 기초 위에 세워져 있다는 주장은 다소 의심의 여지가 있다.

철학자들은 다시 한 번 더 윤리적 기초에 관한 논쟁을 진전시키기에 좋은 위치에 서야 한다. 윤리학은 철학의 주요 분야였고, 철학자들은 서양철학이 시작된 이래 윤리학적 문제에 대해 토론해왔다. 그러니 그들이 경제학자들을 돕기 위한 개념과 도구, 사상을 내놓아야 하지 않겠는가?

경제철학: 이론, 방법론, 윤리학 해석하기

경제철학자는 경제학의 이론적, 방법론적, 윤리학적 기초에 초점을 맞추어 연구하는 철학자다. 따라서 내가 금융위기를 계기로 일어난 이론적, 방법론적, 윤리적 문제를 지적하는 경제학 비판을 선정한 데는 그럴 만한 이유가 있다. 이 절에서 나는 이 세 가지 철학분야가 어떻게 구성되어 있는지 약간 더 세부적으로 설명할 생각이다.

경제학에서 주요 이론틀은 합리적 선택이론에 의해 주어진다. 이 이론은 확실성, 위험, 불확실성, 전략적 상황, 집단적 의사결정 등에 적용할수 있는 다양한 형태로 나타난다. 합리적 선택이론의 기초를 검토한다함은 곧 그런 이론의 기저에 깔린 공리와 원칙을 검토하고, 그것이 **합리적** 선택의 공리와 원칙으로서 정당화될 수 있는지, **실제** 선택에 대한 기술적 설명으로서 적합한지를 평가한다는 의미이다.

그러나 합리적 선택이론이 경제학 이론의 전부는 아니다. 솔로-스완 (Solo-Swan)의 성장모형, 화폐수량설, IS/LM 모형 등의 거시적인 이론과 세이(Say)의 법칙, 호텔링(Hotelling)의 법칙, 수요와 공급의 법칙 등많은 미시적 법칙이 있다. 경제이론의 기초를 검토한다는 말은 곧 경제모형과 법칙을 어떻게 해석하는지 검토하고, 경제학의 형이상학적 토대에 대해 질문 ─경제학에 자연법칙이 있는가? 인과관계는 어떤 역할을하는가? 존재하는 것은 개인뿐인가 아니면 사회 전체도 존재하는가?─한다는 의미이다.

이 책의 Ⅰ부에서 이런 문제들 중 하나를 선정해서 상세하게 살펴볼예정이다. 3장에서는 불확실성과 위험 하의 합리적 선택이론을, 4장에서는 게임이론을 검토하겠다. 불확실성 하의 선택이론은 14장에서 간단히논의된다. 법칙, 원인, 인과 메커니즘이라는 개념은 5장과 6장에서 검토된다. 7장에서는 경제학의 모형과 이상화에 대해 알아본다.

경제철학의 두 번째 분야는 방법론이다. 그 이름이 암시하듯이 방법론은 경제학자들이 이론을 평가하고 사실과 법칙, 인과관계를 규명할 때 사용하는 방법을 고찰한다. 경제학자들이 방법이라는 개념을 사용할 때 대개는 "빈번한 행태를 가진 행위주체 모형에 대한 이차 근사화 방법", "시계열 국제 투입 산출 데이터베이스 구축을 위한 3단계 최적화 방법", "비모수(非母數) 모형의 도구변수 추정법"처럼 어떤 구체적인 것을 지칭한다. 철학자들은 좀 더 추상적으로 말하고 좀 더 근본적인 문제에 관심을 갖는다. 그에 대해서는 관측, 실험의 방법이 있다. 관측의 방법은 수동적으로 데이터를 생성한다. 경제학과 관련해서는 주로 GDP, 실업, 인플레이션과 같은 지표의 측정, 통계적 데이터 분석이 있다. 실험경제학은 경제학자들에게 더 적극적인 역할을 부여한다. 즉 그들은 실험조건을 설계하고 변인을 조작하면서 결과를 관측·기록하며, 그럴 때에는 반드시 결과를 통계적으로 분석한다. 실험경제학은 현재 경제학에서 번창하는 분야이며, 무작위 실험의 사용은 근래에 개발경제학에서 유행하기 시작했다.

경제학의 방법론적 기초를 검토한다는 말은 곧 이런 방법이 어떻게, 어떤 조건 하에서 작동하는지, 답할 수 있는 질문이 무엇인지 알아본다는 것을 의미한다. Ⅱ부 전체가 이 문제에 할애된다. 8장은 경제지표의 측정을, 9장은 계량경제학적 방법, 10장은 경제학적 실험, 11장은 무작위 현장연구에 대해 살펴본다.

경제철학의 세 번째 분야에는 **경제학의 윤리적 측면**이 포함된다. 경제학은 결코 무시할 수 없는 윤리적 문제를 안고 있다. 밀턴 프리드먼(M. Friedman)의 논문 "실증경제학의 방법론(The Method of Positive Economics)"에서 인용한 한 문단을 살펴보자.

> 한 가지 명백하고 무시하지 못할 예가 최저임금 입법이다. 그런 입법에 대한 찬반양론의 표층 아래에는 만인을 위한 "생활임금"을 달성하고자 하는 목표에 대한 기본적 합의가 자리 잡고 있는데, 여기에 그리도 흔한 모호한 문구가 사용된다. 의견 차이는 주로 결론의 일치를 촉진하는데 쓰일 이런 특정 수단의 효과에 대한 예측에 있어서의 암시적, 명시적 차이에 기인한다.
>
> (Friedman 1953:5)

프리드먼은 여기에서 "만인을 위한 생활임금"은 이미 합의된 결론인 반면, 이 결론을 달성할 방법은 경제학자들 사이에서 논란이 되었다고 주장한다. 결론 자체는 정당한가? 나로서는 프리드먼이 살던 시대에 정말로 그런 정책 목표와 관련된 광범위한 합의가 있었는지 의심스럽지만, 일단은 그가 옳다고 가정하자. 하나의 정책 목표에 대한 합의가 이루어졌다는 말은 곧 그것을 달성하기 위한 수단이 도덕적으로 정당화되었다는 의미인가? 목표 자체는 정당한가? 합리적 토론은 가능한가? 가치판단에서의 차이란 "사람들이 결국 다툴 수밖에 없는 것"(Friedman 1953: 5)인가? 이런 질문들은 경제학의 윤리적 측면에 관심을 가진 경제철학자라면 묻지 않을 수 없는 것들이다.

후생경제학은 이러한 규범적인 질문에 대해 논하는 경제학 분야다. 경제학의 윤리적 기초를 검토한다 함은 주로 후생경제학의 윤리적 기초를 검토한다는 것이고, 나아가 복지, 분배정의의 원칙, 그리고 시장이 야기하는 윤리적 문제들을 검토한다는 말이다. Ⅲ부에서는 12장부터 14장까지 이런 문제를 이런 순서로 다룬다.

나는 앞에서 경제학의 윤리적 기초를 검토한다 함은 곧 후생경제학의 윤리적 기초를 검토한다는 말이라고 했다. 그 이유는 사실상 소위 "실증"경제학(즉, 기술적 또는 설명적 경제학)에서조차 윤리적 판단이 넘쳐나기 때문이다. 따라서 경제학자들이 사용하는 많은 방법들이 잘 작동하기 위해서는 윤리적 판단을 필요로 한다. 이것은 소비자물가 상승을 측정할 경우에 특히 주목할 만하다. 소비자물가 상승을 적절히 측정하려면 재화의 품질 변동에 대한 가치판단을 해야 한다. 그런데 그런 판단은 소비자후생이라는 개념을 필요로 하고, 따라서 본질적으로 윤리적 성격을 갖는다(8장 참조).

15장은 결론적인 장인데, 이 책에서 언급된 다양한 노선의 사상을 한데 모으는 데 목표를 두었다. 여기에서 자유주의적 온정주의와, 근래에 갈채를 받거나 논쟁적인 정책 제안을 논의한다. 앞으로 보게 되겠지만 이런 제안을 이해하기 위해서는 합리적 선택이론, 실험적 방법론, 웰빙이론,

정의(正義) 및 시장실패에 대한 지식이 필수적이다. 이 책을 읽고 나서 독자들이 그런 제안을 평가하는 데 더욱 자신감을 갖게 되길 바란다.

경제학의 목표 및 목적의 문제

경제학자들은 다양한 과학적 도구와 방법을 사용하여 다양한 목표를 추구한다. 칼 멩거(Carl Menger)에 힘입은 한 고전적 진술은 경제학에 설명-예측-통제라는 3단계 목표를 부여한다(Menger 1963). 이런 견해에 따르면, 경제학자는 과거의 사건과 규칙성을 설명하는 데 목표를 둔다. 또한 나아가서는 미래의 사건을 예측하고 그럼으로써 정책과 계획에 도움을 준다. 그리고 경제에 대한 성공적인 개입을 위한 처방을 제공하려는 목표를 추구한다.

멩거의 설명은 경제학의 목표를 논하기에 좋은 단초이긴 하지만 불완전하다. 지표와 통계학을 이용한 경제현상의 기술은 설명-예측-통제라는 좀 더 궁극적인 목표를 위한 보조적인 목표이기도 하고, 그 자체로도 매우 중요한 목표다(Sen 1983a 참조). '어떤 국가 X의 물가인상률과 성장률이 어떻다'거나, '그 주민의 Y%가 빈곤상태이다'와 같은 이런 정보들은 그것이 후속적인 과학적·실천적 목적을 위해 사용되느냐와 상관없이 매우 중요하다.

경제학자들은 몇 가지 규범적 논의에도 이바지한다. 따라서 합리성, 웰빙(여기에 정의를 추가해도 좋을 듯하다)에 대한 적절한 규범적 설명을 해주는 일이 경제학의 목표들 중 하나라 해도 무방하다. 실제로 활동하는 경제학자가 모두 다 이런 근본적인 논쟁에 참여하지는 않지만 그것을 오로지 철학자들에게만 맡겨두던 시대는 오래 전에 지나갔다.

여기에서 경제학의 목표에 대한 이런 기초적 논의에 개입하는 이유를 말하자면, 앞으로 나올 많은 논의들이 구체적으로 잘 명시된 과학적 목적이라는 맥락 속에서 이루어지지 않으면 무의미하며, 여기에 소개된 목표들이 그런 목적을 제공할 수 있기 때문이다. 이를테면, 경제학자가 인과 메커니즘을 조사하는 게 권장할 만한 일이냐 아니냐 하는 식으로 단순하게 말하는 것은 무의미하다. 그러나 만약 경제학자들이 경제현상에 대한 설명을 목표로 하여 메커니즘을 조사한다면 그것은 권장할 만하다. 왜냐하면 일반적인 견해에 따르면 메커니즘에 대한 기술은 관심을 끄는 결과에 대한 설명을 해주기 때문이다. 마찬가지로, 합리적 선택이론이 그 자체로 적합하냐 하는 질문은 모호하다고 할 수밖에 없다. 하지만 그것이 실제로 사람들이 어떻게 선택하는가에 대한 기술적인 설명으로서 적합하거나, 어떻게 선택해야 하는가에 대한 규범적 설명으로서 적합할 수 있다. 물론, 두 가지에 다 적합(또는 부적합)할 수도 있다.

따라서 과학적 실천은 철학자에 의해 외부에서 부과되지 않고 과학자 스스로에 의해 추구되는 하나의 목적에 비추어 평가되어야 한다. 그렇다면 복잡한 문제가 발생한다. 즉, 대부분의 과학적 실천이 다양한 목적을 위해 사용되고 그 적절성과 적합성은 그런 목적과 연관되어 있다. 가령, 인과 메커니즘은 최소한 세 가지 목적을 위해 탐구된다. 첫째로, 앞에서도 언급했듯이 경제현상을 설명하는 데 이용된다. 둘째, 셋째 용도는 인과추론과 관련이 있다. 어떤 경제적 변수(가령 화폐)가 다른 변수(가령 명목소득)를 발생시키는지 확인하려면 통계적 분석만으로는 곤란할 때가 있다. 그 이유는 기본적으로 모든 통계적 모형은 데이터만으로는 과소 결정(underdetermination: 증거 데이터만으로는 이론을 검증하거나 반증하는 데 결정적이지 않다는 의미. 10장 참조-역자주)되기 때문인데, 과소 결정이 심각한 문제일 때에는 X가 Y를 발생시키는 가능한 메커니즘에 대한 탐구가 종종 권장된다.

통화 변동과 경제적 변화의 관계가 서로 아무리 일관성이 있어 보여도 그리고 통화 변동의 독립성을 입증할 증거가 아무리 강하다 해도 그 둘을 연결할 메커니즘을 구체적으로 명시하지 않는 한, 통화 변동이 경제적 변화의 근원이라고 납득하기 어려울 수 있다.

(Friedman and Schwarz 1963: 59: 강조 추가)

세 번째 용도는 기존의 인과적 주장을 일반화할 수 있는지 확인하는 데 있다. 1867년부터 1960년까지의 미국 경제체제에 적용되는 것이 다른 나라에 그대로 적용되지 못할 수 있다. 메커니즘에 대한 지식은 인과적 주장이 한 조건에서 다른 조건으로 전용될 수 있는지 판정하는 데 유용하다고 하여 권장되어 왔다.

관심을 끄는 경제현상을 발생시키는 인과 메커니즘을 탐구하라는 방법론적인 권장은 그래서 어떤 맥락에서는 좋으나 다른 맥락에서는 나쁠 수 있다. 그러나 이것이 한 가지 문제를 야기한다. 즉, 사실상 경제철학의 세 분야 그 자체가 다차원적이다. 그 이유는 각각의 이론, 방법, 윤리 원칙이 하나의 목적과 관련하여 평가되어야 하는데, 경제학의 목적이 다양하기 때문이다.

나는 I부에서 경제현상의 설명이라는 두드러진 목적에 초점을 맞춤으로써 내 생활을 어느 정도 단순화해왔다. 나는 설명이 경제학의 유일한 목표라든가 특별히 중요하다고 생각하지 않는다. 그러나 설명에 초점을 맞추는 일은 I부를 위한 하나의 좋은 서사(narrative)와 조직화의 원리를 제공해준다. 따라서 I부는 과학적 설명이라는 II부의 주제에 대한 서론적 논의로 시작한다. 다른 목적은 II부(특히 8장에서 기술(記述), 11장에서 정책에 대해서), 그리고 III부(예를 들어, 12장에서 도덕적 성찰과 정책에 대해서)에서 주로 다룬다.

III부 윤리학 부분도 마찬가지로 간략화된다. 후생, 시장, 정의(正義)는 가능한 모든 시각에서 논의될 것이다. 나는 "탐욕은 선이다"라는 격언 — 또는 그 학문적 등가물인 소위 '보이지 않는 손' 가설— 을 조직화의 원리로 삼기로 했다. 12장에서 설명하겠지만 오직 몇 가지 논쟁적인 가정 하에서만 시장은 사적인 이기심의 추구를 사회적 이익으로 전환시킨다. 이런 가정에는 인간의 후생, 시장의 본질, 그리고 사회에 중요한 것이 무엇인가에 대한 가정이 포함된다. III부에서 논의된 윤리적 주제는 '보이지 않는 손' 가설 배후에 있는 이런 가정들의 타당성과 도덕적 정당화 가능성을 평가하기 위해 선정된다.

연구 문제

1. 이 장의 첫 번째 절에서 논의된 이론적, 방법론적, 윤리적 문제 각각에 대한 사례를 하나씩 생각해보자.
2. 여러분이 경제학도라면 여러분의 교육과정에 대해 생각해보라. 그 과정들 중에서 철학적인 쟁점을 제시하는 과목이 있는가? 여러분들은 그런 쟁점들이 그 책에서 논의되리라고 생각하는가?
3. "경제학의 목표 및 목적의 문제"를 다루는 이 책의 마지막 절은 경제학의 목표로서 기술, 예측, 설명, 통제, 규범적 성찰을 언급한다. 다른 목표도 있는가? 다른 여러 목표들 사이에 위계가 있는가?
4. 과학철학의 문제들은 다른 과학들의 철학에 있는 문제들과 어느 정도로 유사하고, 어느 정도로 다른가?
5. "훌륭한 경제학자는 훌륭한 철학자여야 한다." 여기에 대해 논하라.

권장 도서

이 장이 경제철학 입문서의 도입부이니만큼 더 읽어볼 책들은 경제철학에 관한 다른 책들이어야 하는데, 아쉽게도 여기에서 이해한 바와 같은 그 분야에 대한 입문서가 거의 없거나 아예 없다. 목표와 범위 면에서 가장 가까운 책으로 Dan Hausman의 *The Inexact and Seperate Science of Economics* (Hausman 1992a)가 있다. 그런데, 이 책에는 경제학의 윤리적 측면은 포함되어 있지 않다(하지만 Hausman and Mcperson 2006을 보라). 그 책의 부록에는 과학철학에 대한 훌륭한 입문적인 내용과 아울러 이를테면 세테리스 파리부스 법칙, 밀의 경제철학, 밀턴 프리드먼의 도구주의, 폴 새뮤얼슨의 조작주의, 그리고 선호 역전 현상과 같은 많은 논의들을 다루고 있는데, 이것은 이런 주제에 대해 우리가 발견할 수 있는 글들 중에서 단연 으뜸이다. 경제학 방법론에 대한 좁은 주제를 다룬 책들은 많은데, 대부분은 오래된 책들이고 역사적인 문제에 초점을 맞춘다. 예외가 있다면 Boumans and Davis 2010; 좀 더 일찍 나온 다른 책으로는 Blaug 1992와 Caldwell 1982가 있다. Hands 2001은 이해하기 쉽고 종합적이다. 경제철학에는 David and Hands 2011이나 Kincaid and Ross 2009와 같은 핸드북도 많이 있다. 그러나 후자에 수록된 대부분의 논문은 개론서나 입문서라기보다 연구논문에 더 가깝다. *New Palgrave*에 수록된 Roger Backhouse의 서문도 출발점으로 유용하다(Backhouse 2008). 고전 선집과 현대 선집을 보려면 Hausman 2008을 참고하라.

1부

경제이론 해석하기

2장

경제현상 설명하기

개요

이 장은 어떤 이론이나 설명 또는 모형이 과학적 관심을 끄는 어떤 현상을 "설명한다"는 말이 무엇을 의미하는지 묻는다. 과학적 설명이라는 개념은 전통적으로 **과학법칙**이라는 개념과 밀접한 연관이 있었다. 철학자와 경제학자가 공히 인정하는 이런 관점에 따르면, 경제현상을 설명한다는 말은 곧 그것을 과학 법칙 아래에 포섭함을 의미한다. 이 장에서는 소위 "연역-법칙적 설명 모형"이라는 것을 검토한다. 오늘날에는 그 설명이 잘못되었다고 널리 인식되고 있지만 그럼에도 불구하고 그 결함을 논의하는 일은 좋은 출발점으로서의 역할을 한다. 그 덕분에 철학자들과 사회과학자들이 더 만족스러운 대안을 찾게 되었기 때문이다. 따라서 Ⅰ부의 나머지 부분을 이런 대안과 관련된 주제에 할애하였다.

경제학의 목표로서의 설명

경제현상을 설명하는 일은 경제학의 중요한 목표다. 이는 다음과 같은 인용문에 잘 드러난다(강조 첨가).

> 중고차의 예는 그 문제의 본질을 포착한다. 사람들은 때때로 새 차와 전시장에 막 내놓은 차 간의 큰 가격차가 어떻다는둥, 놀랐다는둥 하는 말을 듣곤 한다. 점심식사 자리에서 이런 현상은 대개 "새" 차를 갖는 순수한 즐거움으로 정당화 된다. 우리는 다른 **설명**을 제시한다.
>
> (Akerlof 1979: 489)

> 높은 세금과 마이너스 정부저축은 총저축에 역효과를 줄 수밖에 없다. 즉, 공식적인 민간부문의 가처분소득을 감소시키고, 그렇게 동원된 자원들은 정부저축을 증가시키는 데 사용되지 않는다. 이것이 낮은 균형저축의 이면에 대한 **설명**의 요체일 것이다.
>
> (Rodrik 2007: 80)

우리의 주장을 간단히 표현하면, 근래 몇 십 년간의 금융 폭발과 현재 벌어지고 있는 금융 붕괴가 모두 실물경제 안의 정체 경향과 관련지어 설명될 수 있다는 것이다. 현재의 위기에 대한 몇 가지 **설명**(대부분 근인(近因)에 초점을 맞춘)이 경제학자들과 전문가들에 의해 제시되었다.

(Foster and Magdoff 2009: 120)

말할 필요도 없이, 동서양의 큰 차이에 대한 많은 **설명** ―지정학적 위치, 부존자원, 문화, 과학 기술에 대한 태도의 차이와 심지어 인간 진화의 차이 등― 이 제시되었다. 그러나 중국 문제는 자원만큼이나 금융과도 큰 관련이 있다는 믿을만한 가설이 여전히 존재한다.

(Ferguson 2008: 286)

이런 각각의 사례에서 가설, 설명, 모형, "스토리"는 ―각각 경제**이론**의 한 형태로서― 관심을 끄는 경제현상에 대한 설명으로 제시된다. 경제현상에 대한 설명은 분명히 경제학의 중요한 목표다. 일부 사회과학 철학자들과 방법론자들은 심지어 설명이 사회과학의 유일한 목표라고 주장하기까지 한다. 토니 로손(Tony Lawson)과 같은 비판적 현실주의 경제학자/방법론자가 좋은 예다.

게다가, 사회과학에서는 공학의 불가능성, 자연발생적 폐쇄적 사회체제의 부재로 인해, 비예측적이고 순수하게 설명적인 이론개발과 평가의 기준에 의존할 수밖에 없다.

(Lawson 1997: 35)

다른 사람들은 설명이 유일한 목표는 아니지만 특별한 지위를 갖는다고 믿는다. 따라서 경제학자/사회이론가/철학자인 존 엘스터(John Elster 2007:9)는 사회과학의 비설명적 목표는 보조적이라고 주장한다. "사회과학의 주요 과제는 사회현상에 대한 설명이다. 그것이 유일한 과제는 아니지만, 다른 과제들이 그에 종속되거나 의존하는 가장 중요한 과제다."

로손처럼 좀 더 급진적인 견해가 가진 문제는, 그것이 많은 경제적 실천을 마치 쓸데없는 짓으로 보이게 한다는 데 있다. 경제학자들은 모형을 예측하고 정책적 요구를 검증하는 데 상당한 투자를 한다. 이런 열정에 대한 예를 이 책의 II부에서 살펴본다. 만약 공학이 불가능하다면, 왜 모델을 만들고 실험 설계를 구축하는가? 그리고 만약 많은 통신 주파수 대역 면허에 대한 정부의 경매가 어림짐작에서 나왔다고 생각할 여지가 다분하다면, 왜 그것을 경제학의 성공이라고 보도했겠는가? 나 자신이 경제적 실천에 대해 비판적인 평론가이지만, 어떤 목표를, 게다가 실천적인 중요성이 큰 목표를 추구한다는 이유로 전체를 싸잡아 비난하는 것은 지나치다고 생각한다(이런 노선을 따르는 주장을 보려면 Reiss 2007a 참조). 경제학자들은 다양한 목표를 추구하고 또 추구해야 한다. 이들 중 어떤 것이 가장 중요한가 하는 문제는 다행히 여기에서 해결할 일은 아니다. 나는 경제현상에 대한 설명이 경제학의 중요한 목표임을 그냥 인정하고 넘어가겠다.

"경제현상에 대한 설명"에는 두 가지 철학(과학) 용어인 "설명", "현상"이 포함된다. 그럼 현상이 무엇인지 알아보자.

현상

현상을 가리키는 그리스어 phainomai는 "나타나다"라는 뜻인데, 가장 일반적인 의미에서 현상은 사물들의 겉으로 나타난 양상이다. 어떤 것을 현상으로 규정하기 위해서는 그것을 개인이 감각으로 지각할 수 있고 경험할 수 있어야 한다고 믿어온 오랜 철학적 전통이 있다. 이런 의미에서 현상은 외양의 배후에 있는 실재와 대비된다. 후자를 칸트는 "본체" 또는 "물자체"라고 불렀다(Kant 1998[1787]: A249).

그 용어는 현대 과학철학 문헌에서 경험의 직접성(immediacy)과의 연관성을 상실하였다. 반대로 현대의 용법상 현상은 관측 불가능한 것이다. "현상은 [관측 가능한] 데이터를 통해 발견되지만 대부분의 경우 어떤 흥미로운 의미에서도 관측 불가능하다"(Bogen and Woodward 1988: 306). 현상은 [관측 가능한] 데이터의 사용을 통해 탐지된다. 예컨대 만약 내가 2011년 3월까지 네덜란드의 (소비자 물가지수에 의해 측정된) 그해 물가인상률이 1.95퍼센트라고 말하면, 이는 (엄밀히 말해서) 관측 불가능한 현상에 대한 언명이다. 가격표 하나하나는 관찰될 수 있지만, 물가인상률은 매우 복잡한 측정 절차를 바탕으로 하여 추론된다(8장 참조).

분명히 감각경험을 초월하는 모든 것을 현상이라 할 수는 없다. 오히려, 현상은 중요한 것, 과학적 관심을 끄는 어떤 것이다. "현상은 **주목할 만하다. 현상은 분간할 수 있다.** 현상은 일반적으로 확실한 상황 하에 규칙적으로 일어나는 어떤 유형의 사건 또는 과정이다."(Hacking 1983: 221, 강조는 원문에 의함). 따라서 현상은 이론적 설명이 필요한 어떤 것이다. 그것은, 우리가 존재를 확인했고 그래서 과학적 탐구의 출발점으로 삼을 수 있는 사건 또는 과정이다.

추가적인 특성은 현상이 어느 정도 이상화된다는 점이다. 보건(James Bogan)과 우드워드(James Woodward)는 현상을 **데이터**와 비교한다. 우드워드는 다음과 같이 썼다.

> 데이터가 이런 역할을 할 때 그것은 그 증거가 되는 현상의 인과적인 영향을 반영할 뿐 아니라 데이터를 산출하는 실험장치와 실험설계가 갖는 국소적이고 기이한 특성의 작용을 반영한다.
>
> (Woodward 2000: S163-4)

관심을 끄는 현상을 분간하도록 하기 위해서 우리가 이상화하려고 하는 것은 데이터의 이런 기이한 특성이다. 경제학자들은 이론이 설명하는 대상은 사실이 아닌, 이상화된 사실이라는 것을 오래전부터 알고 있었다. 이런 생각이 **정형화된 사실**(stylized fact)이라는 개념에 반영되어 있다. 이것을 칼도어(Nicholas Kaldor)는 이렇게 소개한다.

> 통계학자들이 기록할 때 그러하듯이, 사실은 항상 많은 난관과 자격 제한을 받기 쉬우며, 그런 이유로 그것을 정확하게 요약할 수 없기 때문에 내 견해로는, 이론가는 사실에 대한 "정형화된" 견해에서 자유롭게 시작할 수 있어야 한다. 예컨대, 자잘한 세부사항은 무시하고 광범위한 경향성에 집중해야 한다.
>
> (Kaldor 1961: 178)

위에서 인용한 구절에서 이안 해킹(Ian Hacking)은 현상을 어떤 **유형**(type)의 사건 또는 과정이라고 말한다. 그것은 이런 사건과 과정이 여러 번, 여러 곳에서 예화(instantiate)되고, 규칙적인 특성을 갖는다는 말이다('예화된다' 함은 대상이나 개체가 어떤 속성을 드러내 보여줌을 의미한다. 예를 들어, '빛이 남'은 불의 여러 속성들 중 하나가 예화된 것이다.-역자주). 이런 현상이 경제학에서는 경기순환, "유동성 효과", 칼도어의 정형화된 사실(Kaldor 1957)과 같은 것으로 존재한다.

- 노동과 자본으로 얻은 국민소득의 몫은 장기간에 걸쳐 대체로 일정하다.
- 주식자본 성장률은 장기간에 걸쳐 대체로 일정하다.
- 노동자 일인당 생산 증가율은 장기간에 걸쳐 대체로 일정하다.
- 자본/생산 비율은 장기간에 걸쳐 대체로 일정하다.
- 투자회수율은 장기간에 걸쳐 대체로 일정하다.

• 실질 임금은 시간의 경과에 따라 오른다.

그러나 경제학자들이 분석하고자 하는 많은 사건과 과정은 고유하다. 그것들은 **유형**이 아닌 **개별자**(token)다. 그것들은 시간과 공간 속에 자리 잡은 개별자(particulars: 철학에서 보편자 universals와 대비되는 개념이다-역자주)이며, 한 번만 예화된다. 그것들이 어떤 일반적인 유형의 예화라면 경제학자는 그것들을 개별자로 간주한다. 그 예를 들면,

• 닷컴 산업의 등장
• 2000년대 후반의 금융위기
• (더 논쟁적으로) 사회주의에 대한 자본주의의 승리

2000년대 후반의 금융위기는 유형과 개별자의 차이를 잘 보여준다. 한편으로, 이 특수한 금융위기는 다른 금융위기와 많은 측면 ─자산 거품의 붕괴, 뒤이은 신용경색과 그것이 "실물" 경제에 미친 효과─ 을 공유했다. 그것은 그 자체로 일반적인 "금융위기"의 한 예다. 다른 한편 그것은 몇 가지 특수한 성격을 갖는다. 아마도 자산거품이 서브프라임 주택시장에서 일어났다는 사실이 다른 금융위기와의 차이점을 야기했다고 할 수 있을 것이다. 일부 분석가들에 따르면 서양에서 인도와 중국으로 글로벌 경제력이 이동한 것이 그 근본 원인이다(Ross 2010b). 이런 특징들은 다른 금융위기들과 다르며 그것을 고유한 것으로 만든다. 이런 특징에 주목하는 경제학자들은 그 금융위기를 "개별자 현상"으로 진단한다.

요컨대, 현상은 이 책에서 사용된 기술적인 의미에서 다음과 같은 특성을 가진 하나의 결과 또는 과정이다.

- (보통 관측 불가능하지만) 측정 가능하다
- 과학적 관심을 끌거나 "주목할 만하다"
- 다소 세련된 기술을 사용하여 데이터로부터 추론된다
- 어느 정도 이상화된다
- 두 가지 종류로 나타난다: 유형(재현 가능)과 개별자(일회적)

왜-질문, 피설명항, 설명항

가장 일반적인 의미에서 설명은 왜-질문(why-question)에 대한 대답이다. "왜 늦게 왔니?" "열차를 놓쳤어." "왜 많은 사람들이 옛날보다 오래 살지?" "좋은 위생과 영양 때문이지." 과학적 설명에서 왜-질문은 관심을 끄는 현상에 대한 질문이다. 가령 "근래의 금융위기가 왜 일어났나?", "금융위기가 일어났을 때 왜 그런 일이 벌어졌나?", "왜 이번 금융위기가 대공황 이후의 다른 금융위기보다 더 심각한가?"라고 물을 수 있다.

물론 왜-질문에 대한 모든 답이 다 설명은 아니며, 과학적 설명은 더더욱 아니다. 만약 내가 금융위기를 설명해달라는 부탁을 받고 재무부가 리먼 브라더스를 구제하지 않기로 결정한 그날 보름달이 떠서 그런 일이 일어났다고 대답을 한다면(서양에서는 옛날부터 보름달은 불운의 징조로 여겨져왔다—역자주) 노벨상을 받는 것보다 대신에 어떤 종교단체에 귀의할 공산이 크다. 달리 말해서, 우리는 그 설명이 현상과 어떤 식으로든 바르게 연결되길 원한다. 보름달을 금융위기의 발발과 연관시켜 설명한다면 받아들이기 어렵다.

이쯤에서 전문용어를 좀 더 소개하는 것이 좋을 듯하다. 이 장에서 나는 소위 과학적 설명의 "연역-법칙적(deductive-nomological) 모형"(D-

N 모형)에 초점을 맞춘다. 이 모형은 1960년대 이후 과학적 설명의 "정통"으로 받아들여졌다. 이 모형에 따르면 과학적 설명은 관심을 끄는 현상에 대해 기술하는 피설명항(explanandum: 라틴어로 "설명되는 것")과, 그것을 설명을 해주는 문장인 설명항(explanans: 라틴어로 "설명하는 것")으로 나뉘어진다(Hempel and Oppenheim 1948). 논리 실증주의자들은 피설명항과 설명항을 바르게 연결하면 논리적 일관성을 갖게 된다고 생각했다. 즉 피설명항이 논리적으로 설명항으로부터 도출되어야 한다.

다시 말해서, 설명은 논리적으로 타당한 논증이다. 설명하는 것은 주장의 전제를, 설명하는 대상은 결론을 이루며, 결론은 전제가 모두 참이면 거짓이 될 수 없다. 그런 설명의 (정형화된) 예를 보자.

모든 사람은 죽는다.
철수는 사람이다.
(그러므로) 철수는 죽는다.

앞의 두 문장은 설명항이고, 세 번째 문장이 피설명항이다. 설명항에서 연역적으로 피설명항을 이끌어낸다.

그러나 논리적으로 타당한 논증이 모두 과학적 설명은 아니다. 우리가 관심을 가진 현상이 빛이라 하자. 그러면 "왜 빛이 있는가?"라는 왜―질문에 대해 다음과 같이 논증하면 **과학적** 설명으로 보기 어렵다.

신이 말씀하시되, "빛이 있으라!"
신이 말씀하신 것은 일어난다.
빛이 있었다.

더 쉽게 말해서, 어떤 명제는 스스로를 함축한다. "빛이 있었다"가 "빛이 있었다"를 함축한다. 그러나 피설명항이 설명항의 역할을 겸하지 않는다. 따라서 그 논증이 과학적 설명이 되려면 그 설명항을 공동으로 구성하는 전제들 중에 수용 가능한 것들에 관한 조건들이 있어야 한다.

과학법칙

논리 실증주의자들은 두 가지 중요한 조건을 부과하였다. 첫째로, 설명항에 있는 문장들이 참이거나, 아니면 최소한 검증 가능하고 또 검증되어야 한다. 논증이 과학적 설명으로서 제 구실을 하려면 **타당**할 뿐 아니라 **건전**해야 한다(논증이 논리 규칙에 맞으면 '타당하다'고 하고, 사실에 부합하면 '건전하다'고 한다—역자주) 내가 예를 든 금융위기에 대한 "보름달 설명"은 리먼 브라더스가 부도난 그날 보름달이 없었다면 독실한 신앙인에게 달의 인과적 힘(causal power)을 설득하지 못할 것이다(공교롭게도 2008년 9월 15일 리먼 브라더스가 부도가 난 그날 보름달이 떴다. 여기까지는 좋다).

둘째로, 전제는 동어반복 없이(non-redundantly) 최소한 하나의 과학법칙을 포함해야 한다. 사실상 이 조건은 다음 세 요건으로 구성된다. 최소한 그 전제들 중 하나가 법칙이어야 한다. 그 법칙은 과학법칙이어야 한다. 전제들의 조합에서 그 법칙을 제거하면 그 주장은 타당하지 않은 것이 된다. 이 조건은 "빛이 있으라!"라는 설명이 과학적 설명이 아니라는 것을 보여준다. 설령 우리가 그 설명을 타당하고 건전하다고 믿어도(가령, 우리가 신이 이런 말씀을 하셨고 신이 말씀하신 것은 무엇이든 일어난다고 믿는다 하자), 그리고 "법칙"이 동어반복이 아니라 해도, '신이 말씀하신 것은 무엇이든 일어난다.'는 명제는 **과학적** 설명이 될 수 없다.

설령 그 명제가 법칙이라 해도 과학법칙은 아니다.

그러면, 과학법칙이란 무엇인가? 불행하게도 논리 실증주의자들이 그 질문에 답하려고 수년 동안 시도를 했지만 만족할 만한 대답을 내놓지 못했다. 어떤 특성은 논쟁의 여지가 없다고 생각되었다. 과학법칙은 "모든 C는 E이다" 또는 "C이면 언제나 E이다."와 같은 형식의 규칙성 또는 보편적 일반화다. 1차 술어논리로는, "모든 x에 대해 $C_x \rightarrow E_x$"가 된다. 예를 들어보자. "모든 백조는 희다."; "모든 샘플의 비스무트는 271℃에서 녹는다."; "자유낙하하는 물체는 등속으로 낙하한다."

그런 법칙이 과학법칙이 되기 위해서는 우연적(contingent)이고(즉, 논리적인 참이 아니고) 검증 가능하고, 증거로 뒷받침되어야 한다. "모든 총각은 남자이다."라는 명제는 논리적 참이므로 과학법칙이 아니다. "신이 말씀하신 것은 모두 일어난다."라는 명제는 우연적이다. 그것이 참일지는 모르지만 검증 가능하지 않다 ―아무리 관찰해도 이 명제가 거짓임을 입증할 수 없지 않을까? "힉스입자는 1젭토초의 평균수명을 갖는다."라는 명제는 우연적이고 검증 가능하지만, 현재 증거에 의해 뒷받침되지 못하고 있다. 반면, 앞 문단에서 언급된 세 가지 일반화는 과학법칙의 속성을 갖는다. 즉. 그에 대한 사례를 관찰하고 측정하거나 그 주장을 검증하기 위한 실험을 할 수 있다. "모든 백조는 희다"라는 일반화는 검은 백조를 관찰함으로써 반증될 수 있고 실제로 반증되었다. 마찬가지로 "모든 샘플의 비스무트는 271℃에서 녹는다"는 명제는 녹는 순수한 비스무트 샘플의 온도를 측정함으로써, "자유 낙하하는 물체는 등속으로 낙하한다."는 명제는 다른 질량의 물체를 어떤 높이에서 놓고 그것이 다른 속도로 가속되는지 봄으로써 반증될 수 있고, 실제로 반증되었다.

그러나 검증 가능하고 검증된 일반화라도 순수한 과학법칙이 아닌 것들이 많이 있다. "영수 주머니에 있는 모든 동전은 원화다."라는 일반화는 참이지만 법칙이 아니다. 다음 두 가지 문장을 비교해보자. "직경이 20km보다 큰 금구(金球)는 없다"; "직경이 20km보다 큰 우라늄-235 구는 없다". 후자는 참다운 법칙이다. 우라늄-235의 임계 질량(critical mass)은 52킬로그램이고, 약 17센티미터의 구다. 그 임계 질량을 넘어가면 핵 연쇄반응이 시작된다. 반면, 그런 차원의 금구가 없다는 명제는 우연적인 참일 뿐이다(Hausman 1992a 부록 참조).

금에 대한 일반화와 같은 "우연적" 일반화와 우라늄에 대한 일반화와 같이 진정으로 "법칙적(법칙성)" 일반화를 구분할 여러 가지 기준이 제시되어 왔다. 여기서는 모두 실패했다는 것만 말해둔다. 모든 순수한 과학법칙의 목록을 만들자는 제안도 있었다. 이것이 과학법칙이 무엇인가를 결정할 하나의 기준을 제시하지 못하겠지만, D-N 모형을 도와줄 수는 있다. 왜냐하면 그 모형이 요구하는 것은 과학법칙이 무엇인가를 결정하게 해주는 일반적 기준이 아니라, 그냥 과학법칙이 있어야 한다는 것뿐이기 때문이다. 그래서 "모든 샘플의 비스무트는 271℃에서 녹는다."는 참다운 법칙이지만 "내 주머니에 있는 모든 동전은 원화다."는 법칙이 아니다.

패러다임을 열거함으로써 법칙다움을 정의하는 것은 경제학에서 하나의 실용적인 선택이 된다. 여기에 표본이 있다.

- 엥겔의 법칙: "소득이 늘수록 실제 식품에 대한 지출이 늘어나도 식품에 지출되는 소득의 비율은 줄어든다."
- 수확 체감의 법칙: "다른 생산 요소들을 고정시키고 한 생산 요소의 투입량을 계속 증가시킬 경우, 그 증가된 투입 요소에 의해 생산되는 한계 생산물의 양은 지속적으로 감소한다."
- 그레샴의 법칙: "악화가 양화를 구축한다."
- 세이의 법칙: "(모든) 생산물은 생산물로 지불된다."

- 수요와 공급의 법칙: "어떤 상품의 공급이 증가(감소)할 때 그에 대한 수요가 같은 수준에 머문다면 가격은 하락(상승)하고, 어떤 상품의 수요가 증가(감소)할 때 그에 대한 공급이 같은 수준에 머문다면 가격은 상승(하락)한다."
- 임금철칙: "실질 임금은 항상 장기적으로 노동자의 생존에 필요한 최소한의 임금에 수렴하는 경향이 있다."
- 오쿤의 법칙: "실업률이 1% 상승할 때마다 한 나라의 GDP는 그 잠재적 GDP보다 2% 하락한다."

경제학에 이런 법칙들이 풍부함에도 불구하고(위키피디아는 무려 22개의 경제법칙을 열거한다!), 경제학에서 연역-법칙적 설명모형이 좋은 설명모형이 아니라는 것을 잠시 후 알게 될 것이다. 사실상 지금은 거기에 결함이 있다는 게 중론이다(예: Salmon 1989). 그러나 그 모형을 논의하는 것은 매우 유용하다고 판명되었다. 왜냐하면 그 모형의 다양한 결점들이 대안에 대한 탐색을 촉발시켰기 때문이다. 이런 대안들이 이 책의 I 부 나머지 부분에서 논의될 것이다.

D-N 모형과 불만스러운 점들

요약하면, D-N 모형은 다음과 같이 말한다. 과학적 설명은, 동어반복 없이, 최소한 하나의 법칙을 포함하는("법칙적"), 논리적으로 타당하고 건전한("연역적") 논증이다. 도식적으로 표현하자면

법칙 L_1, L_2, L_n

초기 조건 C_1, C_2, C_n

따라서 E이다.(피설명항 또는 관심을 끄는 현상)

예: 내가 손을 놓을 때 왜 이 분필이 낙하하는가?

지구 표면에 가까운 모든 무거운 물체는 놓으면 낙하한다.(법칙)
내가 쥐고 있는 그 분필은 무거운 물체이다.(초기 조건)
따라서 그 분필은 놓으면 낙하한다.(피설명항)

실제로 처음 출판된 이래 그 모형은 모든 측면에서 비판을 받았다. 여기서 나는 사회과학, 특히 경제학에 적용하기 적절한 세 가지 비판만 언급하겠다.

첫째로, 일부 철학자들은 인간 행동이 법칙의 지배를 받지 않는다고 주장해왔다. 도널드 데이비슨(Donald Davidson)은 인간 행동에 대한 D-N 설명모형이 믿음이나 바람과 같은 심리적 사건(event)을 행동과 같은 물리적 사건과 연결하는 법칙을 요구하지만 심물 법칙(psycho-physical laws)은 존재할 수 없다고 주장했다. 그의 이런 주장은 길고 복잡하며(Davidson 1970 참조) 대체로 이 책의 목적에 맞지 않는다. 이런 형이상학적 고찰을 차치하더라도, 사실은 아직도 인간 행동은 법칙성 ─ 법칙을 보편적 일반화라고 정의한다면─ 을 회피하는 것처럼 보인다. 인간의 동기를 묘사하는 모든 원리들 ─가령, 밀의 "모든 인간은 부를 추구하고 노동을 싫어한다" 또는 현대 경제학자들의 "사람들은 (항상) 지나친 것을 부족한 것보다 좋아한다"─ 은 단서가 붙거나 반증되기 쉽다. 그래서 설령 데이비슨의 형이상학적 논증이 건전하지 않다고 가정해도, D-N 모형을 띄워줄 어떤 법칙이 있을 것 같지는 않다.

하지만 아직도 인간 행동에 대한 많은 설명이 성공적인 것처럼 보인다. 영희는 갈증이 날 때 물을 마시면 갈증이 풀릴 것이라고 믿는다. 영희의 갈증은 그녀가 물을 마실 하나의 이유다. 그리고 어떤 이유가 있음으로써 그녀의 행동이 설명된다. 경제학에서 사용되는 합리적 선택 모형은 이런 이유에 의한 설명 모형의 좀 더 세련된 예라 하겠다. 그 모형이 상정하는 바는, 사람들은 자기가 선택할 수 있는 여러 가지 대안들 중에서 선호를 가지며 자신들에게 어떤 대안들이 가용하다는 데 대한 믿음을 갖고 있다는 것이다. 대안들 중 어떤 것에 대한 선호와 가용한 대안에 대한 이런 믿음은 주체의 선택에 대한 이유를 제공하며 주체의 선택을 설명해준다. 나는 3장과 4장에서 이런 설명 모형을 살펴볼 것이다.

둘째로, 인간의 동기나 믿음을 언급하지 않는 일반화조차도 엄밀하게 보편적인 경우는 드물다. 이는 자연과학과 사회과학의 일반화에 공히 해당되는 사실이다. 어떤 물체도 방해하는 힘이 있을 때 등속으로 낙하하지 않을 것이다. 기압이 급격하게 변하면 비스무트의 용해점은 271℃가 아닐 것이다. 모든 일반화는 개략적이며, 단서와 예외가 붙게 된다.

경제학에서 임금철칙을 예로 들어보자. 앞에서 제시한 공식에서조차 이런 단서가 붙는다. "실질 임금은 항상, 장기적으로 노동자의 생존에 필요한 최소한의 임금으로 수렴되는 **경향**이 있다." 실질 임금이 생존수준에 수렴되는 경향이 있기는 하지만 항상 그렇지는 않다. 리카도(David Ricardo)는 철칙에 대해 이렇게 언급했다.

> 임금이 자연율을 따라가는 경향에도 불구하고, 발전하는 사회에서 시장율은 무한한 기간 동안 일관되게 그것을 초과한다. 왜냐하면 자본의 증가가 노동에 대한 새로운 수요를 환기시켜, 거기에 따라서 노동의 공급이 증가하자마자 또 새로운 자본의 증가가 같은 결과를 빚게 될 것이기 때문이다. 그렇게 해서 자본의 증가가 점진적이고 고정적이 되면 노동에 대한 수요는 계속해서 인구 증가를 자극할 것이다.
>
> (Ricardo 1817)

따라서 법칙적 문장은 (보통) 보편적 일반화를 표현한다기보다 **인과적 경향성**이나 **세테리스 파리부스 법칙들**(ceteris paribus laws: '다른 것들이 같다'는 조건 하에 성립하는 법칙들—역자주)을 표현한다. 방해요인이 간섭을 해도 어떤 요인이 다른 것을 특정한 방향으로 밀고나갈 때 인과적 경향성이 포착된다. 우리는 유가충격이 국내 유가를 끌어올리는 경향이 있다고 말할지 모른다. 그러나 가격을 끌어내리는 다른 것(가령, 치열해지는 경쟁)이 있다면 유가충격이 유가인상을 **초래하지 않을** 것이다. 유가충격이 없다는 가정적 상황에 비해 가격은 여전히 높을 것이다.

세테리스 파리부스 법칙도 비슷하다. 그것은 특정 상황 —"다른 것들이 같다", "다른 것들이 옳다"— 아래에서만 성립된다. 리카도에서 인용한 글은 임금철칙이 생존수준에 근접하는 임금을 초래하기 위해서 반드시 성립해야 하는 몇 가지 조건에 대해 언급한다. 경제학에 나오는 모든 일반화에는 다른 조건이 같다는 단서가 붙기 마련이다.

그러나 인과적 경향성 및 세테리스 파리부스 법칙은 설명적이다. 사실은 가격이 오르지 않았어도 유가충격이 없었을 경우보다는 가격이 더 비싼 이유를 설명하기 위해 유가충격이 언급될 수 있다. 세테리스 파리부스 법칙이 성립되는 조건들이 언제 충분히 정확하게 구체화될 수 있는지를 설명하며, 이런 조건들은 일정한 사례에서 성립된다. 이 두 가지 형태의 인과적 설명을 5장에서 살펴볼 것이다.

셋째로, 규칙성으로서의 법칙이 설명적인지는 전혀 알 수 없다. "어떤 나라의 실업률이 1% 상승할 때마다 GDP가 그 잠재 GDP보다 2% 낮아질 것이다"라는 오쿤(Okun)의 법칙을 다시 생각해보고, 사실과 반대로 이것을 엄격하고 비우발적인 법칙이라고 가정하자.

이 법칙은 설명적인가? 여기서는 설명되는 것이 오히려 경험적 규칙성 자체인 것처럼 보인다. 우리가 "법칙"을 마주할 때면 "이런 규칙성이 성립되는 이유가 뭐지?"라고 묻게 된다. 왜냐하면 사회과학에서는 (어떤 규칙이라도 존재하는 한) 조사를 안 해봐도 알 수 있는 원초적 규칙성이란 거의 없기 때문이다. 오히려 오쿤의 법칙과 같은 경험적 일반화는 더 깊은 **사회경제적 구조**에 대한 **설명**에 입각해서 성립한다. 그리고 어떤 식으로든 하부구조가 작용할 때에만 경험적 규칙성이 확보된다.

경제학에서 좋은 설명은 관심을 끄는 현상을 일으킨 상세한 인과적 과정이나 메커니즘을 요구한다. 오쿤의 법칙의 경우, 현상은 경험적 규칙성이다. 다른 경우 그것은 단일 사건이다. 두 경우 모두 —아무리 규칙이 안정적이고 법칙과 유사하다고 해도— 규칙성 하나만으로는 투입과 산출 사이에 연관성이 있는 이유를 설명하지 못한다. 메커니즘을 탐구하는 일은 곧 투입과 산출 사이에 있는 블랙박스를 여는 일이고, 규칙성이 성립하고 결과가 생겨나는 이유를 해명하는 일이다. 사회적 메커니즘은 6장에서 다룰 것이다.

결론

과학적 설명은 모든 과학의 주요 목표인데 경제학이라고 예외는 아니다. 경제학자는 경제를 이해하기 위해, 그리고 보다 정확한 처방을 하고 보다 나은 정책을 제시하기 위해 설명을 한다. 이 책 Ⅰ부의 서론 부분인 이 장(章)은 논리 실증주의의 연역-법칙적 설명이론에 초점을 맞추고 있다. 이 모형에 따르면 설명은 여러 전제들 가운데 최소한 하나의 과학법칙을 포함하는 연역적인 논증이다. D-N 모형은 현재 부적절한 것으로 여겨지고 있으나, 그럼에도 불구하고 그 모형의 맥락 속에서 처음 도입된 전문용어 때문에, 그리고 그것이 가진 많은 결함들이 더 지지할만한 대안의 모색을 촉진해왔기 때문에 그에 대한 논의는 출발점으로서 유용하다. 특히 다음 세 가지 결함을 살펴보았다.

- 심리 법칙은 없다.
- 사회과학에서건 일반적인 의미의 과학에서건, 참다운 법칙은 드물다.
- 법칙은 그 자체로 (매우) 설명적이라고 여겨지지 않는다.

결국 이런 결함들 때문에 D–N 설명 대신에 다음과 같은 여러 대안적 설명들 —합리적 선택 설명을 비롯해서, 인과적 경향성 및 '다른 조건이 같다'는 가정 하의 법칙들에 입각한 설명, 그리고 메커니즘적 설명— 이 나타나게 된다.

연구 문제

1. "경제학은 설명적인 과학이 되려고 노력해야 한다." 논하라.
2. 경제학에 법칙이 있는가? 그에 찬성하는 주장과 반대하는 주장을 각각 들어보라.
3. 단순히 우연적인 일반화와 참다운 법칙을 무엇으로 구분하는가?
4. 이 장에서 D–N 설명모형의 세 가지 주요 문제를 논의했다. 다른 문제를 알고 있는가?(힌트: 추가적인 문제를 5장에서 다룰 것이다.)
5. 여러분이 선택한 (개별자) 현상의 예를 하나 들고(예컨대, 근래의 금융위기, 신흥국 경제(tiger economies)의 붕괴, 미국의 지배적 경제 강국으로의 등장), 그에 대한 D–N 설명을 구축하라. 어떤 장애에 봉착하는가?

권장 도서

과학철학이나 사회과학의 철학에 대한 좋은 입문서라면 장차 그 주제에 대한 설명을 위한 출발점 역할을 할 수 있는 한 장(章)을 포함해야 할 것이다. 나는 Salmon 1992로부터 그 주제에 대해 처음 배웠고 아직도 그 책을 일반적인 입문서로 추천하고 싶다. 사회과학의 설명에 초점을 맞춘 멋진 책으로는 D. Little 1991이 있다. 나는 Kincaid 1996으로부터 많은 것을 배웠다. 논리 실증주의자들의 과학적 설명에 대한 "통념(received view: 전통적으로 우리가 과학에 대해 가졌던 일반적인 이미지—역자주)"을 다룬 당대 최고의 저서로는 Hempel 1965가 있다. 1960년대와 1980년대 사이의 '설명에 대한 철학 사상의 발전'에 관한 깊이 있는 역사적 개론을 보려면 Salmon 1989를 참고하라. 또한 Kitcher and Salmon 1989에 수록된 비판적인 논문도 참고하라.

I부A

합리성

3장

합리적 선택이론

민속심리학

인간의 행동은 믿음과 바람(욕망)으로 설명될 수 있고 또 설명되어야 한다는 상식적인 견해가 있다. 왜 미영이는 다이어트를 계속하는가? 과체중이어서 살을 좀 **빼길** 바라기 때문이다. 왜 성우는 물을 마시는가? 목이 마른데 물을 마시면 갈증이 가실 거라고 믿기 때문이다. 경제적 예를 들자면, 왜 미국 재무부는 투자은행 리먼 브라더스가 실패하도록 내버려 두었는가? 왜냐하면 그 당시 재무부 장관이었던 행크 폴슨(Hank Paulson)이 망한 민간 기업의 구제를 위해 납세자들에게 부담을 지우는 것은 나쁘다고 생각했고, 리먼 구제가 바로 그런 일이라고 믿었기 때문이다. 왜 사업가는 이론적인 수준에서 한계비용이 한계수입과 일치하는 점까지 한 상품의 생산에 투자하는가? 왜냐하면 그들은 이윤 극대화를 목표로 하기 때문이다.

인간의 행동은 믿음과 바람을 언급하여 설명될 수 있고 또 설명되어야 한다는 견해를 일러 민속심리학이라 한다. 종종 민속심리학은 "사람들이 마음에 대해 갖고 있는 정보들의 총체"로, 다시 그것은 "심리 상태를 귀인(attribute: 원인을 무엇에 귀착시킴—역자주)하고 행동을 예측·설명하는 능력의 바탕이 되는 것"으로 간주된다(Nicholas 2002: 134).

종종 동의어로 취급되기는 하지만 한편의 단순한 행동(behavior)과 다른 한편의 "행위(action)" 또는 "선택"을 구분할 필요가 있다. 행동은 개인에게서 비롯된 물리적 동작을 기술하는 좀 더 일반적인 개념이다. 신체 움직임이 다 행동은 아니다. 여행자가 서울에서 제주도로 비행기를 타고 가면서 신체를 움직이지만 누구도 그런 신체 움직임을 '행동'이라 하지 않을 것이다. 내가 이 문장을 키보드로 치거나 내 귀를 긁을 때처럼 행동은 주체에 기인한다. 행동은 의도적일 수도 있고 비의도적일 수도 있다. 잠을 잘 때 몸을 꼬고 뒤척이는 것이나 뜨거운 난로에서 한 손을 갑자기 떼는 반사적 반응은 비의도적 행동 또는 "단순" 행동이다. 행위는 믿음과 욕망에 기인한 의도적 행동이며 민속심리학의 주제다.

결정은 믿음과 욕망의 중간쯤에 있다. 차가운 샤도네이가 냉장고에 있다는 믿음과 더불어 와인을 마시고 싶다는 욕망은 샐리가 잔을 집으려는 결정을 설명해준다. 그러나 결정이 자동적으로 선택을 이끌지 않는다. 그렇게 하려고 마음을 먹었으나 그 때의 의지박약, 망각, 변심 때문에 결정을 행동으로 옮기지 못할 수 있다.

믿음과 욕망이 관심을 끄는 행위에 대한 설명의 역할을 하려면 거기에 제약이 가해져야 한다. 중국요리가 세계 최고라는 믿음을 가진 샐리가 슈퍼스타가 되고 싶어 한다는 사실은 그녀가 의학을 공부하러 컬럼비아가 아닌 하버드 쪽을 선택한 행위를 설명해주지 못한다. 믿음과 욕망으로 행위를 설명하기 위해서는 그것을 선택된 행위와 알맞게 연결시켜야 한다.

믿음이 주체의 X에 대한 욕망과 함께 행위 A를 설명해주는 대표적인 형식은 "A는 X의 촉진을 돕는다" 또는 "A는 X(의 실현)를 구성한다"이다. 슈퍼스타가 되고 싶어 하는 샐리의 욕망과, TV에서 그녀의 밴드와 연주를 하는 것이 그 목표를 함께 실현하는 데 도움이 될 것이라는 믿음은 TV 방송국의 출연 제안을 수락하는 그녀의 결정을 설명해준다. 샐리가 컬럼비아가 아닌 하버드 쪽으로 선택한 경우, 하버드가 최고의 학교라는 믿음을 갖고 미국에서 최고의 의과 대학으로 진학하기를 바랐을 수있다. 이런 경우 그 행위는 그야말로 그녀의 욕망을 충족하는 것이다.

따라서 믿음과 욕망은 **행위를 한 이유**다. 그러나 어떤 사람이 어떤 식으로 행위 하는 모든 이유가 그의 행위를 설명해주지는 않는다. 샐리는 하버드에 갈 완전히 합당한 이유들 —미국에서 최고의 의과대학에 가기를 바라거나, 매우 유명한 뇌 전문 외과의사가 되고 싶어 하는 등— 을 가질 수 있다. 그러나 그녀가 하버드로 갈 결심을 한 이유가 사실은 보스턴에서의 인디언 섬머(indian summer: 북미 대륙에서 발생하는 기상 현상을 일컫는 말로, 늦가을에서 겨울로 넘어가기 직전 일주일 정도 따뜻한 날이 계속되는 것을 말한다—역자주)를 극도로 높이 평가하기 때문일 수 있다. 따라서 하나의 행위를 수행하기 위해 한 사람이 갖게 되는 모든 이유가 다 그의 행위를 설명하는 이유가 되지는 않는다. 오히려 그의 행위는 그 **행위의 근거가 된 이유**로 설명된다. 어떤 사람이 그의 목표에 대한 효과적인 수단이 되리라는 이유에 근거하여 행동할 때, 우리는 그 사람이 도구적 합리성에 따라 행동했다고 말한다.

도널드 데이비슨에 따르면 "이유있는 행위"라는 개념에는 두 가지 관념이 내재되어 있다(Davidson 1974). 즉 합리성이라는 관념 이외에도 원인이라는 관념이 있다. 데이비슨은 설명적 이유를 합리적 원인이라고 생각한다. **행위를 초래하는** 데 일조한다는 점에서 그것은 원인이다. 그것은 그 행위를 위해 필요하지도, 충분하지도 않다. 샐리가 보스턴으로 가려고 하는 게 꼭 인디언 섬머의 아름다움을 기리고 싶어서가 아니라, 하버드가 최고의 학교니까 어떻게 해서든 거기로 가려고 결정했을 수도 있다. 그리고 충분하지 않음은 그것이 다른 많은 요인들과 함께 병합적으로만 그 행위를 결정하기 때문이다(앞에서 언급했듯이, 이런 요인들에는 예컨대 의지가 박약하지 않은 것도 포함될 것이다).

다른 이유로 합리성이 필요하다. 사람들이 행위를 하도록 이끄는 동기와 믿음은 사회과학자와 같은 외부인에게는 그다지 투명하지 않다. 만약 샐리가 내 친구라면, 처음에 그렇게 하게 된 동기를 물어볼 수 있다. 그리고 비록 사람들이 하는 말을 액면 그대로 받아들이지 않는다 해도, 그녀가 그렇게 한 실제 이유가 무엇이었는지를 판단할 정보를 개인이나 집단을 분석하는 사회과학자보다는 우리가 훨씬 더 많이 얻을 것이다. 사회과학자는 대부분 관측 가능한 행동에 대한 증거에 의존한다. 그러나 행동(또는 다른 접근 가능한 형태의 증거)으로부터 동기와 믿음을 추론하기 위해서는 사람들이 가진 믿음과 욕망의 체계에 관한 꽤 강한 가설을 설정해야 한다. 만약 개인이 아주 괴상한 짓을 했다면(항상 이유를 대긴 하지만!) 그의 행동으로부터 믿음이나 욕망을 추론하는 것은 불가능할 것이다(Hausman 2000 참조).

본질적으로 합리성 모형은 행위를 설명하려는 목적을 위해 과학자가 사람들에게 허용하는 믿음과 욕망의 테두리를 제한하는 한 방법이다. 다음 두 절에서는 경제학에서 꽤 주목 받아온 두 가지 합리성 모형을 좀 상세하게 기술한다. 하나는 확실성 하의 의사결정 모형인 **서수적 선택이론**(ordinal-choice theory)이고, 다른 하나는 위험 하의 의사결정 모형인 **기수적 선택이론**(cardinal-choice theory)이다. 다음 장에서는 게임이론으로도 알려진, 전략적 상황의 의사결정에 대한 논의로 넘어간다.

서수적 선택이론

선호

경제학자들은 믿음과 욕망이 드러나는 선호로 행위를 설명한다. 선호는 여러 가지 측면에서 욕망과 다르다. 가장 근본적으로는, 선호가 상대적이라면 욕망은 절대적이다. 어떤 사람이 샐리가 인디언 섬머를 자주 즐기길 바란다고 말할 때, 그녀가 갖고 있는 다른 욕망은 아무 것도 끌어들이지 않는다. 특히 욕망은 모순 없이 갈등할 수 있다. 즉, 샐리는 둘 다 가질 수 없다는 걸 충분히 알고 또 자기모순에 빠지지 않길 바란다고 말하면서 뉴욕시 특유의 활기뿐 아니라 보스턴 인디언 섬머의 아름다움 둘 다를 욕망할 수 있다. 그러나 만약 그녀가 보스턴을 뉴욕보다 그리고 동시에 뉴욕을 보스턴보다 (강하게) 선호한다고 하면 자기모순에 빠진다.

날씨로는 보스턴을 뉴욕보다 선호하고, 활기로는 뉴욕을 보스턴보다 선호한다고 말하면 자기모순에 빠지지 않게 된다. 우리는 이런 선호개념을 "부분적 평가순위(partial evaluative ranking)"로 부를 수 있다. 그것은 사람들이 중히 여기는 성질이나 속성에 따라 순위를 정한다. 이런 개념에 따르면 사람들은 대안들이 갖는, 소중하게 여기는 속성만큼이나 많은 순위를 갖는다.

사람들은 대안 전반의, 또는 "모든 점을 고려한" 순위를 정할 수 있다. 그녀에게 날씨로는, 또는 활기로는 어떤 도시를 선호하는지 물어보는 것과 별개로, 고려된 모든 것 중에서 무엇을 선호하는지 물을 수 있다. 일상 언어는 "선호하다"라는 말의 이 두 가지 용법을 다 허용한다. 경제학자들(그리고 의사결정 이론가들)은 후자의 개념을 사용하는 경향이 있다. 예를 들어, 유명한 논리학자이자 의사결정 이론가인 제프리(R. Jeffrey)는 이렇게 썼다.

시종일관 내가 관심을 가져온 것은 **모든 점을 고려한 선호**인데, 이것 때문에 어떤 사람이 **빠르기로는** 포르쉐(Porsche)를 선호함에도 불구하고 포르쉐가 아닌 닷선(Datsun) 구입을 선호할 수 있다(어떤 사람이 **싸기로는** 닷선을 선호하기 때문에 그런 경우에는 속도보다 우선 절실한 필요를 택한다).

(Jeffrey 1990: 225; 원저의 강조)

경제학자 및 여타 사회과학자의 관점에서 행위를 욕망이 아닌 선호로 설명하고 선호를 "비교에 의한 선호"로 간주하면 어떤 이점이 있는지 쉽게 알 수 있다. 자주 인디언 섬머를 즐기려는 샐리의 욕망이 뉴욕보다 보스턴으로 이사 가려는 그녀의 결정을 자동적으로 설명해주지 못할 것이다. 왜냐하면 그녀는 뉴욕의 활기를 즐기고 싶은 욕망도 갖고 있기 때문이다. 만약 뉴욕에 대한 보스턴 선호가 부분적 선호이고 그래서 다른 방향의 부분적 선호와 양립할 수 있다면 그 선호도 그녀의 결정을 설명하지 못한다. 그러나 **모든 것을 고려해서** 샐리가 뉴욕보다 보스턴을 선호한다는 걸 언급하면 그녀의 결정을 설명하는 데 도움이 된다.

지금까지 선호와 욕망을 비교했다. 욕망은 특별한 마음 상태이고 정신적 실재다. 경제학자들은 관심을 끄는 현상을 설명할 때 마음 상태를 들먹이면 항상 불편함을 느낀다. 마음 상태는 그것을 가진 본인을 제외한 누구에게도 관측 불가능하다. 그리고 다른 사람들 즉 논리 실증주의자들이 그러하듯이, 만약 사태에 대한 검증 가능한 진술만 다루어야 참된 과학이라고 생각한다면, 마음 상태의 과학적 가치는 모호해진다. 뒤에 가서 소비자 행동의 "현시선호이론"으로 알려지게 되는 그 이론의 선구자들이 쓴 논문에서 발췌한 주장들은 자아 성찰을 우려하는 증언을 내놓는다(다음에 인용한 문장들은 모두 센에게서 빌려왔다)(Sen 1973: 242). 폴 새뮤얼슨(Paul Samuelson)은 자신으로서는 "효용 개념의 흔적이 전혀 없는 소비자 행동이론을 개발하는" 것을 목표로 삼았다고 진술했다 (Samuelson 1938: 71). 그의 "효용 개념"은 고전적 공리주의자인 제레미 벤담, 존 스튜어트 밀 부자, 헨리 시즈윅(H. Sidgwick)이 사용한 개념이며 그것은 쾌락 또는 행복이라는 마음 상태다(공리주의에 대한 더 자세한 논의는 12, 14장을 보라). 십년 뒤, 이안 리틀(I. Little)은 현시선호이론을 발전시킨 한 논문에서 "소비자 수요이론은 오로지 일관된 행동의 바탕 위에서만 가능하다"고 주장했다. 그에게 그 의미는 이러했다. "개인의 행동이 일관된다면(되기 때문에) 새로운 공식이 과학적으로 더 존경받을만하고, 그러면 오로지 행동만을 참작하여 그런 행동을 설명할 수 있을 것이다."(I. Little 1949: 90, 97). 이 인용문에서 초점이 되는 부분에 주목하자. 마지막 예는 존 힉스(J. Hicks)인데, 그는 "계량경제학적 수요이론은 인간을 연구하되 오로지 특정 시장 행동 유형을 가진 실체로서의 인간을 연구한다. 그것은 두뇌 안을 볼 수 있다고 주장하거나 그럴 수 있는 척하지 않는다."(Hicks 1956: 6)라고 말했다.

소비자 수요에 관한 이런 초기 연구에서 선호는 선택과 **동일시**되었다. 동일시했던 분명한 진술은 이안 리틀이 앞에서 인용한 논문에 나온다.

> "선호한다"라는 단어는 "선택한다" 또는 "더 좋아한다"는 것을 의미한다. 그래서 이 두 의미는 경제학 문헌에서 자주 혼동되곤 한다. 어떤 사람이 B보다 A를 선택한다는 사실은 그가 A를 더 좋아한다는 결정적인 증거와는 거리가 멀다. 그러나 그가 A를 더 좋아하느냐 아니냐 하는 것은 가격이론과는 전혀 무관하다.
>
> (I. Little: 1949: 91-2)

선호와 선택이 동의어이고, 소비이론이 비선택 데이터 없이도 가능하다는 생각은 경제학적 분석에 대한 "표준적 접근방식"이 되어왔다. 근래

의 한 논문에 따르면,

> 표준적인 접근방법에서 "효용극대화"와 "선택"이란 용어는 동의어다. 항상 효용함수는 서수적 지표로서 개인이 여러 가지 결과에 어떻게 순위를 매기는지 그리고 주어진 그의 제약(입수 가능한 선택지)을 어떻게 행사(선택)하는지 기술한다. 그 적절한 데이터는 현시선호 데이터, 다시 말해 어떤 제약 안에서 이루어지는 개인의 소비선택이다. 이런 데이터는 그 모형의 눈금을 매기는 데(즉, 특정 모수를 확인하는 데) 사용되고, 눈금을 매긴 모형은 미래의 선택이나 가격과 같은 균형변수를 예측하는 데 사용된다. 그렇게 해서 표준적인(실증적) 이론은 과거의 행동으로부터 선택모수를 확인하고 이런 모수를 미래의 행동 및 균형변수와 관련짓는다.
> 표준적 경제학이 현시선호에 초점을 맞추는 이유는 경제적 데이터가 이런 형태로 나오기 때문이다. 경제적 데이터는 ―기껏해야― 행동주체가 특정한 상황에서 원했던(또는 선택한) 것을 나타낼 수 있다. 그런 데이터는 경제학자들로 하여금 그 주체가 선택하려고 했던 것과 마침내 선택한 것, 그리고 그가 선택한 것과 선택했어야 할 것을 서로 구별할 수 있게 해주지 않는다.
>
> (Gul and Pesendorfer 2008: 7-8)

만약 경제학자들이 선호를 사용하여 경제현상을 설명하고자 한다면 접근 가능한 데이터로부터 선호를 추정할 수 있어야 **한다는** 것은 분명하다. 그리고 대체로 개인의 마음 상태에 접근하기 어렵다는 것은 분명한 사실이다. 그러나 선호를 선택과 동일시하는 것 ―현시선호이론의 바탕이 된다― 은 접근 가능성을 달성하기에 너무 조잡한 수단이다. 선호는 선택과 밀접한 연관이 있다. 즉 선호는 선택의 **원인**이 되고 선택을 **설명**하는 데 도움이 될 수 있다. 선호가 선택을 **정당화**하기 위해 동원될 수 있다. 용케도 운이 좋을 때는 선호 데이터를 선택에 대한 **예측**에 사용할 수도 있다. 하지만, 그 둘을 동일시하는 것은 잘못이다(Hausman

2012: 3장).

우선, 우리는 자신이 선택할 입장이 되기를 바랄(두려워할) 수 있는 사태 이상의 광범위한 것들을 선호할 수 있다는 것은 분명하다. 여기에 흄(Hume)에서 인용한 유명한 문장을 소개한다. 이 문장은 본래는 완전히 다른 관점을 입증하려는 의도로 씌어졌지만 하나의 예로서 좋은 역할을 한다. "내 손가락을 긁는 것보다 온 세상이 파괴되는 걸 선호한다는 게 이치에 어긋나지 않는다."(Hume 1960 [1739], Ⅲ부 3절, "열정에 대하여"). 우리들은 대부분 그와 반대의 선호를 가질 것이고, 그 둘을 놓고 갈등하는 상황에 놓이지도 않을 것이다. 사실은 우리가 선호하는 것을 대부분 선택하지 않는다. 나는 (갑자기 요절하기보다) 건강하게 살기를, (내가) 빌 게이츠보다 많은 돈을 갖는 것을 선호하며, 다음 러시아 대통령이 (제정신이 아닌 것보다) 제정신이길 선호한다. 나는 푸딩용으로 초콜릿 에클레어보다 사과를 선택할 수 있다. 나는 철학분야 경력보다 제약업계 경력을 선택할 수 있다. 나는 가만히 있는 것보다 러시아의 민주화 캠페인을 선택할 수 있다. 하지만 나는 결코 관심을 확 끄는 더 궁극적인 것들이 있다고 해도 그 중에서 어떤 것을 선택하지 않는다.

경제학자들은 자신들이 일상적인 선호 개념을 분석해주는 일에 종사하는 게 아니라 자기들의 편의에 따라(과학적으로 가치가 있는 한) 전문적인 개념을 골라서 정의할 수 있는 과학에 종사한다고 이의를 제기할 것이다. 다르게 말해서 경제학자들은 우리의 일상적인 개념과 별로 관련이 없는 선호 개념을 규정할 것이다.

불행하게도 선택으로서의 선호라는 전문적인 개념의 과학적 가치도 모호하다. 문제는, 선호를 선택이라고 정의하면 사람들의 역선호적인 선택을 불가능하게 만든다는 데 있다(Sen 1977). 하지만 역선호적 선택은 엄연히 실재하는 현상이다. 사람들은 선택을 할 때 부주의나 의지박약,

잘못된 믿음 때문에 온갖 실수를 저지른다. 어느 날 나는 그게 드라마일 거라고 믿고 영화 "제이 에드가(J. Edgar)" (클린트 이스트우드 연출) 관람을 선택했다. 나는 코미디보다 드라마를 선호한다(그때는 가용한 유일한 대안이었다). 보고나서야 그 영화가 로맨스라는 것을 알게 되었다. 그건 내가 코미디보다 더 싫어하는 것이다. 나는 레오나르도 디카프리오가 영화 "타이타닉" 이후 연기를 배워왔다고 들었다. 나는 그 영화의 성격을 몰라 그만 속고 말았다. 나는 잘 모르고 코미디보다 로맨스를 역선호적으로 선택했다.

경제학자들은 자신들이 신봉하는 원리원칙에 집착하여 역선호적인 선택의 실재(또는 경제적 중요성)를 부정할지 모른다. 내가 듣기로는 주변의 경제학자들 중에는 아직도 비자발적 실업이나 자산거품의 존재(또는 경제적 중요성)를 부정하는 사람들이 있다고 한다. 하지만 그런 움직임은, 경제학자들이 선호에 대해 실제로 하고 있고 또 사실상 과거 행위의 관찰로부터 선택행위를 예측하고 설명하기를 바란다면 할 필요가 있는 하나의 가정 때문에 도움이 안 될 것이다. 그 가정이란, 선호는 적당한 시간이 경과하는 동안 **안정적**이라는 것이다. 이것을 배리안(Hal Varian)은 이렇게 말한다.

> 사람들의 행동을 관찰하고 그들의 선호에 대한 결정을 얘기할 때 우리는 그 선호가 행동을 관찰하는 동안 변하지 않은 상태로 있을 것이라고 가정해야 한다. 아주 오랜 시간이 흐른 뒤라면 몰라도, 경제학자가 다루는 몇 달이라는 기간에 어떤 소비자의 취향이 급격하게 바뀔 것 같지는 않다. 따라서 우리는 소비자의 선호는 소비자의 선택행동을 관찰하는 동안 안정적이라는 지금까지 견지된 가설을 채택할 것이다.
>
> (Varian 2010: 118)

만약 사람들이 실수한다는 게 인정되지 않는다면 짧은 기간이 경과해도 선호는 안정적일 것 같지 않다. 나는 삼일 전에 로맨스보다 코미디를 선호했고, 어제는 코미디보다 로맨스를, 오늘은 다시 로맨스보다 코미디를 선호한다. 그런 "선호"를 누구도 어쩌지 못한다. 사태의 진상은, 내가 대안들에 대한 안정적인 **심적 순위**(mental ranking)를 가졌었으나 어제 내가 **선택**할 때 실수를 했던 것이다. 심적 순위로서의 선호 개념은 더 유용하다(Hausman 2012).

선호를 선택으로 이해해서는 안 될 또 하나의 이유는, 경제이론의 더 흥미로운 부분에서, 선택을 설명하려면 선호에다가 미래의 사태에 대한 믿음과 기대도 덧붙일 필요가 있기 때문이다. 확실히 이는 위험 하의 의사결정(아래 참조)과 게임이론(4장 참조)에 해당되는 사례다. 믿음과 기대는 마음 상태다. 심적 순위로 이해된 선호를 관측 불가능하다거나 주관적이라는 이유로 추방한다는 것은 믿음과 기대를 추방해야 한다는 것을 의미한다. 목욕물을 버리면서 아기까지 버리는 셈이다(비본질적인 것들을 비판하다가 본질적인 것까지 버리는 오류−역자주). 불확실성과 위험 하의 결정 및 게임이론은 믿음이 없으면 말이 안 된다. 그래서 선호는 선택이 될 수 없다(Hausman 2000, 2012 참조). 이제부터 우리는 선호를 "모든 점을 고려한" 대안들의 심적 순위로 이해할 것이다.

선택 문제들

경제적 세계란 깔끔하게 분석해서 선명한 선택 문제로 내놓을 수 있는 그런 것이 아니다. 오히려, 경제학자들은 자연적으로 발생하는 주어진 상황을 선택 문제로 형식화해야 된다. 이것을 수행하는 방식에 따라 그 문제에 맞는 선택이론의 갈래가 결정되고 그 문제를 푸는 방식이 결정된다. 단순하고 시시한 예를 들자면, 내가 아침식사 준비를 하는데 커피를 블랙(우유를 넣지 않는)으로 할지 아니면 화이트(우유를 넣는)로 할지 결정해야 하는 상황이라 하자. 혹자는 이것을 두 가지 재화(블랙커피, 화이트커피) 중의 단순한 선택으로 규정하고 확실성 하의 의사결정이론을 적용할 수 있을 것이다. 나는 블랙커피보다 화이트커피에 대한 선호를 가지고 있을 것이고 화이트커피를 이용할 수 있으니까. 혹자는 의사결정이론을 사용해서 나의 화이트커피 선택을 예측할 수 있을지 모른다. 하지만 이 상황을 인지하는 방식은 여러 가지가 있을 수 있다. 우리는 거기에 약간의 불확실성을 붙여 넣을 수 있다. 내가 블랙보다 화이트를 선호하지만 우유가 상했을 때는 그렇지 않다. 나는 우유가 상했는지 확실하게 알지 못하지만 그에 대한 합리적인 추측을 할 수 있다. 만약 내가 우유가 상할 개연성을 안다면 그 문제는 위험 하의 의사결정이 된다. 이것은 다음 절에서 검토될 것이다.

그러나 그 상황에 대해 다르게 생각하는 방식도 있다. 내가 친구와 같이 살고 그가 우유를 살 책임이 있다고 하자. 이제 나의 최선의 결정은 그의 행위에 의존하고 그의 행위는 다시 나에게 의존한다(그가 가령 내가 **정말로** 우유 넣은 커피를 좋아하고, 만약 그 둘 다 없으면 내가 매우 짜증을 낸다는 것을 알 수도 있고 모를 수도 있다. 우유를 사느냐 마느냐 하는 그의 결정은 나의 비난에 대한 그의 두려움에 의존한다). 우리는 지금 게임이론적 상황에 처해 있다.

마지막으로, 나의 결정은 갖가지 맥락의 특징에 좌우될 수 있다. 내가 아침식사를 준비할 때 커피에 우유를 넣으려던 결정은 내생적(immanent)이다. 이것은 중요한 정보다. 왜냐하면 나는 아침엔 화이트커피를, 점심엔 블랙커피를 마시기 때문이다. 그래서 나의 선호는 재화 자체에 대한 선호가 아니라 적절한 맥락적 특징을 내포하는 소위 "소비 묶음"에 대한 선호다. 아마티아 센(A. Sen)에게서 빌려 온 한 가지 예는 이것을 잘 보여준다.

> 만약 그녀가 저녁식탁에서 과일바구니에 마지막 남은 먹음직스런 사과를 먹는 것(y)과 사과를 포기하고 안 먹는 것(x) 사이에서 선택을 해야 할 상황이라 하자. 그녀는 사과를 먹기(y)보다 젊잖게 안 집기로 결정한다. 대신에 바구니에 사과가 두 개가 담겨 있다면, 그리고 아무 것도 안 먹는 것(x), 좋은 사과 하나를 먹는 것(y), 다른 좋은 사과를 먹는 것(z) 중에서 선택할 상황이라면, 에티켓을 지키면서도 얼마든지 합당하게 사과 하나를 먹는 것(y)을 선택할 수 있을 것이다.
>
> (Sen 1993: 501)

겉으로 보기에 같은 행위("과일 바구니에서 사과 하나를 집기")도 바구니에 과일이 더 있느냐 없느냐에 따라, 그리고 그 결정이 내려질 그 때 그 곳의 사회규범에 따라 아주 다양한 차이가 날 수 있다(센의 예는, 맥락이 개인의 선택행위나 선택의 대안들 사이에서 형성된 것이 아니라 사회적으로 형성되었음을 보여준다—역자주). ―켄 빈모어가 센의 예에 대해 "센의 이야기 속에 등장하는 사람들은 매너 여신(Miss Manner)이 아직도 세상을 지배하는 문명의 최후의 보루 속에 산다"고 비평하고 있는 것처럼(Binmore 2009: 9)― 그리고 예전에 했던 결정들과 같은 다른 상황적 특징에 따라서도 차이가 날 수 있다. 사과를 먹을 거냐 말 거냐에 대한 갑돌이의 선호는 그가 이미 잔뜩 먹었느냐 아니면 전혀 안 먹었느냐에 달렸다. 그리고 만약 그가 굶어 죽을 지경이라면 설령 매너 여신이 앞에 있어도 기꺼이 마지막 사과까지 먹어치울 수 있다. 선택 문제를 설계할 때는 각별한 주의가 필요하다.

지금으로서는 이런 문제를 접어두고, 일단은 한 주체가 선택할 대안들이 의사결정이론에 일관되게 적용될 정도로 충분히 잘 묘사되었다고 가정한다. 그 문제는 한참 뒤에 가서 다룰 것이다.

공리와 선호 표상

경제학자들은 선호를, 입수 가능한 대안들 x_1, x_2, ..., x_n의 집합 X에 대한 (수학적 또는 집합론적 의미에서) 약순서(weak order)로 이해한다. 나는 기호 "$\geq$"를 "약하게 선호한다" 즉, "강하게 선호하거나 무차별하다"와 같은 의미로 쓰기로 한다. 약순서를 구성하기 위해서 선호는 몇 가지 형식적 특성을 만족해야 한다. 하나는 이행성이다.

이행성 : X의 모든 x_1 x_2, ... x_n에 대해 $x_i \geq x_j$이고 $x_j \geq x_k$ 이면 $x_i \geq x_k$이다.

만약 샐리가 컬럼비아보다 하버드를 선호하고, 존스 홉킨스보다 컬럼비아를 선호한다면 존스 홉킨스보다 하버드를 선호해야 한다. 두 번째 주요 공리는 완비성이다.

완비성 : X의 모든 x_1 x_2, ... x_n에 대해 $x_i \geq x_j$이거나 $x_j \geq x_i$이다. 또는, 둘 다 성립한다.

완비성은 한 주체가 모든 입수 가능한 대안들에 대해 순위를 매길 수 있다는 것을 말한다. 가령, 샐리는 의학 박사학위를 주는 134개 미국 기관들의 모든 쌍에 대해 무엇을 더 좋아하거나 무차별한지 알고 있다.

만약 한 사람이 선호를 연속적인 선호함수로 나타내고 싶다면 개인의 선호가 다음과 같은 부가적인 속성을 만족시킨다고 가정해야 한다.

연속성 : X의 모든 x_j에 대해, $\{x_i : x_i \geq x_j\}$와 $\{x_i : x_i \leq x_j\}$는 폐집합이다.

공리가 말하는 바는, 만약 한 개인이 x_1, x_2, ...라는 연속항 속에 있는 각각의 대안을 다른 대안 y보다 선호하고 그 연속항이 어떤 대안 x_n에 수렴한다면 그 개인은 x_n을 y보다 선호한다는 것이다.

사람들의 선호가 이런 속성을 만족시킬 때 선호는 단조 증가 순서보존 변환(oder-preserving transformation)에 한해 속성을 보존하는 기대효용 함수로 나타낼 수 있다. 이것은 사람들이 더 낮은 수를 가진 대안보다 더 큰 수를 가진 대안을 확실히 선호한다는 식으로 모든 입수 가능한 대안에 수를 붙일 수 있다는 의미다(같은 수를 가진 두 대안은 무차별하다). 대안에 수를 붙이는 것은, 그것이 대안들 간의 선호 순위를 보존하는 한, 임의적이다. 표3.1은 여러 브랜드 맥주들 가운데 개인의 선호를 나타내는 하나의 예다. 표에서 더 높은(그리고 더 큰 수가 붙은) 브랜드는 더 낮은(그리고 더 작은 수가 붙은) 브랜드보다 선호된다.

표 3.1 서수적 효용

브랜드	효용		
부드바	2	1,002	−11.8
쥬필러	1	1,001	−11.9
칼스버그, 하이네켄	0	1,000	−12

이 사람은 부드바(Budva)를 쥬필러(Jupiler)보다 선호하며 이 둘을 칼스버그(Carlsberg)와 하이네켄(Heineken)보다 선호한다. 그리고 칼스버그와 하이네켄에 대해서는 무차별하다. 다른 수의 묶음은 이 이상의 아무 것도 나타내지 않는다. 특히 효용 수준의 절대값들, 그들 간의 차이나 비율은 무의미하다. 하나의 수는 다른 수들과 비교하거나 순위에 나타나는 경우에만 의미가 있다. 우리는 "1002는 1001보다 얼마나 더 많은가?"라는 질문에는 답할 수 없고, 단지 "1002는 1001과 거의 같은가?"라는 질문에만 답할 수 있다.

이행성과 완비성은 이런 선택 모형의 주요 공리들이다. 이런 공리들은 방어가 가능할까? 그것들을 방어할 방법이 크게는 두 가지가 있다. 사람들의 선호는 그들을 만족시켜야 한다는 데 대해 설득력 있는 논거를 제시할 수 있다는 점에서 그 공리들이 **규범적으로** 정확하다는 주장을 펼 수 있다. 또는 그 공리들이 사람들의 실제 선택을 예측하고 설명하는 데 유용하다는 점에서 그 공리들이 **기술적으로** 정확하다는 주장을 시도할 수도 있다.

합리성과 서수적 선택이론

비이행적인 선호를 가진 주체는 이용당하기 쉽다는 점을 지적하는 것은 이행성 요건에 대한 가장 일반적인 규범적 정당화다. 샐리가 존스 홉킨스보다 컬럼비아를 선호한다고 하자. 그녀가 존스 홉킨스의 어떤 장소에 있는데 서로 맞바꾸자고 제안을 받으면 약간의 돈을 지불할 가능성이 크다. 그녀가 컬럼비아의 어떤 장소에 있으니까 하버드의 어떤 장소를 위해서 약간의 돈을 지불할 것이다. 비이행적 선호를 가졌기 때문에 그녀는 이제 하버드보다 존스 홉킨스를 선호할 것이고, 다시 한 번 더 그 장소를 얻으려고 더 돈을 지불할 것이고, 시작한 거기에서 중단할 것이다. 이를 일러 이행성을 지지하는 "머니펌프 논증(money-pump argument)"이라 하는데, 램지(Frank Ramsey)가 제시하고 데이비슨 등 (Dabidson et al. 1955)에 의해 발전되었다.

머니펌프 논증은 몇 가지 제한을 받게 된다. 그 중 두 가지를 여기서 살펴보자. 첫째, 사람들은 선호에 따라 행동할 때에만 이용당할 수 있다. 위에서 나는 선호가 선택과 같지 않다고 주장했다. 어떤 사람이 비이행적인 선호를 가졌다고 해도 그에 따라 행동하지 않으면 착취당하지 않을 수 있다. 어떤 사람이 거래를 제안 받을 때 착취당할 위험성을 이내 알아차리고 거래의 목적을 위해 선호를 수정하고 비이행적 선호로 다시 (안)돌아올 수도 있다.

둘째, 머니펌프 논증은 너무 강력해서 본래 의도한 논점을 놓칠 수 있다. 사람들이 돈을 뜯기지 않으려면 이행적인 선호를 가지되, 반드시 그 **때그때** 갖지 말고 지속적으로 갖는 것이 좋다. 대우(對偶)적으로는, 어떤 사람의 선호가 시간이 흐르면서 비이행적으로 변화하기 때문에 각각의 시점에서 이행적 선호를 가지면서도 머니펌프 운영자의 희생자가 될 수 있다. ">t"를 t 시간에 갖는 어떤 사람의 선호를 나타낸다고 하자. 한 사람은 다음과 같은 선호를 가질 수 있다: $x \rangle_t y$, $y \rangle_t z$, $x \rangle_t z$. 그 사람은 z을 가지고 있고 그것을 어떤 액수로 y와 교환하자는 제안을 받는다. 그는 수락한다. t+1 시간에 그 선호는 $x \rangle_{t+1} z$, $z \rangle_{t+1} y$, $x \rangle_{t+1} y$로 바뀐다. 그는 지금 갖고 있는 y를 x와 교환하자는 제안을 받는다. 그는 수락한다. t+2 시간에 그의 선호는 이제 $x \rangle_{t+2} z$, $z \rangle_{t+2} y$, $x \rangle_{t+2} z$이 된다. 이 시점에서 그는 이제 자기가 가진 x를 그가 동의하는 y와 다시 한 번 더 교환하자고 제안을 받는다. 그는 수락한다. 이 사람의 선호는 계속해서 이행적이지만 **역동적으로**(dynamically) 비일관적이기 때문에 돈을 뜯기게 된다(실험참가자가 각 단계마다 어떤 일이 벌어지는지 이해하고 있으므로 분명히 속임수는 아니다—역자주). 아래에서 역동적 비일관성에 대해 좀 더 말할 것이다. 지금은 선호가 바뀐다고 해서 그 자체로 비합리적일 것은 없다는 말만 해두겠다.

선호의 이행성은 "선호"라는 용어가 갖는 의미의 일부라는 다른 주장도 있다.

> 이론은 … 워낙에 강력하고 단순해서, 그리고 추후의 만족스러운 이론이 가정할 개념들을 워낙 잘 갖추고 있어서, 우리는 우리의 발견이나 해석, 이론을 애써 해명하지 않으면 안 된다. 만약 길이가 비이행적이라면 그 많은 길이 측정이 대체 무슨 의미가 있겠는가? 우리는 답을 찾거나 발명할 수 있을 것이다. 하지만, 그러지 못한다면 또는 그럴 때까지 우리

는 "더 길다"라는 말을 이행적으로 해석하려고 노력해야 한다. "선호하다"라는 말도 그와 같다.

(Davidson 1980: 273: Broome 1991도 참조하라)

데이비슨의 변론은 선결문제를 요구하고 있다. "선호하다"가 "더 길다"로 유비된다고 하면 "선호하다"는 이행성에 따라야 한다. 그러나 선호가 길이에 유비되는 것이 타당한가 하는 것은 선결되어야 할 문제다. 결론을 미리 전제하면 안 된다(선결문제 요구의 오류. 순환논법이라고도 한다.―역자주).

마지막으로, 의사결정자들이 비이행적 선호를 반길 타당한 이유를 갖는 경우도 있다. 폴 아난드(Paul Anand)는 그런 경우를 이렇게 묘사한다.

여러분이 친구의 저녁 파티에 있고 초대자가 과일을 대접하려고 한다고 상상하자. 만약 여러분이 오렌지 한 개와 작은 사과 한 개를 받으면 여러분은 오렌지를 먹을 것이고, 만약 큰 사과와 오렌지 한 개 중에 선택하는 것이라면 큰 사과를 선택할 것이다. 때마침 친구가 오렌지가 떨어져서 부엌에서 사과 두 개를 들고 나타났는데 하나는 크고 다른 하나는 작다. 여러분은 어떤 것을 선택할 것인가? 아마도 예의상 여러분은 작은 사과를 집을 것인데, 그렇다고 그런 선택이 비합리적이라고 판단해야 할 이유가 뭔지 모르겠다.

(Anand 1993: 344)

완비성이라는 속성은 합리성 고려 사항들을 정당화하기에 더 문제가 있다(예컨대, Elster 2007: 194; Gilboa et al. 2001). 로버트 오만(Robert Aumann)은 한때 이렇게 썼다.

모든 효용이론의 공리들 중 완비성 공리가 가장 문제가 있는 듯하다. 그것은 다른 것들처럼 현실생활에 대한 기술로서 부정확하다. 하지만 그와

별도로 우리는 그것을 규범적인 관점에서도 받아들이기 어렵다는 것을
알게 된다.

(Aumann 1962: 446)

만약 내가 "목 매달아 죽는 것"과 "약물 주입을 받고 죽는 것" 중에서
선택하라는 제안을 받는다면, 둘 중 어느 하나를 선호하지 않을 것이다.
그렇다고 내가 그 두 가지 죽는 방식에 대해 무차별하다는 것은 아니다.
단지 그 둘의 순위를 정할 수 없을 뿐이다. 선호가 설명에 사용되면 될수
록 정당화의 결여는 별로 문제가 안 된다. 어떤 결정상황에서 이렇게 할
지 저렇게 할지 선택할 뚜렷한 이유도 없이 대안들 중 하나를 선택하지
않을 수 없는 경우가 더러 있다. 아마도 경제학자들은 대개 그런 경우에
대한 설명을 내놓으려고 하겠지만, 그런 설명은 여전히 합리성 공리로서
의 완비성 공리를 정당화해주지 못한다.

두 선택지 간의 선호 부재와 무차별한 것 사이에는 중요한 차이가 있
다. 어떤 사람이 인간의 생명과 돈이 비교불가라고 생각한다고 가정
하자. 그런데 그는 생명을 잃는 것과 100억 원을 잃는 것 중 택일을 하
라는 제안을 받을 수 있다. 소위 "소량개선논증"(small-improvement
argument: 가치 다원주의 관점에서 조셉 라즈 Joseph Raz가 가치의 근
본적 비교불가능성을 논증한 것-역자주)이 보여주는 바와 같이, 이런 경
우 그에게 선호 없음이 무차별로 해석되어서는 안 된다(Peterson 2009:
170). 그가 정말로 무차별하다면 푼돈으로도 그 균형이 깨져야 한다. 만
약 어떤 사람이 생명을 구하는 것과 100억 원을 지출하는 것 간에 정말
로 무차별하다면, 거기서 단돈 1원만 더해져도 그걸 지출하지 않는 것
(즉, 생명을 포기하는 것-역자주)을 선호해야 맞다. 그러나 두 선택지를
비교할 수 없다고 생각한다면 이런 결론을 거부할 것이다.

요컨대, 합리성의 관점에서 볼 때 서수적 선택이론의 두 가지 주요 공

리는 반박의 여지가 없지 않다. 머니펌프 운영자를 만나 그의 제안을 수락한다면 역동적으로 일관된 선호를 가지는 것이 더 좋을 것이다. 그러나 이것은 다른 상황에 대해서는 우리에게 말해주는 것이 별로 없다. 마찬가지로, 어떤 선택이라도 해야 하니까 어쩔 수 없이 선택을 했다면 그 선택이 반드시 기존 선호를 드러낸다고 할 수는 없다.

설명이론으로서의 서수적 선택이론

실제 의사결정자들은 이행성 공리를 자주 위반한다. 경제학자들은 그 현상에 대해 1970년대부터 관심을 가져왔다. 그 때 심리학자들의 선호 역전 현상에 대한 실험적 연구들이 경제학자들의 주목을 끌었다(Grether and Plott 1979). 심리학 실험에서(Lichtenstein and Slovic 1971, 1973) 실험대상자들은 복권들 사이의 선호를 말하라는 요청을 받았다. 한 쌍의 복권은 제각각 다르게 만들어졌는데, 하나는 당첨 확률은 높고 상금은 상대적으로 작으며(P도박), 다른 하나는 당첨 확률은 낮은데 상금은 상대적으로 크다($도박). 두 복권의 기댓값은 대체로 같았다. 리히텐슈타인과 슬로빅은 선호하는 복권을 선택할 때는 P도박을 골랐던 사람들이, 가격을 매길 때는 대개 $도박에 더 높은 가격을 부여할 것으로 예측했다. 왜냐하면 선택할 때는 개인의 결정이 주로 득실의 확률에 영향을 받는 반면, 매매 가격은 현금 가치에 의해 결정되기 때문이다. 그들의 예측이 옳았음이 실험으로 산출된 데이터에 의해 증명되었다.

경제학자 데이비드 그레더(D. Grether)와 찰스 플롯(C. Plott)은 서문에 이런 발견의 중요성에 감사하는 글을 다음과 같이 실었다.

경제학자들의 관심을 받아 마땅한 일련의 데이터와 이론이 심리학에서 개발되고 있다. 액면 그대로 보면 그 데이터들은 선호이론과 일치하지 않으며, 경제학 내(內) 연구 우선과 관련해서 폭넓은 시사점을 준다. 불일치는 단순한 이행성이나 확률론적 이행성의 결여보다 더 심각하다. 그것이 시사하는 바는, 가장 단순한 선택의 뒤에 숨어 있는 어떤 최적화의 원리도 찾아볼 수 없으며, 시장 행동 뒤에 숨어 있는 인간의 선택행동에서의 통일성은 일반적으로 받아들여지는 원리들과는 성격이 완전히 다른 원리들로부터 생겨날 것이라는 점이다.

(Grether and Plott 1979: 623)

그들의 논문에서 그레더와 플롯은 불충분한 인센티브와 복권들 간의 무차별성과 같은, 데이터에 대한 다양한 대안적 설명을 위해 실시했던 자신들의 실험 결과를 보고한다(리히텐슈타인과 슬로빅의 실험에서 피실험자들에게 복권들 간에 무차별한지를 밝히는 선택지가 주어지지 않았다. 그레더와 플롯은 그런 선택지를 넣었으나 거의 채택되지 않았다). 그들은 이렇게 결론 내렸다.

말할 필요도 없이, 우리가 얻은 그 결과는 우리가 이 연구를 시작할 때에는 기대하지 않았던 것이다. 우리의 실험설계는 그 현상을 설명하는 경제이론들을 모두 찾아내어 검증하였다. 선호이론에 대한 전통적인 진술과 일치하지 않는 선호역전현상이 남았다.

(Grether and Plott 1979: 634)

경제학자들은 이행성 공리 없는 선택이론을 개발할 정도로 비이행적 선호를 중요하게 생각한다. 표준적인 합리적 선택이론에 대한 대안으로서 비이행적 선호를 허용하는 것이 후회이론(regret theory)이다(Loomes and Sugden 1982).

이행성 공리를 경험적으로 검증하기는 훨씬 더 어렵다. 그 이유는 대부분의 경제학자들이 선택과 선호 간의 매우 밀접한 연관성을 당연하게 여기기 때문이다. 가령, 한 피실험자가 대안들 간의 선택을 거부한다면 이는 무차별성의 증거로 해석된다. 그럼에도 불구하고 던컨 루체(Duncan Luce 2005[1959])는 사람들이 때로는 대안을 결정론적으로 선택하지 않고 확률론적으로 선택하는 경향이 있다는 사실을 관측하였다(예를 들어, x는 y보다 사례의 p% 더 선택되고, y는 x보다 사례의 $(1-p)$% 더 선택된다). 이것은 결정론적 선호가 언제든 역전되는 것으로 해석되거나, 좀 더 무난하게는 안정적인 **통계적** 선호로 해석될 수 있다. 통계적 선호는 사람들이 항상 x를 y보다 선호하거나, y를 x보다 선호하거나 아니면 그 둘 사이에 무차별한지를 말하는 완비성 공리와 모순된다.

기수적 선택이론

우리의 많은 선택의 결과가 갖는 가치는 우리의 영향을 받지 않고 우리가 확실히 알지 못하는 요인들에 의존한다. 가령, 명수가 자기 쌍둥이 아이들을 위해 생일 파티를 계획하는데, 시청의 야외 수영장으로 갈 건지 아니면 볼링장으로 갈 건지 선택을 해야 한다고 하자. 그들은 수영장 가는 것을 강하게 선호하지만 그것도 날씨가 좋을 때만 그렇다. 그것은 날씨가 나쁠 때는 가장 선호하지 않는 선택지다. 그들은 볼링을 치러 갈 때 볕에서 수영을 즐겼더라면 얼마나 좋았을까 하는 후회의 감정을 생각해서 "나쁜 날씨"일 때의 대안을 "좋은 날씨"일 때의 대안보다 앞에 두고 볼링의 순위를 그 중간에 둔다. 그들은 어떻게 결정해야 할까?

위험과 불확실성

유감스럽게도 날씨가 어떨지 누구도 확실하게 알지 못한다. 그러나 우리는 기상 상황을 둘러싼 불확실성이 이런 사건들에 관한 확률분포로 나타낼 수 있다고 합리적으로 가정할 수 있다. 프랭크 나이트(F. Knight)의 용어(1921)로는, 그래서 의사결정자는 (근본적) **불확실성**이 아닌 **위험**에 직면해있다. 확실성 하의 의사결정에서는 어떤 결과를 얻을지 알려져 있다. 가령 샐리가 하버드를 가는 것과 컬럼비아에 가는 것 사이의 선택의 결과에 대해 충분히 안다고 가정했다. 위험 하의 의사결정에서는 어떤 결과를 얻게 될지 모르지만 어떤 결과를 어떤 확률로 얻을 수 있는지 안다. 그래서 결과는 주사위 굴리기나 룰렛 돌리기 또는 숫자판 위에 공 굴리기와 유사한 어떤 안정적인 과정에 의해 생겨난다고 가정할 수 있다. 불확실성 하의 의사결정에서는 어떤 결과를 얻을지, 어떤 확률로 일어날지 알 수 없다. 사실상 그런 확률은 존재할 수 없다. 실제로 경제주체가 직면하는 대부분의 결정은 바로 이런 후자와 같은 불확실성을 갖는다. 이 책에서 나는 위험 하의 의사결정에 초점을 맞추려고 한다. 그와 관련된 의사결정이론이 더 잘 개발되었고 더 쉽게 이해될 수 있기 때문이다 (Peterson 2009: ch. 3; Resnik 1987: ch. 2; Mitchell 2009).

공리와 선호표상

확실성 하의 의사결정과 위험 하의 의사결정 간에는 세 가지 중요한 차이가 있다. 첫째, (행위주체가 선호를 갖는) 대안들은 프로스펙트 (prospects)로 해석된다. 프로스펙트는 행위의 결과를 그 행위가 취해졌을 때 일어나는 결과의 확률과 짝을 지은 것으로 정의된다(Hargreaves Heap et al. 1992: 9). 본질적으로 프로스펙트는 복권 추첨과 같다. 날씨가 좋을 확률을 p라 하자. 명수에게 놓인 선택은, $p*u$(수영 | 좋은 날씨)$+(1-p)*u$(수영 | 나쁜 날씨) —여기에서 u(A | S)는 어떤 세계가 S의 상태일 때 행위 A의 효용이다— 를 주는 하나의 복권과, $p*u$(볼링 | 좋은 날씨)$+(1-p)*u$(볼링 | 나쁜 날씨)를 주는 복권 간의 선택이다.

둘째, 주체의 선호표상을 하나의 (기대)효용함수로 만들기 위해서는 다양한 부가적 가설들이 필요하다. 이런 가설들 중에 가장 중요한 것은 강한 독립성이라고 하는 독립성 공리다(구성요소들이 상호 독립적이지 않으면 서로 영향을 미쳐서 합산이 불가능해진다—역자주).

강한 독립성: $y = (x_i, x_j; p, 1-p)$이고 $x_i \sim y_i$이면 $y \sim (y_i, x_i; p, 1-p)$이다.

강한 독립성은 한 프로스펙트의 어떤 구성요소도 그 주체가 무차별하다고 여기는 다른 프로스펙트로 대체 가능하다는 것, 그리고 원래의 프로스펙트와 새로운 프로스펙트 사이에 무차별하다는 것을 말해준다. 하그리브스 힙(H. Heap) 등은 이 공리의 시사점을 다음과 같이 설명한다.

> 여러분은 확실하게 100\$ 받는 것과 가능성 50-50으로 250\$ 받는 것 간에 무차별하다고 가정하자. 나아가 두 가지 프로스펙트(I과 II)가 있고 이것은 다음 성분을 제외하면 동일하다. I에는 100\$ 받을 확률 1/5인 것이 있고, II에는 가능성 50-50으로 250\$ 받을 확률 1/5인 것이 있다. 강한 독립성이 함축하는 바는, 두 선택지는 이런 성분과 관련해서만 다르고 여러분은 이런 성분에 대한 두 선택지 간에 무차별하기 때문에 여러분은 I과 II 사이에 무차별하다는 사실이다. 둘을 비교할 때 100\$는 더 이상 확실하지 않기 때문에 이것이 때로는 불합리한 추론이라고 느껴진다. 그렇다면 다른 보상이 있다는 것만으로도 이런 무차별성을 뒤집는 것이 정말로 합리적인가? 강한 독립성은 "아니오"라고 대답한다.
>
> (Hargreaves Heap et al. 1992: 10)

여기에서 강한 독립성을 거론하는 이유는 의사결정론에서 가장 유명한 역설이 그 공리에 대한 위반과 관련이 있기 때문이다(아래 참조).

셋째, 어떤 행위주체의 선호가 모든 공리를 만족시키면 그것을 **단조증가 아핀(affine) 변환에 한해 그 속성을 보존하는** 기대효용함수로 나타낼 수 있다. 따라서, 그 선호를 기대효용함수 u로 나타낼 수 있다면 함수 u'

= $a+bu(a,\ b\rangle0)$도 그 선호를 잘 나타낼 수 있다.

아핀 변환이 의미하는 바는 기대효용처럼 기수적 척도로 측정된 수량의 한 예, 즉 온도로 가장 잘 예시된다. 온도를 측정하기 위한 세부 척도를 결정하기 위해서 두 점이 임의로 고정된다. 섭씨 척도의 경우 두 점은 물이 녹는점과 끓는점이며, 임의적으로 각각 0°와 100°로 결정된다. 일단 두 점이 고정되면 다른 온도도 다 결정된다. 섭씨의 두 고정점이 주어지면 비스무트의 녹는점이 271℃라는 것은 임의적이지 않다.

기수적 척도의 온도와 관련하여 두 가지 주목할 점이 있다. 첫째, 앞에서 언급한 바와 같이 온도는 아핀 변환을 해도 그 속성이 유지된다. 예를 들어, 섭씨(C)를 화씨(F)로 변환하기 위해 공식 F=32+9/5×C 가 사용된다. 둘째, 차이의 비율은 유의미하다. 뉴욕에서(여기에서 화씨로 온도를 쟀다)는 런던에서(여기에서 섭씨로 온도를 쟀다)보다 두 배로 덥다고 말하거나, 뉴욕과 런던의 온도 차이가 어떠어떠하다고 말하는 것은 무의미하다. 반면에 런던의 어제와 오늘의 온도 차이는 뉴욕의 어제와 오늘의 온도 차이의 두 배라고 말하는 것은 완전히 유의미하다.

이런 기수적 척도의 속성을 이용하여 무차별에 대한 사람들의 판단과 표현으로부터 효용함수를 구성할 수 있다. 임의로(그러나 눈에 띄게) 가장 낮은 순위와 가장 높은 순위의 대안들을 각각 0과 1로 고정한다. 앞의 예에서 u(수영 | 좋은 날씨)= 1이고 u(수영 | 나쁜 날씨)= 0이다. 다음으로, 명수에게 "좋은 날씨일 확률 p가 얼마일 때 틀림없이 볼링 치러 가는 것과, p의 확률로 좋은 날씨에 수영하러 가기와 1−p의 확률로 나쁜 날씨에 수영하러 가기를 추첨으로 정하는 것 사이에 무차별한가?" 물어본다. 마지막으로 거기서 알아낸 확률로 결과의 기대효용을 정의한다.

위험에 대한 태도

기대효용함수는 소위 기대효용 속성을 갖는다. 즉, 프로스펙트에 부여하는 효용은 확률로 가중치를 부여한 보수들(payoffs)의 효용의 합이다. 따라서 $w = [(x, p), (y, 1-p)]$이면, $EU(w) = p^*u(x)+(1-p)^*u(y)$이다.

우리는 이런 속성을 이용하여 위험에 대한 여러 가지 태도를 정의할 수 있다. 태도는 한 프로스펙트의 기대효용이 어떻게 그 기댓값의 효용과 연결되느냐에 따라 달라진다. 보통 다음 세 가지 태도로 구분한다.

- **위험중립**은 주체가 도박하는 것과 확실한 프로스펙트의 기댓값을 받아들이는 것 간에 **무차별함**을 의미한다. 다시 말해서, 그 프로스펙트에 대한 기대효용은 기댓값의 효용과 같다. 즉, $EU(w)=p^*u(x)+(1-p)^*u(y)=u(p^*x+(1-p)y)=u(E(w))$. 기업이론에서 기업(예컨대 보험회사)은 흔히 위험중립적이라고 가정된다.

- **위험회피**는 주체가 도박을 하기보다 확실한 프로스펙트의 기댓값을 받는 걸 선호한다는 뜻이다. 즉, $EU(w)<u(E(w))$. 소비자는 위험회피적이라고 가정되곤 한다. 가령, 피보험자가 1보다 작은 확률을 가진 보험의 보험 금액(insurance sum: 손해발생시 피보험자가 최대한 탈 수 있는 보험금-역자주)을 타는 "확률적 보험"은 시장에서 거의 찾아보기 어렵다. 소비자들이 자기 소유물에 대한 보험을 든 상황이면 위험회피적이다.

- **위험선호**는 주체가 확실하게 그 기댓값을 받기보다 도박하는 걸 선호한다는 의미다. 즉, $EU(w)>u(E(w))$. 어떤 소비자가 위험선호적이면 그의 행동을 도박으로 설명해야 한다. 왜냐하면 대부분의 도박은 "불공정"하기 때문이다(도박꾼은 평균적으로 도박비용보다 덜 받는다). 재미있게도 카지노 도박은 인기 있는 국가 복권보다 훨씬 더 공

정하다. 가령, 룰렛에서는 "하우스 엣지(house edge)"(참가자가 건 금액보다 상대적으로 잃는 평균금액)가 미국식에서 5%를 약간 넘고, 유럽식에서 2.7%인데, 국가 복권을 산 사람들이 평균적으로 잃는 액수는 복권값의 절반이 넘는다.

기대효용에 대한 설명은 확실성 하의 의사결정의 관점에서 하는 설명보다 확실히 더 깊이가 있다. 만약 어떤 사람이 바나나 한 개를 먹을 수 있었는데 사과를 선택한 데 대해 '사과를 선호해서 그랬다'고 설명하면 이해에 별 도움이 안 된다. 기대효용이론(EUT)을 해석하는 한 가지 방식은, 위험에 대한 태도가 주어지면 그것이 결과에 대한 선호로부터 프로스펙트에 대한 선호를 구성한다고 말하는 것이다. 사람들이 EUT의 공리를 만족시킨다고 가정한다면 자신들의 기대효용을 극대화시키는 프로스펙트를 선택한다고 말할 수 있다. 그러나 기대효용이 결과들에 대한 효용들의 가중 합계로 표현될 수 있기 때문에 우리는 이런 효용들을 기본적인 것으로 간주하고 EUT를 프로스펙트들에 대한 선호 도출로 이해할 수 있다.

표 3.2에 묘사된 이익과 연관시켜 두 가지 곡식 중에서 택일해야 하는 어떤 농부를 생각해보자.

표 3.2 신중한 농부

날씨	곡식 A($; 효용)	곡식 B($; 효용)
나쁨(p=1/2)	10,000$; 10	15,000$; 36
좋음(1−p=1/2)	30,000$; 60	20,000$; 50
평균 소득	20,000$	17,500$
평균 효용	35	43

우리는 농부가 곡식 A로부터 더 높은 평균 소득을 얻음에도 곡식 B로부터 더 큰 효용을 얻기 때문에 위험회피적임을 쉽게 알 수 있다.

그의 선호를 설명하려면 다른 결과에 대해 갖고 있는 선호와, 날씨의 확률에 대해 갖고 있는 믿음을 언급할 수 있다. 대부분의 경제학자들은 그 농부의 프로스펙트에 대한 선호가 주어진, 기본적인 것이라고 말할 것이다. 하지만 이것은 현실적이지 않으며, EUT가 참으로 설명적인 이론이 되지 못하게 한다. 이것이 현실적이지 않은 이유는, 사람들이 궁극적으로 관심을 갖는 것에 더 안정적이고 기본적인 선호를 가질 것이기 때문이다. 이 경우 농부는 복권을 하려 하지 않고 자기의 수입 및 그와 관련된 소비에 신경을 쓴다(이것은 맥락에 따라 달라진다. 사람들이 도박을 할 때는 자기가 벌 돈은 보지 않고 게임만 즐기려고 할 수 있으나 대개 즐거움은 선택 자체가 아닌 선택의 결과에서 생긴다.)

이런 해석을 우선시하는 다른 이유는 설명이다. 만약 프로스펙트에 대한 선호가 주어졌다면 경제학자들로서는 그 농부가 그렇게 하는 것을 선호하기 때문에 곡식 B를 선택했다는 것 이외에 더 말할 게 없다. 이는 확실성 하의 의사결정의 경우에 해당한다. 만약 우리가 결과에 대한 선호를 단지 주어진 것으로 보고 프로스펙트나 복권에 대한 선호를 도출된 것으로 본다면, 농부가 그런 선택을 한 이유에 대해 미묘한 뉘앙스의 이야기를 할 수 있을 것이다.

합리성과 기대효용이론

기대효용이론의 규범적·기술적 측면들이 서로 얽혀 있어서 나는 강한 독립성의 위반에 대한 유명한 실험적 관찰 —알레 역설(Allais paradox)— 에서 시작하려고 한다(Allais 1953 참조). 알레 역설은 노벨 경제학상 수상자인 모리스 알레(M. Allais)가 설계한 선택문제다. 표3.3

은 실험에서 피실험자에게 주어진 몇 가지 선택 목록을 보여준다.

실험 결과, 대부분의 사람들은 A2보다 A1을 선택하고 A3보다 A4를 선택했다. 같은 사람들이 A4와 함께 A1을 선택했다는 점이 중요한데, 이는 강한 독립성을 위반한 것이다. 공리대로라면 두 선택의 각각에 붙은 같은 결과들은 상대적으로 어떤 프로스펙트를 다른 프로스펙트보다 더 바랄 가능성에 영향을 주지 않아야 한다. 같은 결과는 "소거"되어야 한다. 실험적 증거는 그렇지 않다는 것을 시사한다. 사람들은 큰 돈을 딸수 있으나 전혀 못 딸 수도 있는 약간의(최소한이긴 하지만) 가능성을 갖는 도박(A2)보다는 확실하게 일정 금액(A1을 하면 1000$)을 받는 것을 선호한다. 반면에, 불확실한 상황에서 도박을 할 경우에는(A3와 A4 간의 선택에서처럼) 높은 기대 보수를 가진 복권을 선호한다.

표 3.3 알레 역설

사태	S1(p=0.89)	S2(p=0.1)	S3(p=0.01)
행위			
A1	1,000$	1,000$	1,000$
A2	1,000$	5,000$	0$
A3	0$	1,000$	1,000$
A4	0$	5,000$	0$

이런 선택은 위험회피 자체로는 설명이 안 된다. 위험회피는 기대효용이론과 일치한다 —위험회피 정도는 효용함수의 곡률로 측정될 수 있다 (공식적으로는, 그 1차 도함수에 대한 2차 도함수의 비로 측정된다). 알레 역설에 전형적인 선택은 기대효용이론과 일치하지 않는다. A2보다 A1, A3보다 A4에 대한 선호와 일치하는 효용함수가 없다. 이것을 보려면 두 쌍의 행동 사이의 효용 차이(모든 효용함수에 대한)를 계산해보라.

$$u(A1) - u(A2) = u(\$1k) - [0.89u\ (\$1k) + 0.1u\ (\$5k) + 0.01u(0)]$$

$$= 0.11u(\$1k) - [0.1u(\$5k) + 0.01u(0)]$$

$$u(A3) - u(A4) = 0.89u(0) + 0.11u(\$1k) - [0.9u(0) + 0.1u(\$5k)]$$

$$= 0.11u(\$1k) - [0.1u(\$5k) + 0.01u(0)]$$

그러나 이런 선택에 직면한 사람들은 자신들의 선택을 고수하면서 그것이 비합리적이지 않다고 주장한다. 현대 의사결정이론의 창시자들 중 한 사람인 새비지(R. Savage)는 S1 하의 두 선택에서 어떤 복권을 선택했느냐 하는 것은 중요하지 않다고 반박했다. 결국 S1을 무시해야 한다는 것이다. 의사결정자들은 복권들 간에 차이가 나는 특징을 바탕으로 결정을 해야 한다. S2와 S3에서 복권들 간의 보수는 다르지만 그 차이는 정확히 같다. 따라서 사람들은 A4보다 A3를 선택할 경우에 한해서만 A2보다 A1을 선택해야 한다. 이런 생각을 "확실한 상황의 원리(sure-thing principle)"라 부른다(Savage 1972: 21ff.).

모두가 확실한 상황의 원리에 동의하는 건 아니다(McClennen 1988). 특히, 새비지의 원리는 왜 우리가 확실한 결과(sure-thing result)를 무시해야 하느냐 하는 선결문제를 요구한다는 지적을 받아왔다. 새비지가 때때로 위반이 일어나는 이유를 설명했을지 몰라도, 그 원리를 위반하면 안 되는 이유를 실증적으로 보여주지는 않았다. 그리고 A1/A2 쌍과 A3/A4 쌍들 간에는 확실히 유의미한 차이가 있다. 만일 내가 A2를 선택한 뒤 S3에서 끝냈더라면 내 선택을 크게 후회했을 것이다. 확실하게 상당한 돈을 딸 수 있었는데 도박을 선택해서 날려 버렸다면 그건 참 멍청한 짓일 것이다. A3과 A4 간의 선택에서는 어차피 아무런 소득 없이 끝날 공산이 크다. 정말로 돈을 딴다면 운이 좋다고 생각할 것이고, 설사 따지 못해도 우매하다는 생각이 들지는 않을 것이다. 반대로, 잃을지 모를 최소한의 가능성을 생각하다 큰돈을 딸 좋은 기회를 잃었다면 황당했을 것이다. 나는 내 선택을 후회할 것 같지 않다.

설명이론으로서의 기대효용이론

알레 역설과 같은 여러 가지 역설들이 있는데, 여기서 그 중 한 가지를 논의한다. 사람들이 종종 기대효용이론의 공리를 어기곤 하지만, 그렇게 하는 게 합리적이냐고 의문을 제기하지 않는다는 것만 지적해두겠다.

엘스버그의 역설(Ellsberg's Paradox). 1950년대 하버드 대학 박사학위 과정 학생 시절, 엘스버그에 의해 처음으로 주목을 받은 엘스버그의 역설(Ellsberg 1961 참조)은 강한 독립성의 위반을 증명한다. 비율을 정확히 알지 못하는 다른 색깔의 공이 담겨 있는 하나의 항아리에서 선택하는 것인데, 그것은 단순히 위험이 아닌 불확실성을 내포한다.

빨간 공 30개와, 검은 공과 노란 공 60개가 섞여 있는 항아리를 갖고 있다고 하자. 여러분은 항아리에 검은 공과 노란 공이 합해서 60개가 들어 있다는 것만 알지 두 색깔의 공이 각각 몇 개씩 들어 있는지 모른다. 항아리의 공은 잘 섞여 있어서 개개의 공들을 꺼낼 가능성은 비슷하다. 이제 여러분에게 한 번의 선택마다 두 가지 프로스펙트가 주어진다.

선택 1
선택지 A : 빨간 공을 꺼내면 100달러를 받는다.
선택지 B : 검은 공을 꺼내면 100달러를 받는다.

선택 2
선택지 C : 빨간 공이나 노란 공을 꺼내면 100달러를 받는다.
선택지 D : 검은 공이나 노란 공을 꺼내면 100달러를 받는다.

EUT에 따르면, 상금이 같기 때문에 빨간 공을 꺼낼 가능성이 검은 공을 꺼낼 가능성보다 높다고 믿을 경우에 한해서만 프로스펙트 A를 B보다 선호할 것이다. 더구나 빨간 공일 가능성이 검은 공일 가능성과 비슷하다면 선택지들 간의 선호가 분명하지 않을 것이다. 마찬가지로 빨간 공이나 노란 공을 꺼낼 가능성이 검은 공이나 노란 공을 꺼낼 가능성보다 크다고 믿는다면, 그럴 경우에만 프로스펙트 C를 D보다 선호할 것이라는 결론이 나온다. 직관적으로 보면 빨간 공을 꺼내는 것이 검은 공을 꺼낼 가능성보다 크다면 빨간 공이나 노란 공을 꺼내는 것이 검은 공이나 노란 공을 꺼낼 가능성보다 커진다. 그래서 프로스펙트 A를 B보다 선호하면 프로스펙트 C를 D보다 선호할 것이라고 말할 수 있다. 그러나 실험에서는 대부분의 사람들이 프로스펙트 A를 B보다 선호하고 프로스펙트 D를 C보다 선호했다.

이것이 EUT를 위반하는지 보려면 두 복권 사이의 기대효용의 차이를 계산해보자.

$$u(A) - u(B) = 1/3u(\$100) - p_{검은 공} u (\$100)$$
$$u(C) - u(D) = 1/3u(\$100) + (2/3 - p_{검은 공})u (\$100) - 2/3u(\$100)$$
$$= 1/3u(\$100) - p_{검은 공} u (\$100)$$

사람들은 확률이 알려지지 않은 도박을 회피하는 식의 선택을 한다(사람들은 확률을 알 수 없는 불확실성보다는 확률을 알 수 있는 위험으로 움직였다. 엘스버그는 이런 현상을 '모호성에 대한 두려움'으로 해석했다.-역자주). 검은 공의 비율을 모르기 때문에 B보다 A를 선택한다. 노란 공의 비율을 모르기 때문에 C보다 D를 선택한다. 이것도 확실한 상황의 원리에 위배된다.

안정성, 불변성, 선호정당화 요인(justifiers)

기대효용이론에 위배되는 실험적 데이터를 수용할 지 여부는 피실험자의 선호의 안정성에 대한 실험자의 믿음, 그리고 선택문제를 피실험자가 어떻게 이해하느냐에 달렸다("선택문제"에 관한 위의 절 참조). 그 두 가정은 상호작용한다. 그 이론의 공리에 대한 **명백한** 위반은 항상 다음 세 가지 중 하나로 해석될 수 있다.

- 피실험자의 선호는 **진정으로** 그 이론의 공리를 위반한다.
- 경험하는 과정에서 피실험자의 선호가 변했다.
- 실험자는 피실험자의 선호에 영향을 미치는 맥락과 밀접한 특징을 간과하였다.

위에서 보았듯이 경제학자들은 경제적 조사의 목표와 목적을 위해 피실험자의 선호는 안정적일 것이라고 가정한다. 이런 생각을 하나의 원칙으로 설정하자.

안정성. 개인의 선호는 조사하는 동안 안정적이다.

하지만 안정성은 충분하지 않다. 그 이유는 안정성을 가정하더라도 피실험자가 선택상황을 실험자와 다르게 해석한다는 사실로 명백한 위반을 설명할 수 있기 때문이다. 실험자는 전혀 보지 못하지만, 피실험자는 두 선택 간에 차이를 본다. 따라서 두 번째 원칙을 설정하자.

불변성. 개인의 선호는 의사결정을 하는 맥락과 무관한 변화에 대해서는 불변한다.

나는 위에 나오는 피실험자의 선호순위 매기기와 무관해 보이지 않는 맥락적 특성들의 몇 가지 예를 들었다. 그러나 어떤 맥락적 특성이라도 선호순위를 바꾸는 게 허용되지 않는다. 경제학자들은 예컨대 **무관한 대안**이 나타난다면 피실험자의 선호에 영향을 주어서는 안 된다고 주장한다. 이는 그의 출판물보다 위트로 더 기억에 남는 콜롬비아 대학교 철학자인 시드니 모겐베서(Sidney Morgenbesser)의 다음과 같은 일화가 보여준다.

> 그 이야기에 의하면, 모겐베서는 뉴욕의 식당차에서 디저트를 주문하고 있었다. 여종업원이 와서 사과 파이와 블루베리 파이 둘 중 하나를 선택하라고 말했다. 그는 "사과"라고 말했다.
> 몇 분 뒤 그녀가 다시 와서는 우리가 체리 파이도 먹을 수 있다고 말해주는 게 아닌가.
> 모겐베서가 말했다. "그럼, 블루베리로 할게요."
>
> (Poundstone 2008: 50)

그 이야기에서, 추가된 대안인 체리 파이의 입수 가능성이 사과 파이와 블루베리 파이 간의 선호에 영향을 주면 안 된다. 경제학자들은 무관한 대안이 입수 가능해짐으로써 유도된 선호역전을 비합리적이라고 본다.

선호역전을 유도하는 특성들 중에 우리가 용인할 수 있는 것은 뭘까? 유럽 대륙에서 도로의 우측으로 운행하는 일이나 영국에서 좌측으로 달리는 일은 분명히 비합리적이지 **않다**. 아침에 홍차보다 커피를 선호하고 티타임에는 커피보다 홍차를 선호하는 것도 그렇다. 초콜릿 케이크를 처음 먹을 때라면 전혀 안 먹는 것보다 한 조각이라도 먹고, 이미 네 조각을 먹었다면 더 먹기보다는 안 먹는 걸 선호하는 게 비합리적이지 않다. 하지만 단순한 시간의 경과는 선택과 유관한 요인으로 보이지 **않는다**(이는 대부분의 경제학자들이 "쌍곡형 할인 hyperbolic discounting"을 이상현상 anomaly으로 간주한다는 사실로 예증된다. 15장 참조).

이런 고찰은 경제학자에 —딜레마로 공식화할 수 있을— 어떤 문제가 있음을 보여준다. 표준적인 합리적 선택이론은 일반적으로 실질적 합리성이론과 반대되는 형식적 합리성이론으로 간주되어 왔다(예: Hausman and McPerson; Hausman 2012). 여기에 그 주제를 나름의 방식으로 제기한다.

> 행위주체가 [합리적 선호이론]의 관점에서 합리적이라는 말은 그 주체가 선택할 행위가 객관적으로 최적이라는 의미는 아니다. 욕망을 꼭 "좋음"에 대한 어떤 객관적 척도에 맞추어야 할 필요는 없다. 이를테면 우리는 악어가 사는 호수에서 수영하는 위험을 즐기지 않을 것이다. 하지만 해로운 걸 알면서도 흡연과 음주를 하고픈 욕망을 가질 수 있다. 최적은 행위주체의 욕망에 의해 결정되는 것이지 그 역은 아니다.
>
> (Paternotte 2011: 307-8)

그런 생각은 데이비드 흄과 막스 베버로까지 거슬러 올라간다. 흄은 "이성은 열정의 노예이고 또 노예일 수밖에 없다. 그래서 이성은 열정에 봉사하고 복종하는 이외의 다른 기관일 수 없다."라고 생각했다(Hume 1960[1739]). 사람들은 이성과 열정을 둘 다 소중히 여긴다. 이성은 무엇이 소중한지에 대해서는 할 말이 없다. 여기서 나는 사람들이 언제나 돈이 많을수록 좋아한다는 노선을 따르는 가정이 이런 흄의 원리와 상통하지 않는다는 것을 언급하고 넘어가야 할 것 같다. 만약 경제학자들이 개인이 무엇을 소중히 여겨야 하는지에 대해 말할 것이 없다면 개인이 언제나 돈이 많을수록 좋아한다고 가정할 수 없음은 명백하다.

막스 베버의 영향력은 사회과학의 객관성의 관점에서 나온다. 베버도 흄처럼 사실과 가치 사이에 분명한 구분이 있다고 생각했다(Weber 1949). 사회과학은 인간 행동과학이므로 가치를 다루지 않을 수 없다. 그래서 과학적 탐구에서 일정한 역할을 하도록 허용되는 가치를 탐구

대상이 가진 가치로 제한함으로써 객관성을 확보할 수 있다고 생각했다. 사회과학자는 자신의 가치를 덧붙여서 연구에 영향을 주면 안 된다. 오히려 과학자는 분석된 주체의 목표를 주어진 것으로 간주하고 거기서부터 진행해 가야 한다.

"이성 대 열정"에 대한 흄의 사상을 배경으로 하면 우리는 형식적 합리성이론과 실질적 합리성이론 간의 구분이 중요함을 쉽게 알 수 있다. 합리성은 분명히 가치평가적 개념이다. 합리적 행동은 칭찬할 만한 것인 반면 비합리적 행동은 그렇지 않은 것이다. 어떤 선택이 비합리적이라면서 그 주체가 그것을 해야 한다고 말하면 일관성이 없어진다. 하지만, 경제학자의 관점에 따르면 평가에서 문제가 되는 것은 경제학자의 가치가 아니라 행위주체의 가치다. 경제학자는 일관성에 대한 약간의 형식적 제한만 부여한다.

문제는, 불변성이 단순한 형식적 원리가 아니라는 데 있다. 만약 상황과 "유관한" 특징으로 간주되는 것을 주체가 결정하도록 내버려두면 그가 어떤 선택을 해도 비합리적이지 않을 것이다. 어떤 순간에 맥주를 와인보다 선호하고 다음 순간에 와인을 맥주보다 선호한다고 해서 비이행적 선호를 드러낸다고 할 수는 없을 것이다. 그 주체가 나이가 좀 많은 노인일 수 있고 그런 사실을 유관하다고 여길 수 있기 때문이다(그런 제한에서 나이는 유관하다. 즉, 아이라서 단 것을 신 것보다 선호하고, 노인이라서 신 것을 단 것보다 선호하는 데는 일관성이 있다).

어떤 상황적 특징이 유관한지를 결정하는 일이 얼마나 어려운지 알아보기 위해 모겐베서의 사과 파이와 블루베리 파이 간의 선택과 매우 유사한 하나의 예를 생각해보자. 새로운 선택지가 입수 가능하게 되었을 때 그의 선호를 뒤집음으로써 불변성을 위반한 어떤 사람을 모겐베서가 희화화한 것을 다시 떠올려보자. 그 예를 지금 숙고해보면 어떤 사람이 선호를 뒤집는 것이 항상 비합리적인 것처럼 보이지는 않는다는 사실을 알게 된다. 다음날, 모겐베서에게 여종업원이 치킨을 먹을지 스테이크를 먹을지 묻는다. 그는 스테이크를 고른다. 잠시 후 그 종업원이 돌아와서 '오늘의 메뉴'로 USDA 최고급 갈비가 준비되어 있다고 말한다. 그는 그걸로 바꾸고 싶다고 말한다. 또 잠시 후 그 종업원이 다시 와서는 오늘의 메뉴 마지막 요리가 옆에 앉은 손님에게 가버려서 없다고 알린다. 모겐베서는 "어찌 됐건 치킨을 먹고 싶어요."라고 말한다.

그는 최고급 갈비를 먹을 수 있었기 때문에 평범한 스테이크를 씹을 때마다 날아 가버린 행운이 생각나고 후회를 느낄 것이다. 그래서 그는 그런 후회감을 피하려고 치킨을 선택한다. 이것이 어쩌면 한 토막의 어설픈 추리로 여겨질지 모르겠다. 어떤 대안이 입수 가능하게 되거나 가능하지 않게 되거나 하는 것이 어떤 때는 합리적인 선호역전을 불러올 수 있고 다른 때는 비합리적인 선호역전을 불러올 수 있다.

이것은 비단 한 철학자만의 고민이 아니다. 나는 10장 이후부터 경제학자 그레이엄 룸스(G. Loomes), 크리스 스타머(C. Starmer), 로버트 서젠(R. Sudgen)이 수행한 비이행적 선호에 대한 실험을 보다 자세히 기술할 것이다(Loomes 등 1991). 룸스 등은 슬로빅과 리히텐슈타인 또는 그레더와 플롯에 의해 시행된 선호역전 실험들과 같은 이전의 실험들의 결과는 비이행적 선호를 포함하지 않는 다른 실험들에 의해서도 설명될 수 있다고 지적한다. 대안적 설명들 중 하나는 사람들이 선택과제(choice-task)와 가격부여과제(valuation-task)를 별개의 문제로 간주한다는 것이다. 다른 설명에 의하면, 행위주체는 일련의 과제들을 제각기 독립적인 것으로 간주하지 않고 통째로 하나의 복권으로 취급한다. 두 가지(및 다른) 경우에 이행성 공리는 살아남는다. (비록 강한 독립성을 위반하는 대가를 치르긴 해도 어쨌든 그 공리는 더 논란이 되고 있다). 자신들의 실험에서 룸스 등은 그 결과에 대한 이런 설명과 다른 대안적 설명들을 대조한다. 그러나 두 선택상황 간에는 항상 모종의 차이가 존재하기 때문에 그들도 자신들이 선호하는 해석을 위해 결과에 대한 안정성과 불변성을 가정해야만 한다.

존 브룸(John Broome)은 다음과 같은, 선택문제의 구축을 도와줄, 불변성과 비슷한 하나의 원칙을 제시한다(Broome 1991: 103).

> **선호정당화 요인(Justifiers)에 의한 개체화의 원칙.** 두 결과 중 하나를 선호하는 것을 합리화하여 결과들이 차이가 날 경우에 한해서만 결과들을 구분해야 한다.

브룸의 원칙은 우리가 선택문제를 설계할 때 합리성의 본질에 대한 가정을 할 필요가 있다는 것을 분명히 한다(이 원칙에서 합리성의 핵심은 결과들의 차이를 어떤 측면에서 구분하느냐 하는 것인데, 예컨대 느낌을 중시하는 공리주의자의 입장에서는 좋은 느낌이나 나쁜 느낌에서 차이가 날 경우에 한해서만 결과들을 구분해야 한다—역자주). 경제학자들은 합리성에 대한 실질적 가정을 하기 싫어하기 때문에 이런 원칙을 좋아하지 않는다. 그래서 나는 "유관한(relevant)" 같은, 겉으로 무난해 보이는 용어를 사용함으로써 그런 문제를 숨겼던 것이다. 하지만 유관성도 합리성의 본질에 대한 고찰을 바탕으로 결정되어야 하는 것이다.

그렇다면 경제학자는 이런 딜레마에 직면하게 된다. 경제학자는 완비성, 이행성, 강한 독립성 등의 "형식적 공리"에 집착해서 안정성과 불변성의 원칙을 가정하지 않으려 할 수 있다. 하지만 그렇게 되면 사람들이 끊임없이 변화하거나 엄청나게 상황 의존적이면서도 참으로 합리적인 선호를 가지게 되므로 합리적 선택이론은 설명, 예측이라는 목적에 쓸모가 없어질 것이다. 대안적으로 안정성과 불변성을 가정할 수는 있겠지만 합리적 선택이론을 그냥 가치가 아닌 **경제학자의 가치**를 담은 실질적 이론으로 만드는 대가를 치르지 않을 수 없다. 따라서 경제학자는 다음과 같은 것을 결정해야 한다. 이를테면, 하나의 유사한 문제를 선택과제로 제시하는 것과 가격부여과제로 제시하는 것이 동일하다고 볼 것인지; 좀 더 일반적으로 말해서, 문제를 구성하는 방식에 따라 어떤 사람의 선호에 합리적인 영향을 미친다고 볼 것인지; 사회 규범이 어느 정도로 중요하다고 볼 것인지; 일련의 선택들을 단일한 선택문제로 볼 것인지 아니면 일련의 독립적인 선택문제들로 볼 것인지 등을 결정해야 한다.

결론

합리적 선택이론의 경험적 위반은 이유에 의한 설명이라는 그 생각 전체에 다소 역설적인 반전을 준다. 행동에 대한 합리적 선택이론을 찾는 이유는, 최소한 데이비슨에 따르면, 믿음과 바람 같은 심리적 사건을 신체 행동과 같은 물리적 사건과 연결할 엄밀한 법칙이 없기 때문이다. 그러나 우리가 행동한 이유를 언급하며 그것을 설명할 수 있기 때문에 인간의 행동을 설명하려는 시도가 아직은 운명을 다하지 않았다.

사회과학자들은 관측 가능한 행동 및 다른 접근 가능한 증거를 바탕으로 행동의 이유를 탐구해야 한다. 이것은 행동을 합리적 선택이론에 비추어 이해하도록 사회과학자들이 행동에 매우 엄격한 일관성과 안정성을 부과해야 한다는 것을 의미한다. 하지만 인간의 행동은 그다지 일관되거나 안정적이지 않다. 그래서 애당초 심물(心物) 법칙은 존재하지 않는다. 만약 인간의 행동이 일관되지 않고 안정적이지도 않다면 행동을 이유에 비추어 설명하려는 시도는 성공할 가망이 더 적어진다.

연구 문제

1. 여러분의 선호는 완비적이어야 하는가? 그리고 이행적이어야 하는가? 논하라.
2. 우리는 정상적으로 미래에 획득할 결과의 확률을 아는가? 기대효용이론은 선택 모형으로서 얼마나 훌륭한가?
3. 알레 역설과 엘스버그의 역설 간의 차이를 설명하라.
4. 개인의 선호순위를 바꾸게 하는 맥락적 특성이 무엇이라고 생각하는가?
5. 안정성 없는 선호는 비합리적인가?

권장 도서

내 생각으로는, Resnik 1987이 합리적 선택이론에 대한 최고의 입문서다. 더 고급 수준이고 비판적인 저서로 Hargreaves Heap et al. 1992가 있다. 다른 매우 유용한 교재는 Gilboa 2010과 Peterson 2009이다. Hausman 2012는 선호의 성격에 대해 종합적으로 다루고, 경제학에서 그 개념이 어떻게 사용되는지 알려 준다. Ratcliffe 2007은 민속심리학에 대한 훌륭하고 비판적인 논의를 담고 있다.

4장

게임이론

개요

이 장에서는 규범적(prescriptive) · 기술적(descriptive) 양식의 게임이론과 관련된 중요한 철학적 쟁점을 살펴본다. 약간의 동기 부여를 하고 사전 준비를 한 뒤 철학적 관심사가 될 만하다고 입증된 유명한 게임들과 함께 게임이론적 형식주의를 소개한다. 그런 다음, 게임이론이 경험적으로 공허한 형식주의인가 아니면 실질적인 이론인가 하는 논쟁에 등장하는 몇 가지 주장을 살펴보고, 마지막으로 그것이 규범적인 합리적 선택이론인지 알아본다.

유로화의 향방은?

이 장을 집필할 당시(2011년 12월), 유로화(Euro)는 EU 27개 회원국 가운데 17개 국가에서 여전히 유로존의 공식 화폐에 머물러 있었다. 이런 예언이 있다: 이 장을 읽을 즈음에는 유로화가 더 이상 그런 형태로 존재하지 않는다. 유럽 심장부에서는 여전히 공용화폐로 남아 있겠지만 그 배후에 있는 금융구조는 매우 다를 것이다.

오늘날 EU를 분열시키는 가장 중요한 쟁점들 중 하나는, 공용 화폐를 구하기 위해서 모든 유로존 회원국가들에 의해 집단적으로 보증된 국가부채인 소위 유로본드(Eurobond)나 "안정채권"을 도입해야 하느냐 하는 것이다. 지금까지 유로존의 국가부채는 유로로 **표시**되었으나 발행국에서만 **보증**되었다. 이제 그것을 바꿔서 연대책임제 도입이 바람직한가?

어떤 경제이론이든 이상화하는 가정을 하므로(7장 참조) 실제상황을 희화화하면서 시작해보자. 유로존 국가들은 남쪽과 북쪽의 양 진영으로 나뉜다. 각 진영 안의 국가 정책은 완전히 동질적이어서 우리는 각 진영을 단일 경제주체로 취급할 수 있다. 남북 공히 재정정책 선택권 메뉴를 갖는다. 다시 단순화 ―희화화― 해서 가용한 재정정책이 "절약"이냐 "낭비"냐 하는 두 가지만 있다고 가정하자. "절약" 정책은 저축을 부추기고 재정적자를 줄이거나 정부 부채를 상환하는 것이다. "낭비" 정책은 소비를 부추기고 적자예산 운영에 개의치 않고 정부 부채를 누적시키는 것이다. 양 진영이 "낭비적"이라면, 전체 유로존의 정부 부채는 곧 통제불능이 되어 금리가 치솟고, 경우에 따라선 유럽중앙은행(ECB)의 정부 부채 직접구매라는 형태의 개입으로 계속적인 지출을 가능케 할 것이다. 이런 개입은 인플레이션에 불을 붙여 연 10% 이상 오를 수 있다. 유로화는 달러화와 위안화 대비 평가절하될 것이다. 이런 시나리오를 "통화 침식"으로 부르기로 하자. 양 진영 모두 이런 사태를 아주 싫어한다.

다른 시나리오는 어떤가? 최소한 그 중 한 나라가 절약하는 한, 양쪽 진영 모두 다른 국가의 빚을 짊어질 만큼 강하다고 가정하자. 즉, 두 진영 중 한 진영만 절약하다면 정부 부채는 기껏해야 완만하게 증가할 것이고, 인플레이션은 계속되고 유로화는 다른 통화에 비해 여전히 강할 것이다. 물론 어떤 진영이건 낭비하는 쪽이 절약하는 쪽보다 더 많이 소비할 것이다. 절약하는 진영의 노동자들이 다른 진영의 소비를 위한 보조금을 주기 위해 노동할 것이다.

남쪽과 북쪽은 어떤 정책을 선호하는가? 고정관념에서 시작하자. 프로테스탄트의 원리원칙적인 윤리규범을 가진 북쪽은 절약을 선호 ―누구든 절약해야 하니까― 한다. 가톨릭이고 공리주의적인 남쪽의 선호는 더 복잡하다. 그쪽은 흥청망청 쓸 뒷돈을 북쪽이 대주는 것, 즉 북쪽이 절약할 때 자기들은 낭비하는 것을 가장 좋아한다. 연대책임을 지니까 남쪽이 이런 방식 ―결국 북쪽이 남쪽 정부 부채를 보증하는― 으로 행동할 자유가 있다. 이런 상황에 임의의 숫자 5를 붙인다. 남쪽은 북쪽에서 낭비하는 재정을 확보하기 위해 남쪽이 노동해야 한다는 반사실적 가정을 가장 싫어한다. 이런 상황에 숫자 0을 붙인다. 북쪽이 절약할 때 남쪽도 절약하는 것은 그 중간인 3정도가 될 것이다. 훨씬 더 원치 않는 통화 침식을 맞느니 차라리 북쪽에 속는 것을 선호한다는 데에 1을 붙이기로 한다.

시작부터 북쪽은 절약하고 남쪽은 낭비한다. 그러나 북쪽은 원칙적이지만 어리석지 않으니까 소비가 시작되고 남들이 그 돈을 대신 지불하게 하면 유로본드 제도로부터 이득을 얻게 된다는 것을 금방 알게 될 것이다. 물론 그들은 통화가 침식되는 것을 싫어하겠지만 남쪽에 계속 속아넘어가길 원치 않을 것이다. 호화생활을 위해 남들에게 비용을 지불하게 하는 것만큼은 아니라 하더라도, 남들과 함께 절약하는 것은 여전히 그들이 좋아하는 선택지다. 환언하면, 북쪽의 선호는 이제 남쪽 선호가 거울에 비친 영상이다. 우리가 (정책선택지의 순서를 유지하는 한 임의적인) 숫자를 "보수(payoffs)"라고 부르고 남쪽과 북쪽을 "경기자(player)"로, 정책선택지를 "전략"으로 부르고, 경기자 1의 전략을 열(列)에, 경기자 2의 전략을 행(行)에 나타나도록 전체 술수(shenanigans)를 배치하면 경제학자들이 말하는 게임(4장 참조)이 갖추어진다.

게임에서 경기자들이 할 것을 어떻게 예측할 수 있을까? 먼저 북쪽의 행동에 초점을 맞추어 보자. 남쪽이 "절약"을 한다고 ―반사실적으로― 가정하자. 북쪽이 스스로 "절약"을 하면 보수 3을 얻고 게임이 끝난다. 반대로 북쪽이 "낭비"를 하면 5를 받게 되니까 그쪽은 "낭비"를 할 것이다. 이것이 바로 숫자가 의미하는 것이다. 즉, 더 많은 보수는 기회가 주어지면 그 전략이 어김없이 채택될 것임을 의미한다. 남쪽이 "낭비"를 하는 경우 북쪽이 "절약"을 할 때에는 0으로 끝나지만 "낭비"를 할 때에는 1만 받고 끝난다. 그런 상황에서도 그쪽은 "낭비"를 할 것이다. 즉, 남쪽이 무엇을 하든 상관없이 북쪽은 ―애당초 칸트적인 윤리를 가졌음에도 불구하고― "낭비"를 할 것이다. 남과 북의 선호가 서로 거울 이미지를 가졌기 때문에 똑같은 이유가 남쪽에 적용된다. 그럼으로써 양쪽 모두 "낭비"를 하고 통화는 침식되고 연합은 해체되면서 끝날 것이다. 요는, 다른 이해관계를 가진 국가들에게 타국의 빚을 보증하게 하는 것은 별로 좋지 않은 생각이라는 사실이다.

게임이론은 이런 전략적 상황을 다루는 경제학 분야다. 내가 희화화시킨 "유로본드 게임"은 사실은 게임이론들 중 가장 유명하고 그 이론들에 의해 가장 널리 논의된 것들 중 하나인 죄수의 딜레마 버전이다. 어떤 사람들한테는 게임이론이 지난 30여 년 간 경제학 발전의 주된 동력이었으며(Kincaid and Ross 2009) 다른 사람들한테는 단지 "응용수학 분야"에 불과하다(Rosenberg 1992: 248). 따라서 게임이론이 관심을 끄는 현상에 대한 예측과 설명을 허용하는 실질적인 경험적 이론이냐 하는 데 대해서는 논란이 있다. 게임이론을 전략적 상호작용 상황에서 하는 합리적 선택이론으로 이해하는 데 대해서는 논란이 좀 덜하다(이것은 틀림없이 게임이론의 창시자들이 그것을 어떻게 보았는지 보여준다. Neumann and Morgenstern 1944 참조).

그림 4.1 유로본드 게임

		남쪽	
		절약	낭비
북쪽	절약	(3, 3)	(0, 5)
	낭비	(5, 0)	(1, 1)

그러나 겉모습만 보면 안 된다. 대부분의 철학자들과 경제학자들이 그 이론의 규범적인 해석이 **존재한다**는 데 동의하지만 이 해석이 결국 무엇

으로 귀결되는지 전혀 분명하지 않다. 우리의 유로본드 게임을 이용해서 간단하고 직관적인 방식으로 이것을 예시해 줄 수 있다. 두 경기자가 가장 선호하는 전략을 사용하게 되면 둘 다 싫어하는 상황 —통화 침식—으로 끝나게 된다. 그 경기자들이 이것을 안다고 하면, 특히 가용한 전략("절약", "절약")의 파레토 우월 집합이 있을 때, 많은 관찰자들의 눈에 "낭비"하는 것이 결국 그리 합리적으로 보이지 않는다. 경제학자들은 파레토 우월 전략집합은 외견상으로만 가용하다고 대답하는 경향이 있다. 그 이유는, 두 경기자 중 한 명이 정말로 그 전략으로 경기를 했다면 다른 경기자로서는 그렇게 하지 않을 상당한 유인을 가질 것이고, 이것은 첫 번째 경기자에 의해 예견되는 것이며, 따라서 자기도 "낭비"를 고수하게 될 것이기 때문이다. 하지만 그렇다고 이런 추론을 불가피하다고 할 수는 없지 않을까?

이런 전략집합("낭비", "낭비")을 "내쉬균형(Nash equilibrium)"이라 한다. 아래에서 보게 되겠지만 합리적인 행위주체가 내쉬균형 전략을 써야 할 이유를 정당화할 근거가 매우 약하다. 게다가 죄수의 딜레마는 특이한 내쉬균형을 갖는다는 점에서 매우 이례적인 게임이다. 대부분의 게임은 그런 균형을 두 개 이상 가지며, 경기자들이 그 가운데 하나를 확정하려고 할 때 그들을 안내할만한 좋은 원칙은 없다. 따라서 주어진 전략적 상황에서 그 합리적 행위과정이 결국 무엇으로 귀착될지 알기 어려운 경우가 적지 않다.

몇 가지 게임과 형식주의

경제학에서 사람은 경제주체다. 경제주체는 선호를 갖는다. 이는 가용한 선택지들의 순위를 매길 수 있다는 것을 의미한다. 주체가 갖게 된 여러 가지 선택지의 가치가 다른 주체가 하기에 달렸을 때, 그 주체가 게임을 한다고 하고 그를 경기자로 부른다. 게임에서 경기자는 전략을 선택해야 한다. 전략이란 다른 경기자의 가능한 전략에 대응하여 무엇을 해야 하는지 말해주는 일련의 행동이다. 게임은 주로 전략형(정규형)과 전개형의 두 가지로 나타낸다. 정규형은 그림 4.1에서처럼 행렬이다. 전개형은 같은 게임을 다른 양식으로 나타낸 그림 4.2에서처럼 나무를 닮았다. 내가 게임이론을 처음 배울 때 선생님은 전개형을 바셀리츠 스타일의 나무라고 불렀는데, 확실히 그럴만하다.

그림 4.2 전개형 유로본드 게임

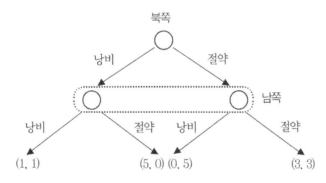

정규형에서 경기자의 전략은 행과 열로 배열되고, 경기자 1의 전략은 열에, 경기자 2는 행에 두는 관행이 있다(경기자가 3명 이상인 경우도 있지만 여기에서는 고려하지 않는다). 전개형에서 경기자의 결정점은 마디로 나타내고 전략은 마디에서 뻗어 나오는 가지(또는 화살)로 나타낸다. 두 가지 형태에서 그 게임의 결과는 경기자들에게 주어지는 보수의 집합이다. 보수는 경기자에게 부여되는 서수적 효용이다(혼합전략이 허용되면 기수적 효용이 될 수 있다. 혼합전략은 아래에서 소개된다).
게임을 풀려면 균형이나 균형집합을 찾아야 한다. 가장 중요한 균형

개념이 **내쉬균형**이다. 내쉬균형은 다른 경기자의 전략이 주어질 때 어느 경기자도 자신의 전략을 바꾸어서 더 나은 보수를 얻을 수 없는 그런 전략집합이다. 정규형 게임에서 내쉬균형을 발견하는 한 가지 방법은 **강열등전략**(strictly dominated strategy)을 제거하는 것이다. 한 경기자의 전략이 다른 경기자가 어떻게 하든 관계없이 모든 전략에 대해 항상 열등할 때 그것을 강열등전략이라 한다. 따라서 그림 4.1의 행렬에서 "절약"을 선택하는 것은 경기자 1인 북쪽의 입장에서는 강열등전략이다. 왜냐하면 "낭비"를 선택하는 것이 경기자 2인 남쪽이 "절약"이나 "낭비" 어느 것을 선택하든 관계없이 우월하기 때문이다. 그래서 우리는 위의 열을 제거할 수 있다. 같은 추론이 경기자 2에도 적용되어 여기에서 우리는 왼쪽 행을 제거할 수 있다. 그러면 한 쌍의 전략("낭비", "낭비")만 남게 되는데, 이것이 그 게임에 유일한 내쉬균형을 이룬다.

그러나 위에서 말했듯이 죄수의 딜레마는 이례적인 게임이다. 철학자들이 즐겨 인용하는 사슴사냥 게임(Stag-Hunt Game)에 대해 알아보자 (그림 4.3).

그와 관련된 이야기는 사회적 협동의 장점을 기술한 장자크 루소가 쓴 『불평등론(Discourse on Inequality)』에 기원한다.

> 사슴을 잡아야 했나? 사냥에 성공하려면 각자 자기가 맡은 길목을 충실하게 지켜야 한다는 것을 모두가 알고 있었다. 그러나 토끼 한 마리가 우연히 그들 가운데 누군가의 손만 뻗으면 잡을 수 있는 곳에 미끄러져 온다면 그는 틀림없이 아무 거리낌 없이 토끼를 쫓을 것이고, 토끼를 잡았을 때 자기 때문에 놓쳤다는 동료들의 책망하는 말을 듣지 않을 것이다.
>
> (Rousseau 2002[1755]: 116)

이 문단은 대개 다음과 같은 상황을 묘사하는 것으로 해석된다. 두 사람이 사냥을 나간다. 각자는 사슴이나 토끼 중에서 사냥할 대상을 선택할 수 있다. 각 경기자는 다른 경기자의 선택을 모르는 채 행동을 선택해야 한다. 한 사람이 사슴을 사냥한다면 성공을 위해 상대방의 협동이 필요하다. 토끼를 사냥하면 혼자서 잡을 수 있으나 토끼는 사슴에 비해 가치가 떨어진다.

그림 4.3 사슴사냥 게임

		사냥꾼 2	
		사슴	토끼
사냥꾼 1	사슴	(3, 3)	(0, 2)
	토끼	(2, 0)	(1, 1)

사슴사냥 게임에서 첫 번째로 주목할 것은 열등전략이 없다는 점이다. "토끼"는 상대방이 "사슴"을 택할 때에만 열등한 전략이고 "사슴"은 상대방이 "토끼"를 택할 때 열등하다. 그럼에도 우리는 내쉬균형, 즉 (사슴, 사슴)과 (토끼, 토끼)를 발견할 수 있다. 즉, 한 사람이 "사슴"을 택할 때 상대방은 "토끼"를 택하여 더 나은 보수를 얻을 수 없다. 그것은 "토끼"를 택할 경우에도 마찬가지다.

(사슴, 사슴)이 (토끼, 토끼)보다 나은 해(solution)라는 데는 명백한 의미가 있다. 즉, 두 경기자 모두 더 많은 보수를 받으며, 이는 두 사람 모두 그 결과를 선호한다는 것을 의미한다. 하지만 내쉬균형 개념 그 자체로는 여러 균형들 중에서 무엇을 선택할지 확정짓기 어렵다. 이것을 확정짓기 위해서 그 개념에 대한 여러 가지 "정련들(refinements)"이 제시되어 왔는데, 아래에서 이런 정련들에 대해 알아본다.

정규형 게임과 전개형 게임 간의 큰 차이점은 후자가 순차 이동 표시를 허용한다는 데 있다. 유로본드 게임에서 북쪽이 먼저 움직이고 "절약"을 선택했다고 반사실적 가정을 하자. 만약 남쪽이 이것을 알면 "낭비"를 택할 것이고, 그 결과는 (0, 5)가 될 것이다. 만약 북쪽이 "낭비"를 택하고 남쪽이 그것을 알면 역시 "낭비"를 택하고 그 결과는 (1, 1)이 된다. 북쪽은 남쪽의 움직임을 예상하고 그에 따라서 "낭비"를 택한다. 그림 4.2는 이런 이동 순차를 보여준다. 그러나 원래의 설정에서 경기자들은 동시에 움직이거나, 더 정확하게는 상대방의 움직임을 모른다고 가정하였다. 전개형 게임에서 인지(knowledge)에 대한 그런 가정들은 **정보집합**(information set)이라는 장치로 나타낼 수 있다. 남쪽 마디 주위의 점선은 남쪽이 왼쪽에 있는지 오른쪽에 있는지 모른다는 것을 나타낸다.

다른 순차 게임에서 먼저 움직이는 사람의 행동이 알려진다. 그림 4.4의 소위 **최후통첩 게임**(Ultimatum Game)에 대해 살펴보자. 최후통첩 게임(이 역시 철학자들이 좋아한다)에서 경기자 1(제안자)은 몫을 나누고 경기자 2(응답자)는 그 몫을 수락할 수 있으며, 그럴 경우 둘 다 경기자 1이 할당한 금액을 받거나 아니면 거부할 수 있는데, 거부할 경우에는 두 사람 다 아무 것도 못 받는다.

(그림 4.4는 간략화한 것인데, 몫을 10-0, 9-1, 등 여러 가지 나누는 방식에 맞추어 제안자 마디로부터 여러 개의 가지로 표시하면 더 정확하

그림 4.4 최후통첩 게임

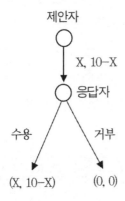

게 나타낼 수 있다).

이 게임에서 응답자는 0보다 큰 어떤 제안도 수락할 것이다. 제안자가 이것을 예견할 수 있기 때문에 가능한 한 작은 금액을 제시한다. 순차 게임을 푸는 데 **역진귀납**(backward induction)이 사용된다. 역진귀납은 결과로부터 선행하는 결정문제로 역추론하는 방법이다. 이 방법에 대해서는 뒤에 가서 더 언급할 것이다. 이 간단한 게임에는 두 단계만 있다. 응답자가 마지막(두 번째)으로 움직여 제안을 수락하거나 거부한다. 그는 0이 아니면 어떤 제안이든 수락하는 쪽을 선호할 것이다. 이것을 알고 제안자는 제안의 액수를 정한다. 제안자는 응답자가 수락할 0이 아닌 가능한 한 최소한의 금액을 제안할 것이다.

마지막으로 두 가지 구분을 소개한다. 우선, **단발성** 게임(one-shot game)과 **반복** 게임(repeated game)의 구분이다. **유한반복** 게임은 역진귀납에 의해 단발성(순차) 게임과 정확히 똑같은 방식으로 분석된다. 그림 4.2의 유로본드 게임이 20회 반복되었다고 가정하자. 바로 그 마지막 단계에서 남쪽은 북쪽이 예상할 수 있는 "낭비"를 선택해서 여전히 재미를 볼 것이다. 북쪽은 마지막 단계인 두 번째 단계에서도 이번에는 남쪽의 예상대로 "낭비"를 선택할 것이다. 이런 추론은 단계 1에서부터 줄곧 이어질 것이다.

무한반복 게임(또는 몇 회까지 할 지 모르는 게임)은 확연히 다른 문제다. 여기에서 항상 "낭비"를 선택하는 것은 더 이상 우월전략이 아니다(Aumann 1959). 오히려 다른 전략이 더 나은 보수를 얻는다. 그런 전략의 하나로 "팃-탯 전략(Tit-for-tat)"이 있다. "팃-탯 전략"은 시작할 때 일단 '우호적인' 전략(이 경우엔 "절약")을 실행한 다음에 상대방이 하는 행동을 살펴보는 것을 의미한다. 만약 상대의 반응이 우호적이면 똑같이 반복한다. 상대가 이기적으로 행동하면(이 경우엔 "낭비") 현재의 게임과 후속 게임에서 그가 한 그대로 되갚음한다(Rapoport and Chammah 1965).

마지막으로, **순수전략**과 **혼합전략**의 구분이 있다. 지금까지 우리는 순수전략에 대해서만 살펴봤는데, 확정적 전략이 의미하는 바가 바로 이것이다. 즉 어떤 행위주체가 결심을 하고 선택한 그 전략을 수행하는 것이다. 혼합전략의 경우에는 전략이 경기자에 의해 확률이 부여되면 경기자는 자신이 선택할 방향을 무작위 장치가 결정하게 한다. 여기에 두 가지 선택지만 있을 때는 행위주체의 결정을 동전 던져 결정하기와 같은 것으로 생각할 수 있다(그리고 동전을 던져서 어떤 전략이 실제로 선택될지 결정하게 한다).

그림 4.5 가위-바위-보 게임

		경기자 2		
		바위	보	가위
경기자 1	바위	(0, 0)	(−1, 1)	(1, −1)
	보	(1, −1)	(0, 0)	(−1, 1)
	가위	(−1, 1)	(1, −1)	(0, 0)

단순한 혼합전략의 흔한 예는 아이들이 하는 가위-바위-보 게임에서 볼 수 있다. 그림 4.5에서 보듯이 순수전략에는 내쉬균형이 없다. 만약 경기자 1이 "바위"를 내면 경기자 2는 "보"를 내는 것이 최선 대응이다. 경기자 1의 그에 대한 최선 대응은 "가위"이고 경기자 2의 그에 대한 최선 대응은 "바위", 이런 식이다. 만약 경기자들이 무작위 장치(예컨대 3면 동전 같은 것)를 갖고 있다면 그것을 어떻게 "로드(load)"하려 할까? 경기자 1이 가위/바위/보에 90%/5%/5% 확률을 부여한다고 가정하자. 얼마 지나지 않아 경기자 2는 경기자 1의 행동을 보고 이런 확률을 알아

낼 것이고 시행할 때마다 대부분 "바위"를 내어 대응할 것이다. 이것을 피할 유일한 방법은 그 세 가지 전략에 같은 확률을 부여하는 것이다.

더 일반적으로 말해서, 혼합전략 내쉬균형을 찾으려면 여러 전략들에 확률을 부여하면 된다. 그렇게 하면 다른 경기자들이 실제로 무엇을 내건 신경 쓸 필요가 없어진다. 이것은 가위–바위–보 같은 대칭적인 게임을 보면 쉽게 알 수 있지만, 비대칭적인 게임도 유사하게 해를 구할 수 있다(Varian 2010: 540).

이것으로 게임이론적 기법에 대한 탐색을 간략하게 마친다. 물론 이것은 가장 기초적인 입문이었다. 아래에서(그리고 다른 장에서) 보게 되겠지만, 게임이론에 대한 가장 긴요한 철학적 문제의 일부나마 알아보는 것으로 충분하다. 이런 문제들을 규명하기 전에 게임이론이 갖고 있는 효용의 성격에 대해 검토해보아야 한다.

게임이론의 보수

경제학자들은 종종 "선호"와 "선택"을 호환하여 사용한다. 즉, 그들은 선호와 선택을 동일시한다. (서수적) 효용이 선호지수일 뿐이라면 "표준적 접근에서 '효용극대화'와 '선택'이라는 개념은 동의어"라고 말할 수 있다(Gul and Pesendorfer 2008: 7). 이런 표준적 접근방법이 현시선호이론이다.

우리는 3장에서 현시선호이론이 의사결정이론을 위한 일반적인 선호이론으로서 지속불가능하다는 것을 보았다. 여기에서는 추가적으로 게임이론에서 다루는 "선호"의 용법에 대해 알아보기로 한다. 선호와 선택을 동일시하는 이론을 게임이론에 적용하려고 하면 시작하는 것조차 불가능하다. 왜냐하면 대부분의 게임들에서 그 구조를 작성하는 일이 불가능할 것이기 때문이다. 유로본드 게임(그림 4.2)을 할 때 두 행위주체 모두가 합리적이라면 다이어그램의 왼쪽 위에 도달할 수 없다. 그럼에도 불구하고 우리는 이런 결과에 효용을 부여한다. 아니면 가위 바위 보를 생각해보자. 만약 우리가 선호와 선택을 동일시한다면 그 게임을 하는 사람으로부터 우리가 추론할 수 있는 것은 기껏해야 그들이 낸 것을 다른 두 가지보다 선호한다는 것뿐이다. 그들이 가위, 바위, 보 세 가지 전략을 각각 게임 시간의 1/3씩 사용하는 걸 관찰하면 그들이 세 가지 선택에 대해 무차별적이라고 믿게 된다. 하지만 물론 그렇지 않다. 효용이 "실제 선택에 드러난 선호"를 의미한다고 할 수 없다.

일부 경제학자들은 그래서 선호를 **가설적** 선택과 동일시한다.

게임이론의 1인 결정문제에서 결정을 할 때, 우리는 일반적으로 그들의 행동을 관찰하여 합리적인 사람들이 어떻게 게임을 하는가를 연역하는 데 관심을 갖는다. 우리는 죄수의 딜레마에서 만약 이브가 비둘기를 선택할 걸 아담이 미리 알았더라면 아담은 어떤 결정을 할 것인지 물으면서 시작한다.

아담이 매를 선택하려 할 경우 우리는 좌상(左上)의 셀보다 좌하(左下)의 셀에 더 큰 보수를 적어 넣을 것이다. 이런 보수는 (비둘기, 매)와 (비둘기, 비둘기) 결과에 대한 아담의 효용과 동일시될 것이다. 하지만 우리의 이야기는, 효용이 크니까 아담이 전자를 선택한다는 말을 헛소리로 만들어 버린다는 데 주목해야 한다. 우리가 (비둘기, 매)의 효용을 (비둘기, 비둘기)보다 크게 만든 것은 아담이 전자를 선택할 거라는 말을 들었기 때문이다. (비둘기, 비둘기)가 가용한데 (비둘기, 매)를 선택할 때 아담이 (비둘기, 매)에 대한 선호를 드러낸다고 말하고, 거기에 (비둘기, 비둘기)보다 더 큰 효용을 부여함으로써 이것을 나타낸다.

(Binmore 2007: 13-14; 강조 첨가)

따라서 합리적 선택이론은 일관된 행동이론이다. 어떤 사람의 선호를 알면 비슷한 상황에서 어떻게 행동할지 추론할 수 있다는 것이다. 불행하게도 이것은 게임이론에서는 안 통한다. 문제는, 경기자들이 어떤 결과를 선호한다해도 그걸 선택할 처지가 아니라는 데 있다(Hausman 2012: 34 참조). 최후통첩 게임에서 제안자는 자기가 0 이상의 액수를 제안하면 응답자가 그것을 바로 수용하기를 바랄 게 뻔하다(그의 보수는 x〉0으로 나타낼 수 있다). 하지만 제안자는 두 가지 결과 중에서 선택할 처지가 아니고 그건 어디까지나 응답자의 몫이다. 물론 경기자 1에게 결과 (x, 수용)과 (x, 거절) 중에서 선택해야 한다면 어떻게 할지 물어볼 수는 있다. 하지만 그렇게 하는 것은 그가 두 상황 가운데 무엇을 선호하는지 물어보는 것과 다름없다. **선택은 경기자 2가 한다.**

선호와 가설적 선택의 동일시는 사람들이 실수를 할 리 없다고 가정하는 다른 문제점을 안고 있다. 만약 선호가 곧 선택(실제적이든 가설적이든)이라면 사람들은 어김없이 그들의 효용을 극대화할 수 있을 것이다. 한편, 사람들이 선택을 할 때 실수를 하지 않는다는 것은 믿기 어려운 일이기 때문에, 실수하는 것을 개념적으로 불가능하게 만드는 이론은 거부되어야 마땅하다. 다른 한편, 균형 선택과 관련하여 경제학자들이 논쟁하는 난점들은 사람들이 실수할 수 있다는 걸 전제로 한다(아래 참조). 그렇기 때문에 우리가 이런 논쟁에 의미를 부여할수록 현시선호이론은 게임이론의 맥락에서 사용되기 어렵다.

결론은 이렇다. 이 장에 묘사된 게임의 결과에 부여된 효용은 선호만족지수이고, 여기서 "선호"란 모종의 심적 상태를 가리킨다. 우리에게 필요한 것은 단지 사람들이 가용한 결과에 대해 심적 순위를 매길 수 있다는 사실, 그게 전부다. 더 큰 효용은 더 심적 순위가 높음을 나타낸다.

10대 청소년이었던 학창시절에 우리는 "러브리스트(love list)"라는 것을 작성하며 즐기곤 했다. 아마 남학생이었다면 그 반의 여학생들에 대해서 "가장 좋아함"에서 "가장 안 좋아함"까지 또는 그 반대로 순위를 매겼을 것이다. 물론 우리 소년들이 선택을 할 처지는 아니었다. 그런데도 우리는 러브리스트를 작성하느라 열을 올렸다. 이것은 선호를 갖는다는 말의 의미를 설명하려는 이 장(chapter)의 의도와 목적에 잘 부합한다.

게임이론과 합리성

무엇보다 게임이론의 목적은 사람들이 전략적 상황에서 어떻게 합리적으로 행동하는가 하는 질문에 답을 구하는 데 있다. 우리는 이 절에서 게임이론이 이 질문에 답하는 방식이 언제나 완벽할 정도로 명쾌하지는 않다는 사실을 알게 될 것이다. 우리는 먼저 게임이론의 주요 해 개념(solution concept)인 내쉬균형의 철학적인 기초가 탄탄한지 물어본다. 그런 연후에 몇 가지 정련(refinements)에 대해 고찰하려고 한다.

단발성 게임에서 내쉬균형을 택하는 것이 항상 합리적인가?

단발성 게임에서 행동주체가 항상 내쉬균형을 이루지 않으면 안 되고 내쉬균형만 이루어야 할 부득이한 이유가 있을까? 합리적 행위주체로 하여금 균형을 벗어난 자세를 취하게 할 여지가 있지 않을까? 이 절에서 나는 단발성 게임에 대한 해 개념으로서의 내쉬균형을 변호했던 몇 가지 주장에 대해 검토하려 한다. 아래에서 더 복잡한 게임에 대해 알아본다.

내쉬균형에 대해 가장 자주 듣는 변호는, 그것이 자기 구속적 합의를 구성한다는 것이다(예컨대, Hargreaves Heap 등1992: 101). 만약 남쪽과 북쪽이 유로본드 게임을 하기 전에 만날 수 있다고 가정하자. 그들은 게임의 구조를 살펴보고 서로가 "절약"을 선택하면 이익이 된다는 것을 간파할 것이다. 그래서 그렇게 하는 데 동의한다. 실제로 우리의 경우 이것을 유로플러스 협약(Euro-Plus Pact)이라고 불렀는데, 유로본드의 길을 닦기 위해 2011년에 체결되었다. 게임 참가들이 합의를 고수할 확률이 얼마나 될까? 그림 4.1의 구조에서는 0이다. 외적인 구속 ─그런 것은 유로본드에서나 현실에서나 존재하지 않는다─ 이 없는 한, 합의를 존중하지 않을 유인이 강하다. 그런 상황에서 어떤 행동 노선을 고수하겠다는 약속은 "빈말"에 지나지 않는다.

반면, 그 대신에 만약 경기자들이 미리 "낭비"를 선택하는 데 합의를 봤다면 누구도 거기에서 이탈할 유인을 갖지 않을 것이다. "따라서 내쉬균형은 외적으로 구속될 수 있는 합의가 없을 경우에는 합리적 협상의 지속가능한 유일한 결과로 볼 수 있다"(Hargreaves Heap 등 1992: 102). 모든 내쉬균형이 자기 구속적이고 자기 구속적인 것은 내쉬균형밖에 없는가? 그런 것 같지 않다. 그림 4.6의 게임을 보자(Risse 2000: 366).

그림 4.6 비(非)자기 구속적 내쉬균형

		경기자 2		
		왼쪽	가운데	오른쪽
경기자 1	위	(4, 6)	(5, 4)	(0, 0)
	중간	(5, 7)	(4, 8)	(0, 0)
	아래	(0, 0)	(0, 0)	(1, 1)

여기에서 (아래, 오른쪽)만 내쉬균형이다. 하지만 경기자들이 경쟁자도 이탈할 거라고 믿는다면 같이 이탈할 유인을 갖는다. 합리적인 경기자라면 다른 합리적 경기자가 자기에게 이익이 되는 걸 하리라고 믿지 않을 리가 있는가?

다른 예는 그림 4.3의 사슴사냥 게임이다. 여기에서 (사슴, 사슴)이 내쉬균형이지만 취약하다. 사냥꾼들이 미리 만나서 파레도 우월의 결과에 대해 합의한다고 가정하자. 그 합의를 고수하는 것은 상당한 신뢰를 요구한다. 사냥꾼 2가 그 합의를 존중하지 않으면 사냥꾼 1은 (사냥꾼 2가 매우 의심이 많다는 것을 사냥꾼 1이 알고 있고, 그래서 자신을 믿지 않을텐데, 아니면 그냥 실수할지 모르는데) 어떻게 해야 될까? 그 결과, 그는 최소한의 보수라도 확보하려고 "토끼"를 선택할 것이다. 물론 똑같은 추론이 경기자 2에도 그대로 적용된다. 따라서 (사슴, 사슴)이 파레토 우월인 결과이지만 (토끼, 토끼)가 덜 위험한 결과가 된다. (자기 자신은 신뢰한다고 해도) 상대가 신뢰하기 어렵거나 사람들이 실수하기 쉬울 때는 덜 위험한 결과가 선호될 수 있다.

위험(risk) 고려도 게임의 동기가 된다(그림 4.7). 그림은 자기 구속적 합의가 반드시 내쉬균형일 필요가 없음을 보여준다(Risse 2000: 368).

그림 4.7 자기 구속적인 비(非)내쉬균형

		경기자 2	
		왼쪽	오른쪽
경기자 1	위	(0, 0)	(4, 2)
	아래	(2, 4)	(3, 3)

경기자들이 게임을 하기 전에 협상할 기회를 갖는다면 (아래, 오른쪽)이 합의점으로 제시된다. 물론 두 경기자가 이런 결과로부터 이탈할 유인을 갖는 것은 사실이다. 하지만 상대가 합의를 존중하지 않을 거라고 믿는 한, 자기들이 선호하는 대로 했다가는 아무 소득도 얻지 못하고 끝날 위험을 안게 된다.

알게 된 것: 자기 구속적 합의론은 내쉬균형에 대한 정당화로 사용될

수 없다. 왜냐하면 모든 내쉬균형이 다 자기 구속적인 것은 아닐뿐더러, 모든 자기 구속적 합의가 꼭 내쉬균형이어야 하는 것은 아니기 때문이다.

내쉬균형에 대한 다른 영향력 있는 변호는, 경기자들의 합리성과 그에 대한 공통지식(common knowledge: 게임이론이 적용되는 상황에서 참가자들이 모두 알고 있는 공통지식. 경기자들은 게임의 보수와 규칙을 이해하고 있으며, 자신에게 가장 이득이 되는 선택이 무엇이지 알고, 상대도 그것을 예상하고 선택한다는 점을 감안하여 선택한다. ─역자주)에 의해 내쉬균형이 획득된다고 말한다. 그림 4.8을 참고하라(Hargreaves Heap and Varoufakis 2004: 게임 2.9).

그림 4.8 합리화가 가능한 전략

		경기자 2		
		왼쪽	가운데	오른쪽
경기자 1	위	(3, 2)	(0, 0)	(2, 3)
	중간	(0, 0)	(1, 1)	(0, 0)
	아래	(2, 3)	(0, 0)	(3, 2)

여기에서 모든 전략은 경쟁자가 수행하는 전략에 대한 최선 대응이다. 만약 경기자 1이 경기자 2가 "오른쪽"을 선택하리라고 믿는다면 그는 "아래"를 선택할 것이다. 경기자 1은 왜 경기자 2가 "오른쪽"을 선택하리라 믿을까? 아마도 그것은, 경기자 2가 자신이 "위"를 선택한다고 예상할 것이라 믿고 "오른쪽"이 그에 대한 최선 대응이라고 믿기 때문일 것이다. 이런 식의 추론이 갖는 문제는 같은 믿음을 공유한 모든 사람들에게 적용될 수 없다는 데 있다. 즉, 만약 행동주체들이 실제로 (아래, 오른쪽)과 같은 전략집합을 선택하게 되면 최소한 한 명의 기대는 좌절될 것이다.

사람들의 믿음이나 행위에 대한 후회를 피할 유일한 전략집합은 내쉬균형 전략인 (중간, 가운데)이다.

이런 옹호론이 안고 있는 문제는, 각 경기자가 그 게임을 할 유일한 합리적 방법이 있을 때만 그 옹호론이 타당하다는 것이다. 하지만 이마저도 항상 그런 것은 아니다. 그림 4.9를 보면, 때로는 위험에 대한 고려가 내쉬균형을 이길 수 있다는 것을 알 수 있다(Hargreaves Heap and Varoufakis 2004: 게임 2.11).

그림 4.9 위험 우월인 비내쉬균형

		경기자 2		
		왼쪽	가운데	오른쪽
경기자 1	위	(1, 1)	(2, 0)	(-2, 1)
	중간	(0, 2)	(1, 1)	(2, 1)
	아래	(1, -2)	(1, 2)	(1, 1)

이 게임에서 (위, 왼쪽)은 순수전략에서 유일한 내쉬균형이다. 합리적 경기자라면 그것을 선택할까? 만약 경기자 1이 "위"를 선택하면 경기자 2가 "왼쪽"과 "오른쪽"에 무차별하기 때문에 그가 가장 덜 선호하는 (위, 오른쪽)에서 끝날 위험에 빠진다. 같은 추론이 경기자 2의 선택 "왼쪽"에도 적용된다. 반면에 (아래, 오른쪽)을 선택한다는 것은 상대방이 무엇을 선택하건 경기자 모두가 이익을 얻고 끝난다는 것을 의미한다. 내쉬균형 전략을 택할 경우 큰 위험을 부담해야만 얻게 될 보수를 비(非)내쉬균형 전략이 **보장한다면** 합리적 주체가 비내쉬균형 전략을 택하지 않을 리가 있는가?

이런 변호의 다른 문제점은 전략적 상황에서 해야 할 일에 대해 구체적으로 권고할 게 있다는 생각에 다소 일관성이 부족하다는 데 있다. 아이작 레비(Isaac Levi)가 지적하듯이, 합리적 선택 원칙을 비판적으로 사용하길 바라는 주체라면 자기 자신이 합리적으로 행동할 거라고 예상할 수 없다(Levi 1997). 그런데 분명히 게임이론은 게임의 선호 구조와 적절한 믿음이 주어지면 주체들은 자신들이 무엇을 하게 될 지 숙고하는 존재로 묘사한다. 따라서 반론은, 게임이론은 경기자들 자신이 합리적임을 안다고 가정할 수 없으며, 따라서 한층 강력한 의미에서 경기자가 상대편 경기자도 합리적이라는 걸 안다고 가정할 수가 없다는 것이다.

내쉬균형의 정련

내쉬균형이 그 이론의 핵심적인 해 개념(solution concept)이기 때문에 "게임이론과 합리성"에 대한 논의를 이쯤에서 마칠 수 있을 것이다. 하지만 위의 비판들이 오로지 단발성 게임에 치중해서 그것이 합리적 학습의 결과(Kalai and Leher 1993) 또는 진화의 결과(Binmore 1987)라고 변호할 수 있는 여지가 남아 있다. 여기서는 그런 변호에 대해서는 다루지 않고 그 대신 게임이론이 합리성이론으로서 갖는 근본 문제 ─ 한 게임에는 거의 언제나 복수의 내쉬균형이 있고, 게임이론은 균형 선택에 대한 좋은 지침을 제공하지 않는다─ 에 대해 살펴본다. 따라서 설령 내쉬균형이 합리성의 관점에서 옹호될 수 있다고 해도 대부분의 게임에서 "내쉬균형을 찾아서 게임의 해를 구하라"고 하면 합리적인 경기자들이 무엇을 해야 하는지에 대해 확정적인 답을 찾기 어렵기 때문에 그런 변호가 근거를 얻기 힘들다.

2개 이상의 균형을 갖고 있고 경기자들이 같은 행동을 취하여 서로에게 이익이 되는 게임을 가리켜 '조정 게임(coordination game)'이라 한다. 그림 4.10에 그 가장 단순한 게임의 구조가 나타나 있다.

두 운전자(또는 기수)가 충돌을 방지하기 위해 좌 또는 우 어느 방향으로 조정해야 한다고 가정하자. 두 사람이 모두 같이 행동하는 한 어느 방향으로 틀어도 좋다. 규칙을 강제할 수 있는 정부가 없는 상태라면 합리적 행위 주체들이 어느 방향으로 가야 할지 어떻게 결정하는가?

그림 4.10 단순 조정 게임

		경기자 2	
		왼쪽	오른쪽
경기자 1	위	(1, 1)	(0, 0)
	아래	(0, 0)	(1, 1)

토머스 셸링(T. Shelling)은, 이런 상황은 대부분 "사람들이 자신의 행동에 대해 타인들이 예상하리라고 예상하는 것에 대한 각자의 예상에 대해 초점(focal point)을" 갖는다는 견해를 제시했다(Shelling 1960: 57). 사람들이 말 등에 앉아 여행하던 시절로 돌아가 보면 사람들이 대부분 오른손잡이라서 왼쪽 길을 고수하는 것이 초점이 될 것이다. 왼쪽 길을 고수함으로써 기수는 왼손으로 고삐를 잡고 오른손으로는 다가오는 기수에게 자유롭게 인사를 하거나 자신의 검을 내밀 수 있다(Parkinson 1957).

이런 특이한 이야기에서 오른손잡이 기수는 왼쪽을 고수하는 **선호**를 갖게 될 개연성이 크고, 그럼으로써 (왼쪽, 왼쪽) 균형에서 얻는 보수가 다른 균형에서 얻는 보수보다 클 수밖에 없다. 그런데 균형의 선택이 예상 하나에 의해서만 유도되는 상황도 있다. 셸링이 사용한 예는 다음과 같다. "'손' 또는 '발'이라는 명칭을 골라라. 만약 당신과 상대방이 동시에 같은 명칭을 고르면 둘 다 상을 받는다."(Shelling 1960: 56). 아마도 대다수가 '발'보다는 '손' 쪽으로 기울어질 것이다. 사람들이 '손'을 선택하리라고 **예상**할 이유가 있다. 관례적으로 '손'이 먼저 언급되기 때문에 그것이 초점이 된다(초점은 의사소통이 어려운 상황에서 서로의 예측을 조정하는 과정에서 공통의 기대치가 한 점에서 수렴하는 단서가 되는 점이다─역자주).

초점은 어떤 관습, 관례, 습관이 존재하기 때문에 사람들이 하게 될 행위에 대한 예상에 바탕을 둔 것으로서, 여러 개의 균형들 중에서 선택하는 합리적인 방안이 된다. 하지만 초점을 형식적으로 모형화하는 방법이 분명하지 않기 때문에 그 이론은 여태까지 미개발 상태에 머물러 있다. 만약 초점에 관한 고찰이 이익에 영향을 미친다면(종종 그럴 수밖에 없지만) 초점 전략 역시 파레토 우월전략이 된다. 이것은 또 하나의 내쉬균형의 정련(refinement) ─두 개 이상의 내쉬균형이 있다면 파레토 우월의 결과를 선택하라(내쉬균형의 정련은 내쉬균형에서 요구하는 조건 이상의 제약을 가하여 비합리적인 내쉬균형을 제거하는 것을 의미한다─역자주)─ 이다.

그러나 파레토 우월은 가끔 우리가 이미 앞에서 언급한 위험 우월과 충돌한다. 사슴사냥 게임(그림 4.3)은 그것을 여실히 보여준다. (사슴, 사슴)이 파레토 우월의 결과다. 그러나 만약 상대방이 어떤 이유로 "토끼"를 선택하면 "사슴"을 선택한 사냥꾼은 최소한의 선호 상태로 끝나게 된다. 그래서 "사슴"을 택하는 것은 위험하다. 반대로 "토끼"를 택함으로써 사냥꾼은 이득만 얻는다. 즉, 다른 사냥꾼이 실수로 "사슴"을 택하면 앞의 사냥꾼은 균형 보수보다 **더 큰** 보수를 얻고 끝난다.

파레토 우월전략보다 위험 우월전략을 택하는 것이 진화론적 고찰에 바탕을 두고 변호되어 왔다(Kandori 등 1993; Young 1993). 그러면 위험 우월전략을 택하는 것이 항상 또는 대체로 합리적인가? 위험을 포기한다는 것은 초과이익을 포기한다는 것을 의미한다. 그리고 그렇게 하는 게 누구에게나 항상 최상의 이익은 아니라는 것이 확실하다. 어쨌든 문명은 상당한 정도로 신뢰 위에 세워졌으며, 그런 신뢰가 없었다면 경제적 상호작용과 발전이 저해되었을 것이다. 신뢰한다는 것(이 경우에는 상대가 실수를 하지 않는다는 것)은 위험 열등전략임에도 불구하고 "사슴"을 택하는 것을 의미한다. 최소한 일반적으로는, 합리성에 대한 고려 자체만으로 이 두 정련들 중에서 하나를 결정하기 어렵다.

다른 일련의 정련들을 소개하기 위해서 성대결 게임(Battle of the Sexes Game)에 대해 살펴보자(그림 4.11).

그림 4.11 성대결 게임

		경기자 2	
		발레	축구
경기자 1	발레	(4, 2)	(0, 0)
	축구	(0, 0)	(2, 4)

그 게임에 딸린 이야기는 다음과 같다. 어느 날 아침 서로 모르는 사이인 한 커플이 같은 날 밤에 열리는 행사에 가기 위해 표를 샀다. 그날 그들은 점심을 먹으러 가서 무슨 일이 있어도 같은 행사에 가기로 했지만, 어떤 행사를 갈지 결정하기도 전에 여자가 다른 모임에 간다고 자리를 떠야 했다. 참 운이 지지리도 없었는지 점심을 먹은 직후 두 사람 모두 스마트폰이 꺼져버렸고, 오후 내내 사무실 밖에서 업무를 보았다. 그들이 서로 연락을 할 수 없다면 그들의 저녁 행사를 어떻게 조정하게 될까? 경기자 1인 미영이는 축구 경기보다 발레 공연을 선호하며, 어떤 공연이든 그녀 혼자 가기보다는 파트너와 함께 가길 원한다. 경기자 2인 준혁이는 발레 공연보다는 축구 경기를 선호하며, 그 역시 혼자 가기보다는

미영이와 함께 가길 원한다.

 (순수전략에서) 눈에 띄는 두 개의 내쉬균형이 있다. 그리고 만약 그것이 내쉬균형의 정련을 위한 것이 아니었다면 이야기는 그것으로 끝났을지 모른다. 만약 그렇게 끝났다면 게임이론은 합리적 행위주체가 전략적 상황에서 해야 할 것을 결정하는 데 그다지 도움이 되지 않을 것이다. 미영이가 발레 공연에 가길 원하면 준혁이가 발레 공연에 가고, 미영이가 축구 경기에 간다고 하면 준혁이가 축구 경기에 가는 게 합리적이라고 (그리고 반대로 미영이에 대해서도) 생각하는 사람이 누가 있을까?

 다행히 더 많은 정련들이 있다. 그 중 하나는 우리가 앞에서 본 부분게임 완전(subgame-perfect) 내쉬균형이다. 만약 전략쌍(strategy profile)이 원래의 게임(original game)의 모든 부분게임에 대해 내쉬균형을 나타낸다면, 그것은 부분게임 완전 균형이다. 그 개념은 순차 게임에만 적용되므로 이야기를 약간 수정하자. 미영이가 오후 6시까지 일하고 준혁이는 오후 7시 30분까지 일하는 것으로 하고, 둘 다 그것을 알고 있다고 가정하자. 그래서 미영이가 먼저 결정을 하게 된다(이것을 준혁이에게 알린다). 그렇게 해서 만들어진 **순차** 게임이 그림 4.12에 그려져 있다.

그림 4.12 전개형 성대결 게임

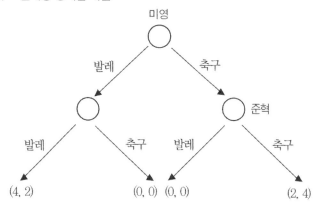

비공식적으로 말해서, 부분게임은 원래의 게임의 어떤 마디에서 시작되고, 그 마디와 뒤에 이어지는 마디들 모두를 포함하는 게임이다(만약 그 부분게임의 첫 마디가 단일 마디가 아닌 유로본드 게임에 속하지 않다면). 이 게임은 다음 세 가지 부분게임, 즉 원래의 세 마디 게임(모든 게임이 그 자체로 하나의 부분게임이다)과, 준혁이의 결정점에서 시작되는 두 게임을 갖는다. 그림 4.2의 유로본드 게임은 원래의 게임과, 남쪽의 움직임과 더불어 시작되는 부분게임이라는 두 개의 부분게임만 갖는다(게임의 그 단계의 두 마디 모두 같은 유로본드 게임에 속하기 때문이다).

앞에서 보았듯이, 사람들은 전개형 게임을 역진귀납으로 푼다. 역진귀납은 게임의 부분게임 완전 균형을 찾는 방법이다. 준혁이는 왼쪽 마디에서 "발레"를, 오른쪽 마디에서 "축구"를 고를 것이다. 그걸 예상하고 미영이는 "발레"를 고를 것이다. 그렇게 되면 이 게임에서 유일한 부분게임 완전 균형은 (발레, 발레)다. 역진귀납의 목적은 신빙성 없는 위협을 제거하는데 있다. 준혁이는 축구 경기에 가려고 하다가 자신이 원하는 모든 것을 위태롭게 만들 수 있다. 왜냐하면 일단 미영이가 결심을 하게 되면 준혁이가 위협을 가해봤자 결국 손해만 보게 되기 때문이다. 대칭을 깸 —미영이가 먼저 선택하게 함— 으로써 우리는 순수전략 내쉬균형의 수를 두 개에서 하나로 줄일 수 있다.

그러나 신빙성 없는 위협의 제거는 역설적 상황을 만들어낸다. 이는 그림 4.13의 4단계 지네 게임(Centipede Game)으로 예시될 수 있다. 그 부분게임 완전 해는 경기자 1이 첫 단계에서 "아래"로 움직이는 것이다(우리는 위에서 아래가 아닌 왼쪽에서 오른쪽으로 움직이고 있다). 그 이유는, 마지막 단계에서 경기자 2가 "아래"로 움직이고 경기자 1이 그것을 예상을 하고 3단계에서 "아래"를 선택하는 식으로 대응해 갈 것이기 때문이다. 만약 중간 단계까지 가면 두 경기자 모두 "우리가 어떻게 여기

그림 4.13 지네 게임

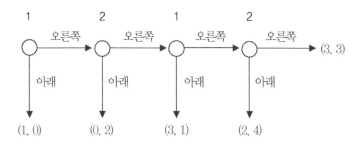

까지 왔지?'라고 물으며 의아해할 것이다. 2단계를 살펴보자. 1단계에서 경기자 1의 합리적인 선택이 "아래"였다고 가정하면, 이 단계에 도달한 데 대해서 우리는 경기자 1이 비합리적이었거나 실수를 했다고 해석할 수밖에 없다. 하지만 만약 그렇다면 경기자 2는 경기자 1이 그런 식으로 계속 게임을 하리라고 예상하고 후속 단계에서 보수가 더 클 때 그만두려고 할 것이다. 경기자 2의 입장에서는 사실상 경기자 1이 충분히 합리적이지 않다고 믿는다면 2단계에서 "아래"를 택하지 않아야 합리적이다. 경기자 2가 경기자 1이 무조건 "오른쪽"을 선택할 것으로 믿는다고 가정하자. 그러면 경기자 2의 최선의 선택은 계속 기다리다가 마지막 단계에서 "아래"를 선택하는 것이다. 따라서 경기자들이 상대가 합리적이라고 가정하지 않는다면 그들 자신의 합리성이 그들에게 계속 게임을 하도록 허용(요청)한다. 실제로 그 게임을 실행할 때 피실험자들 대부분이 정말로 두서너 차례 하고 끝냈다(McKelvey and Palfrey 1992 참조)(실험 결과, 1단계에서 4단계까지의 비율은 각각 7%, 36%, 37%, 15%였고, 마지막 단계에서 "오른쪽"을 선택한 사람은 5%에 불과했다—역자주).

따라서 부분게임 완전 균형의 결과(1, 0)로 **끝내려면** 두 경기자 모두 완전히 합리적이고 합리성에 대한 공통지식을 갖고 있다고 가정해야 한다. 하지만 이렇게 가정을 하면 그런 결과가 나오는 방향으로 **추론할** 수가 없다.

문헌을 보면, 소위 "손떨림(trembling hands)"을 원용(援用)하는 것이 이런 역설을 우회하는 표준적인 방법이다(Selten 1975). 경기자는 충분히 합리적임에도 실수를 할 때는 손이 떨린다. 경기자 1은 첫 마디에서 예컨대 "아래"로 가려고 했는데 실수로 버튼을 잘못 눌러 "오른쪽"을 누른다. 이런 일이 0 이상의 정(+)의 확률로 일어나는 한, 그 게임은 역진귀납으로 풀 수 있다.

손떨림으로부터 (완전) 균형이라는 아이디어는 부분게임 완전 균형을 한층 더 정련한 것인데, 이는 그림 4.14의 손떨림 게임(Tremble Game)에서 볼 수 있다(Rasmusen 2006: 111). 이 게임에는 (위, 왼쪽), (위, 오른쪽), (아래, 왼쪽)이라는 세 가지 내쉬균형이 있고, 그 중에서 (위, 왼쪽), (아래, 왼쪽) 둘은 부분게임 완전 균형이다. 그러나 떨릴 확률은 균형으로서의 (아래, 왼쪽)을 배제한다. 만약 경기자 2의 손이 떨릴 가능성이 있으면 경기자 1은 자기의 보수 1을 확보하기 위해서 "위"를 선호할 것이다. 만약 경기자 1이 떨고 실수로 "아래"를 선택하면 경기자 2는 "오른쪽"보다 "왼쪽"을 선호하기 때문에 "왼쪽"을 선택한다. 따라서 (위, 왼쪽)이 유일한 손떨림으로부터 균형이다.

그림 4.14 손떨림 게임

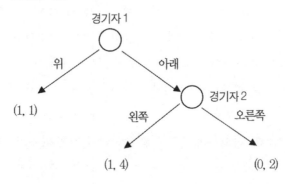

그 역설의 "표준적인 우회법"은 설득력이 없다. 지네 게임에서 게임을 계속할 것이냐 하는 결정은 한 경기자가 다른 경기자의 손이 떨릴 확률과 자기 보수를 얼마나 크게 추정하느냐에 달려 있기 때문에, 당연히 게임을 계속하는 것이 합리적이다. 상대가 비합리적이라고 생각되든 아니면 실수한다고 생각되든, 그건 문제가 되지 않는다. 다음에 어떻게 하는 것이 최선인가에 대해 각자 숙고한 결과는 같다. 손떨림이 무작위로 그리고 작은 확률로 발생하리라는 생각을 갖고 대응하는 건 도움이 안 된다. 그 게임의 마지막 단계까지 가려면 손떨림이 거의 안 일어나야 한다. 손떨림은 체계적으로 결과에 영향을 미친다.

이제 두 번째 역설을 검토해보자. 연쇄점 게임(Chain Store game)에서 알반 하임(Alban Heym)이라는 네덜란드 독점가가 20개의 점포를 갖고 있다. 그 점포는 각각의 소도시에 한 개씩 20명의 잠재적 경쟁자들을 만나는데, 그들은 그 시장으로의 진입과 비진입 중에서 하나를 선택할 수 있다. 그들은 순차적으로 그리고 한 번에 하나씩 선택한다. 만약 잠재적 경쟁자가 "비진입"을 선택하면 보수 1을 얻는 반면, 독점가는 5의 보수를 얻는다. 만약 경쟁자가 "진입"을 선택하면 보수 2 아니면 0을 얻게 되는데, 그 중 무엇을 얻느냐는 자신들의 행동에 대한 독점가의 반응에 달렸다. 독점가는 "협조"와 "공격"이라는 두 가지 전략 중에서 선택해야 한다. 만약 독점가가 전자를 선택하면 그와 그의 경쟁자들은 2의 보수를 얻고, 후자를 선택하면 둘 다 보수 0을 얻는다. 그 게임의 마지막 라운드는 그림 4.15에 묘사되어 있다.

부분게임 완전 균형을 찾기는 쉽다. 가격 경쟁에 들어가면 하임은 손해만 보게 된다. 경쟁자가 이걸 알고 있고, 시장에 진입하지 않을 때보다 진입할 때 더 큰 보수를 얻기 때문에, 경쟁자는 진입을 택할 것이다. 이 게임에서 (진입, 협조)는 역진귀납에 의해 도달되는 균형이다.

하지만 하임의 경영진은 자기들이 경쟁자들보다 한 수 위라고 생각한다. 그들의 판단으로는 하임이 초반에 공격을 택하여 거친 모습을 과시하면 잠재적 진입자들이 저지되고 연쇄점이 큰 이윤을 얻을 것이다(Solten 1978 참조). 게임이론가들이라면 이렇게 말할 것이다. "이봐, 당신의 위협은 신빙성이 없어. 당신은 십중팔구 마지막 라운드에서 가격경쟁에 돌입하지 않을 거야. 그렇게 해서 얻을 게 없으니까. 그러니 경쟁자는 틀림없이 진입할 거야. 마지막에서 두 번째 라운드에서도 역시 싸울 이유가 없어. 이런 식으로 추리를 계속해봐. 그러면 진입 저지는 유효한 전략이 아니라는 걸 알게 될 거야."

정말로 알반 하임의 경영진은 실수를 한 것이다. 만약 "공격"이 그 게임의 전반전에 선호할만한 전략이라면 이것이 보수에 반영되어야 한다. 경영진은 연쇄점 게임이 아니라 다른 게임을 분석한 셈이다. 그러나 독점가로서는 보수에 대해 약간의 불확실성이라도 있으면 처음부터 진입과 싸워 명성을 쌓는 게 합리적이라는 것을 누구든지 증명해 보여줄 수 있다. 이렇게 해서 우리는 소위 **순차균형**(sequential equilibrium)이라고 하는 부분게임 완전 균형의 다른 정련으로 인도된다(Kreps and Wilson 1982).

그 아이디어에 의하면, 최소한 한 명의 경기자의 전략쌍은 외생적으로 결정되어 상대에게 관측될 수 없다. 예컨대, 연쇄점 게임에서 독점가는 "약"하거나 "강"할 수 있지만, 그것은 그림 4.15에서 보는 바와 같이, 또는 반대로는 그림 4.16의 오른쪽에서, 그가 그 둘 중 무엇을 선호하느냐에 달렸다.

이 게임의 해는 경기자 i가 게임을 하기 전에 선행되어야 할 각각의 정보집합에서 상대의 전략에 대한 최선 대응이 되는 것을 찾으면 구해진다. 이 게임에서 알반 하임은 거친 면모로 악명을 쌓을 수 있고, 그렇게

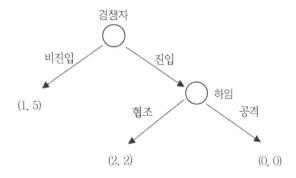

그림 4.15 불확실성을 갖는 연쇄점 게임

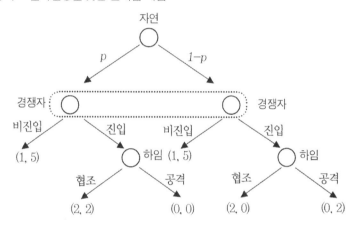

그림 4.16 불확실성을 갖는 연쇄점 게임

해서 잠재적 진입자들의 시장 진입 시도를 저지할 수 있다.

위에서 살펴 본 각각의 사례에서 내쉬균형의 정련이 갖는 특징은 그 본질을 변형한 게임에 구조적 특성을 부여한다는 데 있다. 어떤 경우에도 한 상황에서 어떻게 하는 것이 합리적인지 고려한 것을 기초로 정련이 정당화되지 않았다. 그 결과, 정련이 때로는 미결정을 줄이기보다 오히려 늘린다. 지네 게임과 연쇄점 게임은 하나의 균형에 안착하기 위해서는 공통 지식에 대한 가정을 약화시켜야 한다는 것(즉, 경기자들이 서로의 합리성에 대해 약간의 의구심을 갖는 것-역자주)을 보여준다. 이는 미결정을 없애려는 시도에서 한 발 물러선다는 것을 의미한다.

따라서 합리적 의사결정이론으로 이해된 게임이론은 상당히 문제가 많다. 내쉬균형은 정당화되기 어렵다. 비록 그것이 정당화된다고 해도 대부분의 게임들이 두 개 이상의 내쉬균형을 갖기 때문에 그것으로 풀수 있는 문제가 많지 않다. 여태까지 합리성의 관점에서 정당화할 수 있고 미결정을 줄이는 데 도움을 주는 성과를 별로 내지 못했다.

설명이론으로서의 게임이론

게임이론은 합리적 선택이론으로서 사회현상에 대한 실증적 이론이 될 수 있는 아주 훌륭한 후보라는 주장이 자주 제기되곤 했다(예컨대 Grüne-Yanoff and Lehtinen 2012 참조). 사람들이 합리적으로 행동한다고 예측하는 이론은 자기실현적(self-fulfilling: 예언의 영향으로 정말 예언이 실현되는 현상-역자주)이다. 그 이론을 수용해서 타인이 합리적으로 행동하리라고 예측하는 사람들은 스스로 합리적으로 행동할 유인을 갖는다. 타인이 비합리적으로 행동하리라고 예측하는 이론은 그런 덕을 보지 못한다. 그런 이론에 따라 행동하는 주체는 그 이론으로부터 이탈할 온갖 이유를 갖게 된다. 그렇게 하는 게 자신의 성과를 향상시킬 것이기 때문이다. 합리적 선택이론은 그렇기 때문에 사회현상에 안정적인 영향을 미친다.

하지만 이런 주장도 당연히 게임이론이 합리적 선택이론으로서 성공적일 때에나 타당성을 갖는다. 다음 절에서 보게 되겠지만 이런 주장들은 성공적이지 않다. 하지만 아직까지는 아무 것도 잃은 게 없다. 아마도 게임이론이 그리 훌륭한 합리성이론이 아닐지 모르나, 그럼에도 불구하고 그것은 유용한 예측이론이고 설명이론일 수 있다. 이런저런 정련에서 내쉬균형 전략을 구사하는 것에 대한 정당화가 부족할지 모르지만 사람들이 어쨌든 그 이론이 예측한대로 전략을 구사한다면 무슨 상관이 있겠는가? 그 이론이 경험적 내용을 갖거나 아니면 보다 조심스럽게 말해서 경험적 현상을 모형화하는 데 유용하다면 그 나름의 장점을 갖고 있다고 말할 수도 있다. 이 절에서 게임이론은 설명이론, 예측이론으로서 문제가 많다는 걸 알게 될 것이다.

예측을 하려면 어떤 식으로든 이론이 경험적 현상을 다루어야 한다(경험적 현상을 예측하는 이론만이 그 현상에 대한 설명도 할 수 있다). 대부분의 순수 이론들은 경험 가능한 영역을 초월한다. 즉, 경험 불가능한 사태를 지칭하는 개념을 내포한다. 헴펠(Carl Hempel)은 한 이론의 이론적(관측 불가능한) 어휘와 관측 가능한 어휘를 연결하는 원리를 "교량원리(bridge principles: 추상도 높은 개념을 측정 가능한 형태로 바꾸어 주는 원리—역자주)"라고 불렀다(Hempel 1966). 어떤 이론이 경험적 내용을 갖기 위해서는 교량원리가 필요하다.

게임의 구성방식은 보수구조(payoff structure)에 의해 주어진다. 앞 절에서 보았듯이, 보수는 선호 순위를 나타내는 효용지수다. 이것은 불행한 일이다. 만약 보수가 물질적 결과를 가리킨다면 (문자적인 의미가 아닌 게임이론가들의 의도와 목적상) 관측이 가능하므로, 주어진 상황에서 게임이 펼쳐질 양상을 명확하게 결정할 수 있을 것이다. 내가 말한 유로본드 게임과 궤를 같이 하는 일반적인 이야기는 두 명의 죄수에게 제안되어 죄수의 딜레마라 부른다.

　　죄수의 딜레마에서는 … 두 명의 죄수가 제각기 분리된 채 심문을 받고
　　있다. 만약 둘 다 자백하면 8년 형에 처해지게 된다. 둘 다 가담을 부인

하면 각각 일 년 형을 받게 된다. 한 사람만 자백하면 그는 석방되고, 다른 죄수는 10년 형을 받게 된다.

(Rasmusen 2006: 20; 각주 숨김)

그에 대한 행렬은 그림 4.17에서 보는 바와 같다.

게임을 물질적 보수로 표시하는 장점 ―경험적 상황에 적용하기 쉽다 ― 은 경기자의 선호에 대한 지식 없이는 게임이론이 어떤 예측도 못할 수 있다는 사실에 의해 좌절된다. 여기처럼 어떤 경우에는 사람들의 선호가 비교적 훤히 보인다. 선호의 순위를 매기라고 하면 거의 모두가 무죄 석방 〉 1년 〉 8년 〉 10년 순으로 매길 거라고 가정하는 게 당연하다. 다르게 표현해서, 효용은 형량에 반비례하며, 따라서 그림 4.2의 유로본드 게임이 그림 4.17의 게임 형식을 적당히 변형한 것이라고 생각하는 게 합리적이다(게임 형식의 개념에 대해서는 Weibull 2004 참조).

그림 4.17 게임 형식의 죄수의 딜레마

		죄수 2	
		자백	부인
죄수 1	자백	(8년, 8년)	(0, 10년)
	부인	(10년, 0)	(1년, 1년)

한 사례에서 어떤 가정이 합리적이었다고 해서 그 가정을 맹목적으로 일반적인 규칙으로까지 받아들이면 안 된다. 이 말을 다르게 표현하면, 다음과 같은 효용함수를 허용해야 한다.

$U = U(M)$

여기에서 M은 사람과 상황 사이에서 변하는 게임의 물질적 결과를 나타낸다. 게임이론을 초기에 실험적으로 적용을 할 때 피실험자들이 오로지 물질적 손익에만 관심을 갖는다고 가정했지만, 이것이 그 자체로 게임이론의 실질적 가정은 분명히 **아니다**. 게임이론가이자 실험자인 빈모어(Ken Binmore)는 다음과 같이 말한다.

> 실제로 사람들이 무자비할 정도로 이기적이라는 것은 경제학에서 공리(公理)와 같은 것이 아니다... 누구나 돈이 다가 아니라는 걸 안다. 밀턴 프리드먼조차도 동물을 보면 친절하게 대했고 자선을 위해 돈을 냈다.
>
> (Binmore 2007: 48)

따라서, 제도와 사회문화적 규범, 그리고 여타의 비물질적 사실들이 게임의 물질적 결과에 대한 사람들의 가치평가에 영향을 줄 수 있다. 예컨대, 최후통첩 게임(위 그림 4.4)에서 사람들이 결과들의 순위를 어떻게 매길지 사전에 미리 알 수 없다. 공정성 규범이 작동하면 경기자들이 (물질적) 결과들에 순위를 매길 때 물질적 크기 순으로 하지 않고 (5, 5)〉(0, 0)〉(6, 4)〉(4, 6)〉(7, 3) 처럼 할 수도 있다.

함수 U가 가질 수 있는 형태에 대해 쓴 논문들이 점차 늘어나고 있다. 가령, 페르와 슈미트(Fehr and Schmidt 1999: 822)의 공정성이론에서 2인 게임에 대한 효용함수는 다음과 같은 형태를 갖는다.

$$U_i(x) = x_i - \alpha_i \max\{x_j - x_i, 0\} - \beta_i \max\{x_i - x_j, 0\}, \ i \neq j$$

여기서 x는 경기자 i와 j의 금전적 보상을, α와 β는 유·불리한 불공평이 경기자의 효용에 미치는 영향을 측정하는 모수다. 비치에리(Cristina Bicchieri 2006: 52)의 공식을 보면 함수에서 사회규범은 어엿한 독립변수(arguments)다(신고전학파 경제학은 사회를 실체로 보지 않기 때문에 일반적으로 사회규범을 독립변수로 고려하는 경우는 드물다-역자주).

$$U_i(s) = \pi_i(s) - k_i \max_{s-j \in L-j} \max_{m \neq j} \{\pi_m(s_{-j}, N_j(s_{-j})) - \pi_m(s), 0\}$$

여기에서 $s = (s_1, s_2, ..., s_n)$는 전략쌍이고, $\pi_i(s)$는 경기자 i에 대한 물질적 보수 함수, $k_i \geq 0$은 경기자 i의 관련 규범에 대한 감수성을 나타내는 상수다. 경기자 i에 대한 규범은 함수 $N_i : L_{-i} \rightarrow s_i$로 나타낸다. 여기에서 $L_{-i} \subseteq s_{-i}$이며, s_i는 경기자 i의 전략쌍이고, s_{-i}는 다른 경기자들의 전략쌍의 집합이다(경기자 i의 효용함수는 i의 물질적 보수 $\pi_i(s)$와 규범 준수에 의존하는 요소의 조합이다-역자주).

그런데, 일반적으로 말해서 경제학자들은 사람들의 효용함수에 대해서 정말로 실질적 가정을 하기 싫어한다. 오히려 어떤 상황에 처한 사람들의 선호를 알아내고 그 지식을 이용하여 그 사람들이 다른 상황에서 무엇을 선호할지 예측할 수 있다고 믿는다. 선택 상황에서 사람들의 선호를 알아내는 것을 일러 "선호 도출(preference elicitation)"이라 한다. 대체로 피실험자들에게 관심을 끄는 어떤 게임의 부분게임을 하게 해서 선호가 도출된다. 만약 우리가 유로본드 게임에서 경기자들의 선호를 도출하는 데 관심을 갖고 있다고 가정하자. 먼저 물질적 결과로 표시된 게임의 형식으로 게임을 종이에 적는다. 단순화를 위해서 주요 물질적 결과를 성장률이라고 가정하자. 그 게임은 그림 4.18에서 보는 바와 같은 전개형이 될 것이다.

남쪽의 선호를 도출하기 위해 그 쪽에 부분게임에서의 전략을 선택하게 한다(그림 4.19).

그림 4.18 게임 형식의 유로본드 게임

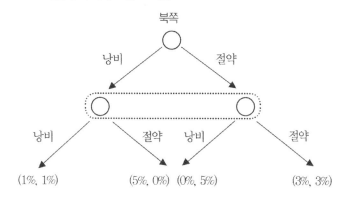

그림 4.19 게임 형식의 유로본드게임의 두 가지 부분게임

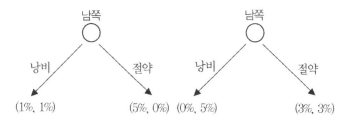

　북쪽의 선호를 도출하려면 그냥 역할만 교환하면 된다(물질적 보상이 대칭적이기 때문에 그렇게 할 수 있다). 만약 남북 양쪽이 두 부분게임에서 "절약"보다 "낭비"를 선호한다면 그림 4.2가 그 게임의 올바른 차용임을 알게 된다. 그리고 우리는 게임이론의 도구를 사용하여 문제를 풀고 예측을 할 수 있다.

　이런 도출절차가 갖는 문제는 선호가 맥락 독립적이라고 가정한다는 데 있다. 그것이 의미하는 바가 무엇인지, 이것이 항상 합리적이고 안전한 가정이라고 할 수 없는 이유가 무엇인지는 "신뢰 게임(Trust Game)"이라는 아래의 게임으로 잘 알 수 있다(그림 4.20). 여기서 투자자는 투자금을 보유하거나 수탁자에게 넘겨줄 수 있다(여기서 '투자'는 파트너에 대한 전적인 신뢰를 의미한다—역자주). 만약 후자를 선택하면 수익금은 투자금의 다섯 배가 된다(신뢰 게임에서는 파트너가 믿을만하다는 확신만 있으면 무조건 투자하는 게 유리하다—역자주). 그때 수탁자는 수익금을 자기가 가질지 아니면 수익금의 절반을 투자자에게 돌려줄지 결정한다.

그림 4.20 게임 형식의 신뢰 게임

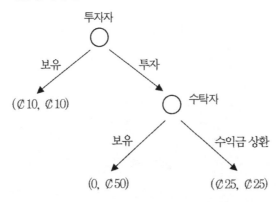

두 번째 결정 마디에서 시작하는 부분게임에 대해 살펴보자. 사실상 부분게임은 파이를 잘라서 상대와 나눌지 결정하는 소위 독재자 게임의 한 버전이 된다. 이 게임에서는 최후통첩 게임(그림 4.4 참조)과 달리 두 번째 경기자가 "거부"를 선택할 권리를 갖지 않아서 첫 번째 경기자가 응징을 두려워할 필요가 없다. 따라서 그것은 신뢰 게임의 부분게임에 속한다. 그렇다면 우리는 사람들이 두 게임 모두에서 비슷하게 선택할 것으로 예상할 수 있으며, 확실히 이런 도출절차를 사용할 때 사람들이 비슷하게 선택하리라고 암암리에 가정된다.

부분게임에서 개인이 "보유"를 선택했다고 가정하자. 경기자가 전체게임에서도 똑같이 하리라고 예상하는 게 합리적일까? 전체게임을 할 때는 부분게임만 할 때에 비해 다른 규범들이 경기자들의 선택에 더 영향을 줄 수 있다. 만약 내가 의뢰를 받는다면 나한테 물질적 비용이 든다고 해도, 그리고 투자자가 이기적인 결정을 했다 해서 나에게 응징을 할 수 없을 때에도 투자 수익을 올려서 나를 신뢰하는 파트너에게 보상을 주고 싶을 것이다. 아니면 형평성을 고려하여 행동할 수도 있다. 독재자 게임에서와 달리 신뢰 게임에서는 투자자가 파이를 만드는 데 도움을 준다. 그래서 나는 투자자가 돈을 냈으니까 수익금을 받을 당연한 자격이 있다고 생각하거나, 내가 그걸 투자자에게 돌려주는 게 도리라고 생각(상대가 위험부담이 있음에도 나를 전적으로 믿고 투자해 준 그 고마움에 보답해야 한다는 생각—역자주)할 것이다.

규범을 어떻게 고려하든, 피실험자들은 독재자 게임과 투자 게임에서 사실상 다르게 선택한다(예컨대 Cox 2004 참조). 이것은 결과에 대한 그들의 선호가 맥락에 따라 달라짐을 의미한다. 이 경우에 맥락의 유의미한 한 측면은 다른 경기자가 먼저 움직이고 그렇게 해서 "보상"하거나 "보답"할 기회를 만드는 데 도움을 주느냐 하는 것이다. 선호가 맥락에 따라 달라지기 때문에 이런 특수한 도출절차가 유효하지 않다.

이런 절차에는 다른 문제들이 있다. 구알라(Francesco Guala)는 그것이 상호성(reciprocity)이 문제되는 게임을 검증하는 데 사용될 수 없다고 지적한다(Guala 2006). 이것이 옳다는 것을 어렵지 않게 알 수 있다. 만약 나의 "호의"(내가 다른 선택을 해서 줄 수 있는 보상보다 더 큰 보상을 상대 경기자에게 주는 식으로 움직인다는 의미에서)가 상대 경기자의 "호의"에 좌우된다면, 그리고 나의 선호가 내 동료경기자의 선호에 좌우된다면, 다른 경기자가 존재하지 않는 상황에서는 이런 선호를 알아내는 것이 불가능하다.

그러나 게임이론이 그런 문제를 위해 이런 특수한 선호 도출 절차나 별도의 절차에 집착하지 않는다는 데 주목할 필요가 있다. 웨이불(Weibull 2004)은 가령 독재자 게임을 약간 복잡하게 변형한 게임을 제안하는데, 여기에서는 네 가지 결과에 순위가 매겨져야 한다. "실험자는 피실험자 A에게 피실험자 B가 가질 수 있는 24가지 가능한 서수적 순위 각각에 대한 네 가지 플레이(play)의 서수적 순위를 말하게 하고, 피실험자 B에게도 그렇게 하라고 한다." 그렇게 해서 실험자는 매칭쌍(matching pair)을 발견할 수 있고, 각각의 경기자에게 다른 경기자의 선호를 알려주고 그것을 기초로 예측을 할 수 있다는 것이다.

이런 제안에는 많은 문제가 있다. 첫째, 그것은 경제학자들에게 호소하기에는 선호만족 접근방식으로부터 너무 거리가 먼 듯하다. 설사 어떤 사람이 선호와 선택을 **동일시**하지 않는다고 해도 선택이 사람들의 선호에 대한 **최상의 길잡이**라는 주장을 견지하고, 그럼으로써 사람들의 선호가 선택과제에서 유도된다고 고집할 가능성은 여전히 남는다. 둘째, 거듭 말하지만, 앞 장에서도 보았듯이 사람들은 때때로 가격부여과제와 선택과제 간의 선호를 뒤집곤 한다. 따라서 사람들에게 결과에 대해 순위를 매기라고 요구하는 것이 차후의 선택과제에서 그들이 할 행동에 대한 믿을만한 길잡이가 될 지 알 수 없다. 셋째, 순위의 매칭쌍이 없을지 모른다. 넷째, 설령 그 도출절차가 실험실에서 작동했다고 해도 그것이 실제 현장에서 일어나는 현상을 예측·설명하는 데는 전혀 쓸모없으리라는 건 불을 보듯 뻔하다.

특수한 도출절차의 세부적인 문제와 전혀 무관한 더 심각한 문제가 있다. 어떤 이론이든 이론 검증을 위해 경험적 현상에 적용 가능하려면 교량원리를 필요로 한다. 게임이론에서 교량원리는 두 가지 양식으로 나타난다. 〈양식 1〉은 사람들의 효용함수의 형태에 대한 가정이다. 앞에서 언급했듯이, 만약 사람들의 효용이 엄밀하게 그들의 물질적 손익의 증가(또는 감소)라고 가정할 수 있다면 그 이론의 예측을 이끌어내는 도구와 함께 물질적 결과에 대한 관측 개체들을 사용할 수 있을 것이다. 그런 단순한 가정은 신빙성이 없기도 하지만, 경제학자들이 다른 사람들의 물질적 손익과 사회문화적 규범(약간의 예를 든다면)이 어떤 역할을 하는, 보다 복잡한 함수를 제시하는 것을 막을 수 없다. 교량원리의 다른 양식은 도출절차다. 여기에서 효용함수가 특수한 어떤 형태를 가져야 한다는 가정을 하지 않고 선호가 추정된다. 그 두 양식은 종종 공동으로 사용된다. 공정성과 사회적 규범에 대한 논문에서 효용함수는 사람들의 선택 행위로부터 추정되어야 하는 자유 모수(free parameters)를 동반한다. 그럴 때 여기에 효용함수의 일반적인 형태에 대한 〈양식 1〉 가정과 세부사항을 채우는 〈양식 2〉 도출절차가 결합된다.

여기까지는 좋다. 문제는 이런 교량원리들 중 어느 하나도 그 이론의 핵심 주장들의 일부가 아니라는 데 있다. 오히려 선택할 잠재적 원리들의 메뉴가 있고, 경제학자들은 구체적 상황에 적용할 때 그 메뉴를 자유자재로 사용한다. 하지만 그 선택은 체계적이지 않고 충분한 근거도 없다. **만약**에 사람들이 항상 돈을 적게 갖는 것보다 더 많이 갖는 것을 선호한다는 가정이 게임이론의 일부라면 그 이론이 예측과 설명에 사용될 수 있는 것처럼 보일 것이다. 하지만 그렇지 않다(위의 빈모어의 인용문을 보라). 그리고 그 이론이 수없이 많이 반박되어온 데에는 그럴만한 충분한 이유가 있다. **만약**에 부분게임에서 하는, 선택을 통한 선호 도출이 게임이론 핵심의 일부라면 그 이론 안에서 선호의 상호 의존성이 나타날 수 없을 것이다. 하지만 선호의 상호 의존성이 나타나며, 그것이 경험적으로 중요한 현상이라고 주장할 충분한 근거가 있다.

경제학자들은 이런 부류의 실질적(substantial) 가정을 하기 싫어한다.

나는 앞에서 그들의 합리성이론은 "형식적" 이론이지 "실질적" 이론이 아니라고 말했다. 그런데 형식적 이론은 그 자체로 경험적 현상에 대한 예측과 설명을 허용하지 않는다. 따라서 이론에 실질적 내용을 부여하는 교량원리가 임시방편(ad hoc)으로 첨가된다. 예측이나 설명을 위해서 핵심이론과 원리를 접속할 때 미봉책은 문제가 있다. 진정한 예측이 이루어질 수 없다. 왜냐하면, 이론과 접속하는데 다양한 교량원리들 중에서 어느 것이 사용되어야 하느냐 하는 것은 사후에야 알려지기 때문이다. 교량원리와 연결하여 관심 끄는 현상을 포착하는 게임이론의 모형은 항상 사후에 발견된다. 하지만 그렇게 한다고 해서 우리가 그것을 설명했는가? 설명에는 합리적 선택, 인과관계, 통합이라는 해설, 모형, 의미의 세 가지 중요한 설명이 있다(2장과 7장 참조). 게임이론은 합리성이론이 아니며, 그래서 게임이론의 "설명"은 합리적 선택 설명이 아니다. 게임이론가들은 사람들의 선택을 유발하는 행위주체들의 결정 과정의 기저에 있는 것들(예컨대, 몫나누기 게임에서 각자가 가져야 할 응분의 몫에 대한 게임 참가자들의 기대─역자주)을 모형화하려고 하지 않을 뿐 아니라, 게임이론의 설명이 인과적 설명이 아니라고 보는 데 대해 확고부동한 입장이다. 7장에서 논의할 것이지만, 그들은 그 모든 것을 통합하고자 하지도 않는다. 이제 결론을 내리자. 어떤 교량원리를 그 이론의 핵심의 일부로 간주해야 하는가에 대한 더 체계적인 통찰이 없는 한, (다르게 말해서, 사람들이 갖는 효용함수에 대한 더 체계적인 연구 ─페르 등과 비치에리에서 우리가 발견하는 그런 연구─ 와 웨이불에서 볼 수 있는 그런 도출절차에 대한 연구가 없는 한), 게임이론은 합리적 선택이론이자 설명이론으로서 심각한 문젯거리로 남게 된다.

연구 문제

1. 유로본드 게임은 2012년 유럽이 처한 매우 좋지 않은 상황을 풍자하고 있다. 그 가장 중요한 차이는 무엇인가? 여러분은 그 속에 현실의 핵심이 담겨 있다고 생각하는가?

2. "단발성 게임에서 내쉬균형을 택하는 것은 항상 합리적인가?"에 대한 절(節)에 있는 그 게임을 순차 게임으로 고쳐 써라. 자, 내쉬균형이 보다 더 설득력 있는 해 개념인가?

3. "설명이론으로서의 게임이론"에 관한 절에 있는 설명이론으로서의 게임이론에 대한 비판과 이전 장(章)에 있는 합리적 선택이론에 대한 비판을 서로 비교하라.

4. (쿠바 위기나 사업을 위해 경쟁하는 기업과 같은) 경험적인 전략적 상황을 2인 단발성 게임으로 모형화하고 그 해를 구하라.

5. 여러분이 보기에 게임을 경험적 상황에 적용하는 교량원리로서 유용한 어떤 효용함수는 어떤 모수를 가져야 하는가?

권장 도서

게임이론은 폰 노이만과 모겐스턴(von Neuman and Morgenstern 1944)에서부터 시작되었다. 여기에서 논의된 쟁점에 대한 비판적 입문으로는 Hargreaves Heap et al. 1992에 있는 게임이론에 관한 그 장(章)이 좋다. Grüne-Yanoff and Lehtinen 2012와 Ross 2010a는 유용한 철학적 논의다. 나는 게임이론의 적용에 교량원리가 얼마나 중요한지를 Guala 2008로부터 배웠다.

Ⅰ부 B

인과론

5장

인과관계와 인과적 경향성

개요

이유는 원인과 같은 부류에 속한다. 그러나 인과적 설명을 할 때마다 꼭 이유를 언급해야 한다고 고집할 필요는 없을 것이다. 사회현상은 엄격한 규칙성을 가졌다고 하는 과학법칙의 지배를 받는 경우는 드물다. 이는 인간의 동기가 직접 관련되지 않는 영역에서도 그렇다. 엄격한 규칙성은 경제세계에서는 아주 드물다. 이것은 법칙의 작용이 대항요인의 방해를 받을 가능성이 항상 존재하고 또 실제로 자주 방해를 받는 주변 환경에 기인한다. 따라서 엄격한 규칙성은 어떤 비현실적 조건이 갖추어질 때에만 성립된다. 여기에 법칙을 "조건이 붙는 법칙"으로 보는 견해의 두 가지 중요한 버전이 있다. 첫째는, 법칙이 세테리스 파리부스(ceteris paribus: 다른 것들이 같다면)를 조건으로 한 규칙성을 표현한다고 주장한다. '다른 것들이 같다'는 가정은 규칙성이 명백히 드러나게 하는 환경을 만든다. 둘째는, 법칙을 경향성의 표현으로 이해한다. 이런 관점에 따르면, 이를테면 소위 임금철칙은 임금은 항상 생존수준에 수렴한다기보다는 그런 수준을 향하는 **경향**이 있다는 것이다. 이는 임금이 사실상 항상 생존수준을 초과한다는 의미로 해석될 수 있다.

경제학에서의 원인 언급량 증가

오랫동안 경제학자들은 명시적으로 원인에 대해 말하기를 꺼렸다. 1장에서 이미 말했듯이 "원인"과 같은 어족의 말은 형이상학적인 냄새를 풍긴다. 나는 망치가 빠르게 작은 도자기에 다가가더니 산산조각이 나는 소리를 들을 수 있다. 그리고 파편들이 내 피부에 부딪치자 따끔거리는 느낌을 받을 수 있다 —하지만 원인의 원인성을 경험할 수는 없다. 아니, 그렇다고 들었다. 우리는 망치가 움직이고 도자기 조각들이 날아가는 것을 본다. 하지만 어떻게 망치가 도자기를 **부수고** 사방으로 튀는 파편으로 **변화**하는가, 그것이 어떻게 내 피부에 상처를 **내는가** 하는 것은 보지 못한다. 흄에 따르면 우리가 보지 못하는 것을 알 수는 없다. 따라서 인과관계를 알 수 없다. 논리 실증주의는 흄으로부터 인과관계에 대한 회의주의를 차용했다. 그리고 최근까지 경제학자들은 그것을 논리 실증주의로부터 차용했다.

1970년대 말, 80년대 초에 과학철학자들은 과학이 인과적 분석을 무시하게 되면 과학적 설명과 정책을 위한 효과적인 전략의 개발과 같은 과학의 중요한 목표 달성을 저해할 수밖에 없다는 것을 깨닫기 시작했다(예컨대 N. Cartwright 1979; Salmon 1984 참고). 경제학에서도 곧 조류가 바뀌어 1990년대에는 케빈 후버(Kevin Hoover)의 연구가 보여주듯이(Hoover 2004), 원인을 언급하는 빈도가 급증하는 현상을 보게 된다.

우리가 주목할 점은 원인 말하기를 완전히 피할 수 없다는 사실이다. 분명히 "원인"과 그 어족을 사용하지 않을 수는 있다. 하지만 자연어에는 "원인"이라는 말을 명시적으로 사용하지 않고 "원인을 나타내는 동사(causative)" —"긁다, 밀다, 젖게 하다, 옮기다, 먹다, 태우다, 때려 눕히다, 떼어 놓다, 찌그러뜨리다, (예컨대, 소음을, 종이배를) 만들다, 상처내다" (이런 목록은 Anscome 1992 [1971]: 93에서 빌려왔다)— 가 수없이 많다. 위에서 나는 망치로 깨는 것을 묘사하면서 부수다, 변화시키다, 야기하다와 같은, 원인을 나타내는 동사를 부각시켰다. 첫 번째 묘사에도 '산산조각이 나다', '부딪치다'와 같은 인과관계를 암시하는 두 단어가 들어 있다. 어쩌면 인과관계를 암시하지 않는 전문어를 고안해낼 수는 있겠지만, 경제학자들이 자연어를 상당히 많이 사용하는 만큼, 인과관계에 대해 말하는 것을 피할 수 없다.

5.1 계량경제학에서 원인 언급량의 증가

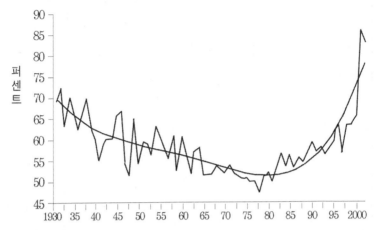

출처: Hoover 2004: 153.
주: 그림은 전체 문헌에서 "원인"이나 그 동족어를 사용하는 계량경제학 논문의 비율을
보여준다.

　게다가, 가령 우주론이나 고고학과 달리 경제학은 원래 정책지향의 과
학이다. 경제학자들은 경제학이든 아니든 사회정책 형성과 제도 설계에
중요한 역할을 한다. 경제학자들이 엄청나게 기여한 (순수히) 비경제학
적인 정책의 예를 든다면 테러리즘(예컨대, Stiglitz and Bilmes 2008;
Krueger 2007; Becker and Rubinstein 2011; Frey and Luechinger
2003)이나 기후변화(예컨대, Stern 2009; Nordhaus 2008)에 대한 정책
을 들 수 있다. 근래에 경제학자들이 국제적인 설계에 참여한 예로는 통
신면허 경매가 있다(예컨대 Binmore and Klemperer 2002).
　정책 분석에 성공하려면 인과관계에 대해 알아야 한다. 근래에 정치적
으로 매우 논쟁적인 예가 최저임금과 관련된 것이다. 표준적인 경제학의
지혜에 의하면, 최저임금의 인상은 경쟁적 수준을 넘어서는 실업의 증
가를 초래한다. 1990년대 중반 이후 그 현상에 대한 경험적 연구가 크게
늘어났는데, 그 중 많은 연구는 이것이 사실이 아니라는 것을 보여준다.

오히려 최저임금의 소폭 인상은 실업의 **감소**로 이어질 수 있다(예컨대, Card and Kreuger 1995). 일부 경제학자들은 미국을 비롯한 여러 나라에서 관대한 최저임금 입법을 옹호하는 데 이런 새로운 증거를 사용했다(예컨대, Krugman 2009b). 다른 경제학자들은 그 새로운 연구의 질에 대해 더 회의적이고 그런 이유로 강력한 경고를 한다(Neumark and Wascher 2008). 이 논쟁에서 누가 옳든, 확실한 것은 그것이 (a) 경제학자들 간의 (b) 인과적 주장에 대한 논쟁(최저임금 인상이 실업을 증가시키나 감소시키나)이라는 것이다.

그러므로 사회정책에 관한 논란의 중심에 인과관계가 있다. 하지만 인과관계는 경제현상의 **설명**에서 매우 중요한 역할을 한다. I부의 일반적인 논의에 따라서 여기서는 인과관계와 설명 간의 연관에 초점을 맞출 것이다. 뒷부분(특히 12장)을 위한, 경제정책에 관한 방법론적인 논의는 뒤로 미룬다. 따라서 지금은 과학철학의 주제로 돌아가자.

2장에서 설명에 대한 연역-법칙적 모형(D-N model)에 대한 세 가지 유형의 비판에 대해 논의했다. 여기에 철학자 브롬버거(Sylvain Bromberger)가 든 다른 유명한 반증례를 소개한다(Salmon 1989: 47). 일정한 높이의 수직 깃대가 평평한 땅위에 서 있다. 햇빛이 비쳐서 깃대가 일정 높이의 그림자를 드리우고 있다. 빛의 직진이라는 법칙과 아울러 태양의 위치와 깃대의 높이라는 초기 조건이 주어지면 우리는 그림자의 길이를 연역적으로 도출할 수 있게 된다. 만약 그림자의 길이가 피설명항이라면 우리는 적절한 법칙과 아울러 태양과 깃대의 위치에 관한 사실을 언급하는 것을 과학적 설명으로 완벽하게 받아들일 수 있을 듯하다. 하지만 적절한 법칙과 함께 그림자의 길이와 깃대의 높이에 관한 사실을 이용하거나, 적절한 법칙과 함께 그림자의 길이와 태양의 위치에 관한 사실을 이용하면 태양의 위치를 도출할 수 있게 되고, 적절한 법칙과 아울러 그림자의 길이에 관한 사실을 이용하면 깃대의 높이를 연역할 수 있게 된다. 하지만 뒤의 두 연역은 진정한 과학적 설명이라 말하기 어려워 보인다. "왜 이런 이런 위치에 태양이 있는가?", "왜 깃대는 그런 높이로 서 있는가?"와 같은 질문에 답하는 데 그림자의 길이가 도움이 되는 요인으로 보기 어려워 보인다.

문제의 핵심은 연역이 대칭적인데 반해 설명은 비대칭적이라는 데 있다. 빛의 직진이라는 법칙이 주어지면 태양의 위치와 깃대의 높이를 이용하여 그림자의 길이를 도출할 수 있고, 반대로 깃대의 높이, 그림자의 길이를 이용해서 태양의 위치를 도출할 수 있다. 하지만 후자가 아닌 전자만 설명적이다. 초기 조건의 집합 C가 법칙 L과 함께 결과 E(아마도 다른 초기 조건과 함께)를 설명한다고 해도 이로써 E가 반드시 C를 설명한다고 할 수는 없다. 하지만, D-N 설명모형은 두 사례를 동일한 것으로 취급한다(비대칭 문제는 D-N 모형이 결국 해결하지 못한 난제였다－역자주).

많은 철학자들이 새먼(Wesley Salmon)의 책 『과학적 탐구와 세계의 인과구조(Scientific Explanation and the Causal Structure of the World)』 (Salmon 1984)에서 출발하여, 인과관계의 비대칭성이 설명적 비대칭성을 포착했다고 생각하고, 과학적 설명에 대한 인과 모형을 채택했다. 인과관계는 분명히 비대칭적이다. HIV가 에이즈를 발생시키지만 그 반대는 아니다. 리먼 브라더스가 실패하도록 내버려 둔 결정이 그로 인한 신용붕괴를 촉발시켰지만, 뒤에 일어난 신용붕괴로 인해 그 이전의 미국 재무부의 결정이 일어난 것은 아니다. 직관적으로 원인이 결과를 설명하지만 그 반대는 성립하지 않는다는 것도 알 수 있다. 깃대가 태양빛을 받아 그림자를 만들고, 그 높이에 대한 사실을 제시하는 것이 그림자의 길이를 설명한다. 하지만 그림자가 태양의 위치를 발생시키지 않는다 ─따라서 태양의 위치에 대한 설명을 할 때 그림자의 길이에 대한 정보는 어떤 역할도 하지 않아야 한다.

이 책에서 나는 인과관계 설명의 두 가지 모형, 즉 이 장의 인과적 경향성과 다음 장의 메커니즘적 설명을 살펴볼 것이다. 이 두 가지 모형이 인과적 설명 모형의 전부는 아니지만, 경제학에서 눈에 띄는 것들이고 특별히 관심을 가질만한 가치가 있는 것들이다. 그러나 인과적 경향성과 메커니즘의 대해서 깊이 고찰하기 전에 먼저 인과에 대한 일반적인 논의부터 하려고 한다.

상관관계는 인과관계가 아니다: 그러면 인과관계란 무엇인가?

"상관관계는 인과관계가 아니다"라는 표어는 사회과학자들 사이에서 잘 알려져 있다. 잘 알려져 있긴 하지만 상관관계가 무엇인지, 그리고 왜 상관관계가 인과관계가 아닌지 간단히 미리 알아보는 것으로 시작할 것이다. 이는 뒤에서 인과관계가 다른 무엇일 수 있다는 생각을 논의할 동기를 부여하기 위해서다.

상관관계란 변인들 간의 선형적 결집의 정도를 말한다. 다양한 상관관계 측정법이 있지만 가장 흔하게 사용되는 것은 피어슨의 상관계수다. 이는 변인 X, Y에 대해 다음과 같이 정의된다.

$$\rho_{xy} = corr(X, Y) = \frac{cov(X, Y)}{\sigma_x \sigma_y} = \frac{E[(X - \mu_x)(Y - \mu_y)]}{\sigma_x \sigma_y}$$

여기서 ρ(또는 $corr$)는 상관계수, $cov(X, Y)$는 X와 Y 간의 공분산(이는 맨 뒤에 있는 분수의 분자에서 정의된다), σ는 분산, μ는 모평균, $E(\ )$는 기댓값을 나타낸다. 직관적으로 봐도 어떤 것의 값에 대해 관측하여 다른 것의 근사값에 대한 정보를 얻을 때마다 두 변수는 상관된다. 가령 X, Y가 정적으로 상관되고 X의 값이 높을 때에는 Y에 대한 값도 높을 가능성이 있고, 그 역도 성립한다.

겉으로 보면 상관관계도 연역처럼 대칭적이다. 반면 인과관계는 ―앞에서 본 대로― 비대칭적이다. 만약 변수 X가 다른 변수 Y와 상관관계가 있다면, Y는 X와 상관관계가 있다. 그러나 "X가 Y를 일으키면 Y는 X를 일으킨다"는 명제는 참이 아니다. 따라서 상관관계는 인과관계가 될 수 없다. 비대칭성 문제는 (일시적으로) 시간상 앞의 변수를 원인으로, 뒤의 변수를 결과로 정의하면 비교적 쉽게 해결될 듯하다. 상관관계에 시간 순서를 붙이면 당연히 인과관계가 될 것 같다.

하지만 그렇지 않다. 시간적인 선행 변수 X가 후행 변수 Y의 원인이라기보다 그 둘이 상관관계가 있다고 말할 더 잠재적인 이유가 있다. 그 하나는, 제3의 변수(또는 변수 집합) Z가 있어서 Z가 X와 Y를 둘 다 일으키기 때문이다. 기름을 넣을 때 휘발유 가격이 오르는 것을 관찰한다(X). 그 후에 전기료가 인상되는 것을 관찰한다(Y). 휘발유 가격이 올라서 전기료가 올랐나? 대개는 그게 아니라, 모두 원유가 인상(Z)으로 생겨난 현상이다.

두 상관된 변수 X와 Y에 대한 공통 원인인 변수 Z은 교란요인으로 불리곤 한다. 그리고 그에 상응하여, X와 Y 간의 상관관계가 X와 Y 간의 직접적인 인과관계로 설명될 뿐 아니라, 제3의 요인 Z가 X와 Y를 일으키는 구조로도 설명되는 그 문제를 "교란요인의 문제" 또는 "제3 요인의 문제"라고 부른다(Elster 2007). 뒤에서(10장) 계량경제학자들이 이 문제를 어떻게 다루려고 하는지 알아본다. 여기서는, 교란요인으로 X와 Y 간의 상관관계를 설명할 수 있으나 측정이 불가능하여 누구도 상관관계를 유발한 것이 정말 Z인지 검증할 수 없는 경우가 종종 있기 때문에 경제학에서 중대한 방법론적 이슈가 되고 있다는 점을 일단 지적해둔다. 유명한 예를 들자면, 현대 통계학의 아버지들 중 한 사람인 로널드 피셔(Ronald Fisher)는, 흡연이 폐암의 원인이라는 것만으로 흡연과 폐암 간의 관측된 상관관계가 설명될 수 있다는 데 의문을 품었다. 오히려 그는 그 둘을 유발하는 모종의 유전적 성향이라는 제3의 요인이 있을 수 있다고 주장했다. 즉, 어떤 사람이 그런 성향을 갖고 있어서 흡연을 하고 뒤에 가서 폐암이 자라게 된다는 것이다. 1950년대에 이런 논쟁이 뜨거웠지만, 당연히 당시로서는 사람들이 그런 유전적 성향을 갖고 있는지 입증할 수 없었다. 의학계에서 흡연이 폐암의 원인이라는 합의를 보는 데 수십 년이 걸렸다.

교란요인 외에도 다른 문제들이 있다. 인과관계가 아닌 변수들의 특성으로부터 상관관계가 생기는 경우가 종종 있다. 즉, 인과관계가 아닌 다른 이유로 상관관계를 가질 수 있다. 대체로 한 나라의 GDP는 그 나라의 GNP와 높은 상관관계를 갖는데, 이는 GDP가 GNP를 일으켜서가 아니라 후자가 일정 부분 전자의 개념으로 측정되기 때문이다. GNP는 GDP에서 해외 자산에서 온 순수입을 차감하여 계산한다. 그 둘은 인과적 상관관계가 아닌 개념적 상관관계를 갖는다.

상관관계에 대한 다른 비인과적 설명이 철학자들의 주목을 끌었는데, 이것은 엘리엇 소버(Elliott Sober)가 쓴 한 논문에서 폭넓게 논의되었다. 소버는 두 가지 (가상적) 시계열을 생각해냈는데, 하나는 영국 빵 가격의 점진적 인상을 기술하고, 다른 하나는 (a) 단조 증가하고 (b) 인과적 연관성이 없는 베니스 해수면의 점진적 상승을 기술했다. 이 두 계열은 높은 상관관계를 갖지만 **가설에 따르면** 인과적 연관성이 없다. 두 계열은 시간이 흐름에 따라 증가하는 그 변수의 특성 때문에 상관된다(어느 한 변수의 높은 값이 다른 변수도 높은 값을 갖게 하며, 그 역도 성립한다). 이것도 경제학에서 진짜 문젯거리다. 경제학에서 대부분의 시계열은 비정상적(non-stationary)이다. 즉, 그 적률(평균, 분산 등)은 시간에 따라 변한다. 비정상적 시계열은 인과적 연관성을 갖든 안 갖든 상관될 수 있다(자세한 논의는 Reiss 2007b; Hoober 2003는 두 계열이 상관된다는 소버의 주장에 도전한다).

상관관계가 인과관계와 같은 것이 아니라면 인과관계란 **대체** 무엇인가? 그 답을 찾을 최적의 출발점은 데이비드 흄의 저작이다. 흄은 근대 철학자들 가운데 인과론에서 단연코 가장 중요한 공로자다. 그리고 비록 궁극적으로 불만족스러운 설명을 제시했지만 역사적·체계적 추리를 위해 회고할 가치가 있다. 역사적으로는, 오늘날에도 여전히 벌어지고 있는 철학자들 사이의 엄청난 논쟁을 촉발시킨 것은 흄의 인과관계에 대한 회의론이다. 임마누엘 칸트는 흄(의 인과에 대한 회의론)이 자신을 "독단의 잠"(Kant 2004[1783]: 10)으로부터 깨어나게 했다는 유명한 말을 했다. 그 이후 철학자들은 자신이 "흄주의자"가 될 것인지 "반흄주의자"가 될 것인지를 결정해야 했다. 흄의 인과관계에 대한 설명이 지지할 수 없는 것이라는 데 동의하는 많은 사람들조차도 가능한 한 "흄주의자"처럼 설명하려고 해왔다. 체계상으로 흄의 이론은 규칙성 이론이다. 그리고 그 실패로부터 우리는 인과관계의 본질에 대해 많은 것을 배운다.

간단히 말해서, 흄은 "X로 인해 Y가 일어난다"는 명제가 항상 참이 될 경우는 다음과 같다고 생각했다(Hume 1960[1739]: abstract).

a. X가 보편적으로 Y와 연관되며

b. Y가 시간적으로 X를 뒤따르며

c. X와 Y는 시공간적으로 근접한다(시간적으로나 공간적으로 X와 Y 사이에 간극이 없다)

흄은 인과관계에 대해 소위 "환원주의자"라고 불리게 되었다. 그것은 흄이 인과관계를 이 세계(에 대한 지각)라는 건물의 주춧돌과 같은 것이 아니라고 생각했다는 것을 의미한다. 우리는 모든 인과적 담론 ─유발자, 방해자, 촉발자, 억제자, 조장자와 비조장자에 관한 담론─ 을 지속적 연관(constant association)에 관한 담론으로 바꿀 수 있다. 따라서, 우리가 "은행의 무책임한 행위로 **인해** 2000년대 후반의 금융위기가 **일어났다**"(Stiglitz 2009에서 의역)고 말할 때 그 진짜 의미는 (a) 무책임한 은행 업무가 보편적으로 금융위기와 연관되며 (b) 은행의 행동은 위기보다 앞섰으며 (c) 은행의 행위와 위기 사이에 간극이 없다는 것이다.

이 예가 보여주듯이, 흄의 지속적 연관에 대한 설명에는 심각한 결함이 있다. 사실상 조건 (a)-(c)의 어느 것도 필연적이 아니며, 셋을 결합해도 원인이 될 필요조건이 될 수 없다. 더구나 지속적 연관이 인과관계에 필수적이라고 간주해서 안 될 더 심각한 이유가 있다.

첫째, 우리가 원인으로 간주하는 대부분의 요인들은 그 결과와 보편적으로 연관되지 않는다. 무책임한 은행의 행동이 **이번의 경우에는** 금융위기로 귀결되었을지라도 다른 많은 경우에는 그렇지 않았다. 좀 덜 논쟁적인 예를 들자면, 흡연이 폐암을 일으켜도 모든 흡연자가 다 폐암에 걸리지는 않으며, 모든 폐암 환자가 흡연을 한 것도 아니다. 보편적 연관은 인과관계에 필수적이지 않다.

둘째, 모든 결과가 다 그 원인에 뒤따라오지는 않는다. 하나의 "고전적인" 반증례가 칸트(1998[1787]: A203)에 의해 제시되었다. 그는 공을 쿠션 위에 놓으면 움푹 들어가는데, 그 원인(공을 놓음)이 결과(움푹 들어감)와 동시에 일어난다고 주장했다. 계량경제학에서 동시적 인과관계는 흔한 현상이다. 어떤 양자역학적 모형에는 역방향으로의 인과관계가 포함된다. 이런 예들도 논란의 여지가 없지는 않으나 그 예들은 원인의 시간적 우선성이 인과관계에서 필수적 요소라는 가정에 대해 의심을 품게 한다.

셋째, 원인은 시간적으로나 공간적으로 거리를 두고 작용할 수 있다. 뉴턴 물리학에서 힘은 동시에 작용하며, 그로 말미암아 지금 여기의 어떤 동작도 지금 여기에 있는 우주의 다른 물체에 영향을 준다. 그리고 결과를 낳기 전에 원인은 종종 상당한 시간동안 잠복하기도 한다고 생각된다. 프로이트학파만 봐도 우리의 현재의 많은 행동이 이미 유아기에 비롯되었다고 생각한다.

넷째, 지속적 연관, 원인의 시간적 우선성 및 연속성은 모두 인과관계가 되기에 불충분하다. 많은 공통적인 인과 구조들이 그 예가 될 수 있다. 어떤 극단의 배우들 중 한 사람을 뒤이어 한 명, 두 명 배탈 증세가 진행되더니 마침내 모든 배우가 배탈이 나는 경우를 생각해보자. 이것은 벌레가 전염병을, 즉 한 단원의 배탈이 다른 단원들의 배탈을 일으켰다는 것을 의미하는가? 반드시 그런 것은 아니다. 비록 지속적 연관("그 극단의 **모든** 단원들이 ...), 시간적 우선성(한 단원을 이어서 다른 단원들이 ...), 근접성(그들이 생활과 일을 함께 한다고 할 때 서로를 전염시킬 수 있고 ...) 등을 볼 수 있다고 해도 그들이 모두 함께 먹은 상한 음식에 의해 병이 날 가능성도 충분히 있다.

따라서 철학자들과 과학자들 중에서 흄이 완전히 옳다고 믿는 사람은 별로 없다. 그럼에도 그들은 흄의 규칙성 이론에 **가능한 한 가까운** 인과관계론을 전개하기 위해 노력해왔다. 이 장에서는 그런 견해의 하나로, 그 문제를 일종의 지속적 연관이라는 맥락에서 논하는 존 스튜어트 밀의 견해를 고찰할 것이다. 다음 장에서는 흄처럼 원인과 결과는 시공간적으로 "가깝다", 그리고 원인이 결과를 촉발하거나 그에 연관된다는 견해를 발전시킨 것으로 생각되는 하나의 견해를 논의할 것이다. 흄의 우선성 조건과 느슨하게 연결된 견해들은 이 책의 2부 9장과 10장으로 미룬다.

인과적 경향성

1장에서 밀(Mill)은 철학과 경제학 두 분야에서 매우 독창적인 공헌을 한 사람으로 언급되었다. 철학자로서는 자유주의로(13장을 보라), 공리주의(12, 13장을 보라)에 대한 공헌으로, 여성의 인권에 대한 옹호로(사실상 그는 최초의 여성주의자들 중 한 사람이다) 그리고 과학철학에 대한 공헌으로 가장 잘 알려져 있다. 경제학자로서 비교연구의 장점, 규모의 경제, 그리고 기회비용이라는 개념을 개발하는 데 영향을 주었다. 그가 쓴 책은 20세기에 들어와서도 영국을 비롯한 여러 나라에서 중요한 경제학 교과서로 채택되었다. **경제철학**에 대한 그의 공로를 말한다면, 경제학에서 인과적 주장은 보편적 규칙성을 표현하는 경우는 드물고, 소위 **경향성**을 표현하는 것으로 생각했다는 점이다. 흄(앞에서 보았듯이, 인과적 주장은 규칙성에 관한 주장을 동반한다고 생각했다)과 달리 밀은, 우리가 앞에서 본 바와 같이, 인과관계를 주장하면 반드시 규칙성도 인정할 수밖에 없다고 주장했다.

밀과 후대의 많은 사람들과 더불어 우리도 규칙성을 표현하는 언명을 법칙이라고 부르기로 하자. 즉 법칙을 "E일 때마다 Y이다."라는 형식의 언명이라고 하자. 밀은 공존의 법칙과 연속의 법칙을 구분했다. "모든 백조는 희다." 그리고 "모든 소수는 나누어지지 않는다."와 같은 것은 공존의 법칙의 예다. 인과법칙은 일종의 연속의 법칙이다.

그러니까 법칙은 보편적으로 성립하는 일반화에 대한 언명이다. 그 예로 다음과 같은 것들이 있다. 어떤 물체가 시간 동안 낙하하는 물체의 거리 d는 $0.5gt^2$(여기에서 g는 지구 중력상수)이다. 모든 기체는 이상적인 기체법칙, 즉 $PV = NkT$로 나타낼 수 있다(여기서 P는 기체의 절대압력, V는 부피, N은 기체에 들어있는 입자의 수, k는 볼츠만 상수, T는 절대온도이다). 또 세이(Say)의 법칙: "공급이 수요를 낳는다." 밀은 우리가 이런 법칙들을 실제로 일어나는 것을 기술한 것으로 이해하면 잘못이라고 경고했다.

물체의 낙하법칙을 예로 들어 보자. 도구를 사용하지 않고도 모두가 그것이 거짓임을 확인할 수 있다. 깃털과, 구슬처럼 단단한 물체를 잡고 같은 높이에서 동시에 떨어뜨린다. 그러면 단단한 물체가 땅에 먼저 떨어진다. 이것은, 그것이 주어진 시간 t 동안 이동한 거리 d_c는 깃털이 같은 시간 동안 이동한 거리 d_f와 다르다는 것을 의미한다. 즉, $d_c \neq d_f$. 그러므로 그 법칙은 대체로 그 두 물체 중 하나에 대해서만 참이다. 하지만 두 물체에 모두 적용하기로 한 것이기 때문에 이것은 거짓이다(그것은 이를테면, '구슬의 낙하법칙'이라 불리지 않는다).

물론 범인은 공기저항이다. 단단한 물체와 깃털은 진공상태에서 그리고 다른 힘이 없을 때 같은 비율로 떨어진다(이는 법칙으로 잘 기술된다). 많은(모두는 아니지만) 법칙들이 그런 이상적인 조건에서만 성립한다. 위에서 언급한 기체법칙은 여기에 대해 확고하다. 그것은 심지어 이상적인 기체법칙으로 불리고 있다. (왜냐하면 그것은 입자의 크기와 입자 간의 인력을 무시하기 때문이다.) 경제학의 법칙도 예외는 아니다.

엄밀하게 말해서 법칙은 특수한 조건 하에서만 성립한다. 경제학자들은 이런 조건들을 "세테리스 파리부스(ceteris paribus)" 또는 "다른 것들이 같으면"으로 지칭하곤 한다. 이런 용법이 널리 사용되고 있지만 사실상 다소 오해의 소지가 있다. 가령 물체의 낙하법칙은 "다른 것들이 **같으면**" 성립되는 게 아니라, "다른 것들이 **없으면**" 성립된다고 해야 한다. 다시 말해서, 그 법칙은 지구의 중력 이외에 다른 힘이 영향을 미치지 않을 경우에 낙하하는 물체가 주어진 시간에 비행하는 거리를 예측한다. 즉, 그 법칙은 낙하하는 물체가 "(중력 이외의) 다른 모든 힘들이 없다면" 하는 식으로 예측한다.

이상적인 기체법칙과 세이의 법칙과 관련하여 그 법칙이 성립하려면 다른 것(힘 등)들이 없어야 한다기보다는 오히려 조건이 **옳아야만** 한다는 말이 맞다. 예컨대, 이상적인 기체법칙은 입자 간의 힘은 무시할 수 있다고 가정하고, 세이의 법칙은 상품이 개인의 선호에 비례하여 그리고 그에 맞추어 생산된다고 가정한다. 환언하면, 세테리스 파리부스 조건이 여기서는 "다른 것들이 **옳다면**"으로 해석되어야 한다.

세테리스 파리부스에 대한 후자의 해석에 대해 아래에서 더 논하겠다. 지금은 경향성에 대한 주장이 규칙성을 표현하고, 이는 방해요인들(공기 저항과 같은)이 없을 때 분리된 상태에서 성립된다는 점만 강조해둔다. 그것을 다르게 표현하자면, 경향성에 대한 주장은 방해요인이 **없다면 성립될 수** 있는 규칙성에 대한 주장이다. 이것이 그 개념을 알프레드 마샬(Alfred Marshall)이 경제학에 도입할 때 사용했던 세테리스 파리부스에 대한 해석이다.

> 시간이라는 요소는 경제학을 탐구할 때 인간이 한정된 힘으로 복잡한 문제에 부딪쳐 깨지고, 하나하나 착실히 연구하고, 그 해답의 조각들을 짜 맞추어 마침내 거의 완벽한 답을 찾아들어가는 그런 난관의 주된 원인이다. 난관에 부딪칠 때 종잡지 못하게 하고 불편을 주는 그런 혼란스러운 원인들을 분리하여 세테리스 파리부스라는 울타리에 가두어둔다. 어떤 집단의 경향성에 대한 연구는 소위 다른 것이 같다는 가정에 의해 분리된다. 즉, 다른 경향성의 존재가 부정되지만 그 방해효과는 당분간 무시된다.
>
> (Marshall 1961 [1920]: 366)

그래서 이것은 경향성의 첫 번째 특징이다. 즉, 경향성을 기술한다 함은 방해요인들로부터 분리되어 일어나는 것을 기술한다는 의미다. 다시 말해, "모든 인과법칙은 그에 대한 방해 작용 때문에 실제 결과가 아닌 경향성을 긍정하는 말로 표현되어야 한다"(Mill 1874 [1843]: 319). 물체의 낙하법칙은 경향성 법칙이며, 그에 따르면 "무거운 물체는 모두 낙하하는 **경향**이 있다. 여기에는 태양과 달도 예외가 아니다. 왜냐하면 천문학자들이 알고 있는 바와 같이, 태양과 달조차도 지구가 그것들을 향해 나아가는 그 힘과 같은 힘으로 지구를 향해 나아가기 때문이다"

이 점은 법칙이 틀렸거나 예외를 허용해야 한다고 말하는 것이 잘못임을 시사한다. 오히려 법칙이 실제 결과를 기술한 것이 아니라 경향성을 기술한 것으로 적절히 해석되면, 법칙은 참이며 보편적으로 참이다. 밀은 이렇게 썼다.

> 사람은 부분적으로만 참인 것을 통째로 단언하곤 하지만, 그 오류는 너무 넓은 단언을 한 데 있다기보다는 잘못된 **종류**의 단언을 했다는 데 있다. 즉 그 결과에 대한 **경향성** ─ 어떤 강도로 그런 방향으로 작용하는 힘 ─ 을 단언해야 할 때 실제 결과를 단언했던 것이다.
>
> (Mill 1844: 161; 원저의 강조)

이 마지막 구절은 밀의 경향성 개념의 두 번째 특징을 드러낸다. 즉 경향성은 인과적이다. 즉 어떤 "강도로" "작용하는" "힘"이다. 경향성은 사건을 발생시키는 요인이다.

밀에 따르면, 방해요인으로부터 관심을 끄는 요인들을 물리적으로 분리한다는 것이 불가능할 수 있다. 완전한 진공을 만들 수 없는 것처럼, 오로지 부의 축적에만 몰두하는 개인은 여태까지 관측되지 않았다(밀이 그 책을 썼던 그 당시에는). 그래서 "다른 것이 같지 **않다**고 할 때" 다시 **말해서** 공기저항과 같은 방해요인들이 정말로 작용할 때 어떤 일이 일어날 것인가 하는 것은 백만 불짜리 문제다.

여기에 대해 밀은 두 가지 해답을, 말하자면 "모형"을 제시한다. 물리학에서(그 당시에는 대체로 역학을 의미했다) 다른 요인들은 모두 나름의 법칙을 가지며, 그것은 그가 말한 원인들의 합성(Composition of Causes)이라는 원리를 이용하여 합성된다. 예컨대, 만약 낙하하는 물체가 힘 g로 지구로 당겨지고 갑자기 불어온 바람이 그것을 힘 f로 옆으로 밀어낸다면, 그 결과 나타나는 힘은 그림 5.2에서처럼 벡터로 합성될 수 있다. 이 경우 공기저항은 g의 반대 방향으로 작용하여 그 물체의 낙하율을 서서히 떨어뜨리는 힘으로 모형화될 수 있다.

그림 5.2 다른 방향으로 작용하는 두 가지 경향

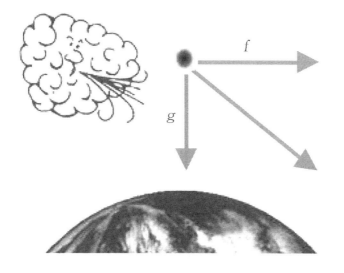

화학자의 모형은 다르다. 화학자가 다른 요소들 ―다른 화학적 요소들― 을 합성할 때 그 결과는 대체로 요소들의 움직임을 기술하는 법칙으로부터 예측될 수 없다. 따라서 액체인 물의 성분(H_2O)은 기체인 이런 수소(H)와 산소(O)라는 성분이 가진 속성들의 조합으로부터 생겨나지 않는다(Mill 1874 [1843]: 267).

밀은 다음과 같이 경제적 요인들은 화학적 요인이 아닌 물리학적 요인과 같은 것들을 합성한다고 생각한다(그에 반대하는 견해를 보려면 Marshall 1961 [1920]: 771을 보라).

> 사회현상의 법칙은 사회 상태로 통합되는 인간의 행동과 열정의 법칙에 지나지 않거나, 않을 수 있다. 그러나 사회 상태의 사람도 어디까지나 사람이다. 그들의 행동과 열정은 개별 인간본성의 법칙에 종속된다. 사람은 한데 모아놓으면 다른 종류의 실체나 성분으로 바뀐다. 이는 마치 산소와 수소가 물과 다르고 수소와 산소, 탄소, 질소가 근육과 다른 것과 마찬가지다. 사회 속의 인간은 개별 인간본성의 법칙으로부터 생겨나고 그것으로 분해될 수 있다. 사회현상에서 원인들의 합성은 보편적 법칙이다.
>
> (Mill 1874 [1843]: 608)

이것이 밀의 경향성의 세 번째 특징이다. 경향성은 방해요인들이 있어도 지속적으로 결과에 대해 안정적인 영향을 미친다. 요컨대, 경향성은 다음 세 가지 특징을 갖는다.

a. 그것은 원인의 일종이다.
b. 그것은 방해요인이 없이 작용할 때 "특유의 결과"를 낳는다.
c. 그것은 방해요인들이 있을 때에도 계속해서 결과에 영향을 미친다.

경제학에서는 이런 세 가지 특징을 어떻게 해석하는지 그 예를 보기 위해 화폐수량설을 살펴보자. 그 이론에 의하면 (다른 조건이 같다면!) 화폐공급의 변동은 물가수준에 비례하여 변동된다. 종종 그것은 어빙 피셔(Irving Fisher)의 "교환방정식"의 형식으로 표현된다. $MV = PT$ (여기에서 M은 통화량, V는 화폐 유통속도, P는 물가수준, T는 "거래량". Fisher 1911 I장 참조). 여기에서는 $M \sim P$(통화량은 물가수준에 비례한다)처럼 약식으로 쓰는 것으로 충분하다. 이런 법칙을 밀의 경향성으로 해석하기 위해서는 세 가지를 요구한다. 첫째로, 우리는 그것을 인과적 언명으로 간주해야 한다. 즉 화폐공급의 변동은 "어떤 강도로"(비율로) 물가수준의 변동을 "일으킨다"(초래한다. 영향을 준다…).

둘째로, 그 정확한 명제는 방해요인이 없을 때 추상적으로만 참이다. 이를테면, 화폐공급의 증가가 물가수준에 상방 압력을 가해도 반대 방향으로 미는 다른 요인들/원인들이 있을 수 있다. 따라서 고도의 혁신과 그로 인한 운송비 절감. 생산성 향상이 물가에 하방 압력을 가하는 것을 상상할 수 있다. 그래서 **화폐공급의 증가에도 불구하고 물가수준이 일반적으로 하락한다!**는 그런 결과가 나오게 되는 것이다.

셋째로, 방해요인들이 작용해서 화폐공급이 충분히 효과를 내지 못하게 해도 화폐공급은 결과에 전반적으로 영향을 준다. 문제를 정말로 쉽게 하기 위해서, 비례상수가 단일화되고 방해요인이 없을 때 그 법칙에 의해 화폐공급의 변동이 물가수준에서 같은 변동을 일으키고, 화폐공급은 5% 증가했다고 가정하자. 낮아진 운송비용과 생산성 향상 때문에 물가수준은 1% 떨어진다. 밀의 경향성의 세 번째 특징에 의하면, **화폐공급이 증가하지 않았다면 물가수준은 훨씬 더(6%) 떨어졌을 것이다.** 즉, 실제 결과는 디플레이션이지만 ─화폐공급의 증가에도 불구하고─ 통화량의 증가가 디플레이션을 비례적으로 감소시킴으로써 결과에 여전히 영향을 미쳤던 것이다. 비록 실제 수치는 화폐수량설에 예외를 제공하는 듯하지만 화폐공급 증가의 효과가 이렇게 해서 주목을 받게 된다.

경제학에서 법칙은 기껏해야 경향성 법칙이다. 어떤 법칙은 그 문장에 그런 개념이 명시적으로 들어 있다. 가령, 임금철칙은 "언제나 실질 임금은 결국 노동자들의 생계를 유지하는 데 필요한 최소한의 임금에 수렴하는 경향이 있다"(위키피디아로부터 인용). 다른 법칙들은 명시적이거나 암묵적인 세테리스 파리부스 문구로 제한되며, 세테리스 파리부스 문구의 의미를 해석하는 한 가지 방식은 방해요인이 없다는 가정을 하는 것이다. 가령 "수요 공급의 법칙"은 다음과 같이 나타낼 수 있다.

> 만약 어떤 상품의 수요는 같은데 그에 대한 공급이 증가(감소)하면 가격은 하락(상승)한다; 만약 어떤 상품의 공급은 같은데 그에 대한 수요가 증가(감소)하면 가격은 상승(하락)한다.
>
> (Roberts 2004: 159)

이 진술은 "어떤 것(금융위기와 같은)도 방해하지 않는다면..."처럼 암묵적인 세테리스 파리부스에 의해 한정된 것으로 해석될 수 있다. 때로는 그것이 다음과 같이 명시된다(로버츠로 인해 여기 진술된 법칙이 "수요 공급의 법칙"과 아주 다른 말을 하고 있음에 점에 주의하라).

> 수요의 법칙에 의하면, **다른 것들이 같으면** 한 상품의 가격이 오르면 그 상품의 수요량이 떨어지고, 한 상품의 가격이 떨어지면 그 상품의 수요량이 올라간다.
>
> (Arnold 2008: 54)

> 공급의 법칙에 의하면, **다른 것들이 같으면** 한 상품의 가격이 오르면 그 상품의 공급량이 올라가고, 한 상품의 가격이 떨어지면 그 상품의 공급량이 떨어진다.
>
> (Arnold 2008: 66)

경향성 법칙은 설명하는가? 그렇기도 하고 아니기도 하다. 아주 운이 좋을 경우, 결과는 문제의 그 원인적 요인에 의해 야기되었고 어떤 방해요인도 그 결과에 영향을 주지 않았다. 이는 공기저항이나 다른 힘들이 없을 때 낙하하는 물체의 경우에 해당된다. 물론 그런 경우에 낙하하는 물체의 법칙은 결과를 설명한다. 방해요인들이 나타날 때 두 가지 조건이 충족되면 결과가 설명될 수 있다. (a) 방해요인들의 경향성 법칙이 알려져 있다. (b) 합성의 법칙이 알려져 있다. 자유낙하의 경우 공기저항을 반영하기는 쉽다. 공기저항에 기인하는 힘이 속도에 비례한다고 가정하면 $f_{공기} = kv(t)$가 된다. 여기서 k는 비례상수이고, v는 물체의 속도다. 공기저항은 중력과 반대 방향으로 작용하기 때문에 전체 힘을 계산하려면 그것을 중력으로부터 **빼면** 된다. 즉, $f_{합계} = f_{중력} - f_{공기} = mg - kv(t)$.

경제학에서 방해요인의 법칙은 공식적으로 알려지지 않고 있다. 밀이 관측한대로,

> 우리의 전체 논증의 기초 그 자체가 불충분하다는 것이 자주 드러나곤 한다. 다시 말해서 우리의 추론의 근거였던 데이터가 그 결과를 결정짓는 그 환경의 오로지 일부로, 그리고 가장 중요하지 않은 부분으로 구성된다는 것이다. 그런 실수는 매우 훌륭한 추론을 하는 사람들, 그리고 심지어는 훌륭한 관찰을 하는 아주 드문 부류의 사람들까지도 저지르는 것이다. 큰 사례들의 집합에 공통적이고 모든 시공간에 속하는 법칙, 성질, 경향성을 숙고하는 데 익숙한 마음의 소유자라는 점에서 가장 위대하고 가장 철학적인 사람들이 유난히 저지르기 쉬운 그런 과오다. 그런가 하면, 특정 사례나 시기에 있는 거의 특유의 상황이 그런 한 가지 사례를 지배하는 데 관여하는 일도 자주 일어나곤 한다.
>
> (Mill 1844: 154-5)

경제학에 전형적인 상황, 즉 (화폐공급의 증가와 같은) 알려진 요인이 결과에 영향을 미치지만 많은 다른 요인들도 영향을 미치는 상황에서 수량설의 법칙과 같은 것은 설명하는가? 내 견해로는, 알려진 경향성 법칙은 결과 그 자체를 설명해준다기보다는 모든 방해요인들이 작용했으나 (이미 알고 있는 경향성 법칙에 의해 기술되는) "중요한 요인"이 작용하

지 않은 반사실적 상황과 연관된 결과를 설명해준다. 앞에서 든 예로 돌아가서, 물가수준이 하락한 게 사실이라면 물가수준의 실제 변화를 화폐수량설로 설명하지 못한다. 피설명항은 "왜 물가수준이 6%가 아닌 1% 하락했는가?" 하는 **대조적인** 질문과 관련된다. 하지만 방해요인의 법칙과 조합의 법칙이 알려지지 않을 때에는 당연히 반사실적 가정을 설정하기 매우 어렵거나 불가능하다. 여기에서 나는 화폐공급의 변동이 없을 경우 물가수준이 생산성 증가 덕분에 6% 떨어졌다는 것을 안다고 가정했다. 그러나 우리는 생산성이 얼마나 정확히 일반적 물가수준에 영향을 미치는지 모를 뿐 아니라, 어떻게 그것이 화폐공급의 변동과 결합하는지도 알 수 없다. 그렇다면 우리의 추론은 기껏해야 정성적(qualitative)일 수밖에 없다. 생산성 향상이 물가에 하방 압력을 가하고, 통화는 상방 압력을 가한다는 건 알 것이다. 물가수준이 떨어지고 생산성이 과거와 같은 방식으로 작용했고 물가수준에 영향을 줄 다른 요인들이 일어나지 않았다고 한다면, 우리는 경향성 법칙을 인용함으로써 물가수준이 더 떨어지지 않고 1%만 떨어졌다는 것을 설명할 수 있다.

결론

늘 이런 식으로 해석되지 않지만, 밀의 경향성의 법칙에 대한 설명을 흄의 인과적 규칙성 이론을 "해결"할 하나의 방도로 간주할 수 있다. 경향성이론은 규칙성에 대한 진술이다. 그러나 그것은 실제적으로나 경험적으로 일어나는 규칙성에 대한 진술이라기보다는, 방해가 없다면 일어날 수 있는 규칙성에 대한 진술이다.

밀에 대한 이런 해석은 대체로 흄에 기초를 두려는 시도로 여겨지지 않는다. 방해가 없으면(물론 방해가 있다) 세계는 어떠할 거라는 반사실적 사태를 언급하기 때문이다. 앞에서 보았듯이 흄은 우리가 보고 느끼고 맛볼 수 없는 것들을 좋아하지 않았다. 그러니 "하마터면 있었을 뻔한 것"은 정의상(by definition) 경험할 수 없다. 그래서 밀의 경향성 개념에 바탕을 둔 인과적 힘(causal power), 인과력(capacity)이라는 용어로 인과관계를 설명하는 현대의 이론들이 종종 그 형이상학적인 내용 때문에 의심을 품게 한다.

하지만 경제철학자는 그런 데에 너무 신경 쓸 필요가 없다. 원인과 반사실적 가정은 일상생활을 물론이고 경제과학의 본질적인 부분이다. 만약 내가 맥주 석 잔을 마시지 않았다면 지금 취기를 느끼지 않을 것이다. 맥주 석 잔을 마셨으니까 취기를 느낀다. 이런 말을 하는 게 조금도 어색하지 않다. 그런 이치가 경제과학에서도 통한다. "금융위기에 대한 책임이 누구에게 있나?"라고 질문할 때(경제학자들이 하듯이) 우리는 누군가의 행동이 아니었다면 그런 위기는 일어나지 않았을 것 아니냐 하고 묻고 있는 것이다. 2011년 노벨상은 "거시경제학에서의 인과관계에 대한 경험적 연구로"(Nobelprize.org 2012 참조) 크리스 심스(Chris Sims)와 토마스 사전트(Tom Sargent)에게 돌아갔다. 그런 목록은 그야말로 세고 셌다. 고로, 입증의 책임은 인과적이고 사실에 대응하는 진술이 무의미하다거나 알 수 없다고 부정하는 사람에게 있다.

경향성이론에 따르면 원인이란 일종의 차이를 만들어내는 것이다. 원인이 작동할 때 그것은 원인이 작동하지 않으면 모든 것이 그대로일 반사실적 상황과 관련하여 차이를 만들어낸다(반사실적 상황을 묘사할 때 더욱더 주의해야 한다는 것이 여기에서 드러난다. 예컨대 Hitchcock 2007 참조. 여기서는 그런 미세한 차이는 무시한다.). 차이를 불러일으킴은 원인이라는 개념의 배후에 있는 —결과를 낳는다는 말은 곧 그 원인이 없었다면 결과가 일어나지 않았거나 정확하게 그런 식으로 일어나지 않았을 것이라는 말을 의미한다는— 하나의 중요한 직관이다.

원인 개념의 배후에는 다른 직관이 있다. 즉 어떤 것을 발생시킴은 바로 그런 식으로 그것과 관계 맺음을 의미한다. 결과는 갑자기 툭 튀어 나오지 않고 원인에 의해 연속된 과정을 통해 서서히 나타난다. 그런 직관은 다음에 다룰, 원인을 메커니즘으로 보는 관점에 의해 포착된다.

연구 문제

1. "상관관계는 인과관계가 아니다"라는 표어는 회귀로부터 인과적 결론을 이끌어내려는, 사회과학에서 행해진 많은 경험적 연구를 훼손하는 것처럼 보인다. 사회과학자들은 이런 문제를 어떻게 언급하는가? 그들의 대응이 만족스러운가?
2. "세테리스 파리부스는 법칙적 주장을 경험적으로 공허하게 만든다."는 주장에 대해 논하라.
3. 흄의 규칙성 이론은 많은 반증례를 불러온다는 것을 알아보았다. 여러분은 반증례가 생기지 않도록 그 설명을 개선할 방법을 알고 있는가?
4. 모든 원인은 차이를 야기하는가?
5. 경제적 분석에 인과관계가 꼭 필요한가? 인과 개념이 없는 경제학은 어떤 모습일까?

권장 도서

현재 인과관계는 과학철학에서 뜨거운 주제이며, 그에 관한 문헌은 방대하고 점차 늘어나고 있다. "고전적" 자료로는 Gasking 1955, Suppes

1970, Lewis 1973, Macie 1974, Salmon 1984, N. Cartwright 1979가 있다. 앞의 다섯 권은 인과관계에 대한 다음 다섯 가지 "표준적 접근방법" —조작주의, 확률론, 반사실적 이론, 규칙성 이론, 전이 이론— 을 대표한다. 이들 모두 본질적으로 흄주의자들(Humean)이다. 보다 근래의 표준적인 접근방식의 지지자들로는 Woodward 2003(조작주의), Sprtes et al. 2000(확률론), Hall et al. 2004 (반사실적 가정), Baumgartner 2008(규칙성), Dowe 2004(전이)가 있다. 가장 후자는 흄의 인과론을 비판하는 비환원주의(non-reductivist)를 옹호한다. Cartwright는 그것을 밀의 경향성 개념에 입각하여 모형화한 인과력(capacities)으로서의 인과이론으로 발전시켰다(N. Cartwright 1989, 1999a). 사회과학에서 하는 반사실적 가정에 대해서는 Reiss 2012를 참고하라.

접근방식이 풍부하지만 모두 나름의 문제를 안고 있기 때문에 일부 철학자들은 인과관계에 대한 다원주의적 설명을 옹호해왔다. Hitchcock 2007은 인과적 다원주의자가 될 수 있는 다양한 방식에 대한 멋진 개론과 논의를 제시한다. Reiss 2011은 추론주의 의미론(inferentialist semantics)이 동기가 된 다원주의적 인과 이론을 옹호한다.

6장

메커니즘

개요

법칙을 엄격한 규칙성으로 보는 관점이 갖는 다른 문제점은, 그런 규칙성이 존재한다 해도 그 자체로 설명하는 게 별로 없다는 것이다. 임금이 생존 수준에 도달하는 사례를 관찰한다고 해보자. 만약 어떤 경제학자가 왜 이런 현상이 일어나느냐는 질문을 받고 "임금은 **항상** 생존 수준에 도달하기 때문이다."라고 대답한다면 가장 통찰력 있는 경제 비평에 주는 상을 받기는 힘들 것이다. 규칙성의 확보는 설명 작업의 일부일 뿐이다. 규칙성 자체가 설명 찾기다. 즉, 우리는 그런 규칙성이 왜, 무엇으로 인해 성립되는지 알고 싶은 것이다.

이런 문제에 대한 하나의 해결책으로 관심의 대상이 되는 어떤 현상의 원인이 되는 **메커니즘**을 서술해야 한다는 요구가 있어왔다. 메커니즘이란 "전달 메커니즘"이라든가, "가격 메커니즘", "메커니즘 설계"처럼 경제학자들에겐 친숙한 개념이다. 불행하게도 메커니즘이 무엇인지, 그것을 묘사하는 것이 어떻게 설명과 정확하게 연관되는지에 대해 철학자들이나 사회과학자들 사이에 합의가 거의 없다. 이런 문제들이 이 장에서 다루어진다.

흄의 화폐론

5장에서 보았듯이, 흄에 따르면 "시공간적 근접성"은 인과관계의 본질적 특성이다. 즉, 원인은 시공간적 간극을 건너뛰지 않는다. 경제학에는 그에 대한 명확한 반증례가 수두룩하다. 경제적 원인들은 일정한 시간이 지나서야 결과로 나타나는 경우가 자주 있다 —변수들 간의 간극이 있는 것이다. 이는 어떤 경제학자도 시험해보일 수 있는 흔한 현상이다. 예컨대, 그의 철학보다 덜 알려진 흄 자신의 저작으로 돌아가 보자. 흄은 소유권, 해외무역, 금리와 조세이론에 대한 우리의 이해에 공헌했다. 흄은 종종 애덤 스미스의 경제사상에 중대한 영향을 주었다고 한다. 그러나 무엇보다도 흄은 니콜라스 코페르니쿠스, 쟝 보댕, 윌리엄 페티, 존 스튜어트 밀, 어빙 피셔, 현대의 밀턴 프리드먼과 더불어 화폐수량설을 세운 사람들 중 하나다.

화폐수량설에 의하면 경제에서 물가는 화폐공급에 비례한다(5장 "인과적 경향성 참조). 물가에 대한 이런 영향과 별도로, 화폐는 다른 경제적 변수에도 영향을 줄까? 흄은 사고실험을 통해서 그것을 부정한다.

> 기적이 일어나서 밤사이 대영제국에 사는 모든 사람들의 주머니에 5파운드씩 슬쩍 돈이 들어왔다고 하자. 이것은 영국에 있는 전체 돈의 두 배를 넘을 것이다. 그래도 다음 날, 아니 당분간 대출자가 더 늘지도 않을 것이고, 이자에도 아무런 변화가 없을 것이다.
>
> (Hume 1752)

달리 말해서, 흄은 화폐가 이런 변수들에 대해 중립적이라고 믿었다. 동시에 흄은 아메리카로부터의 정금(금화와 은화)의 유입이 있고 나서 국부가 엄청나게 증진되는 것을 목격했다. 따라서 화폐는 순성장을 자극할 수 있다. 어떻게 이 두 명제가 양립할 수 있는가? 그 이유는 순전히 화폐가 물가에 영향을 주기 전에 일정 시간이 걸린다는 데 있다.

> 이런 현상에 대한 설명을 하자면, 상품가격의 인상이 금과 은의 증가로 인한 필연적인 결과라 해도 그 증가에 따라 바로 가격 인상이 일어나진 않는다. 화폐가 전국을 순환하면서 각계각층의 사람들에게 피부에 와 닿게 영향을 주기까진 일정한 시간을 필요로 한다. 처음에는 어떤 변화도 감지되지 않다가 점차 가격이 오르고, 처음에는 한 상품에서 시작해서 다른 상품으로, 마침내 전체 상품가격이 제국 내의 새로운 정금의 양에 비례하는 수준까지 도달한다.
>
> (Hume 1752: 47)

동시에 새로운 화폐가 도착하고 그것이 물가에 충분히 영향을 주는 그 사이에 화폐는 실질 성장을 자극한다.

> 내 의견으로는, 증가하는 금은의 양이 산업에 이득을 주는 것은 화폐의
> 획득과 가격 인상 사이의 과도기와 막간에만 일어난다. 화폐의 일정량이
> 어떤 나라에 유입될 때 처음부터 많은 사람들의 손으로 퍼져나가지 않고
> 소수의 금고에 들어 있다가 그것으로 이익을 보려고 하면서 사용된다.
> 여기에 예컨대, 카디스로 보낸 상품을 판 대가로 금과 은을 받은 한 무리
> 의 상인들과 제조업자들이 있다. 그럼으로써 그들은 예전보다 더 많은
> 일꾼들을 고용할 수 있게 된다. 일꾼들로서는 높은 임금을 요구하는 건
> 꿈도 못 꿀 일이지만, 그런 훌륭한 사장님에게 고용되는 게 반갑다. 노동
> 자가 귀해지면 제조업자가 높은 임금을 주지만 처음에는 더 많은 노동을
> 요구하며, 더 일하고 더 지친 데 대한 보상으로 더 잘 먹고 마시게 된 장
> 인들이 여기에 순순히 응한다. 그 돈을 시장에 갖고 가서 예전과 가격이
> 같다는 것을 알고는 가족이 쓸 더 좋은 것들을 더 많이 사게 된다.
>
> (Hume 1752: 47-8)

이런 흄의 성찰에서 세 가지를 보게 된다. 첫째, 화폐가 물가에 영향을
주는 데 일정한 시간이 걸린다. 둘째, 화폐의 도착과 물가 인상 간의 "인
과 간의 간극"은 없다. 셋째, 화폐는 여러 가지 다른 경로를 거쳐 물가수
준과 경제 일반에 영향을 준다. 상품과 임금, 고용에 미치는 영향들이 존
재한다. 그래서 흄은 최소한 신용과 이자율에 미치는 영향을 숙고한다.
이 모든 것은 다시 물가수준에 영향을 줄 수 있다.

방법론자들은 이런 식의 연구를 "메커니즘적"이라고 부른다. 만약 X와
Y가 사회적 변수이고 X가 Y를 불러일으킨다면 우리는 X가 어떤 메커니
즘 또는 일련의 메커니즘을 거쳐 Y에 영향을 줄 것으로 기대할 수 있다.
메커니즘이란 원인과 결과를 연결시켜 주는 것이고, 처음부터 거기에 변
수들 간의 인과관계가 있는 것이다. 메커니즘적 사고는 현대의 과학철학
과 사회과학의 철학에서 엄청난 인기를 얻게 되었다.

인기가 많은 이유는 메커니즘이론이 아주 이치에 맞게 설명한다고 여겨지기 때문이다. (화폐와 같은) 어떤 변수가 (물가와 같은) 다른 변수를 야기하는 메커니즘을 기술한다는 것은 변수들의 저변에 있는 구조와 과정이 무엇인지 말하는 것을 의미한다. 화폐공급이 증가한 이후에 인플레이션이 발생하는 현상을 "화폐가 가격을 낳는다"는 총량적(aggregate) 수준의 주장을 인용하여 설명할 때는 우리가 원래 관측한 것에다 따로 별 말을 더 첨가하지 않았다. 그러나 화폐가 가격을 낳는 메커니즘을 기술할 때는 왜 인과관계가 성립하는지, 어떤 것이 더 깊이가 있고 그래서 더 좋은 설명인지 말한다.

네 가지 인과 메커니즘 개념

기쁜 소식에 대해서는 이만 하고 이제 나쁜 소식에 대해 알아보자. 메커니즘이 무엇이지 또는 그 개념의 특징을 어떻게 규정할 것인지에 대해 정말로 알지 못한다. 철학 서적을 훑어보면 기껏해야 과학적 설명 및 여타 과학의 목표를 위해 메커니즘이 중요하다는 데 대한 동의가 있지만, 논쟁에 기여하는 사람들 수만큼이나 많은 메커니즘 개념이 있다는 사실을 알게 된다. 나는 이 주제에 대한 체계적인 연구를 해 본적이 없기 때문에 다음은 나의 정처 없는 경험을 벗어나는 수준의 근거를 갖진 못하지만, 내 견해로는 인과관계 및 설명과 관련하여 사회과학에서 벌어진 논쟁에서 네 가지 메커니즘 개념을 발견할 수 있다.

• **개별적 인과관계로서의 메커니즘.** 인과적 체계를 방정식 체계로 모형화하는 계량경제학자들과 여타의 학자들은 종종 개별 방정식으로 나타내어진 것은 무엇이든 "메커니즘"으로 간주한다(예컨대, Simon and Rescher 1966; Pearl 2000). 이런 의미의 메커니즘은 단순한 연합(association)과 대비되며, 인과관계 이상의 어떤 것을 의미하지 않는다. 예컨대, "화폐가 가격을 낳는다"는 총량적 관계(aggregate relation)는 이런 의미에서 "화폐 메커니즘"으로 기술될 수 있을 것이다.

- **매개변수로서의 메커니즘.** 이것은 사회과학 및 다른 과학 분야에서 원인은 매개를 거쳐서 결과에 영향을 준다는 생각에 입각한 개념이다. 흡연은 타르의 폐 누적을 거쳐 폐암의 진행에 영향을 준다. 군복무는 그것이 학교 교육에 미치는 효과를 거쳐 봉급에 영향을 준다. 어떤 연구자가 인과 추론을 위한 "메커니즘적 전략"을 말할 때 이런 의미의 메커니즘을 가리킨다(예컨대, Morgan and Winship 2007: 8장). 가령 직접적인 추정을 신뢰하기 어려울 때 흡연이 폐암에 미치는 영향을 확인하는 한 가지 방법은, 흡연이 타르 누적에 미치는 영향과 타르 누적이 폐암에 미치는 영향을 추정하고 나서 그 둘을 곱하는 것이다(Pearl 2000: 83ff). 중요한 것은, 매개변수가 원래의 인과 변수보다 반드시 낮은 수준에서 얻어지지는 않는다는 점이다. 이런 의미의 메커니즘은 예컨대 전적으로 사회적·총량적 수준에서 얻어질 수 있다.

- **기저에 있는 구조와 과정으로서의 메커니즘.** 사회적·총량적 변수들은 더 깊은 수준에 놓인 실체와 과정으로 구성된다. 예컨대 화폐공급 상의 변동은 다양한 도구들을 통해 시행될 것이며, 하나의 특수한 사례로서, 예컨대 공개시장조작은 그런 경우에 확실히 화폐공급 상의 변동을 구성한다. 마찬가지로, 일반적인 물가수준의 변동은 바로 개별 가격 변동의 가중치 평균이다. 따라서 총량적 관계에 메커니즘을 부여한다는 것은 총량변수들의 기저에 있는 실체와 과정이 어떻게 그 총량적 관계가 생겨나게끔 조직화되고 서로 상호 작용하는지 기술하는 것이다. 이 개념은 최근 사회과학의 철학에서 발견되는 "사회적 메커니즘"에 관한 논

쟁에서 중요한 역할을 하고 있고(그 예로 Reiss 2007a 참조), 또 방법론적 개인주의를 지지하는 사람들에 의해 선호되고 있는 개념이다(예컨대, Hedsröm and Ylikoski 2010). 그것은 생의학 분야의 메커니즘에 관한 논쟁과 밀접한 관계가 있기도 하다(예컨대, Machamer 등 2000).

• 이론의 조각으로서의 메커니즘. 경제학자들은 메커니즘을 세계에 있는 어떤 것이 아니라 이론 또는 이론의 조각을 의미하는 말로 사용하곤 한다. 예컨대 셸링(Thomas Schelling)은 이렇게 썼다. "사회적 메커니즘은 사회 현상에 대한 설명 —개인들과 다른 개인들 간 또는 개인들과 어떤 사회적 총량 간 상호 작용으로 보는 설명— 이 될 수 있는 타당한 가설 또는 가설들의 집합이다"(Schelling 1999: 32-3.). 이런 개념이 세계에 존재하는 어떤 것이 아닌 이론 또는 이론의 조각을 지칭함과 별개로, 이런 개념과 이전의 개념 간의 주된 차이점은 이론적 메커니즘이 개체들 간의 상호작용에 대한 매우 이상화된 기술이라는 데 있다. 예컨대, "청부징벌자 메커니즘(hired-gun mechanism)"(Andreoni and Gee 2011)에서 개인들은 다른 게임 참가자들의 최선 전략을 알고 있고 안정된 선호를 갖는 등, 완벽하게 합리적으로 행동한다고 가정된다. 상호작용이 총량적 수준이 아닌 약간이라도 확실히 개인적 수준에서 성립한다 해도 그 개인들의 정체와 하는 일이 무엇인지에 대해 사실적으로 기술한다고 할 수 없을 것이다.

그림 6.1은 그 다른 개념들을 그림으로 보여준다.

(계량경제학에서 구조방정식으로 나타내는) 개별적 인과관계로서의 메커니즘과 매개변수로서의 메커니즘은 인과 추론의 맥락에 적절히 부합된다. 따라서 이 책의 방법론에서 논의될 것이다. 이론의 조각으로서의 메커니즘은 7장에서 논의될 모형과 밀접한 관계가 있다. 따라서 여기에서는 기저에 있는 구조와 과정으로서의 메커니즘에 초점을 맞출 것이다.

그림 6.1 메커니즘의 네 가지 개념

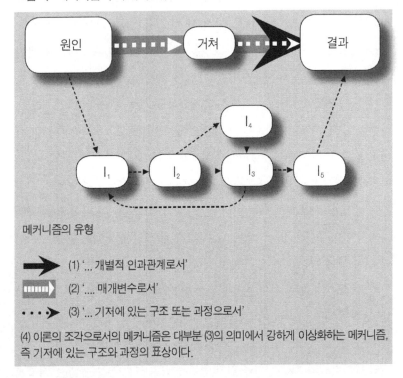

메커니즘의 유형

(1) '... 개별적 인과관계로서'

(2) '... 매개변수로서'

(3) '... 기저에 있는 구조 또는 과정으로서'

(4) 이론의 조각으로서의 메커니즘은 대부분 (3)의 의미에서 강하게 이상화하는 메커니즘, 즉 기저에 있는 구조와 과정의 표상이다.

기저에 있는 구조와 과정으로서의 메커니즘

이 개념을 직관적으로 파악하기 위해 통화정책 전파 메커니즘을 예로 들어보자(Ireland 2008 참조). 앞 장에서 피셔의 교환방정식을 해석하는 한 가지 방식으로서 화폐공급의 변동이 그에 비례하는 물가 변동을 초래한다고 한 것을 떠올려보자. 대부분의 인과관계가 그러하듯이, 화폐는 통화정책 전파 메커니즘이라고 하는 연속적인 과정을 거쳐서 물가에 영향을 준다. 그에 대한 프리드먼(Friedman)과 슈바르츠(Schwartz)의 원래의 스케치를 보면 대략 다음과 같은 일이 벌어진다. 화폐공급 증가율의 초기 변동은 시장 참여자들의 포트폴리오에 불균형을 초래한다. 즉 그들은 자신들의 선호에 비해 과도한 유동성을 보유한다. 그럼으로써 그들은 포트폴리오를 조정하고 자산을 더 사려고 한다. 처음에는 미국 중앙은행(Fed)에 팔았던 것과 유사한 자산을 구입하다가 뒤에는 위험도가 높은 증권을 구입한다. 늘어난 수요는 이런 자산에 대한 가격을 끌어 올릴 것이고, 그러면 그에 상응하여 금리를 낮출 것이다. 높아진 자산 가격은 사람들에게 더 부자가 된 느낌을 주고 따라서 비금융 재화와 서비스에 대한 수요를 증가시킬 것이다. 증가된 총수요는 이번에는 소득과 고용, 생산량을 증가시킬 것이다. 그러나 얼마 지나서 재화와 서비스의 가격도 높아진 수요에 반응할 것이다.

따라서 화폐수량설은 (교환방정식의 형식으로) 총량적 · 거시적 규칙성(물론 기껏해야 엄격한 규칙성이 아니라, 화폐공급의 변동이 물가 수준의 비례적인 변동을 초래한다는 경향성으로서의 규칙성이 얻어진다)을 기술한다. 전파 메커니즘을 기술한다 함은 한편으로는 수량설에서 언급한 변동을 **구성하는** 것을 기술한다는 말이다. 그 양적인 "화폐공급의 변동"은 매우 추상적이고 총량적 · 거시적인 변수와 관련이 있다. 메커니즘을 기술한다는 것은 수준을 낮추어서 추상적인 변수의 변화가 어떻게 실현될 수 있는지 기술한다는 말이다. 더 자세한 설명을 들어보자.

> 중앙은행의 책무에는 본원통화의 두 성분인 현금통화와 은행 지급준비금이 포함된다. 그래서 중앙은행은 본원통화를 조절한다. 사실상 통화정책 조치들은 중앙은행이 공개시장 조작을 통해 본원통화를 늘리기 위해 다른 증권 ―대부분은 국채― 을 구매하거나 본원통화를 줄이기 위해 증권을 팔아서 본원통화를 변동시킬 때 본격적으로 시작된다.
>
> (Ireland 2008)

전파 메커니즘을 기술한다 함은 다른 한편으로는 시행되는 화폐공급의 변동이 물가에 영향을 미치는 **과정**을 기술함을 의미한다. 거시적 경향에 대한 많은 주장들은 "블랙박스" 인과론이라고 생각할 수 있다. 메커니즘을 탐구한다 함은 블랙박스를 열고 원인과 결과를 연결하는 세밀한 과정을 시험한다는 말이다.

인과 메커니즘은 주목할 만한 많은 특징을 갖는다. 첫째, 경향성과 마찬가지로 그것은 그 결과를 수반하지 않을 수 있다. 간섭요인들이 그 작용을 방해하기 때문에 그 메커니즘이 촉발되어도 완성에 도달하지 못하는 것이다. 메커니즘은 인과 사슬이다. 사슬 자체가 어디서든 끊어질 수 있다. 그래서 메커니즘이 일단 발생하면 그게 결과를 설명하는 데 사용될 수는 있으나, 이런저런 메커니즘이 촉발되었다는 관측에 입각해서 바로 결과를 예측하는 게 정상적으로는 가능하지 않게 되는 것이다.

둘째, 주어진 원인이 하나 이상의 메커니즘을 거쳐 그 결과와 연결될 수 있다. 우리가 든 예에서는 아래와 같은 다른 과정들이 "통화정책의 경로"로 지칭되어 왔다(Mishkin 1996).

- 전통적인 케인지언의 이자율 경로
- 개방 경제에서의 환율 경로
- 자산 가격 경로
- 두 신용 경로
  - 은행 대부 경로
  - 대차 대조표 경로

여러 경로들이 결과에 어떤 식으로 영향을 주느냐에 따라 달라지기 때문에 전반적인 결과가 양이나 음 아니면 0이 될 것이다. 이런 특정한 경우, 모든 경로는 같은 방향으로 작용한다. 화폐가 늘어날 때 가격, 명목 소득과 같은 실질 변수들(real variables)도 올라가며, 반대도 마찬가지다. 여기에 두 메커니즘이 반대 방향으로 작용하는 예가 있다.

> 높은 한계세율은 여가의 기회비용이나 "가격"을 낮추고, 상품들의 가격이 낮아지면서 사람들이 그것을 더 많이 소비하도록 부추긴다(그리고 그럼으로써 더 적게 일한다). 하지만 다른 한편으로 그것은 또한 사람들의 소득을 낮추고 그럼으로써 그들이 표준 생계를 유지하기 위해서 더 열심히 일하도록 유도한다. 이 두 가지 효과 ─ 경제학자들이 하는 말로는, 대체효과와 소득효과 ─ 는 반대 방향으로 작용하며, 그 결과는 이론만으로는 예측이 불가능하다.
>
> (LeGrand 1982; Elster 1998: 50으로부터 인용)

철학자들이 좋아하는 예는 같은 구조를 갖는다(Hesslow 1976). 피임약(B)은 두 경로를 거쳐서 심부정맥 혈전증(T)의 발생 정도에 영향을 미친다. 한편, 그것은 여성의 혈류에 혈전증의 가능성을 높이는 화학적 성질(C)을 만들어낸다. 다른 한편, 그것은 임신(P)을 예방하며, 이는 혈전증을 유발하는 데 정(+)의 영향을 준다. 그림 6.2에서 보는 바와 같이, 산아제한은 두 경로의 상대적인 강도에 따라 달라지기 때문에 혈전증의 가능성을 높이거나, 낮추거나, 아니면 그대로 둘 수 있다.

그림 6.2 다른 경로로 결과에 영향을 미치는 원인

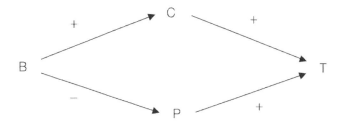

따라서 변수 X와 Y가 어떤 메커니즘에 의해 연결되어 있다는 것을 알 때에도, 그리고 그 메커니즘이 주어진 사례에서 방해받지 않고 작용한다는 것을 알 때에도, 결과 변수에 반대 방향으로 영향을 미치는 경합하는 메커니즘들이 존재할 가능성이 있기 때문에 그 결과의 예측 가능성을 보장하지 못한다.

셋째, 특히 여러 메커니즘이 있을 때, 어떤 조건 하에서 어떤 메커니즘(들)이 촉발되는지가 항상 명확한 것은 아니다. 여기 존 엘스터에게서 빌려온 예를 보자.

> 사람들이 잔디밭 쓰레기를 치우거나 국가적인 투표를 하는 것과 같은 협동적인 일에 참여하려고 마음먹을 때 다른 사람들이 하는 것을 유심히 살피곤 한다. 어떤 사람들은 이렇게 생각한다. "대부분의 사람들이 협동을 한다면 나도 내 몫을 해야지." 다른 사람들은 완전히 반대로 추리할 것이다. "협동하는 사람이 적으면 내 의무가 그만큼 막중하겠지만 대부분의 사람들이 협동을 한다면 나까지 그럴 필요가 없잖아."
>
> (Elster 1989: 9)

세 가지 특징들은 모두 메커니즘에 대한 탐구를 통해 하나의 상황에 대한 인과적 이해를 얻는 것과, 이런 지식을 예측이라는 실용적 목적을 위해 사용하는 능력 사이의 틈을 벌려놓는 역할을 한다. 메커니즘적 지식은 여전히 예측에 도움이 되겠지만 다른 지식들 —예컨대, 메커니즘이 간섭 없이 작동할 수 있다거나, 원인과 결과 사이에 있는 모든 메커니즘은 같은 방향으로 작용한다, 또는 어떤 결과에 역행하는 메커니즘은 특정한 경우에 제어되거나 다른 이유로 작동되지 않는다, 또는 마침 그 메커니즘이 제때에 촉발되었다— 과 결합될 때에만 도움이 될 것이다.

메커니즘, 방법론적 개인주의, 미시적 기초

집단적 · 사회적 규칙성을 기저의 메커니즘으로 설명하라는 요구는 소위 방법론적 개인주의(methodological individualism: 경제현상을 설명할 때 기본분석단위를 개인에 두는 것으로, 신고전학파 경제학에서 학문의 기초로 받아들인 방법론이다. 19세기 후반 독일에서 벌어진 이른바 '방법론 대논쟁'에서 신고전학파가 비판했던 역사주의나 마르크스주의는 국가나 계급을 기본분석단위로 상정하고 있었다.―역자주)와 관련된 사회과학의 철학(philosophy of social sciences)에서 벌어진 논쟁을 떠올리게 한다. 사회적 메커니즘은 자주 개인들과 개인들의 행위로 정의된다. "특히 사회적 메커니즘은 대체로 기저에 있고 거시 사회적 규칙성을 설명해주는, 주체들 간의 상호작용의 복합체로 간주된다"(Steel 2011: 298).

게다가, 분석사회학의 지지자들처럼 사회적 메커니즘으로 이론화를 추구하는 사람들은 방법론적 개인주의에 동의하며, 사회현상에 대한 메커니즘적 설명에서 그 신조의 구현을 보게 된다(예를 들어, Hedström and Ylikoski 2010; Hedström 2005; Hedström and Swedberg 1998).

방법론적 개인주의라는 신조는 막스 베버(Max Weber)의 주장으로까지 소급된다(베버는 집단은 생각하거나 행동하는 실체가 아니기 때문에 계급이나 집단을 중심으로 한 집단주의적 방법을 믿지 말라고 충고했다―옮긴이). 그는 사회과학은 해석학적 과학이어야 하며 논쟁은 무엇보다도 훌륭한 사회과학적 설명의 본질에 초점을 맞추어야 한다고 주장했다. 베버는 우리가 개인들의 행위에 대한 동기를 주관적으로 이해할 수 있기 때문에 사회 현상을 개인들의 행위의 측면에서 설명하는 것을 선호했다(Weber 1968). 행위의 근저에 있는 동기에 해석학적으로 접근하는 이런 능력을 갖게 되면 사회현상이 일어나는 이유를 사회과학에 고유한 방식으로 이해할 수 있게 된다는 것이다. 적어도 우리가 아는 한, 원자나 당구공, 국화는 어떤 식으로 움직이든 그럴 이유를 갖지 않는다. 그 움직임은 전적으로 자연적인 인과적 과정에 기인한다. 하지만 인간의 행동은 의도적이다. 그리고 동기와 이유에 의한 설명을 흔쾌히 받아들일 수 있는 것도 이런 종류의 행동이다.

따라서 사회현상을 개인의 행위로 설명하는 것은 바람직하다. 왜냐하면 그것은 우리로 하여금 사회과학을 자연과학과 구분하는 바람직한 어떤 설명 형식에 대한 접근을 가능하게 해주기 때문이다. 이렇게 해서 얻게 되는 설명은 "낯선 것을 익숙한 것으로 환원하여 이해하는 것"이다 (Hempel 1966: 83; 헴펠은 과학적 설명이 이런 특징을 가질 수 있으나 반드시 그래야 하는 것은 아니며, 또 일반적으로 그렇지 않다고 생각했다). 나는 다른 사람의 동기를 통해 그의 행동을 이해한다. 왜냐하면 나 자신의 의도에 대한 성찰로부터 그들의 동기가 나에게 익숙하기 때문이다. 이상하고 기이한 것 —사회적 결과— 은 이렇게 해서 일상적인 것으로 환원된다.

경제학자들은 사회현상에 대한 합리적 선택 모형을 선호하고 거시경제학을 위한 미시적 기초(이를 위해 이질적인 사람들의 평균적인 행동을 대표하는 개인으로 '대표적 주체'를 가정한다—역자주)를 요구한다. 그러나 현대 경제학을 정당화하려고 성급하게 개인주의에 대한 베버의 주장을 채택하지 않도록 주의해야 한다. 그런 부류의 합리적 선택 모형은 경제학자들이 알고 있는 것보다 베버의 방법론적 개인주의와 훨씬 약하게 연결되어 있다.

베버 역시 합리적 행위 모형으로 자신의 설명전략을 수행한 것은 사실이다. 그러나 이는 두 가지 부가적인 방법론적 확신과 더 관계가 있다. 하나는, 경제학과 사회학이 특정한 결과에 대한 역사적 설명을 하려고 하지 말고, 개별 행위자들의 구체적인 동기로 설명적 일반화를 하려고 노력하고, 그럼으로써 인간 행위의 일반적 **모형**을 제공해야 한다는 것이다. 다른 하나는 이념형(ideal type)을 구성하려는 방법론적 전략인데, 이념형이란(예컨대 '자본주의 정신'처럼—역자주) 분석적으로 유의미한, 관심을 끌고 두드러진 사회현상의 특징들을 분류하여 연구자의 해석학적 목적에 맞게 도식화하려는 목표에 따라 그런 특징들을 과장·강조하는 일종의 허구적 개념이다.

따라서 베버는 행위주체가 자신의 모형에 맞추어 행동한다고 생각하지 않았다. 오히려

> 순수히 합리적인 행위 과정의 구성은 ... 사회학자에게 분명한 이해와 명료함의 장점을 갖는 어떤 유형(이념형)의 역할을 한다. 이것과 비교함으로써 실제 행동이 감정이나 오류와 같은 온갖 비합리적인 요인들에 의해 영향을 받는 방식을 이해하는 것이 가능해진다 ─ 그런 비합리적 요인들은 그 행위가 순수히 합리적이었다는 가설을 바탕으로 예상할 수 있는 행위노선으로부터의 일탈을 설명한다는 점에서 이해가 가능해지는 것이다.
>
> (Weber 1968: 6)

개인주의와 마찬가지로 베버의 합리적 행위 모형은 설명이라는 목적을 위해 도입된 방법론적 장치다. 우리가 현대 미시경제학에서 발견하는 합리적 선택 모형이 그와 같은 목적에 봉사할 수 있을지는 의문이다. 우선, 미시경제 모형의 의사결정자들 모두가 다 개별 인간 주체인 것은 아니다. 일반 균형이론에서 가계와 기업은 만난다. 무엇보다도 가계는 노동을 공급하고 기업은 노동을 고용하고 상품을 생산한다. 공공선택 모형에서는 정부가 행위주체로 간주되기도 한다. 가계, 기업, 정부 모두 개인이 아닌 집단이다.

미시경제의 기본 단위가 집단이라는 사실이 안고 있는 문제는 개인과 집단 간의 관계가 결코 단순하지 않다는 데 있다(예컨대, Hardin 1982). 죄수의 딜레마 유형(4장 참조)의 유인구조(개인들이 모두 자기 이익만 추구함으로써 개인에게는 이익이 되지만 사회적으로 바람직하지 못한 결과를 가져오는 상황—역자주)가 존재하기 때문에 개인들 간의 공통의 이익이 항상 집단적 수준에서 실현되기는 어려울 것이다. 따라서 가계나 기업, 정부 또는 "대표적 주체"의 선호가 나타난다 해도 그것이 개개인의 동기를 나타낸다고 단정할 수 없다. 이것은 미시적 기초 그 자체에 잘못이 있다는 말이 아니라, 베버의 합리적 주체 모형이 특수한 설명적 고려에 바탕을 두었기 때문에 그 모형에 대한 옹호론을 그대로 차용해서는 안 된다는 말이다.

베버의 옹호론을 적용할 때 생기는 다른 문제는 그 모형에서 행위주체가 놓여 있는 조건과 주체의 인식 능력이라는 두 측면과 관련하여 사용된 높은 수준의 이상화(idealization)다. 변수들에 대한 이런 참된 구조적 모형을 바탕으로 초합리적인(hyper-rational) 주체가 그 변수들의 미래 가치에 대한 기대를 형성하는 소위 합리적 기대 모형으로부터 모종의 이해를 얻기는 할 것이다. 하지만 그것은 개별주체의 행위가 갖는 동기에 대한 공감을 통해 우리가 얻는 그런 종류의 이해와 다르다.

이 정도면 차라리 다행인지 모른다. 베버가 추구했던 그런 이해가 항상 최고의 호평을 받은 것은 아니다. 특히 실증주의 학파에서 그러했다(Hempel 1965; Salmon 1991). 문제는 진정으로 과학적이라고 인정받은 많은 설명들이 정반대로 이루어지고 있다는 데 있다. 즉, 많은 설명들이 낯익은 것(중간 크기의 물체)을 전혀 낯익지 않은 것(원자, 힘, 쿼크, 초끈이라는 관측 불가능한 실체의 세계)으로 "환원한다". 어쩌면 이것이 바로 현대의 미시적 모형이 성취하고자 하는 목표인지 모르겠다. 우리는 모형과 이상화에 대해 다루는 다음 장에서 이 주제로 돌아올 것이다.

지금은 방법론적 개인주의를 엄밀히 검토할 합당한 이유가 있는가 하는 좀 더 일반적인 질문을 해보자. 간단히 말해서, 개개인의 행위의 동기에 비추어 사회현상을 설명하는 것은 현상을 설명하는 데 반드시 필요하지도, 충분하지도 않다. 개인주의적 설명이 반드시 필요한 것이 아님은 설명에 대한 대안적인 견해들이 있다는 사실로써 알 수 있다. 거시 사회적 요인들이나 다른 비개인주의적 요인들의 인과적 경향성을 언급하는 설명들은 (예컨대, 개인주의적 메커니즘으로 설명을 정의해서) 선결 문제를 요구하지 않으면서도 참으로 설명적이라는 사실을 부정하기 어렵다. 인과적 경향성에 의한 설명들이 왜, 어떤 방식으로 정말로 설명력이 있다고 보아야 하는지는 위의 5장에서 논의했다.

더구나 거시행동(macro-behavior)이 미시동기(micro-motives)보다 안정적이라고 믿을 몇 가지 이유가 있다. 10장에서 경제적 실험에 대해 자세하게 논의할 것이지만, 개인의 행위는 개인이 놓여 있는 그 상황의 세세한 것들뿐 아니라 그 상황에서 올바른 행위의 과정에 대해 그들이 갖는 기대에도 극도로 민감한 것처럼 보인다. 사회과학이 사회현상에 대한 일반적인 설명을 제공하는 것을 목표로 삼는 만큼, 개인차를 없애고 행동이 더 안정적으로 보이는 수준으로 기술(記述)하는 것이 설명을 하는 데 더 이롭다고 생각된다. 화폐공급의 증가는 언제나 물가에 상향 압력을 가하는 경향이 있다. 하지만 화폐공급의 증가가 발생했다고 하면 그것을 실현하는 경로가 되는 메커니즘은 너무 변동이 심해서 이론적 관점에서 그다지 흥미롭지 않을 것이다. 그런 경우에 설명의 측면에서는 미시적 실현이 아닌 거시적 경향이 기본이다.

개인의 행위와 동기로 설명하는 그런 것이, 내가 베버의 이해에 대한 이해를 실증주의가 거부한 데 대해 언급할 때 앞에서 지적했던 그런 설명에 충분하지 않을 것이다. 친숙한 것들로 설명하는 것은 전(前)과학적일 뿐 아니라 자의적이다. 그것이 자의적인 이유는, 어떤 사람에게 친숙한 것이 다른 사람에게는 친숙하지 않을 수 있기 때문이다. 소위 "상식(common sense)"이라는 것도 흔히 생각하는 것처럼 공통적(common)이지 않다. 게다가 또, 이게 더 중요한 점인데, 그 이야기가 우리에게 친숙해 보인다는 이유만으로 어떤 설명을 받아들여야 할 필요는 없다. 위에서 언급한 것처럼 과학은 우리에게 낯설게 보이는 실체와 행위를 설정함으로써 진보한다. 사회과학도 "상식"에 대한 호소를 무시함으로써 진보할 수 있다.

그렇다고 개별 주체 모형으로부터 사회현상의 기술(記述)을 이끌어내는 설명이 가치없다는 말은 아니다. 어떤 목적에 필요하지 않거나 충분하지 않다는 것이 곧 쓸모없음을 의미하지는 않는다. 개인주의적 설명이 베버의 해석학적 이해(우리는 그런 것에도 도전할 수 있을 것이다!)로서 설명력이 없다는 것을 인정한다 해도 ―여기에 대해 앞으로 간단히 기술할 것이다― 우리는 여전히 그런 설명이 인과 메커니즘에 대해 설명해준다고 주장할 것이다. 거기에는 설명이 인과적으로 참이어야 한다는 조건이 붙는다. 즉, 거시적인 관계의 원인이 되는 그런 사례들이 실제로 존재할 경우에만 메커니즘이 거시사회적 변수 X와 Y 간의 관계에 대한 메커니즘의 기술이 정말로 그 관계를 인과적으로 설명한다고 할 수 있다. 그리고 설령 그 설명이 기저에 있는 메커니즘에 대해 (인과적인 면에서) 실재와 다르게 기술한다고 해도 여전히 설명적일 수 있는데, 그에 관해서는 7장에서 살펴볼 예정이다.

메커니즘적 설명

　개인적 수준에서건 아니면 거시적 수준과 개인적 수준의 중간 수준에서건, 메커니즘적 기술은 어떤 현상이 어떻게 발생했는지, 그것을 구성하는 것이 무엇인지를 보여줌으로써 그것을 이해할 수 있게 해준다. 메커니즘적 설명은 결과(또는 사실)와 총량적 관계(aggregate relationship)라는 두 종류의 피설명항을 갖는다. 어떤 나라의 인플레이션에 대한 구체적인 이야기는 변형된 전파 메커니즘과 같은 과정에 의해 메커니즘적으로 설명될 수 있다. 그런 메커니즘에 대한 기술은 어떻게 인플레이션이 발생했는지, 그것이 어떤 결과를 초래했는지 보여준다. 다른 한편, 메커니즘적 기술(記述)은 화폐 증가와 인플레이션 간의 관계처럼 총량적 관계를 설명하는 데 이용될 수 있다. 전파 메커니즘은 왜 이런 관계가 성립되는지, 예컨대, 왜 화폐 증가율이 인플레이션율과 부(-)의 상관관계가 아닌 정(+)의 상관관계를 갖는지 설명해준다.

　간단히 말해서, 우리가 과학적 설명으로부터 실질적으로 기대하는 것은 "그것이 어떻게 작용하는가"에 대한 설명이기 때문에 메커니즘에 대한 기술은 설명을 하는 데 도움이 된다. 우리는 이해를 추구한다. 그리고 문제의 어떤 현상에 대한 우리의 이해는 블랙박스가 열리고 그 현상을 일으키는 볼트와 너트가 드러날 때 향상된다(이것은 엘스터의 비유다. Jon Elster 1989 and 2007 참조). 물론, 우리가 기저에 있는 메커니즘에 대한 조사를 통해 거시사회적 현상에 대한 이해를 추구한다면, 그것은 이미 우리가 그 부분들이 어떻게 작용하는지에 대해 어느 정도 이해하고 있다는 걸 의미한다. 이에 대해 두 가지를 논의하도록 한다.

　첫째는, 내가 방금 말한 그 부분, 즉 "어떤 현상을 야기하고/하거나 구성하는 메커니즘의 작용에 대한 이해로부터 현상에 대한 높은 수준의 이해를 이끌어내는 것"과 같은 발상이 순환론적이라고 주장하거나, 이해 그 자체에 대한 개념이 설명되지 않고 있다고 반박할 수도 있다. 이것이 옳을 수 있지만 순환성이 반드시 나쁘기만 한 건 아니다. 어떤 과학적 진보도 선행연구 위에 세워져야 한다. 메커니즘적 설명은 자명할 정도로 단순한 "토대(rock-bottom)" 관계를 전제하지 않는다. 오히려 아무리 독창적인 과학 탐구라도 선행연구를 인정하고 그로부터 새로운 것을 이끌어낸다. 그렇다고 어떤 탐구에서 전제로 삼은 일련의 지식이 도전 받을 수 없다거나 다른 것으로 변형될 수 없다는 말은 아니다. 설명적 메커니즘의 일부를 구성하는 어떤 관계 자체가 메커니즘적 설명의 대상이 될 수도 있다는 건 확실하다. 여기에 케인즈 학파의 "이자율 경로"라는, 화폐와 인플레이션 간의 관계를 설명하는 메커니즘에 대해 서술한 예를 소개한다.

> 단기 명목 이자율을 높이는 테일러 준칙(Taylor rule)에 대한 충격의 형태를 띤 통화긴축은 명목 가격이 비싸거나 시차를 둔 가격조건 때문에 느리게 움직일 때 실질 금리 역시 상승으로 바뀐다. IS 곡선에 요약된 것처럼, 이런 실질 금리 상승으로 인해 가계의 소비가 줄어든다. 결국, 필립스 곡선을 통해 생산량의 감소가 인플레이션에 하방 압력을 가한다. 이는 그 충격 이후 아주 천천히 조정된다.
>
> (Ireland 2008)

이번에는 이런 각각의 사슬들이 설명될 수 있으며, 경제학자들이 그걸 설명해왔다. 예컨대 첫 번째 사슬은 "유동성 효과"라고 하는 것으로, 여러 문헌에서 많은 관심을 끌어왔다. 에드먼드(Chris Edmond)와 웨일(Pierre-Olivier Weill)은 조사 보고서에서 "어떻게 작은 파편들이 모여 총량적인 것이 되고, 양적으로 합쳐져서 유의미한 거시적 마찰이 되는지" 묻는다. 이게 중요한 이유는 "만약 그러하다면 여기서 논의해온 유동성 효과 모형은 통화전파 메커니즘을 분석할 자연실험이 될 것이기 때문이다"(Edmond and Weill 2009). 따라서, 그 경로들 중 하나에 있는 단일 사슬 자체가 "다수의" 미시적 메커니즘들에 의해 설명된다.

둘째로, 이해에 대한 이런 설명과(앞에서 논의된) 베버의 설명 간의 외견상 유사성에도 불구하고 둘은 전혀 같지 않다. 메커니즘적 설명은 관심을 끄는 현상에 대한 이해를 그 기저에 있는 메커니즘의 여러 부분들의 작용에 대한 이해로부터 이끌어낸다. 하지만 그렇다고 후자가 베버적인 해석학적 이해여야만 하는 것은 아니다. 유동성 효과에 관한 것들 중 어떤 것도 전파 메커니즘 전체나 화폐와 물가 간의 총량적 관계만큼 연구자에게 친숙한 것은 없다. 반대로, 총량적 관계가 최소한 16세기 이후부터 알려져 온 반면에, 전파 메커니즘과 그 부분들은 아직도 논쟁거리가 되고 있다. 우리가 전파 메커니즘과 그 부분들을 잘 이해하면 할수록 그만큼 그런 이해는 과학으로부터 우리가 기대하는 인과성과 통합성 형태의 이해와 확실히 연관된 메커니즘들의 특성으로부터 생겨난다.

관측된 연관관계가 단순히 상관관계가 아닌 진짜 인과관계라는 증거를 많이 가질수록 우리는 그것을 인과적으로 더 잘 이해하게 된다. 총량적 관계에 비해 메커니즘이 갖는 잠재적 장점은 두 가지다. 첫째, 메커니즘은 세부적인 것을 추가한다. 만약 총량적 관계에 대한 메커니즘이 기술될 수 있다면, 우리는 단순히 그것이 진짜 인과관계라는 사실뿐 아니라 어떻게 그것이 생겨나고 있는가 하는 것까지 알 수 있다. 하지만 이런 장점도 대가를 치러야 한다. 즉, 어떤 현상의 많은 사례들을 포괄하는 설명을 원하고 메커니즘의 세부사항을 추가하면 그만큼 적용할 수 있는 수가 제한된다는 걸 의미한다. 일정한 통화헌정체제(monetary constitution: 정부의 통화정책이 법규에 의거하여 시행되는 체제—역자 주)를 갖추고 비교적 자유로운 가격 책정이 이루어지는 경제들에서 화폐와 물가 간의 관계는 극히 포괄적이고 심지어 보편적이다. 그 관계가 작용하는 경로가 되는 메커니즘은 훨씬 더 지역적이다. 다른 한편, 총량적 관계의 수준에서보다 사실상 메커니즘의 사슬 수준에서 인과관계를 규명하는 게 더 수월할 것이다. 이를테면, 총량적 관계를 추정하기 위한 도구를 찾거나 구축하기가 아주 어려운 반면, 메커니즘 안에서 사슬을 위한 도구를 찾거나 구축하기는 훨씬 수월할 것이다(Hamilton 1997은 유동성 효과에 대한 논의를 많이 한다. 인과관계를 추정하기 위한 도구변수 기법에 대한 입문을 위해서는 10장을 보라). 마찬가지로, 미시적 수준에서 실험을 실시하는 건 가능하겠지만 거시적 실험은 대체로 어렵다. 하지만 이것도 개개의 사례를 바탕으로 결정해야 할 문제다. 총량적 관계가 중간적·미시적 관계보다 인식론적으로 접근하기 더 쉬운 경우가 얼마든지 있을 수 있다.

다른 이해의 모형은 통합성이다. 우리는 복합적이고 다면적인 현상을 통합하고 그것을 원리들의 공통의 핵심으로 환원함으로써 이해를 획득한다. 웨슬리 새먼(Wesley Salmon)은 자연과학에서 메커니즘이 그런 통합적 역할을 할 수 있다고 생각한 것 같다.

> 우리는 사건이 어떻게 인과관계에 부합하는지 보여줌으로써 사건을 설명한다. 소수의 기초적인 인과 메커니즘과 그것을 지배하는 극히 포괄적인 법칙이 존재하기 때문에 인식론적 개념만큼이나 존재론적 개념이 자연현상의 통일성을 세계에 대한 우리의 이해의 기본적인 측면으로 간주할 권리를 갖는다. 통일성은 설명을 위해 우리가 의존하는, 기저의 메커니즘들의 편재성에 깃들어 있다.
>
> (Salmon 1984: 276)

많은 것이 사례의 세부적인 면에 달려 있다. 화폐-물가 사슬은 확실히 그것을 설명하기 위해 제시되는 여러 가지 메커니즘들보다는 훨씬 더 통합적이다. 다른 사례에서는 많은 총량적 현상의 발생에 어떤 역할을 하는 기저의 구조가 있을 수 있다. 어쨌든, 이해/설명의 통합모형은 다음 장에서 더 자세히 살펴볼 것이다.

결론

메커니즘은 사회과학의 철학과 생명과학의 철학, 일반 과학의 철학 일각에서 엄청나게 유행하고 있다(특히 인과론에 대한 논쟁에서). 그 이유는 어렵지 않게 이해할 수 있다. 실증주의의 종말 이후 인과적 설명은 — 다시 — 과학적 탐구의 한층 중요한 목표들 중의 하나로 여겨지게 되었다. 그리고 메커니즘적 인과 설명 모형은 사회과학을 비롯한 다른 분야에서 많은 과학적 실제와 잘 들어맞는다고 생각되고 있다. 나는 오히려 개인적으로는 지금까지 메커니즘적 사고에 대한 열정에 비판적이었지만, 메커니즘적 설명이 사회 현상을 설명하는 데 도움을 줄 수 있다는 사실을 부정하지 않는다.

동시에, 지금까지 등장한 인과적·사회적 메커니즘에 관한 방법론을 다룬 문헌들은 현대 경제학에 다소 부적절하다는 사실을 알아 둘 필요가 있다. 우리가 거기서 발견하는 모형은 마치 메커니즘을 표상한 것처럼 보이지만 — 분명히 그것은 거시적, 사회적, 총량적 관계의 밑바닥에 놓여 있는 구조와 과정을 묘사한다 — 그 인과관계 설정 대부분이 지나치게 이상화되어 있어서 실제 메커니즘의 표상으로 보이지 않는다. 따라서 기껏해야 그럴듯한 메커니즘의 표상 정도로 여겨진다. 그럴듯한 메커니즘은 사회 현상을 설명하지 못한다. 그 모형이 무엇을 하든, 그것은 인과 메커니즘적 의미에서 설명력을 갖지 못한다. 해석학적 이해를 제공한다고 하는 베버적인 의미에서도 그렇다. 설령 그렇다고 쳐도, 베버적인 이해가 과연 경제학자들이 찾거나 중시하는 것인지 의심할만한 근거가 있기 때문에 그것도 잠깐의 승리일 뿐이다.

낙원은 사라졌다. 그러나 모두 사라진 것은 아니다. 다음 장에서는 거짓인 모형이 설명력을 갖는지 알아볼 것이다. 계속해서 15장에서는 의사결정 메커니즘에 대한 탐구를 더 현실주의적으로 이끌었다고 할 수 있는 비교적 최근의 새로운 조류인 행동경제학에 대해 논의할 것이다. 후자에 대해서 한 저명한 평론가는 다음과 같이 말했다.

> 이미 이것이 일어나고 있는 한 분야가 행동경제학이다. 경제학과 심리학의 융합, 그 실험적 전통은 분명하게 행동의 규칙성에 초점을 맞춘다. 경제학자와 심리학자가 참가하곤 하는 레빗(Steven D. Levitt)과 리스트(John A. List)(2008)에 의해 검토된 그 실험은 손실 회피, 지연행동, 쌍곡형 할인이나, 가용성 휴리스틱까지 포함한다. 이들은 모두 특수한 실험을 넘어 다른 데서도 응용될 가망성이 있는 행동 메커니즘의 예라 하겠다.
>
> (Deaton, 2012a: 450)

연구 문제

1. 우리는 경제학에서 메커니즘을 필요로 하는가?
2. 거시이론에 미시적 기초가 부여되어야 한다고 요구하는 경제학자들은 메커니즘적 설명이라는 의제(agenda)를 추구하는가?
3. 공부하면서 경제적 메커니즘을 만난 적이 있는가? 여러분이 만난 그런 예들은 이 장에 제시된 특징에 부합하는가?
4. 메커니즘이라면 모두 다, 그리고 오로지 메커니즘만이 관심을 끄는 현상을 설명하는가?
5. 경제적 메커니즘은 설명이 아닌 다른 역할도 하는가?

권장 도서

메커니즘에 대한 이야기와 그에 대한 탐구는 사회과학과 사회과학의 철학의 여러 분과에서 지금 매우 인기가 높다. 사회과학에서 초기의 지지자로는 Hedström and Swedberg 1998에 기고한 사람들이 포함되고, 철학에서는 Mario Bunge (1997), Jon Elster (1983 and 1989)가 포함된다. 내가 말한 "새로운 메커니즘 철학"에서 행해진 연구에 대한 비판적 논평은 Reiss 2007a이다. 근래의 논평적 기고 논문으로 Hedström and Ylikoski 2010이 있다. Steel 2004도 참고하라.

사회과학과는 직접적인 관계가 없는, 메커니즘에 관한 일반론을 편 것으로는 Woodward 2002, Glennan 1996 and 2002, Machamer et al. 2000 그리고 N. Cartwright 1999a(그녀는 "법칙론적 기계"라는 용어를 사용한다)가 있다. Glennan 2010은 역사적 설명에 대한 메커니즘적 해설을 제시한다.

방법론적 개인주의에 관해서는 D. Little 1998 뿐 아니라, Kincaid 1997과 1996의 5장을 강력히 추천하고 싶다.

Philosophy of Economics

I 부 C

모형

7장

모형, 이상화, 설명

개요

Ⅰ부의 A와 B에서 논의했던 설명이론은 모두 인과적 설명의 다른 버전이다. 인과적 설명이 갖는 특이점은 문제의 어떤 현상이 실제로 나타나지 않으면 설명이 성공적이라고 말할 수 없다는 데 있다. 2007년 서브프라임 시장에서 일어난 자산 가격 거품붕괴는 실제로 거품이 있었고, 거품이 꺼졌고, 거품의 붕괴가 불황으로 이어지지 않았다면 그에 뒤따르는 불황을 설명한다고 할 수 없다. 현존하지 않는 인과적 요인이나 단순히 잠재하는 인과 사슬로는 설명한다고 볼 수 없다.

인과적 설명에 대한 이런 사실을 보고 경제학에 관한 다른 많은 사실들도 그럴 것으로 ―경제학은 모형 의존적이라거나(분명히 경제학적 설명은 종종 모형에 의존한다) 모든 모형은 어떤 방식으로든 거짓이라는 식으로― 단정하면 안 된다. 모형은 현상에 대해 항상 단순화되고 종종 이상화된 설명을 제시한다. 그러나 모형이 거짓이고, 본질적으로 설명이 모형을 사용하고, 인과적 설명이 참이어야 한다면, 경제학적 설명은 인과적 설명일 수 있을까? Ⅰ부 C에서는 한 장(章)으로 이런 문제들 ―거짓인 모형도 설명을 할 수 있는가? 그렇다고 한다면 어떻게 가능한가? 인과적 설명의 이상(理想)은 모든 모형이 거짓이라는 사실과 양립할 수 있는가?― 을 다룬다.

인과적 설명

인과적 설명이론은 성공적이라고 인정받고 있다. 과학 일반에 대한 설명, 경제학에 특수한 설명으로서의 인과적 설명이론은 그 대안보다도 더 성공적이라고 인정받고 있다는 사실이 중요하다. 특정한 경제적 사건을 설명한다 함은 곧 그 원인을 논하는 것이다. 그리고 일반적인 경제현상을 설명한다고 함은 곧 그것을 야기한 인과 메커니즘을 기술하는 것이다.

먼저, 인과적 설명의 특징에 대해 살펴보는 것으로 이 장을 시작한다.

인과적 설명은 참이 아니면 성공할 수 없다. 나의 이런 생각은, 비록 관점이 다르긴 하지만, 낸시 카트라이트(Nancy Cartwright)로부터 빌려왔다. 그녀는 나와 다른 관점을 가졌지만 다음과 같이 썼다.

> 내가 새로 심은 레몬나무는 병이 들어 잎이 노랗게 되어 떨어진다. 물이 화분 바닥에 쌓이고, 마침내 나는 그 물이 죽음의 원인이라는 말로 이것을 설명한다. 나는 레몬나무를 심은 참나무통의 바닥에 구멍을 뚫고 더러운 물을 흘려보낸다. 내가 구멍을 뚫기 전에도 여전히 그런 설명을 **해줄 수 있어야 하며, 설명해준다 함은 추정된 원인, 물을 제시하는 것이다.** 설명이 맞으려면 그런 물이 있어야 한다. 어떤 원인에 의한 결과의 설명은 선택적인 부가요소가 아닌 실존적 성분을 갖는다.
>
> (N. Cartwright 1983: 91; 원저의 강조)

2000년대 초반의 저금리는 금리가 (어떤 경제적 조건에 "적합한" 금리보다 낮다는 의미에서) 진짜로 낮았다고 할 수 없으면, 또한 그것이 금융위기가 일어나게 했던 진짜 요인이 아니었다면 2000년대 후반의 금융위기를 설명하지 못한다. 실질 변수들의 변화가, 최소한 가끔씩이라도, 전파 메커니즘에 의해 발생하지 않았다면 통화정책 전파 메커니즘(또는 그에 대한 기술)은 통화, 금리, 실질 변수들 간의 복합적인 관계를 설명하지 못한다.

인과적 설명이 설명적이려면 참이어야 한다는 단서는 사실상 인과적 설명에 엄청난 난관이다. 경제현상이 그러하듯이 현상이 복잡할 때에는 진리를 획득하기가 어렵다. 경제현상에 대한 설명은 극적으로 단순화되고, 우리가 어떤 결과에 영향을 미친다고 알고 있는 특징들은 보통 조직적으로 왜곡된 방식으로 나타난다. 경제학자들 사이에 "모든 모형은 틀렸으나 일부는 쓸 만하다"는 슬로건이 널리 알려져 있다(Box and Draper 1987: 424). 그럼에도 그런 모형들은 경제학자들과 같은 사람들에 의해 휴리스틱(heuristic: 시간이 부족하거나 체계적이고 합리적인 판단이 굳이 필요하지 않은 상황에서 복잡한 문제를 단순화하기 위해 사용하는 몇 가지 주먹구구식 원칙—역자주) 이상의 가치를 갖는다고 여겨진다. 항상 그런 것은 아니지만, 경제 모형이 자주 설명에 성공하는 것은 확실하다.

이 장에서 다루려고 하는 쟁점은, 모든 모형이 중대한 거짓을 내포하고 있다는 사실을 경제현상에 대한 진정 설명다운 설명을 하려는 경제학자들의 목표와 일치시킬 수 있는가 하는 문제다. 즉, 거짓인 모형도 설명하는가 하는 것이다.

경제 모형

경제학자들은 모형을 통해서 세상을 본다. 나는 그 문제를 일반적 · 추상적으로 논하지 않고 구체적으로 경제학에서 모형을 사용한 하나의 고전적인 예, 즉 해롤드 호텔링(Harold Hotelling)의 최소 차별화의 원리("호텔링의 법칙"으로 알려진)를 검토해보도록 하겠다(Hotelling 1929). 호텔링의 출발점은 관측이다. 어떤 상품을 파는 몇몇 상인들 중한 사람이 가격을 약간 올리면 그의 사업을 즉시 모두 경쟁자에게 잃지 않을 것이다 —이는 쿠르노(Cournot), 아모르소(Armoso), 에지워스(Edgeworth)에 의한 초기 모형의 예측과 다르다.

> 많은 고객들이 그와의 거래를 선호한다. 그 이유는 그들이 다른 가게보다 그의 가게 가까이 살기 때문이거나, 그들이 그의 가게에서 자기들 집까지의 운임을 절감하려고 하기 때문이거나, 그 상인이 사업하는 방식이 더 맘에 들기 때문이거나, 그가 고객들이 바라는 다른 물품을 팔기 때문이거나, 그가 그들의 친척이거나, 같은 엘크 회원 또는 침례교도이기 때문이거나, 또는 서비스나 품질에 약간 차이가 있거나, 아니면 이런 여러 가지 이유가 합쳐져서 그럴 수 있다.
>
> (Hotelling 1929: 44)

여기에 대한 이유는 다른 경제법칙, 일물일가의 법칙 자체가 기껏해야 세테리스 파리부스 법칙(5장 참조)이라는 데 있다. 그 법칙은 하나의 시장에서 같은 상품은 같은 가격에 팔려야 한다는 것이다 —만약 그렇지 않으면 고객들은 더 싸게 파는 상인에게 몰려갈 것이고, 그러면 비싸게 팔던 판매자는 어쩔 수 없이 가격을 낮추거나 아니면 시장에서 퇴출당할 수밖에 없다는 것이다. 그러나 그것도 그 상품이 모든 면에서 동일하다는 전제 하에서만 성립한다. 하지만 실제로는 상품들이 정확히 똑같지 않다. 호텔링의 모형은 '다른 것들이 같다'는 가정들 중 하나가 완화될 때, 구체적으로 말해서, 상품이 선형적 차원을 따라서 구매자와의 공간적 거리에서 차이가 날 때 일어날 수 있는 현상을 기술한다.

상품 구매자들이 길이 l의 직선을 따라서 균일하게 분포되어 있다고 가정하자. 두 상인 A, B가 양쪽 끝에서 각각 거리 a, b 만큼 떨어져 있다.

A와 B가 상품을 생산하는 데 드는 비용은 없다고 가정하자. 수요는 완전히 비탄력적이다. 즉, 각각의 고객은 무엇이건 오로지 한 가지 품목만 구매한다. 각각의 구매자는 구매한 것을 단위거리 당 c의 가격에 그것을 소비하는 장소까지 가져간다. A의 가격을 p_1, B의 가격을 p_2라 하고, 각각의 상품량을 q_1, q_2라 하자.

이런 가정 하에서 B의 가격은 A의 가격을 초과하면서도 모든 자기 고객을 A에게 잃지 않을 수 있다. 그러나 그는 A에서 B까지의 운송비용보다 커지지 않게 해야 한다. 그 비용은 $c(l-a-b)$로 나타낼 수 있다.

이런 식으로 그는 직선상의 오른쪽의 모든 사업 b에다가 y로 나타낼 수 있는 A와 B 사이의 일부 사업영역을 추가로 끌어들일 것이다. 물론 필요한 부분만 약간 수정하면 A도 마찬가지다. 그렇게 해서 A는 그 직선상의 왼쪽의 모든 사업영역 a에다가 x로 나타낼 수 있는 A와 B 사이의 일부 사업영역을 추가로 끌어들일 것이다. B의 가격에 비해서 A의 가격이 낮으면 낮을수록 그의 사업은 더 많은 x를 얻을 수 있다.

그림 7.1 호텔링의 공간 집계 모형

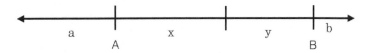

A와 B 사이의 고객(그림 7.1에서 점선으로 표시한 부분)은 무차별하다. 즉,

$$p_1 + cx = p_2 + cy$$

거기에다 우리가 알고 있는 것은,

$$l = a + x + y + b$$

x와 y에 대해서 풀고, 이윤(π)을 계산하면 pq가 되고, q_1에 $a + x$를 대입하고 q_2에 $b + y$를 대입하면 다음과 같다.

$$\pi_1 = p_1q_1 = p_1(a + x) = 1/2(l + a - b)p_1 - p_1^2/2c + (p_1p_2/2c)$$
$$\pi_2 = p_2q_2 = p_2(b + y) = 1/2(l - a + b)p_2 - p_2^2/2c + (p_1p_2/2c)$$

가격에 관한 도함수를 0으로 놓고 풀면 다음과 같은 방정식이 된다(한계이윤이 0일 때 이윤이 극대화된다─역자주).

$$p_1 = c\{l + (a-b)/3\}$$
$$p_2 = c\{l - (a-b)/3\}$$

그리고

$$q_1 = 1/2 \{ 1 + (a-b)/3 \}$$
$$q_2 = 1/2 \{ 1 - (a-b)/3 \}$$

그러면 이윤은 다음과 같다.

$$\pi_1 = p_1 q_1 = c/2 \{ 1 + (a-b)/3 \}^2$$
$$\pi_2 = p_2 q_2 = c/2 \{ 1 + (b-a)/3 \}^2$$

지금까지 우리는 A와 B가 고정된 장소를 차지한다고 가정했다. 이제 그 가정을 완화하기로 한다. 이윤방정식으로부터 A는 a를 최대한 크게 하려고 할 것이고, B도 b를 최대한 크게 하려고 할 것이다. 즉 그들은 상 대방 쪽으로 이동할 것이다. 위의 그림에서 만약 B가 먼저 이동하면 즉 시 A의 오른쪽에 자리를 잡을 것이다. 이 경우 A는 B의 바로 오른쪽으로 이동할 것이다. 왜냐하면 직선상의 바로 그 부분(그림에서 $x+y+b$)이 그의 왼쪽(a) 부분보다 크기 때문이다. 그러면 B는 다시 A의 오른쪽으로 이동하게 되고 그렇게 해서 마침내 둘 다 그 직선의 중앙에 자리를 잡게 되어 이익을 반반씩 차지하게 된다.

A와 B가 선상의 같은 점을 차지할 수 없다는 점이 중요하다. 왜냐하면 이 경우 양쪽 모두 수입이 줄어들어 가격경쟁에 돌입할 것이기 때문이 다. 호텔링은 여기에 대해 이렇게 언급한다.

> B의 입장에서 볼 때 A와의 근접성 때문에 그와의 치열한 경쟁은 B가 이 점을 갖고 있는 더 많은 구매자 집단에 의해 상쇄된다. 그러나 경쟁자 한 사람이 제거됨으로 인해 그 체제가 붕괴될 위험이 더 커진다. 그 시장의 중간 부분($x+y \rangle 0$)은 다툼의 중추 역할 뿐 아니라 완충 역할을 하기도 한다. 그것이 사라지면 쿠르노의 사례를 갖고 되고 베르트랑의 반론이

적용된다.

따라서 둘은 같은 지점이 아닌, 가능한 한 서로 가까운 곳에 자리를 잡을 것이다. 호텔링은 수많은 경제적·비경제적 현상에서 관찰되는 것이 바로 이것이라고 주장한다.

이것은 정치에서 뚜렷하게 예증된다. 공화당과 민주당 간의 득표경쟁은 양자 간의 선명한 쟁점들 간의 선택이나, 투표자들이 선택할 차별화된 입장들 간의 선택을 끌어내지 못한다. 오히려 각 당은 자신들의 플랫폼 (flatform)을 다른 당과 최대한 비슷하게 만들려고 노력한다. ...
그것은 기업들로 하여금 가난한 사람들을 위해 싼 구두를, 부자들을 위해 비싼 구두를 만들게 하지만 모든 구두는 너무 비슷하다. 우리 도시들은 비경제적으로 커지고 그 속에 자리 잡은 상업지구는 너무 중앙에 밀집된다. 감리교와 장로교는 너무 비슷하고 사이다도 너무 동질적이다.

(Hotelling 1929: 54 and 57)

"너무 비슷하다"는 말은 이익 극대화 균형이 그 모형의 "사회적 적정성"과 다름을 나타낸다. 만약 A가 선의 좌측 1/4 지점에 자리를 잡고 B가 우측 1/4 지점에 자리를 잡으면 정말로 각각 몫의 절반을 차지하면서 소비자들은 훨씬 짧은 거리를 이동해도 된다. 하지만 A가 실제로 거기에 자리를 잡았다고 하면 B는 즉시 A쪽으로 자리를 옮겨서 A의 이익의 절반을 차지하게 된다. 이런 과정은 계속된다. 다른 각도에서 주목할 점은, 호텔링이 그 모형의 기술적인 해석으로부터 규범적인 해석으로 전환한다는 것이다. 신발, 교회, 사이다는 모두 너무 비슷하고, 도시는 너무 크고, 상업지구는 너무 집중되어 있다. 가치와 사실의 문제에 대해서는 8장에서 더 논의할 것이다.

210   경제철학 입문: 현대편

이상화(理想化)

호텔링의 모형은 그것이 설명하는 현상과 관련하여 매우 이상화된다는 것은 명백하다. 해변을 따라 늘어선 아이스크림 노점상이나 중심가 상점처럼 직선 위에 놓인 두 상점의 위치 결정은 그 모형을 가장 문자적으로 적용한 것이다. 심지어 거기에 적용하기 위해 ―그리고 그 모형은 좀 더 광범위하게 적용할 의도를 갖고 있다― 그 모형은 다음과 같이 몇 가지 잘못된 가정을 한다. 실제로는 우리는 1차원이 아닌 3차원적으로 이동한다. "소비 장소로부터의 거리" 이외에도 많은 측면에서 상품들은 차이가 난다. 소비자는 선을 따라 균등하게 분산되어 있지 않다. 수요가 완전히 비탄력적인 경우는 거의 없다. 그리고 판매자는 많은 동기에 따라 행위하며, 이익 극대화는 그 중 하나일 뿐이다.

과학에는 이상화에 대한 여러 종류의 분류가 있는데, 내가 보기에 윌리엄 윔셋(William Wimsatt)의 분류가 특히 유용하다고 생각된다.

1. 어떤 모형은 매우 **국소적 적용가능성**만 갖는다. 조금 더 광범위하게 적용할 경우에는 거짓이 되어버린다.
2. 어떤 모형은 그 적용 조건이 자연에는 없는 이상화일 수 있으나, 그것은 대강의 근사치로 적용되는, 일정 범위의 사례를 갖는 하나의 이상화(예를 들어, 질점point mass이나, 모수의 크기에 대한 연속 변수의 사용 등)이다.
3. 어떤 모형은 **불완전하다** ―인과적으로 유의미한 하나 이상의 변수를 빠뜨린다. (여기에서는 포함된 변수들이 인과적으로 유관하고, 또 최소한 개략적으로라도 유관하다고 가정된다.)
4. 그 모형의 불완전성으로 인해 포함된 변수들 간의 **상호작용이 왜곡된다.** 실제로는 상호작용이 없는 데서 명확한 상호작용을 만들어내는가 하면(허위 상관), 실제로 상호작용이 있는데 명확한 독립성을 만들어낸다 ―환원주의적 연구전략의 편향에 의해 만들어진 허위 "맥

락 독립성"과 비슷하다. 테일러(Taylor 1985)는 생태학에서의 수학적 모형에 대한 첫 번째와 같은 종류의 사례를 분석하지만, 그 결론의 대부분은 다른 맥락에 일반화될 수 있다.(이런 사례들에서는 그 모형에서 확인되는 변수들이 최소한 근사적으로 정확하게 기술된다고 가정한다.)

5. 어떤 모형은 자연에 대해 **완전히 틀린** 그림을 제시한다. 상호작용을 잘 못 나타낼 뿐 아니라, 상당수의 실체들 그리고/또는 그 속성들이 존재하지 않는다.

(Wimsatt 2007: 101-2; 원저의 강조)

(1)을 감안하면 "지정된 영역 안에서"라는 단서를 달아야 할 것이다. 어떤 모형도 모든 것을 설명하지 않는다. 모형은 항상 세계에 대한 부분적 표상이다. 그러나 모형은 가끔 지정된 영역 안에서도 국소적으로만 적용 가능하다. 불행하게도 어떤 모형의 "지정된 영역"이 무엇인지, 그리고 "적용 가능성"이 무엇을 의미하는지가 불분명하다.

호텔링의 논문은 자신의 모형을 어디에 적용할 지 암시를 준다. 그는 소비자들이 가격 차이가 나는데도 다른 상인이 아닌 특정 상인과 거래를 하는 경향에 우리의 주목을 끌고자 했다. 그는 이것을 제품 차별화로 설명한다. 이것은 생산자들이 제품을 경쟁자들로부터 차별화함으로써 준(準) 독점을 만들고 이윤이 극대화되도록 가격을 책정할 수 있는 경제적 환경이 그 지정된 영역임을 암시한다. 이야기는 여기서 끝나지 않는다. 왜냐하면 정당 정치는 분명히 호텔링이 의도한 영역 안에 있고, 정당은 기껏해야 이윤 대신 유권자들의 표를 극대화하기 때문이다. 하지만 여기서는 그것을 무시하겠다. 그러면 하나의 모형을 적용한다는 말은 무엇을 의미할까? 아마 그것은 관심을 끄는 현상을 설명하고 예측하는 데 그 모형을 사용한다는 의미일 것이다. 만약 두 점포가 예컨대, 가격 경쟁을 할 수 있는데도 그렇게 하지 않거나, 서로 동일한 상품을 생산했다고 해서 가격 경쟁을 끝내버리면, 그 모형은 이런 특정한 방식으로 반증될 것이다.

그 모형이 (2)의 의미에서 이상화한다는 것은 무엇보다도 그 두 생산자가 폭과 두께를 갖지 않는 하나의 선을 따라 움직인다는 사실로부터 분명해진다. 그런 이상화가 얼마나 유의미한가 하는 것은 목적과 맥락에 달려 있다. 호텔링 자신은 경제학의 0차원 시장을 천문학의 질점(point mass)에 유비(類比)될 수 있다고 본다.

> 다른 물리적 비유를 든다면, 지구는 종종 천문학적 계산에서 하나의 점으로, 그것도 질적으로 정확한 결과값을 가진 하나의 점으로 인식된다. 하지만 분점의 세차는 지구 타원체의 만곡부가 해명될 경우에만 설명될 수 있다. 가격이론에서도 시장은 대체로 어떤 가격이 매겨지는 하나의 점으로 생각할 수 있다. 그러나 일정한 목적을 위해 시장을 하나의 확장된 영역으로 간주하는 것이 더 바람직하다.
>
> (Hotelling 1929: 45)

일가(一價)의 법칙이 성립되는 0차원의 지형으로부터 호텔링의 원리가 성립되는 1차원 지형으로의 이동은 그가 할 수 있는 최소한의 조정이다. 시장을 하나의 선으로 생각하는 것이 해롭지 않은 이상화냐 하는 것은 그 기하학의 여러 측면들이 소비자의 결정에 얼마나 부합하는가에 달렸다. 도시를 2차원으로 보는 것이 유용할 때도 있다. 2차원에서 A와 B 간의 최단 거리는 물론 직선이다. 만약 빌딩이나 교통 혼잡 때문에 직선으로 가기 어려울 때는 직선에 가장 가까운 것이 최단 거리가 될 것이다. 그러나 오토바이로 라파즈나 샌프란시스코 같은 가파른 언덕이 있는 도시를 여행할 때 등고선 지도를 참고하면 더 잘 갈 수 있다. 마찬가지로 이런 지형적 특성이 소비자에게 중요할 경우에 아이스크림 노점상은 해변의 폭과 경사도를 참작해야 할 것이다.

호텔링의 모형은 (3)의 의미에서도 거짓이다. 고객들은 지형이 어떠하건 제품을 사러 얼마나 멀리 이동해야 하느냐 하는 것보다 훨씬 많은 것에 신경을 쓴다. 호텔링은 여러 가지 예 —사이다의 달콤함, 판매자가 같은 엘크 회원 또는 침례교도인지 여부, 정당 이념— 를 언급한다. 생산자가 여러 가지 측면에서 상품을 차별화할 수 있을 때 그 모든 다양한 특징들이 단일 운송비용 모수에 효과적으로 포착될 수 있느냐 하는 것은 그 다양한 특징들이 상호작용하여 그런 결과를 초래하느냐에 달렸다. 아이스크림 노점상들이 자신들의 위치와 아이스크림 맛을 동시에 바꿀 수 있을 때에도 여전히 정말로 가능한 한 서로 가까이 있으려고 할까?

모형화된 현상들이 이런 함수 형태를 만족한다는 증거가 없는데도 인과관계가 특정한 함수 형태를 갖고 있다는 의미에서, 나는 가정들이 (4)에도 포함된다고 본다. 운송비는 선형적이고, 수요는 완전히 비탄력적이라고 가정된다. 이런 것들은 기껏해야 근사치일 뿐이지만 중대한 오류일 수 있다. 호텔링은 탄력적 수요에 대해 다음과 같이 말한다(Hotelling 1929: 56). "수요가 탄력성을 가져도 그 해법에 대해 말했던 우리의 소견들은 여전히 대부분 정성적(定性的)으로 참일 것이다. 하지만 B가 그의 점포를 A에 과도하게 가까이 설치하려는 경향은 줄어들 것이다." 그는 많은 증거를 제시하지 않고 이것을 단언하지만, "B는 아주 관련이 없는 상황을 제외하고는 A로부터 약간 떨어진 곳에 자리를 정할 것"(Hotelling 1929: 56)이라는 결론은 틀림없이 최소 차별화의 원리와 비교하면 질적으로 다른 결론이다.

어떤 모형이 전적으로 왜곡된 자연상을 제시할 때나 상정된 실체나 속성이 존재하지 않을 때 그 모형은 (5)의 의미에서 거짓이다. 그것이 상정하는 실체와 속성들이 세계에 대한 일상적 존재론에서 항상 그 대응물을 가지기 때문에 이것은 경제학에서 혼란을 주는 이상화 유형이다. 경제학은 전자, 쿼크, 띠, 이드(Id), 무의식, 생명의 약동(l'élan vital), 일반의지와 같은 낯설고 이상한 것들을 끌어들여 설명하지 않는다. 오히려 가게와 회사, 상인들, 공장과 거기서 생산된 상품들과 같은 일상적인 것들이 이상하지 않은, 일상생활에서 명확한 유사물을 가진 어떤 것으로 변형된다. 이를테면 전형적인 경제 모형은 상인들을 완벽한 계산능력을 갖고 오로지 이윤에만 신경 쓴다고 가정한다. 그러나 그들은 여전히 상인들이다. 따라서 설령 어떤 의미에서 실제 모든 상인들이 특히 수학을 못하고 대체로 세계평화를 염려한다 해도 이런 모형들이 전적으로 왜곡된 자연상을 제시하지 않을 수 있다.

그럼에도 불구하고 관심을 끄는 결과 —말하자면 제품에 대한 최소 차별화— 가 그 모형에 나타난 인과 메커니즘과 다른 메커니즘에 의해 발생한다면, 나는 그럴 때마다 이상화가 이런 범주에 부합한다고 말하고 싶다. 당면한 사례에서 이윤극대화를 위해 공간적인 독점을 만들어낼 목적을 갖고 있는 기업 쪽의 의식적인 제품 차별화가 그런 메커니즘에 포함된다. 최소한의 제품 차별화는 이윤극대화를 목표로 할 수도 있고 그렇지 않을 수도 있는 다른 메커니즘 —예컨대, 모방이나 우연— 의 결과일 수 있다. 그런 다른 메커니즘이 작동하면 할수록 호텔링의 모형은 "전적으로 왜곡된 자연상"을 제시한다. 가령, 정치인들이 실제로 자신들의 정치적 정당성에 대한 신념이 강할수록 (그들이 속하는)정당들 간의 최소차별화는 호텔링의 모형에 의해 극대화 과정의 결과라고 왜곡된다.

설명

호텔링의 모형은 윕셋의 목록에 나오는 (1)−(5)의 모든 점에서 거짓이다. 그런데도 그것이 설명적이라고 여겨지고 있다. 그 모형이 보증하는 원리는 호텔링의 **법칙**으로 불리곤 한다. 더구나, 그리고 아마도 더 중요한 것은 그것이 설명하는 듯한 느낌을 준다는 사실이다. 호텔링과 같은 종류의 사례들에 대해 많이 생각해보지 않으면 우리가 진짜 뭔가를 알게 된 것처럼 보일 것이다. 우리는 도처에서 호텔링의 상황을 보기 시작한다. 왜 전자제품 가게들이 토트넘 코트로드(Court Road)에, 음반가게들이 덴마크 거리에 집중되어 있을까? 화랑들은 왜 파리 세느 강변에 그렇게 모여 있지? 많은 하이파이 관련 소매점들이 왜 "음향의 거리(street of sound)"로 알려진 마드리드의 바르키요(Barquillo) 거리에 가게를 열지? 도대체 왜 대부분의 정당들이 실제로는 구분하기 힘든 거야? 하지만 우리는 그것만 보는 게 아니라 호텔링의 모형이 틀림없이 올바른 뭔가를 포착하고 있다는 직감을 갖기도 한다.

이제 우리는 철학자들이 설명의 역설이라고 말하는 막다른 골목에 이르렀다. 즉 개별적으로는 받아들일 만하거나 문제가 없는 것처럼 보이는데 한데 모아 서로 맞춰보면 모순되는 일련의 명제들이 있다. 바로 이런 명제들이다.

a. 경제 모형은 거짓이다.
b. 경제 모형은 그럼에도 불구하고 설명적이다.
c. 참인 이론만이 설명할 수 있다.

역설을 만날 때 사람들은 병합된 명제들 중 한 두 개를 포기하거나 아니면 논리에 도전하는 식으로 대응할 것이다. 나는 하나의 전제를 포기해서 그 역설을 푸는(또는 다른 것을 제시하는) 사람은 봤어도, 대놓고 논리에 도전하는 경제 모형을 쓰는 사람을 만난 적은 없다. 나는 그 예를 하나하나 논의할 것이다.

경제 모형은 결국 참이다 – 추상적으로

미리 알아두고 시작하자. 모형은 진리값(truth value)을 갖지 않는다. 모형이 무엇이건 관계없이 그리고 "모형의 존재론"을 둘러싸고 논란이 있기 때문에 모형이 문장이 아니라는 것은 거의 확실히 사실이다. 그런데 참이거나 거짓인 것은 문장이다. 매우 직관적인 예로 필립스 기계(또는 MONIAC)를 생각해보자. 필립스 기계는 영국 경제의 한 모형이다. 그 기계는 서로 연결된 몇 개의 투명한 플라스틱 탱크와 파이프로 이루어져 있고, 각각은 영국 경제의 한 측면을 표상한다. 경제를 관통하는 돈의 흐름은 물감으로 채색된다. 필립스 기계는 참이나 거짓이 아니다. 이는 나무가 참이나 거짓이 아니듯이 말이다. 어니스트 헤밍웨이의 말을 빌리자면 "동틀 때 참이고 오후에는 거짓이다." 필립스 기계의 탱크와 파이프는 나무판으로 받쳤다는 말처럼 그에 대한 진술은 참이거나 거짓이다. 이는 특정한 나무에 대한 진술이 참이거나 거짓인 것과 같다. 그 모형이 유사물질이든 물리적 모형이든 또는 수학적인 모형이든 아니면 다른 추상적 모형이든 이것은 여전히 사실이다.

결국 우리가 어떤 모형이 참 또는 거짓이라고 말할 때 우리는 생략하여 말한다. 빌 필립스(Bill Phillips)가 기계를 만들었을 때 그것이 영국 경제를 표상했고 자신의 목적에 부합했다고 하자. 이를테면, 사람들이 필립스 기계 속의 파이프로부터 물을 빼내서 "저축"이라고 씌어진 파이프로 방향을 바꾸어 비용을 절감할 수 있다. 저축이 영국 경제에서 지출에 사용될 기금을 절감하는 한 이것은 정확한 표상이다. 내가 위에서 "모든 모형은 거짓이다"라는 슬로건을 시인하듯이 인용했을 때 나는 모든 모형은 많은 점 ─영국 경제의 어떤 돈이라도 필립스 기계에 있는 물처럼 젖어 있지 않다, 어떤 은행도 물이 든 플라스틱 탱크가 아니다. 등등─ 에서 그 표적을 **잘못** 표상하고 있다는 엄연한 사실에 이목을 집중시키려고 했다. 따라서 "모든 모형은 거짓이다"라고 구어체로 말할 때 그것이 의미하는 바는 "모든 모형이 그 표적을 잘못 표상하고 있다"는 것이다. 그렇지 않으면 추상적 모형의 경우 그 모형을 정의하고 그 모형에 대해서는 참인 가설들이 관심을 끄는 그 표적 체계(target system)에 대해서는 거짓일 것이다. 그것도 아니라면 어떤 표적 체계가 어떤 모형과 유사하다고 하는 이론적 가설이 참이거나 거짓이라고 말할 수 있을 것이다.

한 가지 더 언급하자. 위에서 나는 한 가지 이유로 모형의 **표적**을 언급했다. 모형은 시기(時期)를 표상하지 않거나 잘못 표상한다. 오히려 그것은 관심을 끄는 특정 표적 체계를 잘, 또는 정확하게, 또는 전혀 잘못 표상할 수 있다. 그래서 필립스 기계는 영국 경제의 (특정 목적을 위한) 좋은 표상이었을 수도 있지만, 영국이 가진 중요한 특성을 공유하긴 해도 **무조건** 좋다고 할 수 없는 다른 경제의 표상이었을 수도 있다. 이제부터 나는 그런 지정된 용도를 그 모형의 일부이거나 모형 제작자에 의해 다르게 이해된 것으로 간주하겠다. 마찬가지로 내가 어떤 모형의 "설명력"(또는 그것이 결여됨)을 말할 때에도 어떤 모형이 특정 체계나 관심을 끄는 현상을 설명하거나 설명하지 못한다는 의미로 사용할 것이다. 어떤 모형도 **그 자체로** 설명적이지는 않다.

우리의 역설을 푸는 첫 번째 전략은 하나의 모형이 많은 거짓을 내포함에도 불구하고, 또는 그렇기 때문에 참일 수 있다고 주장하는 것이다 (216쪽의 명제 c를 부정하는 전략— 역자주). 좀 더 정확히 말하면, 모형은 어떤 (짐작컨대 본질적인) 측면을 정확하게(참되게) 표상하려고 하다가 그 표적의 다른 (짐작컨대 비본질적) 측면을 잘못 표상할 수 있다. 그 문제를 다른 방식으로 표현하면, 모형은 "추상적으로" 참이다. 즉, 그것은 참인 것을 표상한다기보다는 방해가 없을 경우에 참일 수 있는 것을 표상한다(5장의 인과적 경향성에 대한 논의 참조). 카트라이트(Nancy Cartwright 1989)는 그런 견해를 과학에 관한 일반적 전망으로 매우 상세하게 발전시켰다. 경제학에서 모형에 관련된 견해를 주로 지지한 사람은 매키(Uskali Mäki 1992, 1994, 2005, 2009, 2011)다.

그 핵심사상은 모형을 갈릴레이식 사고실험으로 생각할 수 있다는 것이다(N. Cartwright 1996b). 갈릴레이식 사고실험에서 실험 상황은 "방해요소들" — 탐구하고자 하는 주요 원인과 다르지만 그럼에도 결과에 영향을 주는 요소들— 을 마음속으로 제거한 후에 숙고된다. 가령, 낙하하는 물체의 법칙의 한 사례를 발견하려면 사고실험은 어떤 물체의 낙하비율에 영향을 주는 지구 중력 이외의 모든 요소들로부터 자유로운 상황을 상상한다.

매키는 이런 정신적 과정을 "이상화에 의한 분리(isolation by idealization)"라고 불렀다. 즉, 모든 다른 요소들(공기저항, 다른 중력장, 다른 힘들)을 이상화하여 없앰으로써 하나의 특수한 인과적 요소의 작용(갈릴레오의 경우, 지구 중력)을 분리시킨다. 그 결과 나온 모형은 여러 가지 측면에서 거짓이다. 왜냐하면 이런 요소들은 관심을 끄는 표적 체계로 선택하는 실제의 모든 시스템에 실제로 영향을 미치기 때문이다. 그러나 그것은 한 가지 중요한 측면에서 "참이다." 즉, 그것은 관심을 끄는 인과적 요소인 지구 중력의 작용을 정확히 포착한다. 매키는 이 점을 튀넨(Johann Heinrich von Thünen)의 고립국(孤立國) 모형과 관련지어 다음과 같이 설명한다.

> 만약 여기에 자연적 진리의 전달체가 있다면, 그것은 이런 하나의 전체로서의 모형도 아니고 단순히 그것의 임의의 어떤 부분도 아니다. 그것은 오히려 그 모형의 특수한 한 성분, 소위 튀넨 메커니즘이라는 이런 단순한 모형세계를 끌어가는 인과적인 힘 또는 메커니즘이다. 이런 진리

전달체는 그 진리를 만드는, 소위 현실 체계의 눈에 띄는 인과적 "힘"이
나 메커니즘에 의해서 진리가 될 충분한 가능성을 갖는다. 운송비용과
지가(地價)를 통해서 거리를 땅의 사용패턴으로 변형시키는 데 기여하는
것은 그 메커니즘이다.

(Mäki 2011: 60)

따라서 매키의 말투로 표현하자면, 모형은 그 자체로 진리라기보다는
관심을 끄는 어떤 표적 체계의 인과적 힘이나 메커니즘에 관한 진리와
같은 그런 진리를 내포한다. 좀 더 정확하게 말하면, (예컨대) 모형이 어
떤 표적 체계의 인과적 힘이나 메커니즘을 정확히 표상한다는 이론적 가
설이 참일 수 있지만, 사소한 데 휘둘리지 말자는 것이다.

이런 방어선은 과학에 있는 다양한 거짓 모형화 가정들에 완전히 타당
하다. 과학의 많은 영역에서, 특히 역학에서 분석과 종합의 방법을 채용
하여 큰 성공을 거두었다. 자연계는 깔끔한 자연법칙(엄격한 규칙성이라
는 의미에서; 2장 참조)을 거스르는 경우가 종종 있다. 왜냐하면 자연계
도 너무나 복잡하고 변화무쌍하기 때문이다. 그래서 우리는 좀 더 단순
하고 다루기 쉬우며 외부 영향으로부터 자유로운 상황을 —실험실이나
머릿속에서— 실험적으로 만들어낸다. 우리는 이런 상황 속에서 무슨 일
이 일어나는지 알게 되고 그 지식을 좀 더 복잡하고 자연적인 상황에서
일어나는 것을 예측하는 데 사용한다. 이것이 종종 가능한 이유는 우리
가 단순화된 체계에서 알게 된 것이 제한적으로나마 더 복잡한 체계 속
에서도 당연히 참이기 때문이다. 갈릴레오가 한편으로는 자연계가 "현상
들" —과학적 관심을 끄는 보편적이고 안정적인 특징들— 과 "사건들" —
관심을 끌지 않는 방해요인들— 로 구성되어 분석이 가능하다는 발상의
창안자로 인정받고, 다른 한편으로 세계에서 가장 유명하고 가장 성공적
인 사고실험의 발명가로 인정받는 것도 우연이 아니다.

경제학자들은 분석과 종합의 방법을 첫눈에 잘 알아보고 자신들의 연구를 이런 방법의 응용으로 생각한다. 호텔링이 바로 그런 경우에 해당한다. 최소 차별화의 원리에 대해 그가 말하는 바와 같이

> 그러나 이런 방향으로 너무 멀리 가지 않고 가능한 한 많은 구매자들이 신제품이 조금 더 좋아졌다고 느낄 약간의 변화를 적용하여 구제품과 아주 흡사하게 만들려는 유인이 있다. 우리의 가구, 우리의 가옥, 우리의 의복, 우리의 자동차와 우리 교육의 엄청난 표준화는 부분적으로는 대량생산에, 부분적으로는 유행과 모방에 기인한다. 그러나 **이런 힘들을 능가하고 초월하는 곳에는**, 새로운 상품이 경쟁자들과 고객집단 사이에서 예전의 고객들을 최대한 많이 확보하기 위해서, 우리가 논의하고 있는, 오로지 약간의 편차만을 만들려는 **효과와 경향**이 존재한다.
>
> (Hotelling 1929: 54; 강조 첨가)

호텔링은 자신의 모형이 제한된 응용가능성 ―그 모형의 가정이 만족되는 곳에서만 적용될 가능성― 을 가진 **국소적** 인과 원리를 표상한다고 생각하지 않는다. 오히려 이런 경우에 그것이 규모의 경제, 패션, 모방이라는 방해요소들이 있어도 지속되는(결과에 계속 영향을 미치는) 어떤 **일반적** 경향성을 표상한다고 본다.

문제는, 호텔링의 모형을 비롯한 대부분의 경제 모형이 갈릴레이식 사고실험과 아주 다르다는 데 있다. 매키의 말로 표현하면 갈릴레이식 사고실험은 이상화함으로써(다른 인과적 요소들을 배제하여 일차적 인과적 요소를) 분리한다. 그럼 전형적인 경제 모형이 이렇게 하고 있을까?

호텔링의 모형에는 방해되는 인과적 요소들을 제거하기 위한 가정은 별로 없다. 상인이 폭과 두께가 없는 선을 따라 움직인다고 가정함은 지형의 영향이 없다고 가정하는 것이 아니다. 그 가정은 호텔링의 결과가 참이 되는 특수한 지형을 규정하고 있다. 운송비용이 거리상 선형적이라

는 가정은 운송비용의 영향을 배제하지 않는 가정이다. 그 가정은 운송비용이 효용에 미치는 효과가 갖는 특수한 함수 형태를 결정하고 있다. 수요가 완전히 비탄력적이라는 가정은 수요의 영향을 배제하지 않는다. 그것은 수요계획표의 특수한 함수 형태를 결정하고 있다.

혹자는 어떤 인과 요인이 "없다고 가정함(assuming away)"은 사실상 "…라고 가정함(assumming that)" —더 일반적인 종류의 이상화— 의 특수한 사례이기 때문에 내가 여기서 하는 구분이 비논리적이라고 이의를 제기할지 모른다. 공기저항이 "없다고 가정함"은 그 모형에서 공기저항에 0이라는 특정한 값을 부여하는 것이라고 계속 반론을 펼 것이다. 마찬가지로, 예컨대 운송비용이 선형적"이라고 가정함"은 그 모형에서 운송비용 모수에 특정한 값을 부여하는 것과 같다고 말할 것이다.

그러나 갈릴레이식 가정과 비갈릴레이식 가정 간에는 최소한 세 가지 차이가 있다. 첫째, 갈릴레이식 사고실험에서는 "없다고 가정하는" 요인이 보통은 드러나지 않는다. 그 모형에서 공기 저항이 없다는 가정을 읽어낼 수 없다. 그것은 우리가 "어떤 조건 하에서 그런 (갈릴레이식 사고실험에서 주어진) 결과가 참이 되는가?"라고 물을 때만 표면화된다. 그와 대조적으로, 호텔링이 사용한 비갈릴레이식 가정은 모두 그 모형의 명시적인 부분이며, 그것이 없으면 어떤 결과도 계산될 수 없다. 즉, 그 가정은 사람들이 그 모형의 결과를 계산할 때 그리고 그 결과를 모형 외부의 어떤 현상에 대해 예측하는 데 사용할 때 이미 드러나 있다. 둘째, 갈릴레이식 가정은 보통 양적인 인과 요인과 관련이 있다. 다른 매체는 다른 정도의 저항을 낳는다. 호텔링의 가정은 범주적(categorical)이다. 다른 지형은 종류가 다른 것이지, 같은 종류이면서 정도만 다른 그런 게 아니다. 셋째, 갈릴레이식 가정은 보통 자연적 제로(natural zero)를 가진 인과적 요인과 연관된다. 공기저항이 없음은 그런 자연적 제로다. 천체는 질점(point mass)이라는 가정은 그 다른 예다. 즉, 점은 양(量)의 "연장(extension)"을 위한 자연적 제로다. 지형과 아울러 운송비용의 함수 형태는 자연적 제로를 갖지 않는다. 수요의 비탄력성은 자연적 제로("완전히 비탄력적 수요")를 갖는다고 생각되겠지만 그 모형에서 여전히 그런 특정한 값이 나타나며, 따라서 탄력성은 "없다고 가정"되지 않고 모형의 일부를 이룬다.

갈릴레이식 가정하기의 중요성은 방해요인으로부터 벗어나 인과적 요인이 무엇을 하는지 알아보려는 갈릴레이식 사고실험의 목표에 의해 설명된다(McMullin 1985; N. Cartwright 1989). 사고실험에서 공기저항이 "없다고 가정하는" 것은 방해(공기저항과 같은 것)가 없을 때 인과적 요인(이 경우에는 중력)이 단독으로 무엇을 하는지 가르쳐준다. 반면, 상인이 길이 l의 직선상에 위치한다"고 가정하는" 것은 지형적 요인이 없을 때 다른 인과적 요인들(운송비용, 이익 극대화, 비탄력적 수요)이 무엇을 하는지 가르쳐주지 않는다.

비갈릴레이식 가정이 가진 문제는 모형의 결과를 모형화되고 있는 상황에만 고유한 것으로 만든다는 데 있다. 그 모형을 조사해도 그것이 다름 아닌 그 결과를 이끌고 있는 가정들의 부분 집합이라고 말할 수가 없다(Cartwright 1996b). 따라서 우리는 그 "모형 안에서 참인 것"을 어디에서도 찾을 수가 없다. 즉, 우리가 아는 것이라고는, 그 모형의 결과가 모형의 모든 가정들에 의존한다는 것, 그리고 그 모형의 많은 가정들이 우리가 설명하기 원하는 어떤 경험적 상황에 대해서도 거짓이라는 것이 전부다.

원칙상 강건성을 위해 모형의 결과 시험을 할 수 있음은 사실이다. 따라서 원칙상 우리는 모형의 어떤 가정이 결과를 끌고 갈지, 결과가 어떤 가정으로부터 어느 정도 독립적인지 결정할 수 있다. 어떤 사람들은 강건성 시험을 수행하는 것은 경제적 실천의 중요한 부분을 구성한다고 주장하기도 했다(Kuorikoski 등 2010). 많은 경제학 논문들이 강건성을 검토하는 장절(章節)을 포함하고 때로는 경제학자들이 다른 경제학자들의 모형이 강건한지 확인하긴 하지만, 대체로 강건성 시험은 가능하지 않으며 가능하다고 해서 시행을 해도 그 결과는 부정적이다(매키는 모형의 강건성을 시험하면 모형의 메커니즘과 실제 세계의 메커니즘 간의 유사성을 확인할 수 있다고 주장한다—역자주).

호텔링의 모형은 다시 한 번 부합되는 사례다. 그의 논문 마지막 두 쪽은 원래 모형의 수정에 관한 내용이다. 모든 "연장(extension)"이 단 하나의 계산 과정도 없어서 추측에 바탕을 둔 것처럼 보인다. 한 가지 이유가 있다. 수학이 전적으로 그것을 허용하지 않거나, 문제의 그 연구자에게 너무 어려워서 강건성 시험을 실시하기 어렵거나 불가능한 경우가 적지 않다는 것이다. 호텔링은 비탄력적 수요를 완화시키는 데 대해서 다음과 같이 말한다.

> 선형 시장의 그 두 상인의 문제는 각각의 소비자가 인도가격에 의존하는 문제의 그 일정량의 상품을 산다고 가정함으로써 다양화될 것이다. 특별한 수요함수를 시도하면 수학적인 복잡함이 엄청나겠지만, 가장 일반적인 문제들을 위해 탄력성이 가정되어야 한다.
>
> (Hotelling 1929: 56)

호텔링은 한 문단 아래에서 아무런 증거 없이 다음과 같이 단언한다. "수요가 탄력성을 가져도 그 해법에 대해 말했던 우리의 소견들은 여전히 대부분 정성적(定性的)으로 참일 것이다."

이것은 사실이 아님이 밝혀졌다 —우리가 호텔링의 "관찰"이 최소 차별화, 최대 차별화, 그 사이의 모든 것을 포함할 만큼 광범위하다고 인정하지 않는 한 사실이 아니다. 근래의 설문조사에 관한 한 논문은 탄력성 가정의 변화에 대한 발견을 다음과 같이 요약하고 있다.

힐로펜(Hinloopen)과 마르위크(Marrewijk)의 연구(1999)는 운송비용이 선형적이고 유보가격이 소비자들 전체에 일정한, 비슷한 설정을 시험한다. 유보가격이 충분히 높으면 가격 균형이 존재하지 않는 원래의 호텔링 결과가 성립한다. 유보가격이 낮으면 가게는 최소·중간 차별화를 포함하는 균형 입지(equilibrium location)의 연속선에 이르는 국지적 독점이 된다. 그러나 그 사이의 유보가격은 가게 간의 거리가 시장의 4분의 1과 절반 사이의 대칭적 균형 입지를 함축한다. 일정 범위의 유보가격에 대해 이런 값과 차별화의 정도 간에는 부(−)적인 관계가 존재한다. 따라서 요약하자면, 복점 호텔링 모형에 대해 우리가 내린 결론은, 가격 균형이 존재할 경우 수요탄력성이 높을수록 가게의 차별성은 낮아진다는 것이다.

(Brenner 2001: 14−15)

두 번째 문장에 대해서 약간의 논평이 필요하다. 호텔링이 논문을 발간한 50년 뒤, 그의 중요한 결론인 "(가격!) 경쟁에서 안정성"이 있다는 명제는 틀렸음이 입증되었다(D'Aspremont et al. 1979). 그러나 그것은 최소 차별화 원리에 그다지 큰 타격이 되지는 않았다. 왜냐하면 거기에는 가격 경쟁이 없는 게임이론적 설정을 포함한, 그 결과가 성립하는 다양한 조건들(예컨대 Osborne 2004: 3.3절)이 있고, 생산물들과 소비자들이 충분히 이질적이라는 다양한 조건들(De Palma et al. 1985)이 있기 때문이다.

호텔링의 원래 설정에 대한 두 가지 추가적인 수정에 대해 논의해보자. 경쟁자의 수가 둘이 아닌 셋일 때에는 안정성이 없다. 왜냐하면 중간에 있는 사람은 자기 시장을 재확보하기 위해서 양쪽으로 계속 옮겨야하기 때문이다(Lerner and Singer 1973). 결국, 운송비용에 대한 바로 그 함수 형태가 문제가 된다. 다스프레몽(D'Aspremont) 등(1979)은 호텔링의 원래 결과가 틀렸음을 입증했으나, 그 당시에는 호텔링과 가급적 가까운 조건 속에서 균형을 찾아나갔다. 그들은 호텔링과 **동일한** 조건에서 균형을 찾긴 했으나 운송비용이 선형적이 아니라 2차원적이라는 예외적인 조건에서, 오직 그런 조건에서만 **최대** 차별화의 원리가 성립된다는 사실을 발견했다!

강건성을 내다버리면 관심을 끄는 인과적 힘이나 메커니즘을 따로 분리하려고 도입한 "전략적인 거짓(strategic falsehood: 매키는 모형에서 사용하는 거짓은 참을 추적하고 방해 요소를 분리하기 위하여 전략적으로 사용되기 때문에 거짓이 아니라는 입장이다―역자주)"과 인과적 힘이나 메커니즘에 대한 참된 기술(true description)을 구분해야 한다는 매키의 요구가 성립될 수 없다. 모형의 결과는 가정들의 전체 배열에 좌우된다. 결국 이런 가정들이 우리가 염두에 둔 표적 체계에 대해 거짓이라면 인과적 힘이나 메커니즘이 표적 체계에서 작동하리라고 기대할 수 없다. 이것은 설명하려는 우리의 열정을 훼손한다. 우리가 호텔링의 사이다나 영국 정치에서처럼 최소 차별화의 사례를 관찰한다고 하자. 모형에 대한 이런 해석에 따르면 호텔링의 모형은 이런 현상을 설명하는가? 아니다: 만약 그 모형의 가정들이 그 현상과 결과에 대해 거짓이라는 것을 알고 있고, 그 결과 즉 설명대상이 이런 가정들에 의존한다는 것을 알고 있다면.

경제 모형은 비설명적이다

몇몇 경제학 방법론자들이 경제 모형이 그 자체로 설명적이라는 것을 부정해왔다. 이 분야에서 가장 잘 알려진 것은 아마도 하우스만(Dan Hausman)의 개념적 탐색으로서의 모형이론일 것이다. 이 견해에 따르면, 모형은 그 자체로 세계에 대해 어떤 주장을 하기보다는 술어를 정의하며, 모형화는 개념적 가능성을 탐색하는 연습(exercise)으로 볼 수 있다. 모형은 "표적 체계 T는 모형 M이 정의하는 그런 종류의 체계이다"라는 형식의 이론적 가설과 연계될 때에만 세계에 대해 무언가를 말하고, 그 결과로서 설명적일 수 있게 된다(Hausman 1992a: 5.2절).

만약 모형이 여기서 옹호한 바와 같은 물리적 실체이거나 더 빈번하게는 추상적 실체라면, 모형이 이론적 가설과 같은 것과 연계될 때에만 유익한 정보를 준다는 하우스만의 견해는 당연히 옳다. 물리적인 것이나 수학적 구조는 특정 사물에 관한 것이 아니다. 어떤 것을 어떤 표적 체계 T의 모형으로 사용할 것이라고 말함으로써 그것을 표적 체계의 모형으로 만드는 것은 사람이다. 이것은 명시적으로는 이론적 가설을 구체화함으로써, 암묵적으로는 그 모형을 사용함으로써 가능해진다. 따라서 주체가 없으면 어떤 표상도 없고 선험적으로는 어떤 설명도 없다.

우리가 볼 때 하우스만의 설명은 쟁점을 하나의 잘못된 모형으로부터 그냥 다른 잘못된 이론으로 이동시켰을 뿐이라는 데 문제가 있다. 그에게는 이론적 가설에 모형을 더한 것이 이론인데, 모형을 개념적 탐색으로 생각하는 것은 어떻게 거짓인 **이론**이 설명적일 수 있는가 하는 질문에 명백하게 도움이 되지 않는다. 우리가 말해온 모든 것이 모형에 대한 문제가 아니라 모형 및 그와 결부된 이론적 가설을 합친 문제라고 간단히 다시 공식화할 수 있을 것이다. 그런데 틀림없이 하우스만은 모형에 가설을 합친 것, 즉 이론이 설명적이지 않다고 보지 않는다.

안나 알렉산드로바(Alexandrova 2008; Alexandrova and Northcott 2009)는 열린 공식(open formulae)으로서의 모형이론을 내놓았는데, 이것도 모형이 그 자체로 설명적이라는 것을 부정한다. 그러나 그녀는 모형은 모형이 될 세부사항들을 갖추고 있다고 해도 설명적이지 않다는 더 강한 견해를 지지한다. 오히려 모형은 인과적 가설을 함축하고 그래서 실험에 부쳐질 수 있다는 점에서 휴리스틱(heuristic)의 역할을 한다는 것이다.

좀 더 구체적으로 말해서, 알렉산드로바(2008: 396; 원본 강조)는 "모형은 가설을 공식화하기 위한 틀이나 **열린 공식**의 역할을 한다"고 주장한다. 열린 공식은 "유형(type) x가 {c_1, ...c_n}를 포함하는 몇 가지 특징을 가진 어떤 상황에서, 어떤 특성 F가 어떤 행동 B를 일으킨다."는 형식의 도식적 문장이다. (Alexandrova 2008: 392; 각주 감춤). 열린 공식에서 가변항은 x이고, 모형은 C, F, B에 대해 명시한다. 따라서 어떤 경제 모형에 의해 제시된 열린 공식은, 예를 들어, 다음과 같이 이해할 수 있다. "가격이 비공개적이고 몇 가지 조건(C)이 붙는 유형 x의 상황에서, 첫 번째 호가경매규칙(F)은 실물가격 아래로 입찰하게 한다(B)." 모형으로부터 설명으로 이동하기 위해서 우리가 해야 할 것은 (a) 그 모형을 바탕으로 열린 공식을 확인하고, (b) 인과적 가설에 도달할 수 있도록 x를 채우고, (c) 인과적 가설을 실험적으로 검증하는 것이다.

그렇다면 이제 알렉산드로바의 해명에서 모형은 설명적 역할을 하지 않는다는 것이 명확하다. 모형은 인과적 가설을 제시하는 휴리스틱 장치(heuristic device)이며, 실험으로 확증되면 현상에 대한 인과적 설명에 사용될 것이다. 그러나 이는 목욕물을 버리면서 아기까지 버리는 것이다. 현실 세계를 설명하기 위해 제시되었으나 여태 실험실이나 다른 곳에서 검증되지 않은 경제 모형이 수천 개는 된다. 정책상의 목적을 위해 실험을 준비하는 상황에서는 모형이 알렉산드로바가 말한 그대로 휴리스틱의 역할을 할 것이다. 공정하게 말하면, 그녀는 그까지만 주장한다. 그러나 모형 자체가 설명적이라는 인식이 널리 퍼져 있다. 물론 혹자는 이를 부정할 것인데, 만약 그렇다면 논거가 제시되어야 하고, 또한 왜 상당수의 경제 전문가들이 다르게 생각하는지 그 이유가 설명되어야 한다. 따라서 열린 공식 이론은 문제를 풀기보다는 무시한다고 하겠다.

마지막으로 그뤼네야노프(Till Grüne-Yanoff 2009)는 모형이 모형적 가설을 증명한다고 주장한다. 지금까지 나는 이 견해를 수차례 다루어 왔다. 그는 통속적 지혜에는 모형적 주장들로 가득 차 있다고 썼다: "필연적으로 인종분리는 인종차별적 선호의 결과다", "지능적 행동이 유기체에 나타나는 '물활론적' 요소 없이 생겨난다는 것은 불가능하다"(2009: 96). 쉴림(Schlim 2009)이 언급한 것처럼, 우리는 셸링(Schelling 1978년)의 인종분리 모형이나 헐(Hull)의 정신적 기계, 월터(Walter)의 로봇 거북, 뉴얼(Newell)과 사이먼(Simon)의 시뮬레이션으로부터 거짓된 신념이 내재된 가능 세계(possible world)가 있음을 알게 된다. 우리는 인종분리가 비인종차별적 선호로부터 생겨날 수 있고, 기계가 지능적 행동을 만들어낼 수 있다는 가능성 결과(possibility result)를 알게 된다(Reiss 2008a: 6장을 보면 경제 모형의 이런 기능에 대해 논한다).

가능성 가설은 우리에게 세계에 대해 많은 걸 가르쳐 주지만 경제현상을 그만큼 잘 설명해주지는 못한다. 인종분리가 꼭 노골적인 인종차별의 결과였던 것만은 아니라는 엄청나게 소중한 통찰이 있었을지 모르지만, 이런 가설이 보여주는 것은 기껏해야 실제 분리가 다른 데 기인할 수 있다는 것이지, 단 하나의 사례에서조차 실제로 그렇다는 것을 보여주지 않는다. 따라서 설령 경제 모형이 그뤼네야노프가 지목한 역할을 잘 해낸다고 해도 그것은 경제 모형이 설명한다고 주장할 이유를 찾으려는 우리의 탐구를 진전시키는 데 별 도움이 안 된다.

따라서 이런 모든 견해들은 그 문제를 푼다기보다는 무시한다. 분명히 경제 모형은 설명을 제공하는 것 이상의 역할을 수행한다. 개념적 탐색(Hausman), 가설 구성을 위한 휴리스틱(Alexandrova), 모형 가설 설정하기(Grüne-Yanoff, Reiss) 등은 모형의 눈에 띄는 비설명적 기능들이고, 여타의 기능도 있을 것이다. 그러나 어떤 모형들은 설명을 하며, 이 하위 절에서 논의된 견해들이 해명할 수 없는 것이 바로 이런 기능이다.

설명은 참을 요구하지 않는다

설명의 역설에서 세 번째 명제는 '참인 이론만이 설명한다'였다. 이는 철학자들 사이에 널리 지지를 받아온 신념이다. 그것은 논리 실증주의의 과학적 설명 모형인 D–N 모형에 걸린 조건이었다. 내가 볼 때 그것은 인과적 설명으로 수용 가능한 조건일 수밖에 없다. 이야기를 해주거나 새빨간 거짓말을 하는 것은 설명이 아니라는 것쯤은 직관적으로 알 수 있다. 참(truth)이 많은 것을 설명해주지 못할지라도, 어떤 것이 참을 전혀 포함하고 있지 않다면 설명한다고 할 수 없다.

D–N 설명모형이 구제 불가능할 정도로 결함이 있음이 분명해졌을 때 과학철학자들이 그 대안을 찾았는데, 그 중 일부는 진리(여야 한다는) 조건을 달지 않았다. 과학적 설명에 관한 그런 이론들은 세부적으로 짧게 논의할 것이다. 하지만 먼저 저명한 경제이론가이자 실험주의자이고 방법론자인 한 사람에 의해 제기된, 모형에 대한 마지막 견해를 검토해보자.

다음 글에 나타나는 바와 같이 서젠(Robert Sugden)은 우리의 역설 중에서 처음 두 명제에 동의한다.

> 경제이론가들은 매우 추상적인 모형을 구축한다. 이런 모형들은 실제 세계의 표상으로 해석되면 터무니없이 비현실적으로 보일 것이다. 하지만 경제학자들은 실제 경제현상을 이해하는데 그것들이 유용함을 알아야 한다고 주장한다.
>
> (Sugden 2009: 3)

최근의 연구로 보아 서젠은 경제 모형이 설명적일 수 있다고 생각하는 게 확실하다(Sugden 2011, 특히 p. 733). 그 역설을 해소하려면 그는 세 번째 역설명제를 거부해야 한다. 그는 모형을 "믿을만한 세계"라고 설명함으로써 그것을 거부한다. 믿을만한 세계는 모형 창안자가 의도적으로 만들어낸 어떤 추상적 실재에 대한 구성물이다. 즉, 우리가 살고 있는 실제 세계와 어느 정도 닮은 평행 세계(parallel world) 또는 반사실적 세계(counterfactual world)다. 후자에 대해 알아보기 위해 어떤 타입의 상황으로부터 다른 타입의 상황으로 이루어지는 귀납적 추론이 필요하다. 따라서, 뉴욕, 디트로이트, 톨레도, 버팔로, 피츠버그를 연구해서 알게 된 것이 클리블랜드에서도 그럴 것이라고 추론한다. 마찬가지로, 한 모형의 결과를 추론해서 현실세계의 어떤 현상에도 들어맞는다고 주장할 수 있다. 하지만 서젠에 따르면, 그것도 그 모형이 묘사한 그 평행 세계가 "믿을만한" 정도에 따라서만 그러하다. 따라서 신빙성이 이 이론에서 핵심 개념이다. 서젠은 다음과 같이 설명한다.

> 우리는 모형 세계를 ─그것이 진짜**라는** 주관적 가능성을 그 사건에 부과한다는 의미에서라기보다는, 현실 세계를 지배하는 일반적인 법칙에 대해 우리가 알고 있거나 안다고 생각하는 것과 양립 가능하다는 의미에서 ─ 진짜일 **수 있는** 세계로 생각할 수 있음으로써 믿을 수 있는 것으로 지각한다.
>
> (Sugden 2009: 18; 원저의 강조)

서젠은 역설의 세 번째 명제를 이처럼 명시적으로 거부한다. "신빙성이라는 말은 참이라는 말과 다르다. 그것은 **신빙성**(verisimilitude)이나 **진리 근사성**(truthlikeness)에 가깝다."(Sugden 2009: 18; 원저의 강조). 신빙성이 가진 악명 높은 문제를 여기에서 다룰 지면도 그럴 필요성도 없다(그 개념을 경제학적 맥락에서 설명한 것을 보려면 Niiniluoto 2002 참조). 대신 우리가 생각해봐야 할 점은 "믿을만하다"는 말을 설명적이라는 말로 대체할 수 있느냐 하는 것이다.

나는 그런 문제를 두 가지 수준에서 논의하고 싶다. 하나는 기술적(記述的) 수준인데, 살아 있는 경제학자들이 오직 믿을만한 모형만이 설명적이라고 주장하느냐 하는 것이고, 다른 하나는 규범적 수준인데, 경제학자들이 그럴만한 합당한 이유가 있느냐 하는 것이다. 경제학에서 모형화가 진행되는 방식에 익숙한 사람이라면 서젠의 말이 대체로 기술적인 면에서 타당하다는 데 동의할 것이다. 경제학계가 받아들일 이유가 될, 좋은 경제 모형의 특성이라 할 무엇인가가 있다. 그것을 모형의 신빙성이라고 하자. 그리고 경제학자들은 단호하게 좋은 모형은 설명적이라고 생각한다(이런 모든 예는 서젠이 언급한 것이다. 강조 첨가):

> 중고차의 예는 그 문제의 본질을 포착한다. 사람들은 때때로 새 차와 전시장에 막 내놓은 차 간의 큰 가격차가 어떻다는둥, 놀랐다는둥 하는 말을 듣곤 한다. 점심식사 자리에서 이런 현상은 대개 "새" 차를 갖는 순수한 즐거움으로 정당화되곤 한다. 우리는 다른 **설명**을 제시한다.
>
> (Akerlof 1970: 489)

> 모형은, 다양한 행동에 들어맞을 만큼 충분히 단순한 동시에 **설명적 모형**의 도움이 필요한 행동에 들어맞을 만큼 충분히 복잡할 때 유용한 경향이 있다.
>
> (Schelling 1978: 89)

> 현재의 연구처럼 정보 비대칭에 입각한 대세추종 행태에 대한 다른 **설명**은 샤프슈타인과 슈타인이 쓴 근래의 흥미로운 논문에서 제시되었다(Scharfstein & Stein[1990]). 그들의 **설명**과 여기에 제시된 것 간의 핵심적인 차이는 그들의 **설명**이 행위주체의 문제에 바탕을 둔 데 있다. 그들의 모형에서 행위주체는 상사한테 자신들이 옳다는 것을 설득한 데 대한 보상을 받는다. 유인에 있는 이런 왜곡은 대세추종 행태를 낳는 데 중요한 역할을 한다. 반면에, 우리의 모형에서 주체는 유인의 왜곡이 없도록 자신들의 선택에 의해 생기는 모든 수익을 파악한다.
>
> (Banerjee 1992)

그러나, 우리는 경제학자(또는 경제학계)가 어떤 모형을 믿을만하다고 간주한다 해서 그 모형이 정말로 설명한다고 주장할 합당한 이유가 되는지 물어 볼 필요가 있다. 바로 여기에서 나는 서젠과 견해를 달리한다. 즉, 관심을 끄는 어떤 현상에 대한 설명의 신빙성은 그 자체로 그것을 설명으로 받아들일 이유가 되지 않는다. 많은 요소들 —한 개인의 특정한 경험과 가치, 그의 양육 및 교육 배경, 지역적 관습과 문화, 연구자 공동체의 사회적 규범 및 예절, 그 이론적 선호와 역사 등— 이 신빙성의 판단에 영향을 주며, 그 대부분은 설명적 속성(explanatoriness)과 아무런 본질적 연관성이 없다.

나는 타당성이나 신빙성에 대한 경제학자들의 주관적인 판단은, 수학화되고 합리적 선호이론의 도구를 사용하고 균형 개념을 사용하여 문제를 해결하는, 모형에 대한 그들의 이론적 선호에 강한 영향을 받는다고 주장했다(Reiss 2008 6장). 가령, 혹자는 갈릴레이와 같이 세계가 피타고라스적이라거나, 자연이라는 책은 수학이라는 언어로 씌어 있다고 주장할 수 있을 것이다(더 나아가서는, 그러니까 진정한 설명은 수학적 언어로 가르쳐져야 한다고 주장한다). 오늘날 많은 독자들이 이런 특수한 주장을 참으로 이상하다고 생각하겠지만, 그런 부류의 주장에 바탕을 둔 논증이 필요하다.

그런 주장을 지지하는 근거는 과학적 설명에 대한 인과 모형과 경쟁하는 개념에서 발견된다. 특히, 설명을 다양한 현상의 성공적인 통합과 통일(unification)로 보는 이론은 이러한 맥락에서 좋은 성과를 얻었다. 이제부터 필립 키처(Philip Kitcher 1981)의 설명이론을 좀 상세하게 검토하고(간결성을 위해 전문적인 상세한 것들은 일부 생략하고) 이어서 역설을 푸는 그런 방향으로 서젠의 제안을 보완할 수 있는지 알아보자.

키처 이론의 중심에는 **논증 패턴**(argument pattern)이라는 개념이 있다. 그는 일반적인 논증 패턴이 다음과 같은 것들, 즉 도식적 논증(schematic argument), 도식적 논증의 각각의 용어에 대한 채우기 지침(filling instructions)을 포함하는 채우기 지침의 집합의 집합, 그리고 도식적 논증들을 위한 분류로 구성되어 있다고 정의한다(1981: 516). 도식적 논증은 그 속에서 일부 비논리적 용어들이 더미(dummy) 글자로 바뀐 논증이다. 채우기 지침은 이론 속에서 의미 있는 문장을 얻을 수 있도록 개념을 더미 글자로 바꾸는 방법을 구체적으로 지시한다. 분류는 어떤 문장이 전제이고 어떤 문장이 결론인지, 어떤 추론 규칙을 사용할지를 결정한다.

논증 패턴은 도식적 문장, 채우기 지침, 분류가 공동으로 논증 패턴으로부터 재생(recover)될 수 있는 논증의 수를 제한한다는 점에서 엄격하지 않으면 안 된다. 논증의 생성을 허용하는 논증 패턴은 과학적 관점에서 보면 특별할 게 없다(여담: 이것은 생각할 수 있는 경험적 현상을 많이 **배제하면서도 예측은 안 할수록** 더 좋은 과학이론이라는 칼 포퍼 사상의 한 버전이다. Popper 1959: 6장 참조).

과학계에 의해 보증되는 진술들의 집합을 K라 하자. K의 어떤 구성 요소를 다른 구성 인자로부터 유도하는 논증의 집합은 K의 **체계화**다. 논증 패턴은 논증 생성에 사용될 수 있다는 것을 상기하라. 키처는 모든 논증이 어떤 패턴의 예화(instantiation)가 되도록 하는 K의 체계화에 있는 논증 패턴의 집합을 **생성 집합**(generating set)이라고 부른다. (K와 관련 지어 받아들일 수 있고 어떤 패턴을 예화하는 모든 논증이 체계화에 속한다는 점에서) 완전하고, 통합하는 가장 큰 힘을 가진 생성 집합이 체계화의 **기초**(basis)다. 마지막으로, (K와 관련된) 기초의 통합하는 힘은 (a) 그것이 생성하는 논증의 집합으로부터 도출될 수 있는 결론의 수와 (b) 그 논증 패턴의 엄격함에 비례하고, 그 집합의 원소 수에 반비례한다

(Kitcher 1981: 520).

직관적으로, 같은 논증 패턴의 집합을 반복 사용하여 도출할 수 있는 결론이 많을수록, 논증 패턴이 더 엄격할수록, 그리고 결론을 도출하는 데 필요한 논증 패턴의 집합의 수가 적을수록, 기초의 통합하는 힘은 더 커진다. 정확한 공식화라 해도 반론이 제기될 수 있는 반면, 키처의 통합하는 힘이라는 개념은 많은 경제학자들이 훌륭한 설명에 요구하는 어떤 절실한 것을 표현한다(예컨대 Mäki 2001; Lehtinen and Kuorikoski 2007; Reise 2002를 보라).

이제 서젠의 모형에 대한 설명이 남겨둔 빈틈에 대해 살펴보자. 그의 견해에 의하면 세계를 기술하는 "믿을만한" 모형은 설명적이다. 위에서 나는 모형의 신빙성이 그 자체로 설명력을 부여하지 않는다고 주장했다. 그런데 경제학자들이 통합하는 모형을 특히 믿을만하다고 인정하면 어떻게 할 것인가? 이것은 우리로 하여금 모형을 수학적으로 만들고 합리적 선택의 원리와 균형 개념을 사용하라는 그들의 요구를 이해하게 해줄 것이다 ─이 모든 것들이 광범위한 경험적 현상에 대한 서술을 유도할 수 있는 논증 패턴의 일부를 형성한다. 믿을 수 있는 모형은 통합하고 있기 **때문에** 설명적인 그런 것이다.

통합하는 힘이 모형에 설명력을 부여한다고 할 수 있는 이유는 무엇인가? 우리는 왜 관심을 끄는 광범위한 현상의 서술을 도출하는 논증 패턴의 집합을 더 설명적인 것이라고 믿는가? 그것은, 결코 무시할 수 없을 정도로 인지적 경제(cognitive economy)를 달성하는 것이 과학의 할 일이기 때문이다 ─또는 그것은 최소한 과학이 달성하려고 노력하는 것에 대해 생각하는 한 가지 방법이기 때문이다. 우리가 의문을 갖는 모든 현상에 대해 중구난방(衆口難防)하는 사회적 관행은 과학이라 할 수 없다. 왜냐하면 그것은 우리가 세계에 대해 알고 있는 것을 **체계화**하지 않기 때문이다. 그런 관행은 관심을 끄는 어떤 현상을 이해하기 위해 우리가 알아야 하는, **설명 안 되는 사실들의 수를** 줄이지 않을 것이다. 그런 관행은 우리가 알고 있는 것을 초유의 관측되지 않은 현상에 관해 추론하는 데 활용할 수 없을 것이다. 경제현상에 대한 설명을 모색할 때 통합하는 힘이 우리가 모색할 유일한 것은 아니지만, 설명이 통합하는 정도에 비례해서 설명적이라는 생각은 분명히 옹호할 만하다.

따라서 경제학이 만들어낸 논증 패턴들이 기껏해야 겉으로만 그럴듯하게 통합하고 있다는 것은 불행한 일이다. 말하자면 그런 패턴들은 마치 고도의 통합하는 힘을 가진 생성집합의 예화가 될 수 있는 가정들의 집합에 의해 정의되어 **온 것처럼 아주 그럴듯하게 보였던** 것이다. 하지만 실상은 그렇지 않다.

문제는 엄격함의 개념에 있다. 논증 패턴의 통합하는 힘은 그 엄격함과 직결되며, (매우 제한적인 도식문장, 채우기 지침, 분류를 구체화함으로써) 논증 패턴이 자체로부터 재생될 수 있는 논증을 **허용하지 않을수록** 그 패턴은 더 엄격하다는 것을 기억하자. 경제학의 논증 패턴은 전혀 엄격하지 않다.

악명 높은 예로는 "소비자는 효용을 극대화하기 위해 행동한다." 또는 비논리적 개념 대신에 더미 글자를 사용한다면 "소비자는 U를 극대화하기 위해 행동한다."와 같은 도식적 문장이 있다. U를 채우는 지침에 어떤 제한들이 가해지는가? 답: 있기는 하지만 매우 적다. 상당한 수의 사람들이 물건을 구해서 효용을 도모하는 존재로 모형화되지만, 만약 그들이 명성이나 세계 평화와 같은 비물질적 재화에 더 관심을 갖고 있으면 모형은 경제 모형이 아닌 다른 것이 될 수도 있다. "이익"을 극대화한다고 말하는 생산자도 마찬가지다. "이익"은 돈과 관련될 수도 있지만 안 그런 경우도 있다. 호텔링과 같은 설정은 예컨대 선거 경쟁을 모형화하는 데 사용되기도 한다(이를테면 Osborne 2004: 3.3절). 정당이 극대화하는 것은 당연히 이익이 아닌 유권자들의 표다.

설상가상으로, "효용" 뿐 아니라 "소비자(또는 생산자)" 역시 무제한적인 채우기 지침에 따라 더미 글자로 바꿀 수 있다. 특히, 로스(Don Ross)는, "경제주체"가 꼭 인간(human)일 필요는 없으며, 경제학의 형식주의는 다른 종에서, 또는 인간 이하(sub-human) 척도, 초인간(super-human) 척도에서 작동한다고 주장한다(그 예로, Ross 2009를 참고하라.) (로스는 인간을 다층적 존재로 본다는 점에서 개인을 원자로 보는 기존의 인간관과 다르다—역자주). 쌍곡형 할인 때문에 사람들의 선호는 종종 시간적으로 비일관적인데, 이는 명백히 경제이론에 위배된다. 그러나 로스는 그런 잘못을 경제이론 탓이라고 생각하지 않는다. 오히려 그는 인간중심적인 신고전학파를 넘어서서 이제는 인간을 더 이상 경제주체의 필수적인 담당자로 여기지 말아야 한다고 주장한다. 인간 행동을 "단기적 이익", "장기적 이익"과 같은 여러 가지 인간 이하 경제주체들 간의 협상 과정의 결과로 보게 되면 일관성이 복원될 수 있다는 것이다(Ross 2005, 특히 8장도 참조하라).

그리고 극대화의 원리는 경제이론에서 언급할 가치가 있는 몇 안 되는 원리들 중 하나다. 따라서 도식적 문장과 채우기 지침은 생성될 수 있는 논증의 범위를 제한하지 않는다. 분류의 경우도 마찬가지다. 분류는 추론의 규칙을 포함한다. 경제학에서 가장 중요한 추론 규칙은 "균형 개념을 사용하여 모형의 해를 구하라"는 것이다. 그러나 물론 균형들도 다양하게 존재한다. 특히 게임이론에 보면 (순수전략/혼합전략) 내쉬균형과 그 다양한 정련들, 즉 부분게임 완전 균형, 베이즈 균형, 손떨림으로부터 균형, 마르코프 완전 균형 등이 있다(그 예로, Fudenberg and Tirole 1991 참조). 균형 개념들 역시 생성될 수 있는 논증들의 범위를 제한하지 않는다. 확실히 "내쉬균형을 사용하여 게임의 해를 구하라"는 추론 규칙은 해 공간(solution-space)을 **제한하기는 한다**. 그러나 (a) 통상적으로 복수의 내쉬균형이 있고, (b) 내쉬균형의 집합에서 선택할 때 그에 대한 확정적인 선택 규칙이 없으며, (c) 경제이론의 관점에서 내쉬균형을 해 개념으로 사용할 정당한 근거가 희박하다(4장 참조)는 점을 감안한다면, 경제이론이 논증 패턴으로부터 생성될 수 있는 논증의 수를 크게 제한한 다는 주장이 성립하기 어려울 것이다.

밀턴 프리드먼은 명실상부한 이론은 하나의 언어와 일련의 실질적 가설로 구성되어 있다고 썼다(M. Friedman 1953). 현대 경제학은 언어(논리와 수학의 언어, 합리적 선택이론의 언어, 균형 개념의 언어)는 잘 다룬다. 하지만 실질적 가설들 ―(채우기 지침, 분류와 더불어) 생성될 수 있는 논증의 수를 제한한다는 점에서 순수한 내용을 가진 도식적 문장들 ― 은 부족하다. 따라서 현대 경제학이 통합되고 있다는 주장은 마치 경제 사상에 대한 표현이 이탈리아어로 통합되고 있다는 말과 다를 바 없다. 경제학자들이 이런저런 현상에 대한 설명을 제공한다고 말할 때 그들이 생각하는 것이 무엇이건, 그들이 제시하는 설명들은 통합하는 힘으로서의 설명력이 없다.

결론

진정한 역설은 신기하게도 잘 안 풀린다. 언제든 그 역설을 구성하는 하나 이상의 명제를 없애라는 지시에 의해 역설을 풀 수 있긴 하지만, 그렇게 하는 것은 그 문제를 무시하는 거나 다름없다. 더구나, 그것이 그렇게 틀림없이 또 그렇게 확연히 틀렸다면 그로 말미암아 왜 그리도 많은 사람들이 그 주장을 믿는지 그 이유를 설명해야 할 것이다.

경제 모형화의 역설은 이런 의미에서 진정한 역설이다. 나는 이 역설을 해결하려는 이전의 시도가 실패했고 미래에도 묘책을 찾기 어려울 거라고 생각한다. 모형이 설명하는 방식에 대해 보통의 인과주의적 패러다임, 통합주의적인 패러다임과 다르게 생각하는 것도 진취적이긴 하지만, 설명에 대한 새로운 사고방식이 출현해서 현대의 경제 모형화에 들어맞는다고 판명나기 전까지는 그 역설에 대한 합리적인 해결책은 여전히 숙제로 남을 것이다.

연구 문제

1. 아마도 모든 모형이 이런저런 방식으로 이상화를 한다는 것이 사실이지만, 어떤 모형은 다른 것보다 더 근사적으로 참이다. 이런 제안이 그 역설을 푸는 데 도움이 되는가?
2. 여러분은 그 역설을 푸는 다른 방법을 알고 있는가?
3. 경제 모형과 물리 모형을 비교하라. 물리 모형이 더 많은 제한을 가하는가?
4. 인과적 설명의 성공이 참을 전제로 하는 이유는 무엇인가?
5. 설명에 대한 통합주의적인 견해가 경제 모형에는 적용되지 않는 이유는 설명에 대한 키처 특유의 정식화와 관계가 있을 것이다. 경제 모형을 통합하는 직관적 감각이라는 것이 있을까?

권장 도서

Frigg와 Hartmann 2012는 모형에 대한 훌륭한 입문서인 현대의 대작이다. 필독서로는 Morgan and Morrison 1999가 있는데, 여기에는 경제 모형에 대해 특히 많은 논문들이 수록되어 있다. 과학(이론이 아닌)에 관한 모형의 중요성을 처음으로 상세히 논의한 저서들 중 하나가 N. Cartwright 1983이다. 특히 경제 모형에 관해서는 Alexandra 2006, 2008, Gibbard and Varian 1978, Gilboa et al. 2011, Hindriks 2008, Knuuttila 2009와 Morgan 2001, 2012를 보라. 모형과 이상화에 대한 근래의 중요한 논문 선집으로는 Suárez 2009가 있다.

McMillin 1985는 이상화에 대한 고전이다. N. Cartwright 1989의 5장에는 매우 유용한 논의가 들어 있다. Weisberg 2007은 최근의 중요한 논문을 담고 있다. 특히 경제학에 대한 것으로 Hamminga and De March 1994와 특히 Hoover가 쓴 그 장(章)을 보라.

이 장에서 Philip Kitcher의 통합주의적 설명이론에 대해 다소 상세히 논의했다. 설명에 대한 통합주의적 입장의 다른 옹호론자는 Michael Friedman이다. Friedman 1974를 보라. Stevens 2004는 인과주의적 설명과 통합주의적 설명의 양면에서 장점을 가진 설명이론을 전개한다. Bokulich 2011 and Kennedy 2012는 거짓 물리 모형이 어떻게 설명을 하는지 밝힌다.

II부

방법론

8장

측정

개요

이 책의 Ⅰ부에서는 경제이론을 다룬다. 경제학자는 여러 가지 목적을 위해 이론화를 하는데, 그 중 두드러진 하나가 경제현상에 대한 과학적 설명이다. 하지만 추구하는 목적이 무엇이든, 그것이 증거에 의해 뒷받침되지 않는다면 목적에 잘 부합한다고 말하기 어렵다. Ⅱ부는 증거를 둘러싼 쟁점과 경험적 뒷받침, 방법론의 생성에 대해 살펴본다. 경제학에서는 경험적 근거를 생성하는 데 관측과 실험이라는 두 가지 유형의 방법을 사용한다. 관측의 방법은 그 용어가 암시하듯이 경제학자에 의해 미리 설계된 개입 없이 경제이론에 대한 결론을 이끌어내는 것을 목표로 한다. 실제로 경제학자는 통계 사무소 및 다른 자료 제공 기관의 작업에 의존하고, 통계적·계량경제학적 모형을 사용하여 주어진 자료를 분석한다. 9장의 주제는 계량경제학이다. 실험적 방법은 경제학자들이 좀 더 적극적인 역할을 할 것을 요구한다. 경제학자는 개입방식을 설계해서 실행하고, 그 결과를 관측하여 기록하고, 그렇게 해서 얻어낸 자료를 분석한다. 이때 관측의 방법만큼 정교한 통계적 기법을 사용한다. 경제적 실험에 대해서는 10장, 11장에서 살펴본다.

이 장에서는 미국 노동통계국, 영국 국립통계청, 독일 연방통계청, 네덜란드 중앙통계국, 그리고 국제투명성기구(부패인식지수 CPI를 공표하는 NGO)나 사설 미국 국가경제연구소(NBER)와 같은 많은 비정부 자료제공자들과 같은 통계사무소가 경제지표를 구성해서 경제상황에 대한 정보를 정책입안자들, 과학연구자들, 일반 국민들에게 제공하기 위해 수행하는 어려운 작업에 대해 알아본다. 경제지표란, 경제에 대한 제반 사실을 나타내는 소비자물가지수(역시 약어는 CPI), 산업생산지수 ─여기에서는 경제의 산업부문에 대한 현행 인플레이션율 및 생산물 변동 등과 같은─ 를 가리킨다.

대부분의 경제학자들은 "네덜란드의 소비자물가가 2011년도에 2.6% 상승했다"든가, "35세 이하 스페인 사람들의 45%가 현재 실업상태다"처럼 전혀 악의 없이 하는 소리 뒤에는 엄청난 측정의 문제가 도사리고 있다는 사실을 잘 알고 있다. 그러나 그들은 측정 절차를 설계하는 일은 통계사무소의 "전문가들" —통계사무소 직원들— 에게 맡기고 자신들은 그런 과정에 거의 관여하지 않는다. 나는 뒤에 가서 이것을 후회할만한 사태로 간주할 이유를 제시할 것이다. 각각의 경제지표와 관련된 측정의 문제를 이해하는 것은 중요하다. 이 장에서는 소비자물가 상승이라는 하나의 지표에 대해서 다소 길게, GDP와 실업에 대해서는 다소 간략하게 살펴본다. 이 셋은 모두 이론적으로나 실제적으로 중요하다. 셋 모두 문젯거리지만 먼저 "관측"에 대한 일반적인 논의로부터 시작한다.

관측

왜 관측은 과학에서 그토록 중요한 역할을 할까? 관측, 데이터, 증거란 무엇이고, 이들은 서로 어떤 관련이 있는가? 그 답을 찾기 위해 다시 한 번 더 흄의 사상을 알아보자. 1장에서 보았듯이 흄은 진정한 지식은 두 가지 종류로 나뉜다고 생각했다. 즉, 하나는 논리적·수학적 지식, 정의에 의해(by definition) 진리인 것(또는 자명하게 진리인 것)이고, 다른 하나는 사실적 지식, 관측에 의해(by observation) 진리인 것이다. 두 가지 범주 중 어디에도 해당되지 않는 것은 지식이 아니며, 기껏해야 의견일 뿐이다. 모든 지식을 한편으로 논리와 수학, 다른 한편으로 관측 가능한 사실의 문제로 나누는 이런 이원론을 "흄의 포크(Hume's Fork)"라고 부른다(Hume 1999[1748]).

과학의 진보로 모든 참된 지식이 이렇게 두 가지 종류로 나뉜다는 신념은 더 이상 유지될 수 없게 되었다. 망원경, 현미경, 온도계와 같은 과학적 도구의 발명은 인간의 육안으로는 관측될 수 없는 전체 세계를 과학적 탐구로 접근할 수 있게 했다. 과학이 관측 가능한 것만 취급하라는 요구는 과학을 불구로 만든다.

그러나 과학적 지식이 여타의 지식 —예술적, 문학적, 종교적— 과 다르고, 이 다름은 증거에 의해 더 잘 뒷받침되고 있는 주장과 관련이 있으며, 증거에 의해 지지되고 있음은 관측과 관계가 있다는 직관을 뿌리치기 어렵다. 상충하는 그 두 가지 생각 —관측에 근거한 지식이 다른 종류의 지식보다 믿을만하다는 한편의 생각과, 진보된 과학이 다루는 것들은 관측 불가능하다는 다른 한편의 생각— 을 화해시키는 한 가지 방법은, 관측이나 관측 가능성이라는 개념 자체가 과학의 진보와 더불어 달라졌음을 보여주는 것이다. 그리고 참으로 이것은 자연과학이나 사회과학이나 사정은 마찬가지인 듯하다.

과학자들은 종종 '관측하다', '관측' 등의 용어를 인간의 감각으로는 도저히 접근 불가능한 현상에 적용한다. 천체물리학자들이 태양 내부에 대한 자신들의 관측을 어떻게 기술하고 있는지 보자.

> 중성미자는 전체 태양 부피의 1억분의 1보다 작은 부피로 그 항성의 뜨거운 핵에서 생겨난다. 이 핵심부는 주변 층에 의해 워낙 잘 보호되어서 중성미자가 열어주는 그 길을 통해서만 직접 관측할 수 있다.
>
> (Weeks 1969: 161; Shapere 1982: 486에서 인용)

> 중성미자에 의하지 아니하고는 태양 내부를 들여다 볼 다른 방도가 없다.
>
> (Clayton 1968: 388; Shapere 1982: 486에서 인용)

중성미자는 미세하고 거의 중량이 없고 전하를 띠지 않는 입자이며 크기, 중량, 중성전하 때문에 다른 물질과 상호작용할 가능성이 낮다. 그것을 "관측"하려면 매우 정교한 탐색장비(염소로 채운 올림픽 수영장 크기의 탱크)를 사용해야 하며, 이런 장치들을 사용해도 그것을 포착하는 경우는 극히 드물다. 인간의 감각으로는 도저히 그것에 범접할 수 없다.

물론 태양 내부를 거품상자(bubble-chamber) 사진을 사용하여 관측하는 데에는 상당히 많은 배경정보가 필요하다. 거품상자는 아르곤의 생성을 보여주며 이는 다시 염소와 중성미자의 반응을 나타내는데, 이런 현상은 태양 내부가 아닌 다른 곳에서 연유했을 가능성은 거의 없다. 샤피어(D. Shapere)는 거품상자 사진 상에 나타난 표식으로부터 태양 내부에 대한 사실을 추론하는 데 필요한 것들 중에서 근본이론, 전달이론, 수신부이론을 구분한다(Shapere 1982). 샤피어에게 중요한 것은 (a) 천체물리학자들이 자유자재로 사용할 수 있는 적합한 이론을 갖고 있으며, (b) 이론이 이렇게 적용되는 상황에서는 그것들의 타당성을 의심할 이유가 없다는 사실이다. 세련된 도구의 도움을 받지 않으면 볼 수 없다는 사실에도 불구하고 태양 내부가 심지어는 직접 "관측 가능한" 것으로까지 간주되는 것은 바로 이런 이유에서다(실험기구에 의존해서 하는 관측이라면 그 작동원리 안에 이미 이론이 들어가 있다. 이처럼 관측이 이론에 의존하는 것을 '관측의 이론 적재성'이라 한다—역자주).

경제학자도 비슷한 관측 가능성 개념을 갖고 있다. 다음을 생각해보자.

> 디베르트(Diewert)는…(관측 불가능한) 폴락-코뉘스(Pollak-Konüs) 진정한 생계비지수가 (관측 가능한) 파셰 지수와 라스파이레스 지수 사이에 있음을 입증하였다.
>
> (Diewert 1998: 48)

정확하게 정의된 변수들 간의 관계에 대해 이론화하는 것은 쉽다. 하지만 이런 변수들의 정확한 측정값을 얻는 것은 별개의 문제다. 예컨대, 이윤, 금리, 주식 자본이나 심지어는 주식 자본으로부터 발생하는 서비스 흐름에 대한 합리적인 측정값을 얻기 어려움은 실증적인 문헌에서 되풀이되는 주제다. 극단적으로는 이론적 변수에 대한 관측 가능한 대응물이 없을 수도 있다. 소비에 대한 항상소득모형과 관련된 문헌은 … 홍미로 운 예를 던져준다.

(Greene 2000: 21)

그의 『소비함수론(A Theory of Consumption Function)』에서 프리드먼 (1957)은 소비에 대한 설명변수로서 항상소득 개념 Y(P)를 발전시킨다. 관측 불가능한 Y(P)의 추정치로서 그는 다음을 제시한다.

$$E[Y(P)] = \beta \int_{-\infty}^{T} e^{(\beta-a)(-T+t)} Y(t) \, dt \qquad (1)$$

여기에서 E는 t 시기에 관측 가능한 소득의 추정치 $Y(t)$를 나타낸다. β 는 (1)을 유도하는 적응적 기대모형에서 적응계수를, 그리고 α는 가중치 처리에 사용되는 추세변수를 나타낸다.

(Wright 1969: 845)

칼만 필터(Kalman-filter) 기법(상태공간모형)은 관측할 수 없는 변수 ─가속적 인플레를 수반하지 않는 실업률(NAIRU)처럼─ 를 확인하기 위해 그 변수의 계량경제학적 속성과 이 변수와 (실업과 같은) 다른 관측 가능한 변수들 간의 경제적 상관관계에 대한 가정을 바탕으로 하여 설계 되었기 때문에 NAIRU를 추정하는 유익한 접근방법을 제시한다.

(Logeay and Tober 2004: 2-3)

이 발췌문들 각각에서 "관측 가능한" 변수들 ─파셰 지수와 라스페이레 스 지수, 소득, 실업─ 은 관측 불가능하다고 생각되는 다른 것들 ─"진정 한" 생계비지수(true cost-of-living index), 항상소득, 가속적 인플레를 수반하지 않는 실업률(NAIRU)─ 과 비교된다. 이런 사례들에서 관측 가 능한 것과 관측 불가능한 것 간의 결정적인 차이는 물리학에서처럼 문제 의 그 현상에 대해 알기 위해 요구되는 배경지식의 신뢰도와 관계가 있 다. 아래에서 자세히 보게 되겠지만, 데이터로부터 어떤 변수의 값을 추

248   경제철학 입문: 현대편

론하기 위해 심지어 관측 가능하다고 여겨지는 변수들에 대해서도 논란을 초래할 많은 가정들을 해야 한다. 그러나 이런 가정들은 특정한 **경제이론**을 포함하지 않는다. 하지만 관측 불가능한 변수들의 경우에는 다르다. 진정한 생계비지수는 합리적 선택이론으로부터, 항상소득은 프리드먼의 소비이론으로부터, NAIRU는 "이 변수와 다른 관측 가능한 변수들 간의 경제적 상호작용에 대한 가정"으로부터 유도된다. 그래서 경제학자들이 통계청은 신뢰해도 그들 자신의 이론화는 신뢰하지 않는 것 같다. 어쨌든, 그들은 관측 가능성에 대해 일반인들이나 철학자들이 가진 개념과 매우 다른 개념을 사피어의 천체물리학자들과 공유하고 있다. 철학자들과 일반인들은 육안으로 탐지할 수 있는 것을 관측 가능한 것으로 간주한다. 반면, 과학자들은 신뢰할 수 있게 측정 가능한 것(또는 대안적으로, 적절한 기구에 의해 탐지될 수 있는 것과 잘 알 수 있는 어떤 과정에 의해 생산된 것 —Shapere 1982 참조)을 관측 가능한 것으로 간주한다. 물가 변동(또는 국민소득이나 실업률)은 경제학자들의 의미에서나 관측 가능한 것이 되지, 그 말의 일반적인 의미에서는 그렇지 않다. 눈으로만 보면 경제 전반의 평균적인 물가 변동은 안 보이고 가격표만 보인다.

몇 마디 좀 더 전문적인 논의가 필요하다. 데이터는 직접적인 측정의 결과다. 기압계 읽은 것, 거품상자 사진, 가격 기록 또는 설문 결과 등도 모두 데이터다. 그리고 그것은 **현상**에 대한 증거의 역할을 한다. 2장에서 현상은 과학적 관심을 끄는 (보통 재현될 수 있는) 사건 또는 과정으로 정의되었다. 보겐(J. Bogen)과 우드워드(J. Woodward)가 관측한 바와 같이, 이론은 데이터가 아닌 현상(에 대한 사실)을 예측하고 설명한다 (Bogen and Woodward 1988). 데이터는 너무 구체적이어서 과학적 이론화의 대상이 될 수 없는 요소들에 의해 산출된다. 최인호라는 사람이 지난주에 실업자가 되었다는 기록을 입수했다 하자. 실업이론은 실업의 원인으로 임금의 경직성(stickiness), 총수요 하락, 부정적인 외부충격, 과도한 실업 혜택 및 마찰(friction) 등을 기술한다. 아마도 이런 요소들이 최인호의 실업에 영향을 주었을 것이다. 그러나 어쩌면 그것이 사실은 너무나 구체적이고, 특이하고 개인적인 사례라서 경제이론의 대상이 되기 어려운 수많은 조건들 —어쩌면, 그가 사무실의 사무용품을 훔쳤을 수도 있고, 그의 고용주가 사기혐의로 체포되었을 수도 있고, 임금협상에 쓸 카드로 그만두겠다고 했는데 사장이 "그럼, 그만둬!"라고 하는 바람에 선택지가 물거품이 되었을 수도 있다— 의 결과일 수도 있다. 따라서 최인호의 실업에 대한 기록은 단순히 어떤 현상에 대한 사실 —그 자체로 과학적 이론화의 대상인, 이를테면, 어떤 나라의 현재 실업률의 변동률— 을 추론하는 자료점(data point)으로 사용된다.

아래에서 나는 위에서 언급한 소비자물가 상승, 총국민소득(국민소득 측정치), 실업과 같은 세 가지 예들을 위한 데이터 —구체적으로 말해서, 경제적 변수의 값— 를 경제현상에 대한 사실을 추론하는 데 사용하는 이런 과정을 기술할 것이다. 나는 소비자물가 상승에 대해 주로 다룰 것이고, GDP와 실업은 비교대상으로 간단히 언급할 것이다. 경제학자들은 이 세 변수 모두를 관측 가능한 것으로 간주한다. 그러나 앞으로 보게되겠지만 그것들을 측정하려면 때로는 논쟁의 여지가 있는 많은 실질적(substantial) 가정을 할 필요가 있다. 이런 가정을 하는 것은 **평가적 판단**은 물론이고 측정 절차, **측정 목적**과 관련된 사실들에 대한 탐구자의 현실적인 관여를 요구한다. 자연스럽게 이런 논점에 대해 다음과 같은 결론에 도달한다. 이런 측면에서 자신에게 적합한 측정 절차가 무엇인지는 누구보다 경제학자가 더 잘 아는 만큼, 현재 측정 절차의 설계에서 하고 있는 것보다 좀 더 깊이 관여해야 한다.

소비자물가상승

내가 이 절에서 살펴볼 변수는 미국 소비자물가지수(CPI)인데, 그것은 소비자물가상승에 대한 측정치다. 인플레이션 측정은 현세대와 미래세대를 포함한 폭넓은 대중들에게 엄청나게 중요하다. 많은 민간 계약들처럼 과세구간과 공공지출 프로그램들도 인플레이션 지수에 연동되기 때문에, 측정된 물가상승률은 대부분의 노동자, 정부연금수혜자, 기초생활수급자를 비롯하여 정부수입금과 국가채무 수령자 등을 위한 가처분소득에 영향을 준다. 인플레이션 측정은 무엇보다 경제 **분석**을 위해서도 중요하다. 경제현상에 대한, 대부분은 아니라 해도 많은 경험적 분석이 경제학자들이 말하는 소위 **실질**(real) 변수들 ─인플레이션 지수에 의해 디플레이트되는(deflated) 변수들─ 을 대상으로 이루어진다. 우리가 얻은 지수가 관심을 가진 현상의 여러 측면을 왜곡한다는 것을 알게 되면 우리가 경제에 대해서 알고 있는 많은 것들이 다른 경제들을 기술하고 그것들을 서로 비교하는 면에서 뿐 아니라 관심을 끄는 현상들을 발생시킨 인과관계를 이해하는 면에서도 무용지물이 되어버릴 수 있다. 만약 우리가 측정된 물가인상률에 심각한 편향을 발견한다면 소득, 성장, 생산성, 통화 및 그들 간의 상호관계와 같은 경제적 수치들에 관한 우리들의 생각과 성과들이 재고되어야 할 것이다(물론 CPI가 진짜 디플레이터(deflator)로 사용되는 정도에 따라서만 그러하다).

CPI 측정하기: 그 기초

그 이름이 시사하는 바와 같이 CPI는 **물가지수**의 하나다. 물가지수는 일정 기간 동안의 고정된 장바구니(basket of goods)의 구매가를 추적한다. 만약 q_i0가 기준시점 0에서의 상품의 양 i를 나타내고, p_i0, p_i1이 각각 기준시점과 현시점에서 상품의 양 i의 가격을 나타낸다면, 기준시점 대비 현시점의 물가지수 또는 **라스파이레스 지수**는 $L_{01} = \Sigma_{qi0pi1}/\Sigma_{qi0pi0}$ 과 같이 표시된다.

미국에서 CPI는 노동통계국(BLS)에 의해 측정되는데, 일차 표본단위로 알려진 전국 88개 지역에서 22,000개 품목에 대해 71,000개 개별 재화와 서비스에 관한 지수가 매달 집계된다. 그에 더해서, BLS는 약 40,000명의 임차인이나 지주, 20,000명의 가구주로부터 CPI의 주거 성분에 대한 정보를 모은다. 이런 개별 재화와 서비스는 두 단계로 집계된다. 첫 번째 단계에서는 개별 가격이 9,108개 층으로 나뉘어 집계되며, 각 층마다 44개 **영역**, 207개 **품목**이 있다. 하나의 품목층은 "남성용 셔츠, 운동복, 외투" 그리고 "정원관리, 잔디관리 서비스"처럼 그룹과 서비스에 대한 하위수준의 지수다. 각각의 층 안에서 하나 또는 그 이상의 기본 품목들(Etry Level Items)이 정의된다. 어떤 층은 하나의 ELI(이를테면 "사과")만 가지는가 하면 다른 층은 다소 동질적인 몇 가지 ELI(예: "내과의사들의 서비스")를 가질 수 있다. 하나의 영역은 실제 지리적인 지역(32개 영역이 29개 도시에 있는 지역에 대응한다)이거나 미국에 있는 더 작고 중간 규모의 도시들의 구성체다(즉 나머지 12개 영역은 56개의 일차 표본단위들로부터 구성된다).

물가지수는 고정된 **장바구니**에 대한 구매가를 측정하기 때문에 상품의 특성이 이러저러한 방식으로 변할 경우에 그것을 어떻게 다룰 것인지 결정해야 한다. 관련된 변화의 예를 몇 가지 들어보자. 소비자들에게 상대적인 중요도에서 어떤 상품은 성장하는가 하면 다른 것은 쇠퇴한다. 어떤 상품은 품절되고 어떤 신상품은 새로 출시된다. 상품의 질은 개선되거나 악화된다. 유통경로가 바뀌고 새로운 경로가 출현한다. 소비자 연관 환경적 요인들이 변화한다.

BLS는 변화하는 세상을 다루기 위해 다수의 방법을 사용한다. CPI가

명목상으로는 고정된 장바구니 지수이지만, 몇 년마다 그 가중치를 업데이트하는 것이 BLS의 관행이다. 가중치 자체는 국가 주거표본으로부터 수집한, 주머니에서 빠져 나가는 모든 비용에 관한 상세한 정보를 소위 소비자 지출조사(CES)로부터 얻는다. 이렇게 해서 사람들은 개략적으로나마 신상품과 대체재 문제를 동시에 다룰 수 있게 되는 것이다.

소비자 지출조사로부터 얻는 가중치는 품목층에 대한 지수로부터 높은 수준의 물가지수를 집계하는 데 사용된다. 그 층 수준 아래에서, 개별 가격들을 집계하는 데 사용되는 가중치가 두 가지 원천(source)으로부터 생겨난다. 첫째, 인구조사국(Census Beureau)이 여러 소매점들에 걸쳐 지출 분포 측정을 시도하는 소위 구매점조사(POPS)를 수행한다. BLS는 POPS의 결과를 바탕으로 주어진 영역의 점포 표본을 선정한다. 표집될 확률은 그 영역의 총지출에서 그 점포가 차지하는 점유율에 비례한다. 둘째, BLS 경제학자가 이런 매장들을 방문해서 더 광범위한 범주의 품목들에 가격을 매기는 표본이 될 구체적인 품목을 하나 이상 고른다. 특정 품목이 선정될 확률은 그 매장의 매출에서 그것이 차지하는 추정 점유율에 비례한다.

이 과정에서 전체 품목의 약 20%가 매년 표본 순환된다. 즉, 품목들이 직접 비교가 가능하지 않은 다른 품목들에 의해 대체된다. 이것은 완전 순환이 매 5년마다 이루어진다는 것을 의미한다. BLS는 이런 품목들을 순환적으로 표본에 넣기 위해 여러 가지 품질보정절차를 수행한다.

표본 순환은 품목 대체자료로만 쓰이지 않는다. BLS는 매달 정확하게 같은 종류의 품목 가격이 재산정되는지 확인한다. 그러나 이것이 항상 가능한 것은 아니다. 왜냐하면 하나의 품목은 일시적으로 또는 영원히 입수 가능하지 않을 수 있기 때문이다. 이런 경우에는 BLS 대표자가 어떤 표준화된 지침에 의거해서 신품목이 구품목과 비교될 수 있는지 판단한다. 만약 그 품목이 비교 불가라고 판단되면 몇 가지 보정절차들 중 하나가 적용된다. 여기에 그 대강을 소개한다.

1. **오버랩법(Overlap Method).** 일정 기간(t) 신구 품목이 모두 가용하다면, 그 지수의 변동은 $t-1$과 t 사이의 구품목의 가격변동, 그리고 t와 $t+1$ 사이의 신품목의 가격변동을 사용하여 계산된다. 이것은 은연중 신구 품목 간의 가격 차별화를 품질의 차이를 반영하는 것으로 취급한다. 신구 품목들이 같은 기간에 입수 가능하지 않은 경우가 많아서 이런 방법은 표본 순환 시 이외에는 거의 사용되지 않는다.

2. **가산법(Mark-up Method).** 몇몇 범주에서 생산자들은 특정 품질의 개선비용을 추정해달라는 요청을 받는다. (추정된 소매가까지 가산된) 이런 비용은 품질향상을 반영하기 위해 가격변동으로부터 공제된다. 이런 방법은 자동차 영역에서 가장 널리 적용된다.

3. **헤도닉법(Hedonic Method).** BLS는 헤도닉 추정 기법을 주로 주거와 의복의 영역에 한정해서 사용한다('hedonic'은 사전적으로 쾌락의 의미를 담은 단어이지만 경제학에서는 주로 제품의 특성이 갖는 가치를 가리킨다-역자주). 헤도닉 추정에서 상품의 가치는 평수, 욕실의 수, 아파트 연식 같은 여러 가지 특성으로 쪼개진다. 개별 특성들의 추정치와 함께 어떤 재화나 서비스에 있는 이런 특성들의 관측개체가 주어지면 가격변동이 품질변화로 인한 변동과 다른 요소에 의한 변동으로 분석될 수 있다.

4. **링크법(Link Method).** 링크법은 밀접한 관련성을 가진 품목들에 관한 정보를 활용한다. 만약 구품목이 $t-1$일 때 관측되고 신품목이 t일 때 처음 관측된다면 $t-1$과 t 사이의 가격차를 $t-1$과 t 사이의 밀접히 관련된 품목의 가격변동(따라서 신품목의 가격 변동)을 사용하여 계산한다. 이것이 표본 순환 밖에서 가장 일반적으로 사용되는

방법이다. 그것은 또한 은연중 품질보정을 나타낸다. 즉 이런 경우에 밀접한 관계가 있는 상품과 신상품 간의 가격차는 오로지 품질변동만 반영하는 것으로 취급된다.

지수 문제

물가지수는 가격 이외의 다른 어떤 것도 변화하지 않는 경우에만 정확하게 물가수준의 변화를 측정한다. 가격과 수량이 변화하게 되면(예컨대, 사람들이 어떤 것을 더 많이, 다른 것을 더 적게 소비하려고 결정할 때) 기준 시기의 가중치를 사용해야 하는가 아니면 현 시기의 것을 사용해야 하는가 하는 모호함이 나타난다. 기준 시기의 가중치를 사용하면 앞에서 본 라스파이레스(Laspeyres) 지수를 낳고, 현 시기의 것을 사용하면 파셰(Paasche) 지수를 낳는다. 둘 다 장단점이 있다. 라스파이레스 지수는 '만약 내가 지난 시기에 산 상품바구니와 같은 것을 다시 산다면 오늘 얼마를 지불해야 할까' 라는 바로 그 질문에 답을 준다. 그러나 라스파이레스 지수는 금방 구식이 되어버린다. 엥겔법칙(사람들이 부유해질수록 식품을 더 적게 구매하는 경향이 있다는 것)이 사실이고 사람들의 수입이 빠르게 증가했다고 가정하자. 기준 시기에 아직 상대적으로 가난했을 때는 대부분의 예산을 식품에 쓰겠지만 소득이 늘수록 식품에 쓰는 소득의 비중이 줄어들 것이다. 라스파이레스 지수는 사람들의 취향을 기준 시기에 동결시키고 점점 대표성을 상실하게 될 것이다. 파셰 지수는 현 시기의 가중치를 사용하므로 어떤 의미에서는 항상 최신식이다. 이것을 라스파이레스 지수와 유비적으로 해석하면, '만약 내가 이 시기에 사는 상품 바구니와 같은 것을 기준 시기에 샀다면 지난 시기에 얼마를 지불했어야 했는가'가 된다. 단점이라면 측정이 어렵다는 점이다. 라스파이레스 지수를 측정하기 위해 일단 처음의 상품 바구니가 설정되었다 하면 가격 관측만 하면 된다. 파셰 지수는 현 시기 가중치를 사용하기 때문에 가격에다 추가적으로 수량 관측까지 필요하다. 둘 다 이론적인 결함도 안고 있다. 가령, 어떤 지수는 다음과 같은 성질을 가져야 한다. 즉, 시기 순으로 t_1, t_2, t_3 가 주어지면 t_1 시기, t_2 시기 동안의 물가지수와 t_2 시기, t_3 시기 동안의 물가지수를 곱하면 t_1 시기에서 t_3 시기까지의 물가지수와 같아야 한다. 라스파이레스 지수와 파셰 지수 둘 다 이런 성질을 만족하지 못한다.

올바른 지수 선택에서의 이런 모호함을 가리켜 종종 "지수 문제(Index Number Problem)"라고 불러왔다(예컨대 Samuelson and Nordhaus 1992: 590). 라스파이레스 지수가 인플레이션을 과대평가한다면, 파셰 지수는 인플레이션을 과소평가한다는 주장이 제기되어 왔다. 이런 주장은 소비자가 일정 수준의 웰빙을 유지하기 위해 더 비싸져버린 상품 대신에 더 싼 것으로 대체한다는 생각에 근거한다. 따라서 라스파이레스 지수는 (소비자들이 다른 것으로 대체해버렸으므로) 비싼 상품을 과다대표하고, 파셰 지수는 그것을 과소대표한다(기준 시기에 사람들은 결국 이런 상품들을 샀다!).

소위 "생계비지수(COLI)"는 고정된 상품바구니가 아닌 **고정된 효용수준**을 구매하는 데 필요한 금액을 추정한다. 이 개념은 소비자들이 충분히 합리적인 경제주체라고 가정하는, 지수에 대한 "경제학적 접근방법"의 지지자들에 의해 개발되었다. 어떤 가정 하에 라스파이레스 지수가 생계비지수를 과대평가하는 반면, 파셰 지수는 그것을 과소평가하지만 그 두 지수 간의 기하학적 평균을 취하여 구성된 지수는 그에 아주 근접한다는 걸 알 수 있다. 이 새로운 지수를 "피셔 지수"라 하는데(다른 많은 것들 중에서도 지수이론을 창시한 사람인, 경제학자 어빙 피셔 Irving Fisher의 이름에서 따옴), 그것이 진정한 생계비지수에 근접하기 때문에

"최상의 지수"로 인정받고 있다.

생계비지수가 소비자물가지수 이면의 올바른 개념인가 하는 질문과 관련된 두 가지 쟁점이 있다. 그 하나는 사실적 질문과 관련이 있고, 다른 하나는 평가적 질문과 관련이 있다. 사실적 질문은 '대체재가 실제로 어느 정도로 여러 시기에 걸친 일관된 선호를 가정하는 합리적 선택이론에 의해 설명될 수 있는가' 하는 것이다. 사람들이 새로운(새로이 가중치가 붙은) 상품바구니를 변동하는 가격에 사는 것은 일관된 선호의 만족을 극대화하기 위해서라기보다는 그들의 취향이 변했기 때문이라고 생각해볼 수 있다. 지금 바구니에서 더 높게 가중치를 붙이는 그 상품들이 값도 더 싸다는 것은 덤으로 생각된다. 선호가 변화하게 되면 생계비지수 체계를 이해하기가 어렵게 된다(그럼에도 불구하고 Heien and Dunn 1985 참조하라).

평가적 질문은 가격인상에 기인하는 대체행동(substitution behavior)이 어느 정도로 경제정책을 안내(guide)해야 하느냐 하는 것이다. 상대적으로 더 비싸져버린 상품으로부터 대체재로 떠나버린 사람들은(모든 상품 가격이 오를 수 있고 합리적 선택이론이 맞는다면 상대적으로 비싼 것보다 십중팔구는 상대적으로 싼 것을 살 것이라는 사실을 상기하자) 자신들의 장바구니 구성을 어느 정도 바꾸지 않을 수 없다. 설령 그 변화가 어떤 의미에서 자발적이라 해도(왜냐하면 누구도 물리적 힘을 사용해서 사람들에게 선택을 강요하지 않기 때문에) 그것이 공정하냐 하는 것을 의심해볼 수 있다. 어쩌면 사람들이 기준 시기에 했던 것과 같은 구매를 계속하고 싶어 할 수 있겠지만 그럴 여유가 없을 수 있다. 그렇다고 하면 사람들이 원해서 어떤 상품을 다른 상품으로 대체하는 것처럼 가정한 지수보다는 기본 가중치를 적용한 지수를 사용하는 게 더 적합하지 않을까?

대체재는 소비자물가지수에 있는 잠재적 편향의 여러 원천들

(sources) 중 하나일 뿐이다. 추가로 두 가지 원천인 품질변동과 집계에 대해 논의하겠다.

"가가호호 가격 측정전": 품질변동

품질변동의 문제는 그 치열한 경쟁적 성격 때문에 "가가호호 가격 측정전(戰)"이라고 불러왔다(Shapiro and Wilcox 1996). 지금까지 우리는 상품 가격이 변하고 사람들이 자기들의 소비묶음을 조절하여 이런 변화에 대응하는 것을 제외하면 꽤 정태적인(static) 그런 세계에 대해 고찰해왔다. 사실은 아주 많은 것이 변한다. 낡은 생산라인이 중단되고 새 라인이 가동되는가 하면, 현존 상품의 질이 변동되고, 상품들이 할인가와 인터넷 상에서처럼 새로운 경로로 거래되며, 아침 시리얼처럼 상품의 입수 가능한 범위가 변화된다. 또한 예컨대 슈퍼마켓에 가는 교통량이나 거래되는 상품이 소비되는 곳의 공기 질과 같은 환경적 특성이 바뀌기도 한다.

전통적인 물가지수는 품질변동 문제에 대해 아무런 해법을 갖고 있지 않다. 그것이 시간의 경과에 따른 **주어진 상품 바구니**의 구매비용을 추적하므로 새로운 상품이나 다른 유통경로가 있을 여지가 없다. 다시 말하지만, 기준시기의 바구니를 동결하지만 그런 바구니는 얼마 안 되어 대표성을 잃게 될 것이다. 게다가, 그 지수는 ─예컨대 일부 상품이 품절되어─ 가격을 매길 수 없을 때는 확인이 안 되기도 한다.

수량의 변동과 더불어 실제로는 바구니가 시기마다 업데이트된다. 하지만 신상품이 품질 면에서 구상품과 다르다는 사실을 어떻게 다루어야 하는가? 만약 신상품이 구상품에 비해 개선된 요소를 가진 같은 대체재로 취급된다면 기업이 그것을 개발하는 데 투자를 하기 때문에 인플레이션은 과대평가될 것이다. 다른 한편, 가격변동이 오로지 품질변동만 반영하는 것으로 해석되면(그래서 신형 자동차가 2,500만 원, 구형이

2,000만 원이라면 25% 가격인상이 그만큼의 품질향상을 반영하기 때문에 인플레이션은 0%로 추정될 것이다) 가격인상을 은폐하려고 가격변동과 동시에 품질개선으로 광고되는 경우가 흔하기 때문에 인플레이션은 과소평가될 것이다.

원칙적으로 지수에 대한 "경제학적 접근방법"은 이 문제에 대한 답을 갖고 있다. 그 접근방법은 상품을 목적이 아닌, 소비자에게 "효용"을 전달하는 수단으로 간주하는 것이다. 따라서 구형은 소비자에게 효용수준 $U_구$를, 신형은 $U_신$을 제공한다. 품질변동은 (퍼센티지로) $U_신/U_구 -1$ 로 추정될 수 있을 것이다. 그러면 가격변동은 품질변동만큼 감가되어 순인플레이션은 $P_신/P_구 - U_신/U_구$가 된다. 예컨대 우리가 가진 신형 자동차가 10% 높은 효용을 낳는다면 순인플레이션은 25%-10%=15% 로 추정될 것이다.

그럼에도 이런 절차는 여러 가지 문제점을 안고 있다. 첫째, 효용은 요구되는 비율척도로 측정될 수 없다. 3장에서 보았듯이 효용은 단지 선호순위만 나타낼 뿐이고, 두 효용 간의 비율은 무의미한 숫자다. 만약 소비자들이 구상품과 비교해서 신상품을 선택한다면 우리가 추론할 수 있는 것이라곤 그들이 그걸 선호한다는 것뿐이고, 얼마나 선호하는지는 알 수 없다. 설령 합리적 선택 모형이 참이라 해도 품질변동의 정도에 대한 추정은 경제학자나 통계학자가 할(또는 그들에게 "귀속되어야 할") 일이다.

둘째, 합리적 선택 모형이 여기에서 사용될 수 있거나 되어야 하는지 의심할 여지가 조금은 있다. 신상품이 시장에 출시될 때 종종 구상품이 사라진다. 소비자들은 신상품을 좋아해서라기보다 구상품이 없어서 사야 하는 것이다. 그런 상황에서는 선택이 선호의 지표로 사용될 수 없다.

셋째, 경제학자들은 사람들의 웰빙에 미치는 품질변동의 영향을 추정할 때 매우 이론중심적인 경향이 있다. 한 가지만 예를 든다면, 제품이 더 다양화되어 소비자들의 선호가 더 정확하게 만족될 수 있다고 해서 그것이 항상 좋은 것으로 해석된다. 하지만 다양성의 증가는 무엇보다 의사결정 비용을 증가시키므로 반드시 좋은 것만은 아니다(어떤 실험적 연구에 의하면, 고를 상품이 너무 많으면 행복도를 높이기는커녕 오히려 저하시킨다. 이런 현상을 '선택의 역설'이라 한다—역자주). 갖가지 치어리스(Cheerios: 시리얼 제품명—역자주)를 새로 내놓으면 진짜 값어치는 얼마인가?

이런 질문에 답하는 최상의 방도가 무엇이든, 사실적 · 평가적 문제에 대한 실질적인 태도를 갖지 않고는 그런 질문에 답할 수 없다는 데 주목해야 한다. 만약 소비자 선택이 선호만족으로 해석되어야 한다면, 소비자들이 다른 선택을 할 수 있었고 그들의 선호가 합리적 선택이론의 공리를 만족시킨다는 증거가 있어야 할 것이다. 품질변동의 정도에 대한 추정(예컨대, 새로운 맥북 프로 MacBook Pro가 10~15퍼센트 더 나아졌는지, 아니면 5퍼센트 나빠졌는지)은 소비자들이 실질적으로 신상품으로부터 얼마나 더 혜택을 보는지에 대한 가치판단을 반영해야 한다. 소비자 웰빙에 대한 실질적인 개념 없이는 그럴 방도가 없다(13장 참조).

집계

지금까지 지수에 붙는 가중치에 대해서는 거의 언급하지 않았다. 앞에서 간략하게 언급했듯이("CPI 측정하기: 그 기초" 참조), 미국에서는 여러 소매점에 걸친 지출 분포를 측정하는 구매점 조사(point-of-purchase survey)로 가중치를 추정한다. 여기서 중요한 것은 전체 지출에서 차지하는 그 지출의 비중에 비례해서 모든 상품의 가중치가 부여된다는 점이다. 만약 10%의 국민지출이 인터넷 서비스에 들어가면 인터넷 서비스는 CPI에서 10%의 가중치를 갖게 될 것이다.

이것은 부유한 가구 —소비에 더 많이 쓰는 가구— 일수록 과대 대표되거나, 그들의 지출이 가구나 한 가구의 인원수가 아닌 지출비중에 의해 가중치가 붙는다는 것을 의미한다. 그 지수는 "금권적"이다. 즉 부(富)에 의해 지배된다(Schultze and Mackie 2002).

제시되어 온 대안은 모든 가구의 지출이 같은 가중치를 갖는 "민주적" 지수다. 소득에 따라 소비패턴이 상당히 변화하기 때문에(엥겔의 법칙을 상기하라), 현행 지수에서 민주적 지수로 바꾸는 것은 인플레이션 추정에 상당한 충격을 줄 것이다.

가구의 소비패턴은 단순히 소득보다 더 여러 차원에 걸쳐서 차이가 난다. 예컨대, 노인들은 가령 운전을 하지 않고 기술 친화적이지 않다면 할인점이나 온라인 상점과 같은 새로운 유통경로로부터 편익을 얻기 더 어려울 것이다. 1인 가구들은 대가족과 같은 가구에 비해 수량할인(quantity discount: 대량 구매로 물건을 더 싸게 구매하는 것-역자주)을 덜 받을 수 있다.

이런저런 가중치 부여 체계의 적절성은 CPI를 측정하여 달성하고자 하는 목적에 좌우된다. 현재 CPI의 용도들 중에서 눈길을 끄는 것은 다음과 같다(Schultze and Mackie 2002: 192).

- 생계비의 변화에 따라 사회보험 수급자 및 다른 공공 이전지출에 얼마나 많이 보상해야 하는지 계산하는 보상기준으로서, 그리고 임금 환경에서 공식적, 비공식적 용도로
- 민간 계약에서 물가 연동을 위해
- 물가 연동된 재무부 채권에 대한 인플레이션 대책으로서
- 소득세 체계를 인플레이션에 중립적인 상태로 유지하기 위한 지수화의 도구로서
- GDP와 그 성분들의 변화를 가격변동과 실제 생산량의 변화로 분리하기 위한 생산량 디플레이터(deflator)로

• 연방준비제도이사회와 다른 거시경제적 정책입안자들을 위한 인플레이션 척도로

목적이 다르면 가중치도 달라져야 한다. 만약 사회보험 수급자가 생계비 변동에 대한 보상을 받고자 한다면 부유한 가구나 인구 전체가 아닌 **수급자들**의 예산에 가중치를 주는 것이 적절하다. 반대로 만약 그 지수가 화폐수량설을 검증하는 것과 같은 거시경제적 목적을 위해 사용된다면 그들의 지출에 의해 —돈의 향방에 따라서— 가중치를 부여하는 것이 합리적이라 생각된다. 만약 그 지수가 소득세 체계 인플레이션율을 중립적 상태로 유지하는 데 사용된다면 납세자들의 지출에 가중치를 주는 것이 적절하다.

아마도 이제는 이런 모든 집단에 각기 다른 물가지수를 산출하는 것은 별 의미가 없을 것이다. 사실상 지수 계산에는 돈이 들기 때문에 되도록 (단 하나라도) 적은 수의 물가지수를 산출하는 것이 —이것이 설령 이런 지수들이(이런 지수가) 덜 정확하다는 것을 의미한다고 해도— 바람직할 것이다. 그러나 이것이 다음과 같은 나의 보다 일반적인 논지를 무효화하지 않는다. 즉 (a) 물가지수의 적절성은 그 지수가 사용되는 목적("측정 목적")에 비추어 판단되어야 한다. (b) 규범적·평가적 판단은 측정 절차의 구축에 중요한 역할을 한다.

실업과 GDP

CPI 측정도 예외가 아니다. 경제지표를 측정하는 일은 복잡한 사업이고 개념적, 사실적, 규범적/평가적 논쟁을 불러일으킨다. 실업을 추가적인 예로 들어보자. 국제노동기구(ILO)는 어떤 사람이 일이 없어 놀고 있고, 현재 일을 찾고 있고 일할 능력이 있을 경우 그를 실업자로 정의한

다. 이런 정의는 세계적으로 널리 쓰이고 있지만 아주 모호해서 다른 해석을 낳기 쉽다. 예를 들어 미국의 표준을 따르면 캐나다의 실업은 캐나다의 공식 비율이라고 하는 것보다 약 1% 정도 낮다(Flaherty 2012: 35). 그 정의는 "일을 찾고 있는 **누군가**"를 말한다. 이것은 16세 이하의 십대들이나, 양로원, 감옥과 같은 기관에 수용된 사람들이나 군에서 현역복무 중인 사람들에는 적용되지 않는다. 또한 일할 의사는 있으나 실망하여 현재 일을 찾고 있지 않는 사람 역시 제외된다. 실망한 노동자를 실업자로 쳐야 하는가 아니면 노동력을 떠나 버린 사람으로 쳐야 하는가? 군 장병들을 고용된 것으로 계산해야 하는가(현재는 그들을 노동력의 일부로 보지 않는다)? "일을 찾고 있는" 것으로 산정되려면 얼마나 적극적으로 찾아야 하는가? 게다가 미국에서 추정치는 60,000 표본가구를 인터뷰하는 상시인구조사(Current Population Survey)에서 나온다. 이 표본은 비대표적이고 사람들은 모든 질문에(예컨대, 얼마나 적극적으로 일을 찾았느냐에 대해) 솔직하게 대답하지는 않을 것이다. 다른 나라에서는 개인이 실업자로 산정되려면 정부기관에 등록을 해야 된다.

국내총생산(GDP)은 특정 시기에 한 경제 안에서 생산된 최종 재화와 서비스의 시장가치로 정의된다. 그 양을 측정하는 세 가지 기본 접근방법(소득접근법, 지출접근법, 생산물접근법)이 있다. 예를 들면, 소득접근법은 모든 경제요소들 중에서 소득을 모두 더한다. 미국 국민소득지출회계(National Income Expenditure Account)는 소득을 다음 다섯 범주로 나눈다.

- 임금, 봉급, 보조적인 노동소득
- 기업 이윤
- 이자 및 다양한 투자소득

- 농가 소득
- 비농업 비법인 사업소득

이런 다섯 가지 소득 성분들을 합치면 요소비용으로 표시된 국민순소득이 된다. GDP에 도달하려면 다음 두 가지 조정을 거쳐야 한다. 우선, 요소비용으로부터 시장가격을 구하려면 간접세에서 보조금을 뺀 수치를 거기에 더해야 한다. 또 국민순생산에서 국민총생산을 구하려면 감가상각을 더해야 한다.

GDP는 여러 가지 목적에 사용된다. 그 중 가장 눈에 띄는 것은 소비자물가의 지표가 된다는 것이다. 그러면 시장가격은 좋은 가치척도인가? 이번에도 사람들은 소비자들은 합리적이고 모든 시장은 경쟁적이라고 가정해야 할 것이다. 상품들 중에는 생산되어도 그 성격상 시장가격에 반영되지 않는 외부효과를 갖는 것들이 많이 있다. 가령 가사일이나 아이 돌봄과 같이 비시장적인 재화와 서비스들, 군대와 같이 공적(公的)으로 제공되는 서비스들은 시장가격을 갖지 않는다. 정부와 사적(私的)인 가계에 의해 더 많은 재화와 서비스가 제공된다고 해서 그런 경제를 더 가난하다고 해야 하는가?

결론

경제지표는 **사실**(예를 들어, 소비자가 경제이론에 의해 주어진 합리적 선택 모형에 따라 행동하는지)과 **가치**(예를 들어, 어떤 특성 변화가 소비자의 이익을 구성하는지), 그리고 **측정 목적**(예를 들어, 인플레이션 지표가 색인 작업이나 계량경제학적 분석을 위해 사용되는지)에 대한 실질적인 배경 가정(background assumption)을 요구한다. 이것 때문에 경제학자들은 측정 절차를 설계할 때 지금 하고 있는 것보다 좀 더 적극적인 자세를 취해야 한다. 대부분의 작업이 통계사무소에서 이루어지고, 경제학자들은 데이터의 생산자가 아닌 소비자에 불과하다. 그러나 경제학자들은 데이터 사용자로서 어떤 절차가 자기들의 목적에 적합한지 누구보다잘 알아야 한다. 왜냐하면 그들이 자신의 목적을 가장 잘 알고, 또 최소한 원칙적으로 어떤 배경 가정을 해야 하는지 가장 잘 알기 때문이다.

실업을 예로 들어보자. 이론적 근거를 위해 **현행 지급률**에서 사람들이일할 의사가 있느냐 하는 것이 중요하다. 미국 인구조사는 지급률을 묻지않는다. 거기서 내리는 실업의 정의는 경제학자들의 정의와 일치하지 않는다. 이것이 그런 데이터에 대한 이론을 검증하는 계량경제학적 작업에이로울 수 없다는 것은 분명한 사실이다. 더구나 측정의 문제는 사실과가치를 나누는 깔끔한 이분법이 유지되기 어렵다는 사실을 입증한다. 가령 물가인상률, 실업률, 성장률에 대한 사실을 기술한다는 것은 곧 실질적인 규범적 언급을 한다는 것을 의미한다. 사실과 가치는 뒤엉켜 있다.

연구 문제

1. CPI, GDP, 실업이 아닌 다른 경제지표를 분석하라. 그것은 사실, 가치판단, 측정 목적에 대한 배경 가정을 하는가?
2. 이 장에서 제기된 중요한 주장들 중 하나는 사실과 가치의 뒤엉킴에 관한 것이다. 경제적 측면에서 사실과 가치는 필연적으로 뒤엉킬 수밖에 없는가?
3. 만약 여러분이 CPI에 대한 측정 절차를 설계한다면 품질변동 문제를 어떻게 해결하겠는가?
4. 다른 부분의 모집단에 대해서는 약간 다른 CPI가 측정되어야 한다는 것을 살펴보았다. 우리는 선진국에 대해 이상적으로 얼마나

많은 지수를 산정해야 하는가?

5. 실업자로 등록되려면 구직에 얼마나 많은 노력을 쏟아야 한다고
   생각하는가? 여러분의 답을 정당화하라. 여러분의 답을 정당화하
   는 근거는 무엇인가?

권장 도서

"소비자물가 상승"에 관한 절은 기본적으로 Reiss 2008a의 2-4장을
요약한 것이다. 물가지수와 준거점의 맥락에서 측정 문제를 더 상세하게
논의한 것을 보고 싶으면 이 장들을 참고하라. Reiss 2001은 측정 절차
의 적절성을 규정짓는 것에 대한 이전의 설명을 제시한다.

논리 실증주의자들은 흄으로부터 관측 가능한 것/관측 불가능한 것
이분법을 계승했으며 그것은 애초부터 그들의 과학철학에서 매우 중
요한 역할을 했다. 20세기 후반부에 그것은 Russell Hanson, Thomas
Kuhn, Paul Feyerabend를 비롯하여 여러 철학자들의 맹공격을 받았다.
핵심 참고자료는 Hanson 1958, Kuhn 1996 [1962], Feyerabend 1975,
Maxwell 1962, Shapere 1982, Hacking 1983: 10-11장이다.

GDP 구성의 규범적인 쟁점과 측정에 대한 종합적인 논의를 한 것으로
는 Stiglitz et al. 2010이 있다. 역사에 각별히 관심 있는 독자라면 Tom
Stapleford의 미국 측정사의 진가를 알아볼 것이다(Stapleford 2007).
Morgan and Klein 2001은 역사에 초점을 맞춘 경제적 측정에 관한 논문
선집이다.

9장

계량경제학

개요

경제계량경제학은 통계학적 방법을 사용한다. 그 목표는 경제적 관련성을 측정하고, 이론을 검증하고, 정책의 성과를 평가하는 데 있다. 다시 말해서, 그것은 경험적 내용을 가진 경제이론을 제공한다. 노르웨이 경제학자이자 1969년 노벨 경제학 수상자인 랑나르 프리쉬(Ragnar Frisch: 1895-1973)의 계량경제학에 대한 정의는 널리 인정을 받았다. 그는 계량경제학 학술지 『*Econometrica*』 맨 앞의 편집자 주에서 다음과 같이 설명하고 있다.

> 경제학에 대한 양적 접근에는 여러 가지 측면이 있으며, 그 중에서 하나만 보고 그걸 계량경제학이라고 혼동해선 안 된다. 따라서 계량경제학은 결코 경제통계학과 동일한 것이 아니다. 뿐만 아니라, 이런 이론의 상당 부분이 결정적으로 양적인 특성을 갖고 있다고 해도 소위 일반적인 경제이론과도 다르다. 계량경제학을 마치 수학을 경제학에 응용한 것과 비슷한 것으로 취급해서도 안 된다. 통계학, 경제이론, 수학이라는 세 관점 제각각은 현대 경제생활에 있어서의 양적인 관계에 대한 참된 이해를 위해 필요한 조건이기는 하지만 그 자체로 충분한 조건은 아니라는 것은 경험이 말해준다. 이 셋이 통합될 때 강력한 힘을 갖는다. 계량경제학을 구성하는 것은 이런 통합이다.
>
> (Frisch 1933: 2)

계량경제학은 통계학적 방법을 기존의 경제이론에 적용하기만 하는 게 아니라, 이론적 주장을 정확한 수학적 형식으로 표현될 수 있는 검증 가능한 경험명제로 변형시키고, 그 모수(parameters)를 통계학적으로 추정한다. 철학자의 관점에서 볼 때, 계량경제학을 중요하고 흥미롭게 만드는 연관된 두 가지 근본적인 문제가 있다. 첫째는, 과학이론의 검증(testing) 또는 확증(confirmation)이다. 여러 가지로 이것은 20세기 이래로 과학철학이 탐구했던 그 주제였다. 틀림없이 그것은 논리 실증주의자들에게 가장 중요한 주제였고, 또한 칼 포퍼(Karl Popper)를 그의 추종자들과 구별 짓는 주제였다. 둘째는, 인과적 연관성을 **인과적 추론** 데이터와 구분하는 문제다. 나는 먼저 순수하게 철학적인 의미에서 이론 검증이나 확증의 문제를 소개할 것이다. 그리고 나서 계량경제학으로 넘어가서 이론 검증에 대한 주요 접근방식들에 대응되는 접근방식들이 계량경제학에도 있음을 보여주고, 이런 계량경제학적 접근방식에 대해 논의할 것이다. 인과적 연관성을 확인하는 문제는 그런 방식으로 다루어질 것이다.

귀납, 연역, 기타 등등

관측에 의한 과학이론의 검증 또는 확증은 귀납추론 또는 그냥 **귀납**이라 하는 추론양식의 특수한 사례다. 가장 일반적인 의미에서 귀납은 관측된 개별자들에 관한 일련의 진술들("백조1은 희다", "백조2는 희다", "백조3은 희다" …)로부터 관측되지 않은 개별자들에 관한 일반적 진술("모든 백조는 희다"; 이 경우, 현시점에서 태어나거나 아직 안 태어난, 관측 안 되는 백조가 있다.)을 끌어내는 것이다. 귀납추론은 **확장적**이다. 즉 이미 알려진 것을 넘어 지식의 기반을 확장한다. 한 때 이야기의 (안티)영웅이었던 데이비드 흄은 확장적 추론이 믿을만하다는 보장이 없다고 강하게 주장했다. 귀납논증에서는 모든 전제가 참일 때에도 결론은 거짓일 수 있다. 왜냐하면 아직 관측되지 않은 사례가 지금까지 관측된 그런 모든 사례들과는 다른 것으로 판명날 수 있기 때문이다. 미래는 과거와 비슷하지 않을 수 있으며, 따라서 우리의 모든 귀납추론은 거짓일 수 있다(Hume 1999[1748]; 7절).

흄의 추론을 간단히 설명하자면, 1장에서부터 흄이 사실 문제에 관한 모든 추론은 관측에 바탕을 두어야 한다고 생각했다는 점을 상기하자. "모든 백조는 희다"와 같은 일반화는 사실문제와 연관된다 —이는 논리적 참이 아니다. 우리가 "모든 백조가 다 희지는 않다" 또는 "어떤 백조는 검다"라고 말하면서 우리의 전제("백조1은 희다", "백조2는 희다", "백조 3은 희다" …)를 받아들인다고 해도 모순은 아니다. 이런 진술을 잘못할 수는 있겠지만 **논리적 오류는 아니다**.

이처럼 모든 일반화에 대한 증거가 오로지 과거에 이루어진 유한한 관측을 바탕으로 해서 제공된다. 일반화는 지금까지 관측되지 않은 사례들뿐만 아니라 미래에 관측될 사례들까지 포함한 모든 사례들에 대해 이루어지기 때문에 언제든 새로운 관측이 그 일반화를 거짓으로 만들 수 있다. 지금까지 계속 흰 백조만 관측되었다고 해도 다음에 관측되는 백조가 검은 백조일 가능성이 얼마든지 있을 수 있다. 이것이 17세기 후반 호주 해안을 탐험했던 네덜란드 선장 윌리엄 드 블라밍(Willem de Vlamingh)이 서호주의 백조강(Swan River)에서 검은 백조를 발견했던 1697년 이전에 유럽인들이 본질적으로 처한 입장이었다. 그 이전엔 "모든 백조는 희다"라는 일반화는 유럽에서 사용할 수 있는 최고의 증거에 바탕을 두었다. 그럼에도 그것은 거짓으로 판명되었으며, 아마도 모든 일반화가 그런 운명을 겪을 것이다.

1697년 이전의 일반화가 유럽인들에게 가용한 최고의 증거에 바탕을 두었으나 아마도 모든 적절한 또는 충분한 증거에 바탕을 둔 것은 아니었다고 말해도 무방하다. 진화론을 통해서 우리는 모집단이 공간적으로 분리되기 시작할 때 매우 다르게 진화되며 호주의 백조들이 유럽에서 보는 백조와 다르게 생겼을 것이라고 예상해야 한다는 것을 알게 되었다. 물론 이것은 시대착오적인 추론이다. 왜냐하면 1859년까지 다윈은 아직 그의 『종의 기원에 관하여』를 출간하지 않았기 때문이다. 그러나 그렇다고 흄의 주장이 손상되지 않는다는 게 중요하다.

사실과 달리 지금까지 관측된 살아있는 모든 백조가 흰색이었다고 해도, 아직 태어나지 않은 백조가 검은색으로 판명될 가능성은 남는다. 미래는 과거와 똑같지 않을 수 있다. 따라서 인간의 역사를 통틀어 밤이 지나면 낮이 왔다 해서 앞으로도 계속 그럴 거라는 보장은 없다. 일반화를 믿을 근거는 오로지 과거뿐이다. 그리고 미래는 과거와 다를 수 있다. "자연은 통일체다"라는 높은 수준의 원리 자체는 증거에 의해 뒷받침되어야 하며, 이 증거는 다시 과거에 대한 사실과 연관된다. 이것이 흄의 **귀납법의 문제**다.

이후의 철학사에서 모든 사람들이 귀납적 회의론에 똑같이 감명을 받은 것은 아니다. 철학자이자 경제학자인 우리의 또 다른 영웅 존 스튜어트 밀(J. S. Mill)이 귀납추론이 확실성을 달성할 수 없다는 흄의 사상에 동의하였다는 사실은 주목을 끈다. 그러나 그에게는 이것이 과거 경험을 넘어서는 사실의 문제에 관한 판단이 불합리하다는 것을 의미하지는 않았다. 단지 그것은 우리가 인간으로서 오류 가능성이 있고 불확실한 지식과 씨름해야 한다는 것을 의미할 뿐이다.

모든 인간의 지식에 오류 가능성이 있다고 해도, 좋은 추론에는 정도의 차이가 있다. (보통 적은 수의) 사례들로부터 추론하는 소위 '단순 귀납'은 대체로 아주 믿을 수 없는 추론양식이다. 백조 이야기는 나쁜 추론의 한 예다. 그런 이야기들은 제멋대로 부풀려진다. "서울대학교 학생은 15,000명이 넘는다." "성균관대학교 학생은 15,000명이 넘는다." "한양대학교 학생은 15,000명이 넘는다"는 명제들로부터 "모든 대학 학생은 15,000명이 넘는다"고 추론할 수 없다. "이런 밀납 표본은 93℃에서 녹는다"로부터 "모든 밀납은 93℃에서 녹는다" 하는 식으로 추론할 수 없다.

더 믿을만한 귀납추론 방식이 있다. 논리학과 과학철학에 대한 밀의 가장 위대한 공헌 중 하나는 이런 것들의 일부를 그가 말한 일종의 귀납논리인 "귀납법의 규칙"으로 공식화한 것이었다. 거기에는 네 가지 방식이 있다.

- 일치법(Method of Agreement)
- 차이법(Method of Difference)
- 잉여법(Method of Residue)
- 공변법(Method of Concomitant Variation)

우리의 목적에는 차이법이 가장 중요하다. 밀은 그것을 이렇게 기술한다.

> 만약 조사 중인 현상이 발생하는 사례와 발생하지 않는 사례에서 한 가지를 제외하고는 모든 경우에 공통적이라면, 두 사례에서 유일하게 다른 그 한 가지는 그 현상의 결과이거나 원인 내지는 원인의 불가결한 한 부분이다.
>
> (Mill 1874[1843]: 280)

달리 말해서 **인과추론**은 어떤 것이 있으면 그 현상이 발생하고 그것이 없으면 발생하지 않는 두 가지 경우를 비교함으로써 앞으로 나아갈 수 있다. 만약 그 두 상황이 어떤 요인과 관련하여 달라진다면 그 요인은 그 현상의 결과이거나 원인 내지는 원인의 불가결한 한 부분이다. 인과적 주장은 모든 인과요인들에서 동일한 모든 상황으로 일반화한다("같은 원인-같은 결과").

밀은 차이법을 일반적으로 믿을만한 귀납원리로 여겼지만 경제학에 유효하다고 생각한 것은 아니다. 그가 그것을 거부한 이유는, 경제현상은 워낙 복잡해서 차이법의 적용을 허용하는 형태로 자연적으로 일어난 적이 없다는 것이었다. 그래서 정확한 상황을 인위적으로 만들어 내는 실험은 대체로 선택할 대안이 아니다. 아래에서 보게 되겠지만, 밀이 귀납적 인과 추론을 거부한 이유를 받아들이지 않는 저명한 경제학자들이 있다. 다음 절에서 나는 본질적으로 밀이 상상했던 그런 종류의 상황인, **자연 실험**을 목표로 하는 현대 계량경제학의 한 조류에 대해 논의할 것이다. 그리고 10장에서 나는 1950년대 이래 계량경제학에서 각광을 받아온 **실험실 실험**에 대해 논의할 것이다.

첫째로, 그러나 귀납적 인과추론에 대한 대안을 살펴보자. 밀은 과학자들을 두 부류의 추론가 ─실무자와 이론가─ 로 구분하면서 다음과 같이 설명한다.

> 그러나, 비록 두 부류의 탐구집단이 모두 이론화만 하고 둘 다 경험 이외에 아무 도움도 받지 않으려 한다고 해도 그들 사이에는 차이가 있으며, 그 가장 중요한 차이는 다음과 같다. 소위 실무자는 **구체적** 경험을 요구하고 특수한 사실로부터 **아래에서 위로** 일반적인 결론을 이끌어낸다. 반면 이론가라고 하는 사람들은 광범위한 경험을 수용하고 특수한 사실들로부터 쟁점이 되는 문제보다 훨씬 더 넓은 범위를 포괄하는 일반적 원리를 이끌어내며, 그런 일반적 원리로부터 **위에서 아래로** 다양한 구체적 결론을 이끌어낸다.
>
> (Mill 1844: 142: 강조는 원본에 의함)

밀의 실무자들은 내가 위에서 기술한 바와 같이 귀납추론을 활용한다. 반대로 이론가들은 ─귀납적으로─ 인간 행동에 대한 고도의 일반적인 원리를 설정한 다음, 특수한 현상에 대한 예측에 도달하기 위해 그것들을 구체화하고(그들의 의미로는, 구체적인 상황 속에서 말하고) 다른 적절한 요인들을 첨가하여 일반적 원리들을 적용한다.

밀이 간단히 언급하는 한 가지 예는, 절대군주가 민생을 위해 정부의 권력을 사용하려고 할 것인가 아니면 신민들을 억압하는 데 사용하려고 할 것인가 하는 문제에 관한 것이다. 실무자라면 여러 절대군주의 사례들을 모아서 왕들이 무엇을 했는지 관찰하고, 관찰한 바를 일반화할 것이다. 반면에 이론가는 절대군주를 그들이 이미 알고 있는 행동경향을 가진, 단순히 보다 일반적인 인류의 한 사례로 여길 것이다(Mill 1844: 143).

일반적 원리는 엥겔의 법칙, 수요공급의 법칙처럼 인간행동에 대한 경향성 법칙(이런 개념에 대한 논의는 5장 참조)이다. 마지막으로 이런 생각을 어떻게 경제이론을 검증하고 확증하는데 사용할 것인가? 하우스만 (D. Hausman)은 밀의 이론 검증에 대해 다음과 같이 멋지게 요약한다.

1. 적절한 인과 요인과 관련하여 입증된 [경향성] 법칙[사람들의 부를 더 많이 소유하고 싶은 욕망, 노동을 피하고 싶은 욕망과 같은]을 **차용한다.**
2. 초기조건, 단순화 등에 대한 이런 진술들과 법칙들로부터 유관하고 적절한 현상들에 대한 예측들을 **연역한다.**
3. 예측들을 **검증한다.**
4. 예측들이 맞으면 전체 혼합체(amalgam)를 확증된 것으로 간주한다. 만약 예측들이 틀리면 (a) 연역할 때 실수하지 않았는지 (b) 어떤 종류의 간섭[즉, 방해요인]이 발생했는지 (c) 차용된 법칙들이 얼마나 중심적인지(법칙이 확인하는 인과 요인들이 얼마나 중요한지, 그리고 차용된 법칙들이 확대되어야 할지, 축소되어야 할지) **판단한다.**

(Hausman 1992a: 147-8)

밀의 입장을 여기서 이처럼 꽤 길게 논하는 이유는, 내가 생각하기에 (Dan Hausman의 생각처럼) 약간 변형되긴 했으나 현대 계량경제학의 이론 검증이 근본적으로 밀의 도식을 따르기 때문이다. 오늘날의 경제학자들은 법칙의 개념을 거의 쓰지 않지만, 사람들이 특정 공리들(axioms)

을 만족시키는 안정된 선호를 갖는다거나 사람들이 일반적으로 적은 것보다 많은 것을 선호한다는 그들의 원리는 현대판 밀의 법칙이다.

따라서 경제적 가설에 경험적 내용을 제공하는 방식에는 두 가지가 있다. **귀납법**은 가설의 구체적 사례들을 모아 그것들을 일반화함으로써 아래에서 위로 나아간다. **연역법**은 다른 곳에서 확립된 일반적 원리를 사용하며, 초기조건과 함께 이런 원리들로부터 구체적인 예측들을 연역하고 그것들을 데이터와 비교함으로써 위에서 아래로 나아간다.

위에서 언급한 대로, 밀은 경제학에는 귀납법을 적용할 수 없다고 생각했다. 아직도 많은 경제학자들이 이런 문제에 대한 그의 견해에 공감한다. 하지만 근래에 방법을 둘러싼 계량경제학의 격렬한 논쟁이 두 진영으로 나뉘어 벌어졌는데, 이 두 진영은 밀의 "실무자들", "이론가들"과 너무나 닮았다. 그래서 나는 이어서 계량경제학의 현대적인 논쟁을 소개하고 그것이 어떻게 해서 "실무자들"과 "이론가들" 사이의 논쟁으로 평가될 수 있는지 보여주고자 한다.

대체로 해롭지 않은 계량경제학?

회귀분석

계량경제학의 주요 도구는 회귀분석이다 회귀분석에서 **종속변수** y는 **독립변수** $X=\{x_1, x_2, ..., x_n\}$와 오차항 ε의 함수로 표시된다: $y = f(x) + \varepsilon$. 종속성은 일단은 함수적이라는 것을 의미하지, 인과적 종속성을 의미하는 것은 아니다. 종속변수는 산출변수나 피설명변수 또는 피회귀변수로 불리며, 독립변수는 투입변수, 설명변수 또는 회귀변수라 한다. 피회귀변수와 회귀변수는 사실상 오해의 여지가 거의 없는 개념이지만 오염되거나 혼동되기 쉽다. 그래서 나는 흔히 사용되는 언어인 종속변수,

독립변수를 여기서 계속해서 사용할 것이다.

회귀분석을 하기 위해서는 f에 대한 함수형태를 명시해야 한다. f를 가장 단순하고 일반적으로 구체화한 것이 선형가법함수(linear additive function)이다.

$$y = \beta_0 + \beta_1 x_1 + \ldots + \beta_n x_n + \varepsilon$$

여기서 β는 미지의 모수다. 몇 가지 가정 하에서 β는 다양한 추정방법을 사용하여 y와 X의 관측개체들(observations)로부터 추정될 수 있다. 그런 방법의 하나로서 통상최소제곱법이 있는데, 다음과 같이 가정한다.

- **외생성.** 오차의 평균은 0($E[\varepsilon]=0$)이며, 독립변수는 오차와 비상관적 ($E[X'\varepsilon] = 0$)이다.
- **선형독립성.** 독립변수는 선형적으로 독립적이다. 즉, 어떤 변수도 다른 변수의 선형함수가 아니다.
- **동분산.** $E[\varepsilon^2 | X] = \sigma^2$, 이것은 오차항이 각각의 관측개체에서 같은 분산을 갖는다는 것을 의미한다.
- **비자기상관.** 오차는 관측개체들 간에 비상관적이다. 즉, $i \neq j$이므로 $E[\varepsilon_i \varepsilon_j | X] = 0$이다.

'학교에 다니는 아이들이 소규모 학급에서 공부를 더 잘하는가' 하는 문제에 관심을 갖고 있다고 하자. 이 질문에 대한 답을 찾는 데 도움을 줄 회귀분석을 사용하기 위한 선결 조건은 관심을 끄는 변수들을 측정하는 것이다. 이 경우에는 "학교에서 공부를 잘 하는 것"과 "학급규모"다. 후자는 학급의 학생 수를 세면 바로 측정이 가능하다. 학교에서 공부를 잘 하는 것은 흔히 말하는 학력이다. 그리고 그것을 재기 위한 표준화된 시험이 있다. 문제를 단순화하기 위해서 두 변수들이 모두 만족스럽게 측정되었다고 가정하자.

그러면 이제 다음과 같은 간단한 회귀분석을 실행하고 싶어질 것이다

$$학력 = \beta_0 + \beta_1 \, 학급규모 + \varepsilon$$

그리고 β_1이 0보다 훨씬 클 때 학급규모가 학력에 정(+)적으로 기여한다고 판단한다. 이런 절차가 갖는 문제는 외생성 조건이 충족되지 못할 수 있다는 데 있다. 여기에는 많은 이유가 있을 수 있다. 그중에서도, 부모의 교육적 배경과 같은 관측 불가능한 요인들이 독립변수와 종속변수 모두에 영향을 줄 수 있다는 게 더 중요한 부분이다. 따라서 더 잘 배운 부모들이 자기 아이들을 소규모 학급을 가진 학교에 보낼 가능성이 크고 학교 밖의 학습기회를 더 많이 제공해 줄 수 있으며, 그렇게 해서 아이들의 학력에 영향을 미치게 될 것이다. 이럴 경우 외생성 조건을 위반하여 오차가 독립변수와 상관관계를 갖게 될 것이다.

도구변수

계량경제학자인 앵그리스트(J. Angrist)와 라비(V. Lavy)는 이 문제를 해결하기 위해 이스라엘에서 학생들의 학급을 배정하는 특징 ─마이모니데스 규칙(Maimonides rule)─ 을 활용하여 매우 선구적이고 독창적인 공헌을 하였다(Angrist and Lavy 1999). 많은 나라에서 최대 학급규모를 정해놓고 그 이상이 되면 교사를 더 구하는 변형된 마이모니데스 규칙에 따라 학급규모를 정한다. 이스라엘에서 최대 학급규모는 40명으로 정해져 있다(이것이 원래의 마이모니데스 규칙이다). 마이모니데스는 12세기의 랍비였는데, 그는 탈무드에 대한 자신의 해석에 따라 "25명의 아이를 한 명의 교사가 책임을 지고, 그 이상 40명 미만인 경

우에는 수업을 보조할 교사를 두어야 한다. 만약 40명 이상이면 두 명의 교사를 두어야 한다"고 말했다(Hyamson 1937: 58b; Angrist and Lavy 1999: 534에서 인용). 입학한 아이들이 40명 이하면 모두 같은 학급이 된다. 41명이면 반을 나누어 각각 20명, 21명 학급에 배정된다. 아이들이 81명 이상이면 처음 두 학급은 40명을 꽉 채우고 더 많은 학생수를 확보하기 위해 더 많이 배정받아야 한다. 앵그리스트와 라비의 그림 1a(여기에서는 그림 9.1)는 이스라엘에서 그 규칙이 갖는 효능을 여실히 보여준다.

그림 9.1 시행중인 마이모니데스 규칙

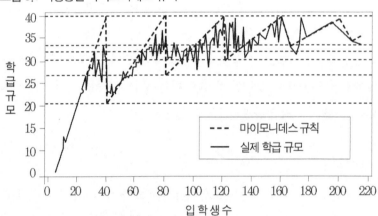

출처: Angrist and Lavy 1999: 541

그래프는 45도의 경사를 따라 올라가다가 입학생수가 40명일 때 불연속적으로 떨어지고, 80명이 될 때까지 0.5의 기울기로 증가하고, 80에서 27.7(80/3)로 떨어지다가 다시 0.25의 기울기로 올라간다. 이것이 그 규칙에 정확하게 일치하지는 않지만, 실제 학급규모가 그에 강하게 영향을 받고 있으며 같은 톱니 모양의 패턴을 나타낸다는 걸 보여준다.

마이모니데스 규칙은 **자연실험** 상황을 만들어낸다. 그것은 불연속적인 점 주위의, 학력과 관련된 학생들 간의 체계적인 차이를 의심할 이유가 없다는 사실 때문이다. 학생과 학부모는 자신들이 가령 80명 집단의 일원이 되어 40명 학급에 배정이 될 지, 아니면 81명 집단의 일원이 되어 27명 학급에 배정될 지 미리 알 수가 없다. 따라서 그 규칙에 의해 유도된 어떤 변수도 학부모의 교육적 배경과 같은 교란요인(confounding factor)으로부터 독립적일 것이다. "입학이 학급규모를 통해 작용하는 다른 어떤 것에 영향을 주고 그것이 그런 패턴을 낳는데 영향을 미칠 것으로 보이지 않는다. 그렇기 때문에 마이모니데스 규칙은 학급규모의 탐색에 이례적으로 신뢰할만한 외생변수의 원천을 제공한다"(Angrist and Lavy 1999: 536).

앵그리스트와 라비는 마이모니데스 규칙에 의해 만들어진 자연실험을 분석하는데, 여기에서 그 규칙은 타당한 도구변수로 해석된다. 도구변수 Z를 정의하는 한 가지(다소 표준과는 다른) 방식은 다음과 같다(Reiss 2008a: 7장).

a. Z가 독립변수(이 경우에는 학급규모)를 야기한다.
b. Z가 종속변수에 영향을 준다 해도 오로지 독립변수를 통해서만 영향을 준다.
c. Z 자체는 종속변수에 의해, 또는 종속변수에도 영향을 주는 어떤 요인에 의해 발생하지 않는다.

Z가 학급규모를 정하는 데 효과적이라는 것은 그림 9.1에 나타난다. 그 규칙이 학급규모 이외의 다른 경로로 학력에 영향을 줄 가능성은 매우 낮다. 그리고 그 규칙 자체는 부모의 학력과 같은 배경 요인에 기인한 것도 아니다.

근래에 계량경제학에서 앵그리스트와 라비가 했던 연구와 같은 것들이 점점 더 늘어나고 있다. 이집트가 캠프 데이비드 협정에 일부 포함된 해외원조를 상당히 많이 받고 있기 때문에 이집트 모형의 해외원조가 효력을 판정하는 도구로 사용되어 왔다(Deaton 2010a 참조). (베트남전에 복무하기 위해 모집된 병사들의 지위를 결정하기 위해 사용된) "난수열(random sequence number)"은 베트남전 부대에 복무하는 것이 남은 생의 민간소득(civil earnings)에 부정적인 영향을 미친다는 것을 입증하기 위한 도구로 사용되어 왔다(Angrist 1990). 내전을 설명할 때 강우량이 경제성장에 대한 도구변수로 사용되어 왔다(Miguel et al. 2004).

실무자 대 이론가

이런 종류의 연구에 대한 지지자들은 밀이 말한 실무자와 유사하다. 즉 그들은 구체적인 경험에 입각하여 일반화하는 것("학급규모는 학력의 원인이다"; "해외원조는 경제성장을 촉진한다"; "베트남전 참전용사 경력은 민간소득을 감소시킨다" 등등)을 목표로 한다. 그들은 밀이 지적한 방법론적인 문제를 잘 알고 있다. 밀은 경제현상의 복잡성(이는 현재의 맥락에서는 회귀가 교란되기 쉽다는 것을 의미한다)과 실험 불가능성 때문에 특정 경험의 방법 ─귀납적 방법─ 이 경제학에 성공적으로 적용될 수 없다고 생각했다.

위에서 언급한 바와 같이, 10장에서는 경제학의 실험실 실험에 대해 살펴볼 것이다. 통제된 실험조작을 사용할 수 없다면 교란의 문제는 여전히 도구변수를 사용한 자연실험을 활용하여 해결할 수 있다. 밀은 경제현상의 복잡성 때문에 **자연실험의 가능성**이 지극히 낮다고 생각했다. 그러나 밀은 주로 거시 사회적 현상에 관심을 가졌다. 그리고 무역정책을 제외한 다른 모든 면에서 동일한 두 나라를 조사해서 무역의 효과에 대한 이론을 검증한다는 게 도무지 가능할 것 같지 않았다. 현대의 "실무자"형 계량경제학자들은 밀의 일반적인 논조에는 동의하면서도, 운이 좋으면 마이모니데스의 규칙으로 학급규모를 정하는 것처럼 계량경제학적으로 잘 활용할 수 있는 준실험적인 조건을 가진 상황 —보통 미시적 상황— 을 찾을 수 있다고 생각한다.

하지만 그럴 수 있을까? 밀이 말한 "이론가들" 역시 그 현대적 대응책을 갖고 있다. 그들은 본질적인 면에서 이론적 모형의 뒷받침 없이는 어떤 도구도 타당하지 않다고 주장한다. 확실히 이런 노선을 따르는 주장이 "외부(external)"변수와 "외생(exogenous)"변수를 구분한 앵거스 디턴(Angus Deaton)에 의해 제기되었다(2010a). 외부변수는 관심을 끄는 현상과 독립적으로 일어난 것이다. 외생변수는 위에서 기술한 외생적 조건을 만족하는 것이다. 어떤 도구가 타당하려면 외생적이어야 한다(도구를 정의하는 세 가지 [a]-[c] 조건은 외생성을 수반한다!). 도구의 타당성을 위해 (귀납적) 계량경제학자들이 제시하는 증거를 보면 도구가 외부적일 뿐이라는 게 종종 드러난다. 이론가들은 도구가 외생적인지 의심스러운 사례가 많다고 주장한다.

따라서 마이모니데스의 규칙은 ("외부적"이라도) 부모가 그 운영을 예상할 수 있고 또 예상할 것이므로 타당한 도구가 될 수 없다는 주장이 제기되어왔다. 교육에 큰 관심을 갖고 있는 부모라면(예컨대 자신이 높은 학력을 가지고 있으니까) 어떻게 해서든 자기 아이가 소규모 학급에서 학업을 마치게 할 것이다(Urquila and Verhoogen 2009). 마찬가지로, 헤크먼(J. Heckman)은 난수열이 타당한 도구가 아니라고 주장했다. 왜냐하면 고용주가 그 숫자에 주목하고 그 숫자에 의거하여 투자 훈련에 관한 결정을 내릴 것이기 때문이다(예를 들어, 어떤 피고용인의 숫자가 커서 모집될 가능성이 낮다면 낮은 숫자를 가진 다른 동일한 피고용인의 훈련에 투입하는 것보다 그를 훈련하는 데 더 많은 투자를 할 것이다). 이렇게 되면 그가 더 높은 임금을 받게 될 것이다(Heckman 1996a: 461). 마지막으로, 이집트쯤 되는 나라라고 하면 꼭 해외원조가 아니더라도 다른 여러 경로로 경제성장에 영향을 준다. 정말로 해외원조는 특히 멍청하게 선택한 도구라는 것이다.

그러나 이로써 도구변수 기법이 일반적으로 잘못되었음이 입증되는 것은 아니다. 다만 도구의 선택이 보다 원칙에 충실하고 보다 체계적으로 뒷받침되어야 한다는 걸 말해준다. 원칙에 입각하여 도구를 선택하는 한 가지 방법은 도구를 이론에서 유도하는 것이다. 이것이 밀의 현대판 "이론가"가 요구하는 바 ―도구를 이론적 모형으로부터 유도하라― 이다. 더 구체적으로 말해서, 그들은 계량경제학의 모형 설정이 초기조건, 단순화 등에 대한 일반적인 원칙들과 가정들로부터 연역되도록 하라고 권고한다. 디턴이 든 예를 보면 극도로 단순한 모형으로 그 생각을 보여주기 때문에 나는 그 예를 사용하겠다.(Deaton 2010a).

그 모형이란, 한때 표준적인 계량경제학 교과서에서 가져온 국민소득 결정에 관한 케인즈 학파의 모형이다. 완전한 거시경제 체계를 망라하는 두 가지 항등식이 있다. 첫 번째는 소비함수인데, 여기에서 총소비는 총국민소득의 선형 함수다. 두 번째는 소득은 소비와 투자의 합이라는 국민소득계정 항등식이다. 그 체계는 표준적인 표기법으로 다음과 같이 나타낼 수 있다.

$$C = \alpha + \beta Y + u \qquad (1)$$
$$Y = C + I \qquad (2)$$

(1)에 따르면 소비자들은 자신의 소득을 참고하여 총소비수준을 선택

한다. 반면 (2)에서 투자는 그 모형의 외부에 있는 방식으로 기업가의 "야성적 충동(animal spirits)"(케인즈가 인간 본성의 불완전함에서 비롯된 인간의 비합리적 행동을 설명하기 위해 사용한 용어–역자주)에 의해 정해진다.

이 모형에서 소비와 소득은 동시에 결정된다. 소비자 나름의 동물적 감각을 보여주는 u의 통계적 실현이 C뿐 아니라 Y에도 영향을 미칠 것이며, 그렇게 해서 방정식 (2)를 통해 C와 Y가 정(+)적 상관을 갖는다. 결과적으로 (1)의 통상최소제곱법은 상향 편의되고(upward biased) 불연속적인 모수 β에 대한 추정치를 유도한다.

그러나 방정식 (2)에 대한 우리의 지식은 투자가 소득에 대한 도구변수임을 말해준다. 즉, 투자는 소득에 영향을 주고, 최소한 소득을 통해서만 소비에 영향을 준다. 그리고 그것은 기업가의 "야성적 충동"에 의해 그 모형 외부에서 결정되기 때문에 소비와 공통된 원인을 갖지 않는다. 도구변수 회귀에는 소비가 투자에 관해 회귀되는 1단계 회귀가 있다. 2단계에서는 소비가 소득에 대한 예측치에 관해 회귀된다.

이론적 원리가 이미 거의 회귀식처럼 보여서 이 등식은 회귀식을 이론적으로 유도한 그야말로 초보적인 형태다. 하지만 보다 현실적인 모형들은 본질적으로 닮았다. 예를 들어, 우르퀴올라(Urquiola)와 베르호겐(Verhoogen)은 도구변수로서의 마이모니데스의 규칙을 비판할 때 매우 복잡한 계량경제학 모형을 만드는데, 그 모형에서 가계는 품질(quality)에 대한 지불의사와 함께 학교의 질과 등록금에 따라 학교 선택을 하는 적정한 결정을 하며, 학교는 유일한 상품으로서의 (교육의) 질을 생산하고 수업료, 입학생 수, 학급의 학생수의 선택을 통해서 이윤을 극대화한다고 기술된다(Urquila and Verhoogen 2009). 그들은 이 모형의 다음 두 가지 "검증 가능한 시사점"을 유도한다.

검증 가능한 시사점 1: 균형상태에서 학급규모와 평균 가계소득 간에는 뒤집힌 U에 가까운 관계가 있다.

검증 가능한 시사점 2: 균형상태에서 학교는 45[마이모니데스 규칙의 칠레 버전은 상한선이 45다]의 배수가 되는 입학생수를 쌓으려고 할 것이다. 이는 그런 점들에서의 입학생수와 관련된 평균 가계소득의 불연속적인 변화를 시사한다.

(Urquila and Verhoogen 2009: 192-3)

칠레 데이터와의 비교를 통해 검증한 결과, 두 가지 시사점 모두 데이터와 일치한다는 사실이 확인되었다.

"실무자" 계량경제학자들은 우르퀴올라와 페어후겐 모형과 같은 것에 들어가는, 경제 이론으로부터 이끌어낸 믿기 힘든 가정들이야말로 이런 식의 많은 계량경제학을 신뢰할 수 없게 만든다고 반박한다. 하긴, 학부모들이 충분히 정보를 갖추고 합리적으로 행동한다든가, 학교가 저자들이 묘사하는 방식으로 이윤 극대화를 꾀하는 기관이라고 상상하기는 어려워 보인다. 그들은 이론가들에 대항하여 자신들의 자연실험 활용이 "대체로 해롭지 않은 계량경제학"(Angrist and Pischke 2008: 국내에 이미 같은 제목의 번역본이 출간되었다-역자주)을 구성하고, 실증경제학에서 "신뢰도 혁명"(Angrist and Pischke 2010)을 이끌어냈으며, 이것은 다시 "실증적 연구의 표준을 크게 향상시켰다"(Imbens 2009)고 주장한다. 실무자들과 이론가들 간의 논쟁은 아직도 계속 잘 진행되고 있다.

결론

계량경제학이 워낙 광범위하고 복잡한 분야라서 이 짧은 개론서에서 방법론적 문제에 대한 포괄적인 개론을 모두 제공하기는 어렵다. 그래서 나는 이 장에서 중요하고 살아 있으면서도 철학적으로 계보가 있는 하나의 문제, 즉 '경제현상에 대한 탐구는 본질적으로 귀납적으로 이루어져야 하는가 아니면 연역적으로 이루어져야 하는가?' 하는 문제에 초점을 맞추었다. 존 스튜어트 밀은 귀납 추론을 형식화하려고 모든 노력을 다했지만, 경제 세계가 너무 복잡하고 실험적으로 통제될 수 없다고 생각하여 일찍이 연역적 접근을 옹호했던 사람이다. 또 밀은 귀납적 탐구가 필수라고 생각하지도 않았다. 왜냐하면 경제학의 가장 기본적인 원리가 자신의 관점에서 이미 잘 이해되었기 때문이다. 예나 지금이나 밀의 "이론 우선"의 관점이 경제학을 지배해왔다. 그러나 이따금 귀납주의자들이 대안을 제시하고 방법론 논쟁에 이론가를 참여시켰다.

그런 논쟁의 선례로, 20세기 초에 소위 독일 역사학파와 오스트리아학파 멩거(Carl Menger) 사이에 벌어진 이른바 **방법론 대논쟁**(Methodenstreit)이 있다(Caldwell 2004: 1장). 구스타프 쉬몰러(Gustav Schmoller)를 비롯한 역사학파 경제학자들은 멩거로 대표되는 연역적인 주류에 대항하여 증거에 바탕을 둔 귀납적 경제 탐구모형에 대한 자신들의 시각을 방어하였다. 그러나 그들은 패배했다. 쉬몰러의 사상은 그의 제자 베블렌(T. Veblen)을 통해 미국 제도학파로 불리게 되는 미국의 경제학에 영향을 주었다. 한때는 보스턴에 있는 미국 국립경제연구국(NBER)이 제도학파의 근거지였다. 그로부터 거의 50년 뒤에 제도학자인 번스(A. Burns)와 미첼(W. C. Mitchell)은 경기변동 측정에 대한, 귀납적이면서 동시에 이론으로부터 비교적 자유로운 접근방식을 옹호하였다. 코프만스(T. Koopmans)는 초기의 방법론 대논쟁을 반영한 주장으로 그들을 비판했다. 그리고 "이론 없는 측정" 논쟁이 이어졌다(Koopmans 1947 참조). 사실상 그 제도학자들 전체가 실제로 지구상에서 소멸했다(당시 논쟁에 참여했던 미국 제도학자들이 모두 사라졌다는 의미. 지금은 구제도학파와 다른 관점에서 제도 분석을 하는 신제도학파가 존재한다.- 역자주). 오늘날 "대체로 해롭지 않은 계량경제학" 운동은 귀납적 접근방식을 대표하고, 그에 대한 비판자인 헤크먼(J. Heckman)과 디턴(A. Deaton)은 연역적 접근방식을 대표한다. 예언하건대, 후자가 한 번 더 승리할 것이고 새로운 귀납적 계량경제학파가 대략 50년 이내에 등장할 것이다.

연구 문제

1. 흄이 귀납적 일반화에 대해 회의적이었던 것은 옳았는가?
2. 밀은 경제학에서 귀납적 인과추론이 불가능하다고 생각했다. 여러분도 동의하는가?
3. 이 장에 제시된 도구변수의 특징은 표준적인 계량경제학의 설명방식과 다르다. 그것이 문제가 되는가?
4. 밀의 실무적 인간과 이론적 인간의 현대적 버전에 대해 어느 한 편을 들어보라. 여러분의 답을 정당화하라.
5. 계량경제학적 탐구에서 이론은 어떤 역할을 할 수 있고 또 해야 하는지 자신의 견해를 말해보라.

권장 도서

계량경제학의 역사에 대한 놀랍고도 철학적 정보를 잘 갖춘 저서가 Morgan 1990이다. 고전적인 논문이 많이 수록된 저서로는 Henry and Morgan 1995가 있다. Hoover의 2006의 방법론적 쟁점에 대한 개론은 내가 여기서 다룬 것보다 훨씬 더 종합적이다. Reiss 2005와 Reiss

2998a 7장은 도구변수에 대한 나의 인과적 해석을 변호한 것이다. 계량경제학의 인과관계에 대한 매우 세련된 논의는 Hoover 2001에서 발견할 수 있다. 그 책에서 Hoover는 Herbert Simon의 사상을 발전시킨다 (Simon 1953). Simon의 사상에 대한 다른 설명은 N. Cartwright 2007b 14장에서 발견할 수 있다. "실무자"와 "이론가" 간의 근래의 학술 교류는 *Journal of Economic Perspectives* 24: 2 (2010)과 *Journal of Economic Literature* 48: 2 (2010)에서 찾아볼 수 있다.

10장

실험

개요

좀 단순화해서 말하자면, 경제학에는 네 종류의 실험이 있다. 먼저, 거시경제학(6장 흄의 화폐 사고실험을 보라)과 미시경제학의 사고실험(7장 갈릴레이의 사고실험과 모형을 보라)이 있다. 사고실험은 현실 세계로부터 어떤 상황을 추상하고, 그것을 어느 정도 수준으로 단순화하고, 변인을 조작하며, 이상적 상황에서 일어날 것을 예측한다. 두 번째로, **자연실험**이 있다. 자연실험에서는 실험에 의한 조작이 없다. 오히려 실험자는 실험과 유사한 자연적 상황을 찾고 그것을 분석할 통계적 방법을 사용한다. 앞 장에서 우리는 계량경제학자의 도구변수 기법이 그런 효과를 위해 사용된다는 것을 보았다. 세 번째로, 최근에 개발경제학에서 유행하게 된 무작위 현장평가(randomized field evaluation)가 있다. 여기에는 피실험자가 두 그룹으로 나뉘어 제각각 다른 실험처지를 적용받는다. 처치는 그 결과가 두 그룹 간에 차이가 날 때 효과적이라고 판정된다. 이런 실험은 다음 장에서 살펴볼 것이다.

마지막 범주는 실험실 실험에 대한 것이다. 경제학이나 실험경제학에서 실험이라 하면 대개 실험실 실험을 일컫는다. 이것이 시작된 게 1950년대니까 비교적 최근의 현상이다. 무작위 실험을 제외하면 새로울 게 없다. 이 책은 여러 실험 유형들을 출현한 연대기 순으로 다룬다.

경제학에서 일반적으로 실험실 실험은 경제이론으로부터 이끌어낸 가설들을 특별히 준비된 교실이나 대학 환경을 의미하는 "실험실"에서 검증한다. 즉, (경제 모형의 이상화된 행동주체와 달리) **현실의 사람들**을 (행동주체들이 자신들의 거주지에서 관측된 무작위 현장평가와 달리) 인공적인 환경에 불러오며, (변수가 실험적 통제를 받지 않는 자연실험과 달리) 그들은 실험자에 의해 통제를 받게 된다. 이 장에서 내가 "실험" 또는 "경제적 실험"이라고 할 때에는 이런 종류의 통제된 실험실 실험을 의미한다.

실험이 경제이론의 가설을 검증한다고 했는데, 이는 초점이 너무 좁다. 어떤 전문가에 따르면 경제학자는 실험으로 최소한 세 가지 목적을 추구한다.

그는 그것을 은유적으로 다음과 같이 묘사한다(Roth 1986).

- 이론가들에게 말 걸기(공식적인 경제이론을 검증하고 수정하기)
- 사실 탐색("흥미를 끄는 현상과 중요한 기관에 대한 데이터를 수집한다")
- 왕자의 귀에 대고 속삭이기("정책을 입안하는 왕자에게 투입(input)을 제공함")

다음에서 나는 각각의 범주마다 한두 개 예를 들고, 경제학자들이 이런 유형의 실험 수행을 통해 알게 된 것 몇 가지를 기술할 것이다. 그럴 때 나는 한 걸음 물러나 일반적으로 경제적 실험이 안고 있는 몇 가지 방법론적인 문제를 검토할 것이다.

이론가들에게 말 걸기

실험경제학자들이 검토하는 두 가지 주요 이론이 있는데, 개인의 합리적 선택이론과 게임이론이 그것이다. 우리는 이미 3장, 4장에서 몇 가지 결과를 살펴보았다. 경제학자들과 경제학 방법론자들은 논문에서 리히텐슈타인과 슬로빅(Lichtenstein and Slovic)이 쓴 책(1971)에 있는 "선호역전"을 자주 인용하는데, 그것은 그 주제에 대한 전반적인 연구를 촉발하였다(예컨대, Hausman 1992a; Cox 2008). 그러나 그 당시 심리학에서는 이미 비이행적 선호라는 현상이 잘 알려져 있었다. 1950년대 초에 이루어진 일련의 발견들에 대한 반작용으로 수행된 어떤 실험장면이 다음과 같이 묘사되고 있다.

초보적인 심리학 코스를 밟고 있는 대학의 학부 남학생 47명에게 9개 자극으로 구성된 한 쌍의 비교 편성표를 제시했다. 우리의 자극은 소녀에 대한 언어적 묘사였다. 이 언어적 자극은 랜턴 슬라이드에 타이핑해서 슬라이드 프로젝터로 학생들에게 제시되었다. 각각의 소녀는 세 가지

형용사로 묘사되었다. 그들에 대한 언어적 묘사는 다음과 같다. (1) 평범한, 매우 멋진, 부유한 (2) 예쁜, 보통 멋진, 부유한 (3) 예쁜, 매우 멋진, 보통의 소득 (4) 예쁜, 멋진, 잘 사는 (5) 보통의 "외모", 멋진, 부유한 (6) 보통의 "외모", 매우 멋진, 잘 사는 (7) 아름다운, 멋진, 가난한 (8) 아름다운, 보통 멋진, 잘 사는 (9) 아름다운, 멋진, 보통의 소득. 각각의 자극은 각각의 다른 자극과 비교되어 총 36개의 비교가 있었다. 학생들은 비교되는 두 소녀 중에서 더 결혼하고 싶은 상대를 가리켜 보라는 요구를 받았다. 그 실험은 첫 프리젠테이션이 있은 6주 후에 같은 학생들을 대상으로 같은 자극을 사용하여 반복되었다.

학생들은 선택하는데 상당한 시간이 걸렸고, 신중하고 정직하게 선택하는 것처럼 보였다.

(Davis 1958: 29)

일련의 선호서열은 다음과 같이 3개 1조로 표시된다. [(9)〉(8); (8)〉(7); (9)〉(7)]은 이행적, [(9)〉(8); (8)〉(7); (9)〈(7)]은 비이행적 또는 순환적. 그 결과 두 차례의 프리젠테이션에서 3948개의 가능한 조가 있는데, 12%가 약간 넘는 487개가 비이행적, 22.8%의 선호가 1차에서 2차로 가면서 바뀌었고, 28개가 두 차례의 프리젠테이션에서 모두 순환적이었다. 우리는 학창시절에 "러브리스트" 짜기를 훨씬 잘 했을 거라고 생각되는데(4장 참조), 그것은 아마도 허구가 아닌 진짜 소녀들의 순위를 매겼기 때문일 것이다.

학생들이 데이트에 일차적 관심이 있었다면 몰라도 데이비스의 발견이 경제학자들의 우려를 자아낼 일은 아닐 것이다. 리히텐슈타인과 슬로빅은 1971년 선호역전에 관한 체계적이고 경제학적으로 유의미한 증거로 경제학자들의 주목을 끌었다(Grether and Plott 1979). 3장에서 보았듯이 그 선호역전 실험은 한 가지 이상의 해석이 가능하다. 왜냐하면 주어진 장면에서 일어난 역전이 비이행적 선호의 증거로 이해될 수도 있지만, 무엇보다도 개인들이 선택문제는 선택문제대로, 가격부여문제는 가격부여문제대로 각기 다르게 반응한 결과로 이해될 수도 있었다. 룸스 (G. Loomes), 스타머(C. Starmer), 서젠(R. Sugden)은 알려진 대안적 실험과 실험 결과를 대조할 의도로 설정된 실험방식을 제시했다(Looms et al. 1991). 구체적으로 말해서, 그들은 다음 두 가지를 입증하기 위해 설계된 실험을 실시했다. (a) 비이행적 선호가 (선택된 실험 절차의 가공물이 아닌) 진정한 현상이다. (b) 발견된 그런 종류의 비이행성은 다른 어떤 대안적 설명보다도 "후회이론"(기대효용이론에 대한 하나의 대안, Loomes and Sugden 1982)에 의해 더 잘 설명될 수 있다.

여기에 간단한 실험 설정이 있다. 룸스 등은 그림 10.1이 보여주는 바와 같이 20쌍의 선택문제를 구성했다.

그림 10.1 선택문제 예

	1...	...30	31...	...60	61...	...90
A	8파운드		8파운드		0파운드	
B	18파운드		0파운드		0파운드	
%	30		30		40	

출처: Looms et al. 1991: 434

피실험자들은 100개의 봉투가 든 상자에서 봉해진 봉투 하나를 집고 실험이 끝날 때까지 봉투를 개봉하지 않고 그대로 갖고 있으라는 요구를 받았다. 그 봉투는 1부터 100까지의 숫자가 적혀 있는데, 각각의 봉투는 하나의 숫자만 적혀 있고, 피실험자는 그 구성을 알지만 봉투에 어떤 숫자가 적혀 있는지 모른다. 또 피실험자는 실험이 끝날 때 20면의 주사위를 굴려 진짜로 문제가 결정된다는 것을 알고 있었다. 이를테면 그림 10.1로부터 질문이 선택된다면 실험자는 피실험자가 선택한 선택지를 확인하게 된다. 만약 그가 "A"를 선택했을 경우, 그 숫자가 1에서 30 사이면 8파운드를 받고, 31에서 60 사이면 같은 액수를 받으며, 61에서 100 사이면 아무것도 못 받는다. "B"를 선택했을 경우, 그 숫자가 1에서 30 사이면 18파운드를 받고, 다른 것이라면 아무것도 못 받는다. 200명의 피실험자가 그 실험에 참여했고, 무작위로 100명씩 두 개의 하위집단으로 나뉘어졌다. 두 하위집단은 약간 다른 선택문제를 받았다(주요한 차이점은 도박의 기댓값이었다). 실험을 시작할 때 피실험자들은 모두 20개의 선택문제와 실험 시 주의사항이 적힌 소책자를 받았다. 이렇게 해서 피실험자들은 답을 하기 전에 모든 문제를 볼 수 있었다.

놀랄 것도 없이, 룸스 등은 이행성 공리에 대한 체계적인 위반을 발견했다. 순환적(비이행적) 반응이 관측의 14~29%를 설명했다. 더 흥미로운 것은, 실질적으로 이행성 위반이 "예측 안 된" 것보다 "예측된" 것이 더 많았다는 사실이다. 이는 후회이론에는 부합하지만 사람들이 어떤 이유로든 빈번하게 실수를 할 수밖에 없다는 생각과는 부합하지 않았다(만약 위반이 실수 때문이었다면 모든 종류의 위반이 대체로 같은 확률이어야 한다).

3장에서 보았듯이, 만약 합리적 선택이론이 예측이론이나 설명이론으로 사용된다면 이행성 공리(를 비롯한 다른 공리들)에 대한 체계적인 위반의 증거는 매우 중요하다. 그 실험적 발견은 상당한 이론적 의미를 갖는다.

사실에 대한 탐색

게임이론도 당연히 "실험실에서" 검증된다. 최후통첩 게임을 실험에 적용하여 주목할 만한 결과가 나왔다(4장 그림 4.4 참조). 최후통첩 게임에서 제안자는 처음에 응답자와 나눌 수도 있고 그러지 않아도 되는 x달러의 금액을 받는다. 응답자는 제안에 대해 수용을 선택을 하면 제안자가 준 금액의 돈을 받게 되고, 거부를 선택하면 양쪽 모두 한 푼도 받지 못한다. 게임이론은 제안자는 되도록 작은 액수를 줄 것이고 응답자는 한 푼이라도 받으려고 할 것으로 예측했다.

유감스럽게도 실험에서는 예측과 다른 결과가 나왔다. 제안자들은 받은 돈에서 자기 쪽에 최대한 많이 가지려고 하지 않고 상당한 금액의 돈을 응답자한테 주었다. 선진국에서 전형적으로 평균 약 30~40%가 50:50의 몫을 공통적으로 제안했다. 작은 금액을 제안하면 거부되기 일쑤였다는 점은 주목할 만하다. 즉, 응답자들은 제안된 돈이 부당하다고 여겨지면 응징하는 듯한 모습을 보였다.

이런 것들은 실험적 "사실"—최후통첩 게임에서 제안자들은 평균적으로 전체 몫의 30~40%를 주며, 응답자들은 가끔 낮은 제안을 거부하기도 한다— 의 예들이다. 실험경제학이나 경제철학에서 "사실"이라는 개념은 표준화되지 않았다. 나는 실험경제학에서 말하는 "사실"이란 경제철학적 의미에서 일종의 현상, 즉 반복될 수 있고 주목할 만한 행동유형이라고 생각한다(2장과 8장 참조). 반복될 수 있다는 말은 여기에 보고된 사실들이 수많은 실험에서 재현되어왔고, 새로운 실험이 비슷한 조건에서 시행되면 언제든 재현될 수 있다는 것이 의심의 여지가 없다는 의미다. 주목할 만하다는 것은 사실들이 게임이론의 예측에 대한 위반이 된다는 의미에서 그렇다. 이제부터는 경제학자들에게 더 친숙한 "사실"이라는 개념 대신에 전문적인 과학철학 용어인 "현상"을 사용하기로 한다.

여담으로, 실험경제학이 현상을 탐구한다고 해도 매우 이론 중심적이라는 데 주목하자(Reiss 2008a: 5장). 이론영역 밖에서는 실험자가 준 돈을 다른 사람들과 반반씩 나누는 사람들이 많다고 해도 별로 이상할 게 없다. 오로지 게임이론 및 다른 가정들로부터 도출된 예측을 배경으로 할 때에만 그런 행동이 주목할 만한 것이 된다. 그런 현상은 이론적 예측의 위반을 구성하며 따라서 경제학자의 관점에서 볼 때 유의미하다.

기존의 규명된 현상에 대한 설명을 시도하는 과정에서 새로운 실험적 현상이 표면화되는 경우도 있다. 최후통첩 게임에서 균형을 벗어난 제안은, 이를테면, 낮은 금액을 제안하면 거부될지 모른다는 제안자의 두려움으로 설명될 수 있다(앞에서 보았듯이 이는 쓸데없는 두려움이 아니다). 이 가설을 검증하려면 관련된 게임, 즉 독재자 게임을 해볼 수 있다. 이 게임은 응답자가 선택권이 없다는 것을 제외하면 최후통첩 게임과 본질적으로 같다. 응답자는 낮은 제안을 거부할 수 없다 —여기서는 양쪽이 가질 금액을 제안자가 결정하니까 독재자다. 그러나 (선진국에서 한 실험적 검증에서) 독재자 게임에서도 제안자가 계속해서 돈을 준다. 제안금액이 기증받은 돈의 약 20%로 확실히 낮기는 하지만 게임이론가들이 예측한 것보다는 훨씬 높다. 50-50 분배도 계속해서 유의미했다. 그러므로 이것은 새로운 현상이다.

공공재(PG) 게임의 실험적 검증에서 다른 현상도 나타난다. PG 게임은 n명의 죄수의 딜레마다. n명의 게임 참가자들 각각은 같은 금액의 받은 돈에서 기부금 C_i를 낸다. 이제 전체 기부금은 인수 m을 곱하여 모든 참가자들에게 똑같이 분배된다. 각 참가자가 받게 되는 보수는 $m\sum C_i - C_i$가 된다. 만약 참가자가 자기가 받을 보수에만 신경을 쓰면 그들의 극대화 전략은 기부금을 안 내는 것, 즉 다른 사람들의 기부에 무임승차하는 것이다. 참가자들이 완전히 균형적이기 때문에 각자에게 같은 이유가 적용되어 결국 균형상태에서는 아무도 기부를 하지 않게 될 것이다.

하지만 이번에도 실험을 실시한 데서는 다른 일이 벌어졌다. 한 번으로 끝나는 단발성 PG 게임에서 피실험자들은 처음 받은 돈의 약 절반을 기부한다. 반복 게임에서 피실험자들은 처음에는 상당한 금액을 기부하지만 횟수가 거듭될수록 그 금액이 줄어든다. 이 사실은 "초과 기부와 기여율 하락"으로 알려지게 된다. PG 게임에서 얻은 결과는 그림 10.2에 나타나 있다.

그림 10.2 공공재 게임에서 "초과 기부와 기여율 하락"

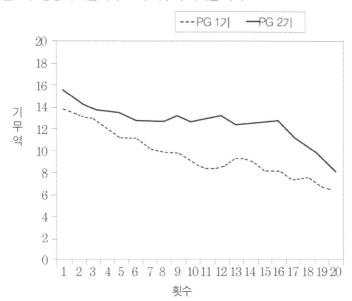

출처: Gaula and Burlando 2002

실험경제학에 나타나는 현상에서 주목할 점은 실험이 수행되는 바로 그 조건에 매우 민감한 경향이 있다는 사실이다. 실험조건의 어떤 변수도 결과변수에 영향을 줄 수 있다. 빈번하게 결과에 영향을 주는 중요한 요인들로는, 예컨대 "케이크"의 크기, 피실험자의 경험, 참가자가 가진 정보 및 그 정보가 참가자들에게 분배된 방식, 문화와 환경 등이 있다(상세한 것은 Reiss 2008a 5장 참조). 금전적 유인에 대해서는 아래에서 더 말할 것이다. 여기에서는 개발도상국에서 진행된 최후통첩 게임 실험의 다소 매혹적인 결과를 간단히 보고하도록 하겠다.

나는 위에서 선진국에서 했던 최후통첩 게임의 제안금액이 꽤 크다는 암시를 주었지만, 거기에서도 체계적인 차이가 있어서 실제로는 다소 오해의 소지가 있다. 예컨대 제안금액은 일본보다 미국에서 더 크고, 이스라엘보다 일본에서 더 크다(Roth 등 1991). 미국에서도 학생들이 노동자들보다 관대하다(Carpenter et al. 2005). 선진국을 벗어나면 변수가 증가한다. 학제적 연구집단에 의해 수행된 주목할 만한 연구는 5대륙, 12개 국가, 15개 소규모 사회에서 어느 정도로 사회·경제적 환경이 행동을 좌우하는가 하는 조사를 해왔다(Henrich 등 2001). 연구된 사회들 간에는 큰 문화적 변수가 있다. 예를 들어, 표본은 세 개의 수렵 사회, 여섯 개의 관습적인 화전농 문화, 네 개의 유목 집단, 세 개의 소규모 정착농 사회로 구성된다. 최후통첩 게임과 같은 게임에서 하는 행동은 문화적 차이에 따라 체계적으로 그리고 극적으로 공변하였다. 따라서 최후통첩 게임의 평균 제안금액에서 광범위한 차이를 보였는데, 그 범위는 4분의 1에서부터(예컨대, 탄자니아 하드자족 사이에서 높은 거부율로 27%) 절반이 넘는 것까지(예컨대, 인도네시아 라말레라족 사이에서 거의 0에 가까운 거부율로 58%) 걸쳐 있다. 중요한 것은, 이런 차이는 개인차보다는 집단적 수준의 경제적 조직 및 시장 통합의 정도에 의해 더 잘 설명될 수 있다는 점이다(Henrich et al. 2001: 부족민들이 시장에 노출될수록 공정함을 중시한다는 이런 결과는 논란을 불러 일으킨다-역자주). 표 10.1은 헨리히 등이 가장 중요한 결과를 요약해놓은 표 1을 그대로 실었다.

표 10.1 15개 소규모 사회에서의 최후통첩 게임

집단	국가	평균 제안[a]	최빈값[b]	거부율[c]	낮은 제안 거부율[d]
마치구엥가	페루	0.26	0.15/0.25(72)	0.048(1/21)	0.10(1/10)
하드자(대)	탄자니아	0.40	0.50(28)	0.19(5/26)	0.80(4/5)
하드자(소)	탄자니아	0.27(38)	0.20(8/29)	0.28(5/16)	0.31
찌마네	볼리비아	0.37	0.5/0.3/0.25(65)	0.00(0/70)	0.00(0/5)
퀴쿠아	에콰도르	0.27	0.25(47)	0.15(1/20)	0.50(1/2)
터르고드	몽골	0.35	0.25(30)	0.05(1/20)	0.00(0/1)
카자흐	몽골	0.36	0.25		
마푸체	칠레	0.34	0.50/0.33(46)	0.067(2/30)	0.2(2/10)
오	PNG*	0.43	0.3(33)	0.27(8/30)	1.00(1/1)
노	PNG	0.38	0.4(32)	0.4(10/25)	0.50(3/6)
상구 농부	탄자니아	0.41	0.50(35)	0.25(5/20)	1.00(1/1)
상구 목동	탄자니아	0.42	0.50(40)	0.05(1/20)	1.00(1/1)
비정착촌민	짐바브웨	0.41	0.50(56)	0.1(3/31)	0.33(2/5)
정착촌민	짐바브웨	0.45	0.50(70)	0.07(12/86)	0.57(4/7)
아추아르	에콰도르	0.42	0.50(36)	0.00(0/16)	0.00(0/1)
오르마	케냐	0.44	0.50(54)	0.04(2/56)	0.00(0/0)
아쩨	파라과이	0.51	0.50/0.40(75)	0.00(0/51)	0.00(0/8)
라말레라[e]	인도네시아	0.58	0.50(63)	0.00(3/8)	0.00(4/20)

* PNG = 파푸아뉴기니

a. 이 행은 각 사회에 대한 최후통첩 게임에서의 평균 제안을 (비율로) 보여준다.
b. 이 행은 가장 빈번한 제안을 피실험자의 퍼센티지(괄호 속)와 함께 보여준다.
c. 거부율(비율로)을 괄호 안에 주어진 실수와 함께 나타낸다.
d. 20% 내외의 제안에 대한 거부율을 괄호 안에 주어진 실수와 함께 나타낸다.
e. 실험자가 지급한 소액의 제안도 포함시켰다.

출처: Henrich et al. 2001: 74

왕자의 귀에 대고 속삭이기

내가 이 문제를 체계적으로 조사하지 않았지만, 미국연방통신위원회 (FCC)가 통신주파수대역 경매를 준비하는 과정에서 수행한 경제적 실험은 방법론에 대한 문헌에서 최고의 관심을 받았다는 사실을 말하는 것이 안전할 듯하다. 이런 실험이 그렇게 많은 관심을 받은 이유는 분명하고 직접적인 정책목표를 가졌기 때문이다. 경매는 통신주파수 사용 면허에 대한 여러 개의 할당 메커니즘 중 하나일 뿐이다. 행정적 처리나 추첨과 같은 대안들은 1970년대와 1980년대에 사용되었으나 문제투성이로 완전히 눈 밖에 난 상태였다. 그러나 경매라는 것도 나름대로의 문제가 있다. 한 가지 잘 알려진 예로는 "승자의 저주"가 일어날 가능성이다. 승자의 저주는 불완전한 정보를 가진 공통가치경매(common-value auction)에서 일어난다. 가령 다른 입찰자들이 경매물건의 가치에 대한 추정에서 평균적으로 정확하다고 가정하자. 그런데 최고가 입찰자가 경매의 승자이기 때문에 그 물건의 가치를 과대평가했을 가능성이 있다. 그래서 그 승자는 그 물건을 너무 높은 가격에 인수한다는 의미에서 "저주를 받는다".

경매의 규칙을 바꾸는 것은 승자의 저주와 같은 문제를 개선하는 데 도움이 될 수 있다. 가령, 최고가 입찰자가 승리에 필요한 최소한의 금액을 지불한다면(예컨대 두 번째 최고가 입찰금액 더하기 1원) 승자의 저주가 발생할 가능성은 줄어든다. 그래서 FCC의 과제는 의회가 설정한 목표와 일치하면서도 승자의 저주처럼 바람직하지 않은 현상을 야기하지 않고 효율적으로 면허를 할당하는 경매 설계를 찾는 것이었다.

경제학자들은 (가끔은 통신회사 컨설턴트로) 곧 그 단계에 착수했다 — "경매이론"은 무엇보다 중요한 응용경제학 분야 중 하나다. 초기에는 이론가들(예컨대, Paul Milgram, Robert Wilson, Preston McAfee)이 정부

예산의 극대화를 목표로 경매를 모형화하려고 했다. 그러나 FCC가 요구하는 정도로 복잡한 경매는 수학적 모형화가 어려웠다. 메커니즘을 개별적으로 모형화하는 것은 괜찮은데 경매 전체를 통째로 모형화하기는 어려웠다(Guala 2001). 다른 메카니즘들이 서로 상호작용하는 양상을 검토하기 위해 플롯(Charles Plott)이 이끄는, 칼텍(Caltech: 캘리포니아 공과대학교-역자주)에서 파견된 경제학자 집단이 일련의 실험을 수행했다. 1995년 4월 FCC는 선정된 경매구조를 발표했는데, 그것은 입찰자가 벌금을 내고 입찰을 취소할 수 있는 (고액면허를 위한) 동시다중오름방식이었다. 그것은 일정 부분 실험 결과를 바탕으로 내려진 결정이었다.

　FCC 경매와 같은 사례에서처럼 항상 왕자님이 존재하지는 않지만, 로드(Roth)의 이런 비유가 갖는 의미는 분명하다. 즉, 정책적 의사결정을 준비하고 지원하는 일이 경제 실험의 목표들 중 하나라는 것이다. 이 목표는 분명히 다른 두 가지와 차이가 있다. 한편으로는, 어떤 양식의 경매 메커니즘이 이론적으로 모형화될 수 없다면 실험을 통해 이런 메커니즘의 작동방식을 관측해도 이론적 예측의 검증을 목표로 하기 어렵다. 다른 한편으로는, 이런 "정책을 위한 시험대"(Plott 1997)는 확고한 사실 자체를 규명하는 데 목표를 두지 않는다. FCC 경매를 준비하는 과정에서 시행한 그 실험은 워낙 특수해서 애당초 그 결과가 이런 경매에 적합한 조건을 뛰어 넘어 다른 곳에서도 유효할 가능성은 없었다. 이 점은 뒤에서 다시 논의하게 될 것이다.

방법론적 쟁점

　이 세 가지 역할 각각에 있어서 실험은 얼마나 좋은가? 두 번째 역할("현상 규명하기")이 첫 번째("이론 검증하기")보다 우선한다는 말이 일리가 있다는 데 먼저 주목하자. 보겐-우드워드(Bogen-Woodward)의 데이터/현상 구분은 8장에서 이미 소개했다. 데이터는 관측 가능하지만 개별적인 실험 절차의 특수한 결과다. 현상은 관측 불가능하지만 체계적인 이론적(또는 과학적) 관심의 결과다. 가끔 데이터는 현상을 이끌어내는 데 믿을만하게 사용될 수 있으나 현상은 실험에서 자동적으로 튀어나오지 않는다. 그것은 대체로 훌륭한 실험 설계와 통계 분석을 요구하고, 실험 데이터로부터 현상을 추출하기 위해서 상당히 많은 해석과 이상화를 요구한다. 그러나 이론에 대한 검증은 데이터가 아닌 현상에 의거하여 이루어진다. 따라서 우리는 실험 결과가 실험에 의해 만들어진 인위적인 가공물이 아니라 진정한 현상이라는 것을 먼저 확인할 필요가 있다. 그런 다음 그런 실험을 이론 검증에 사용할 지, 아니면 이론의 강건성을 시험하고 설명을 모색하는데 사용할 지 등을 결정할 수 있다. 나는 아래에서 결론적으로 먼저 실험적 현상의 규명에 관한 일반적인 방법론적 쟁점을 검토하고, 다음으로 이론 검증을 둘러싼 쟁점에 대해 논의한 다음, 마지막으로 실험에서 얻은 지식을 어떻게 정책에 적합한 조건과 접목시킬 것인지 물을 것이다.

실험적 현상 규명하기

앞에서 나는, 경제학자들에게 과학적 관심을 끌거나 잠재적 이론적 관심을 끄는 현상들이, 마치 목초지에 핀 꽃처럼, 지나가는 경제학자들이 갖고 싶어서 따주기만 기다리며 주위에 널려 있지 않다고 말했다. 이것은 실험실 안의 상황에도 해당되는 말이다. 여러 가지 이유로 대부분의 경제적 실험은 컴퓨터 단말기에 있는 대학생들을 참가시키고, 실험적 "조작"은 스크린상의 지시를 통해 시행된다. 이런 실험의 관측 가능한 결과는 전형적으로 그림 10.3과 같은 긴 숫자의 행렬이다.

그림 10.3 경제 실험의 관측 가능한 결과

```
0:1:10:10:34:::1:2:20:0:38:::2:3:20:0:40:::3:4:3:
17:41:::4:1:20:0:24:::5:2:20:0:38:::6:3:20:
0:40:::7:4:3:17:41:::8:1:20:0:24:::9:2:15:5:43:::
10:3:20:0:40:::11:4:20:0:24:::12:1:0:20:44:::13:2:
20:0:38:::14:3:20:0:40:::15:4:20:0:24:::
```

출처: Guala 2005: 41

    그림 10.3처럼 실험 결과 나온 값이 과학적 관심을 끌만한 현상으로 해석될 수 있느냐 하는 것은 (실험 후의) **데이터 분석**과 아울러 (실험 전의) 실험 **설계**에도 달렸다.

    실험 전 단계에서는, 관심을 끄는 현상 이외의 다른 어떤 것에 의해서 데이터가 산출될 가능성을 최소화하도록 실험이 설계되어야 한다. 실험을 하다보면 자주 예상치 못했던 데서 차질이 생긴다는 것은 상식적인 일이다. 우선, 우리는 데이터가 오작동하는 소프트웨어 코드나 고장난 단말기의 결과가 아닌 피실험자의 투입(input)의 결과이길 바란다. 그래서 장비가 잘 작동하는지 미리 조사해보는 것이 좋다. 그리고 우리는 데이터가 피실험자 자신의 과제에 대한 **심사숙고**의 결과이길 바라지 다른 사람의 답을 베껴서 나온 결과이길 바라지 않는다. 그래서 피실험자들 사이를 칸막이로 차단한다. 나아가, 피실험자의 결정은 오류와 우연의 결과가 아닌 과제에 대한 심사숙고의 결과이어야 한다. 그래서 실험 시작 전에 매우 분명한 지시사항을 제공하고, 실험 중에는 생각할 시간을 주고, 가능한 한 스크린 상의 프롬프트가 또렷이 보이게 해주어야 한다.

    보겐과 우드워드는 이런 시도를 각각 "장비의 경험적 조사"(예: 소프트웨어 코드 확인, 단말기 점검)와 "가능한 교란요인의 통제"(예: 피실험자들끼리의 대화 억제, 분명한 지시사항 제공)라고 불렀다(Bogen and

Woodward 1988: Ⅵ절). 그 목적은 동일하다: 소음으로부터 신호를 분리하고 인공물로부터 현상을 분리하는 것이다.

설계된 실험이 완벽하다고 해서 과학적 관심을 끄는 현상이 즉각 드러나지는 않을 것이다. 앞에서 살펴본 바와 같이 실험의 설계가 잘 되었어도 산출되는 것은 현상이 아니라 데이터다. 따라서 실험 후 단계에서는 관심을 끄는 현상에 대한 추론을 이끌어내기 위해 데이터가 집계되고 (통계적으로) 분석된다. 예컨대, 과학적 관심의 대상은 피실험자 개개인의 결정이 아니라 그 **모집단**의 행동이다. 따라서 개별 피실험자들의 결정이 아닌 검정 모집단에 대한 평균이 계산되고 보고되는 경우가 많다. 게다가 조작의 효과가 탐구주제인 경우가 많아서 한 조건의 결과와 다른 조건의 결과 간의 **차이**가 관심을 끈다. 그러나 피실험자들 간의 우연한 변수가 주어지면 두 검증 모집단 결과의 평균들 간의 차이가 체계적이거나 아니면 우연에 기인할 수 있는데, 차이가 어디서 기인했는지 분간하기 위해 통계적 검증이 사용되기도 한다. 두 처치 간의 "통계적으로 유의한" 차이는 일반적으로 체계적이라고 해석하고 유의하지 않으면 우연에 기인한 것으로 해석한다. 가령, 그림 10.2에서 두 일정 간의 차이점은, PG 1기에서(아래 일정) 그 게임은 이질적인 참가자들(즉, 어떤 사람은 항상 다른 사람들의 기부에 무임승차하고, 어떤 사람은 항상 기부하고, 어떤 사람은 다른 사람이 기부할 때에 기부하는 등의 피실험자들로 집단이 구성되었다)이 함께 한 반면, PG 2기(위 일정)에서는 같은 유형의 사람들끼리만 게임을 하도록 했다는 데 있다. 저자들은 "두 번째 PG 게임의 평균 기부수준이 첫 번째 게임의 평균치보다 **유의하게 높다**"(Guala and Burlando 2002: 44; 강조 첨가)는 것을 관측하고, 그 모형은 "대표적 주체 모형들(representative-agent models)이 설명적인 깊이가 부족하고 협동을 유지할 중요한 메커니즘을 포착하는 데 실패할 것이기 때문에 이런 맥락에서는 제한된 유용성을 갖는다"고 추론해간다(Guala and Burlando 2005: 49). 주체의 이질성이 문제가 된다. 효과의 실재를 통계적 유의성으로부터 추론하는 것이 타당하다는 아주 흥미로운 이야기가 있지만 안타깝게도 그런 이야기는 이 책의 범위를 넘어선다.

근래의 과학실험에서 특히 사회과학, 생의학에 대한 문헌에서 방법론자들이 실험 결과의 "내적 타당성"이니 "외적 타당성"이니 하는 말을 자주 한다(예컨대, Guala 2005). 전자는 현상이라는 개념과 밀접한 관련이 있지만, 관심을 끄는 현상이 모종의 인과적 효과일 때 주로 사용된다. 우리도 부를란도와 구알라처럼 행위주체의 이질성이 공공재 게임에서의 기부수준에 체계적인 영향을 주는지 관심을 갖는다고 가정하자. 행동주체의 동질성이 기부수준에 미치는 (예컨대 크기 d의) 인과적 효과가 **실험 모집단**에 존재한다는 것을 실험결과가 정확하게 보여준다면(또 그럴 경우에만), 실험 결과 —이를테면 이질적인 집단과 동질적인 집단 간의 평균 기부금에서의 (크기 d의) 차이— 는 "내적으로 타당"하다고 말할 수 있다. (실험 결과의 내적 타당성은 어떤 현상의 존재를 암시한다). 인과적 효과가 **다른 모집단**에 존재한다는 것을 정확하게 나타낸다면 결과는 "외적으로 타당하다"고 말할 수 있다. 나는 이 장 뒷부분과 11장 이하의 그 주제에 관한 절에서 외적 타당성에 대해 더 많은 것을 논할 것이다.

경제학적 가설 검증

19세기 프랑스 물리학자 피에르 뒤앙(Pierre Duhem 1991 [1914])은 이론적 가설들은 개별적으로 검증되지 않고 오로지 실험 절차의 세세한 것들에 대한 보조적 가정들을 배경으로 해서만 검증된다고 주장했다. 이것은 경제실험에서도 틀림없는 사실이다. 가령, 사람들의 선호가 (합리적 선택이론이 가정하는 것처럼) 정말 이행적인지 검증하려고 하는데, 사람들이 어떤 실험에서 두 개의 명백히 등가인 과제들 간의 선택을 뒤집을 경우, 그 실험 결과가 이론적 가설을 자동적으로 부정하는 것은 아니다. 앞에서 보았듯이, 그 실험에 결함이 있었을 수도 있다. 그러나 비록 실험 결과가 특수한 실험 절차의 가공물이 아니라 진정한 현상이라고 합리적으로 확신할 수 있다 해도 그 결과가 곧바로 당면한 그 이론적 가설이 참/거짓임을 알려주지는 않는다. 오히려 실험적 현상은 대체로 하나 이상의 이론적 해석을 허용한다("증거에 의한 이론의 과소결정 underdetermination" 명제와 관련된 설명이다. 어떤 과학이론을 구성하는 가설은 그 층위가 대단히 복잡하고 많기 때문에 어떤 실험으로 그 이론과 다른 증거가 나와도 그것이 곧바로 모든 핵심 가설들을 부정하는 결과로 이어지지는 않는다는 내용이다—역자주).

우리는 위에서 이미 한 가지 예를 접했다. 어떤 실험에서 피실험자들이 한 쌍의 선택지 중 하나를 다른 선택지보다 높이 평가하다가 나중에는 다른 선택지를 자주 선택한다고 가정하자. 그런 실험 결과가 나왔다고 반드시 비이행적 선호를 가리키지는 않으며, 선호가 비이행적인 이유를 구체적으로 설명하는 것은 더더욱 아니다. 우선, 선호는 일정한 기간 동안 안정적이라고 가정해야 한다. 이것은 자주 가정되는 것이긴 해도 경제이론 그 자체의 일부는 아니고(3장 참조) 하나의 보조적인 가정이다. 여기에다 쟁점이 되고 있는 가정, 즉 가격부여과제와 선택과제 간의 유의미한 차이가 없다는 가정이 추가되어야 한다.

두 결정과제들 간의 차이가 유의미하냐 무의미하냐 하는 것은 이론틀 밖에서는 결정하기 어렵다. 종래의 기대효용가설(EUT)은 결정문제를 선택과제로 제시하든 가격부여과제로 제시하든 합리적 의사결정자에게는 아무런 차이가 없다는 사실을 함축한다는 게 일반적인 평가다. 따라서 (이 일련의 과제에서 드러난) 선호역전은 EUT에 위배된다. 1983년 슬로빅과 리히텐슈타인의 생각으로는, 선호역전이 정보처리효과의 결과이며, 가격부여과제에 동원된 심적 처리과정과 선택과제에 동원된 심적 처리과정이 다르기 때문에 일어난다.

따라서 역전현상에 대한 한 가지 설명으로는 사람들이 다른 결정상황에서 활성화되는 두 가지 다른 선호 집합을 갖고 있다는 것이다. 다른 설명으로는 실험절차에 뭔가 잘못이 있다는 것이다. 많은 선호역전 실험에서 피실험자들이 실험자에게 되팔 수 있는 복권이 주어지는 소위 베커-디그루-마르샥(Becker-DeGroot-Marschak: BDM) 유도절차가 사용된다. 만약 피실험자의 선호가 EUT의 공리를 만족하면 그들은 확실성 등가(certainty equivalent: 예상되는 기대효용과 동일한 수준의 확실한 금액-역자주)를 최소한의 판매가로 사용할 것이다. 역으로, 만약 독립성 공리가 성립하지 않으면 BDM절차는 참된 확실성 등가를 유도한다고 보장할 수 없다(Karni and Safra 1987). 이런 해석에 따르면 역전현상은 EUT와 충돌하지만 이행성 공리가 아니라 독립성 공리와 충돌한다.

그런데 다른 설명이 후회이론에 의해 제기된다. 후회이론은 불확실성하의 선택이론인데, 그레이엄 룸스와 로버트 서젠에 의해 개발되었다. 이 이론은 선택을 후회벡터(regret vector) 함수의 최소화로 모형화하는데, 이는 주어진 선택에 의해 빚어진 결과와 자연상태에서 달성될 수 있었을 최선의 결과 간의 차이로 정의된다. 선호순환은 후회이론의 함의(含意)다(Looms et al. 1991: 429-30).

따라서 선호역전 현상은 최소한 세 가지 이론적 해석과 일치한다. 이것은 가설검증에 대한 일반적 사실이다. 왜냐하면 이론적 가설은 독립적으로 검증되지 않으며, 보조적인 가정에 **모종의** 불확실성이 항상 존재하고, 실험적으로 규명된 현상과 이론적 가설 간의 명백한 갈등은 항상 한 가지 이상의 방식으로 ─ 검증하려는 가설에 대한 반박으로, 예측을 이끌어내는 가운데 제기된 이론적 주장에 대한 반박으로, 또는 실험 설정에 관한 가정의 위반으로— 해석될 수 있기 때문이다.

나는 위에서 1991년 룸스 등이 모든 대안적 설명을 배제할 목적으로 그들의 실험을 설계했다고 언급했다. 따라서 그들은 자신들의 실험이 선호역전이 진정한 현상임을 입증한다고 믿을 뿐 아니라, 그 특수한 결과가 피실험자들의 "가격부여 선호"와 "선택 선호" 간의 전환(switching)이나 유도절차가 안고 있는 문제에 의해서는 설명될 수 없다고 믿는다. 나는 여기에서 그들이 옳은지 여부를 논할 수는 없으나, 기껏해야 **알려진 대안적 설명만 배제**될 수 있다는 것은 명확하다(Guala 2005 참조). 알려진 설명과 다른 설명을 할 수 있을 가능성, 심지어 경험적으로 더 성공적인 다른 설명이 있을 가능성은 항상 존재한다.

(훌륭한) 실험은 그 결과를 입증한다는 말을 자주 듣는다. 어떤 의미에서는 이처럼 대중적인 지식도 맞다. 이론적 대안들의 가정된 배경에 의거하여 때때로 하나의 후보를 제외한 모든 것을 배제할 수 있는 실험 설계가 가능하다. 이런 형태의 추론을 **증명적 귀납**(demonstrative induction) 또는 **현상으로부터의 연역**(deduction from the phenomena)이라고 부른다(Worrall 2000). 이런 방법이 얼마나 강력한가 하는 것은 알려진 대안들이 다른 가능한 대안들이 들어설 여지를 없앤다는 것을 우리가 얼마나 확신할 수 있느냐에 달렸다. 경제학에서는 여기에 대해 너무 낙관하지 않는 것이 현명할 듯하다.

외적 타당성

"왕자의 귀에 속삭이기"가 목적일 경우에는 실험적으로 규명된 현상이 이론적으로 설명될 수 있는가 하는 것은 부차적인 문제다. 무엇보다 중요한 것은 실험적 지식이 정책개입을 보증할만한 그런 것이냐 하는 점이다. 흔히 그러하듯이, 실험적으로 규명된 현상은 변수 X와 Y 간의 인과관계이고, 정책입안자는 Y에 영향을 주려고 하므로, 문제는 X와 Y 간의 관계에 대한 실험에서 알아낸 것이 X가 개입할 때 Y에 일어날 일을 판단할 믿을만한 길잡이가 될 수 있느냐 하는 것이다. X는 경매설계에 따라 다른 값을 갖는 변수이고, Y는 정부 예산일 수 있다. 실험경제학자들은 어떤 경매설계가 실험실 조건에서 예산을 최대화하는지 검증할 수 있다. 그러나 그런 지식이 정부가 시행하는 실제 경매 현장에도 적용될 수 있을까?

회의론을 옹호할 몇 가지 이유가 있다. 우리는 앞에서 실험은 타당한 결과를 도출하기 위해 철저히 통제되어야 한다는 데 대해 살펴보았다. 하지만 실험이 환경을 통제하면 할수록 부자연스럽고 인공적으로 된다. 사람들이 인공적인 실험실 조건에서 하는 행동을 정책이 시행될 때에도 —그 당시에 널리 퍼진 어떤 조건에서도 — 똑같이 할까? 알렌 월리스(A. Wallis)와 밀턴 프리드먼은 그렇게 생각하지 않았다. 실험경제학이 아직은 경제학에서 적절하지 않다고 여겨질 때라서 다음과 같이 썼다(Wallis and Friedman 1942: 179-80). "그처럼 인공적인 실험실 상황에 있는 피실험자가 경제적인 상황에서 어떤 선택을 해야 할지 알 수 있을 것인지 의문이다. 그것을 모르면서도 그는 굳은 신념을 갖고 겉으로만 그럴싸하게 대답을 짜맞추지 않을 수 없다."

하나의 실험상황에서 다른 상황(하지만 이것이 정책상황이어야 할 필요는 없을 것이다)으로의 추론이 잘 이루어졌느냐 하는 판단의 문제는 "외적 타당성의 문제"로 알려져 왔다(Shadish et al. 2002; Guala 2005: 7장; Reiss 2008a: 5장; Steel 2008). 본질적으로 그 문제는 실험 결과를 어떤 조건 하에서 관심을 끄는 아직 관측 안 된 상황에 투사할 지 결정하는 문제다. 우리가 궁극적으로 알고 싶어하는 바로 그런 상황과 실험상황이 성질상 다분히 극적으로 다르기 때문에 이것은 진짜 문제다. 그 한 가지 이유는, 앞에서 말한 바대로, 실험통제는 실험상황을 어느 정도는 인공적으로 만들고, 사람들이 이런 인공적인 실험실에서 하는 행동과 더 "자연스러운" 정책상황에서 하는 행동이 다르기 때문이다. 여기에는 또 다른 이유가 있다. 대개 실험은 "모형"에 입각해서, 즉 궁극적 관심을 끄는 체계의 대리자 역할을 하는 대체체계에 입각해서 수행된다. 앞에서 언급한 대로 대부분의 경제실험은 피실험자로 대학생을 이용한다. 그러나 대학생에 특별히 관심을 가진 경제학자는 거의 없다. 대학생이 비용이 적게 들고, 쓸 만하며, 비교적 믿을만하다. 대학생을 이용하는 게 편해서 그렇지 인식론적으로는 하등 좋을 이유가 없다. 그래서 만약 대학생이 대리하는 표적 집단이 일반인이거나 "통신주파수 사용 면허를 사는 데 관심이 있는 기업 경영인들"과 같은 특수한 모집단이면 대학생들의 행동이 모집단과 차이가 날 가능성이 다분하다.

실험상황과 표적상황이 다르다 하자. 그렇다면 그 상황들은 **유의하게** 다른가? 그 차이라는 것이 실험으로 표적을 추론하는 것을 무효화할 잠재적 가능성이 있는 그런 것인가? 대부분의 경우, 당면한 구체적 사례를 두고 이런 질문에 답하기는 어렵다는 게 문제다. 우리가 아는 것이라곤 모든 인간이 어떤 측면에서는 비슷하고 다른 측면에서는 다르다는 것뿐이다. 우리는 "수중에서 사람의 머리를 5분 동안 잡고 있으면 사망을 초래한다"는 인과관계가 여태까지 관측되지 않은 새로운 인간 모집단에서도 여전히 성립하는지 알아보기 위해 굳이 후속 실험을 할 필요가 없다. 반면에, 경제실험에서 하는 사람들의 행동은 금전적 유인의 수준, 사회문화적 규범, 경험, 정보의 분배, 사회적 지위, 자산 등의 요인에 따라 다르다고 생각된다. 따라서 이런 요인들이 실험상황과 표적상황 간에 차이가 있을 때 실험 결과가 그대로 성립될지 예측하기 힘들다 —이것은 변함없는 진리다.

　외적 타당성은 어떤 과학 분야에나 다 해당되는 문제이기 때문에 근래에 과학철학에서 상당한 관심을 받아왔다. 특히 생물학과 생의학 실험에서 그런 문제에 부딪히는데, 그 이유는 이런 분야에서도 실험이 모형에 입각해서 이루어지기 때문이다. 어떤 물질이 어떤 동물들에게 유해(안전)하다고 여겨진다는 사실이 이를테면 인간에게도 유해(안전)하다고 믿을 합당한 이유가 될 수는 없다. 물질의 유해성이 동물마다 차이가 있고, 어떤 종이 인간에 대한 모형으로 가장 적합한지가 분명치 않다는 것이 인간에 대한 추론을 이끌어내려고 노력하는 연구자들에게는 난제다(Shanks and Greek 2009). 내가 살펴본 바로는, 과학철학자들이 개발한 해결책은 대체로 다음 네 가지, 즉 인과 메커니즘, 인과적 경향성, 공학, 현장실험에 기반을 둔다.

　인과 메커니즘에 의한 외적 타당성. 6장에서 보았듯이, 원인은 정상적으로는 시공간적 간극을 건너뛰어 그 결과에 영향을 주지 않는다. 오히려, C가 E를 야기할 때, 정상적으로는 C의 E에 대한 인과적 영향을 매개하는 어떤 메커니즘이 존재할 것이다. 메커니즘적 외적 타당성 이론은, 실험적 모집단 P_e에서 C가 메커니즘 M의 집합을 거쳐 E를 야기하고 M이 표적 모집단 P_t에서도 작용한다고 알려졌다면, C가 P_t에서 E를 야기한다고 추론할 수 있다는 합리적인 가설을 세운다. 이런 형식의 추론이 갖는 직접적인 문제는 그것이 전혀 정보가치가 없다는 데 있다. 왜냐하면 우리가 추론하기를 희망하는 것 ―C와 E 간의 인과관계― 이 우리가 애초에 가정해야 하는 것 ―C와 E 사이의 메커니즘― 으로부터 바로 뒤따라오기 때문이다. 즉, 만약 우리가 메커니즘 M이 표적 모집단에서 작용한다는 것을 안다면 다른 모집단에 대한 실험을 할 필요가 없다. 왜냐하면 인과관계가 이미 알려져 있기 때문이다. 이런 종류의 메커니즘적 추론을 보다 효과적인 추론전략으로 전환하기 위해 다니엘 스틸(D. Steel)은 부가적 가정을 한다(Steel 2008). 부가적 가정이란, 오로지 그 메커니즘의 적절한 단계에 있는 다운스트림(downstream) 차이만 문제가 된다는 것이다. 만약(이것은 스틸의 예다. Steel 2008: 90) 어떤 원인 C가 메커니즘 $C \to X \to Y \to A \to Z \to B \to E$를 거쳐 결과 E를 야기한다고 가정하자. A, B는 모형과 표적 속에서 유사할 가능성이 있는 지점을 나타내는 반면, X, Y, Z은 메커니즘이 달라질 가능성이 있는 지점을 나타낸다. 여기에서 업스트림(upstream)의 차이가 다운스트림에 차이를 야기할 수밖에 없다면, 메커니즘을 Z에서만 비교하면 된다. 이것은 표적에 있는 메커니즘에 대한, 추론에 필요한 정보의 양을 줄인다. 따라서 표적에 있는 메커니즘이 완전히 잘 이해되어도 실험으로부터 표적 모집단에로의 성공적인 추론이 종종 이루어진다.

이런 식의 메커니즘적 추론("비교적 과정추적comparative process tracing"이라 부른다)은 두 가지 조건을 충족할 때만 효과가 있다. 첫째, 실험적 현상에 영향을 주는 메커니즘을 잘 이해해야 한다. 위에서 보았듯이 실험적 현상에 대한 확실한 설명이 가능할 경우가 종종 있긴 하다. 하지만 성공 가능성이 너무 낮아 결국 그런 일은 거의 일어나지 않는다고 봐야 한다. 실험적 현상에 대한 설명과 관련하여 경제학자들 사이에 합의가 거의 없다는 사실이 그런 어려움을 말해준다. 선호역전이 그런 경우다. 대부분의 경제학자들이 그 현상 자체는 받아들이는 경향을 보이는 반면, 그에 대한 해석의 정확성과 관련해서는 참으로 의견이 분분하다(그런 예로 Cox 2008 참조). 만약 관심을 끄는 현상에 영향을 주는 메커니즘이 잘 이해되지 않는다면 메커니즘에 대한 지식으로 외적 타당성 여부를 평가하기 어렵다. 둘째, "왕자님의 귀에 대고 속삭이기"가 실험의 목표라면 정책의 대상이 되는 모집단에 광범위하게 작용하는 메커니즘에 영향을 주지 말아야 한다. 안 그러면 실험으로부터 정책상황으로의 성공적인 추정을 기대하기 어렵다. 최소한 로버트 루카스의 비판 이래, 경제학에서는 종종 또는 일반적으로, 정책이 관심을 끄는 현상에 작용하는 메커니즘을 변화시킨다는 사실(루카스의 합리적 기대가설과 관련된 설명 참조-역자주)을 이해하게 되었다(루카스는 비교적 과정추적에 대한 비판의 적절성을 논의한다. Lucas 1976; Steel 2008: 154-60 참조). 이런 것들이 외적 타당성의 메커니즘적 설명을 더 복잡하게 만들지만 그렇다고 이런 것들을 극복할 가망이 전혀 없다고 믿을 이유는 없다.

인과적 경향성에 의한 외적 타당성. 5장에서 알아보았듯이, 일부 경제학자와 철학자는 "C가 E를 야기한다"와 같은 인과적 주장에는, C의 작용을 방해하는 요인이 있음에도 불구하고 C가 E를 불러일으키는 **경향이 있다**는 의미가 내포되어 있다고 해석한다. 외적 타당성에 대한 낸시 카트라이트(N. Cartwright)의 설명은 인과에 대한 이런 이해를 바탕으로 이루어진다(예컨대 Cartwright 2009a, b). 그 기본 발상은 단순하다. 어떤 요인 C가 E를 초래하는 경향을 갖는다는 단언은 곧 인과관계가 어느 정도는 인과관계의 배경과는 독립적이라는 단언이다. 그러므로 만약 우리가 상황 X(예컨대 어떤 경험)에서 C가 E를 야기한다는 것을 안다면, 그리고 C가 E를 야기하는 안정적인 경향을 갖는다고 믿을 이유가 있다면, 상황 Y(예컨대 정책상황)에서 C가 E를 야기할 것이라고 추론할 수 있다. 예를 들어, 실험상황에서 특정한 경매 설계로 인해 예산이 극대화된다고 하자. 그러면 정책상황에서도 예산을 극대화하려고 할 것이며, 이럴 경우 이것은 그 경매설계가 정책에 긍정적인 영향을 줄 가능성을 의미한다.

여러 요인들이 결과에 영향을 주는 경향이 안정적이면 안정적일수록,

그리고 우리가 경향성에 대해 알면 알수록 경향성으로 설명하는 것이 외적 타당성의 판단에 도움을 준다. 증거의 제한성으로 미루어 볼 때, 현재로서는 실험경제학자들이 생각하는 대부분의 요인들이 안정적인 경향성을 갖고 있지 않는 듯하다. 오히려 이런 요인들이 "전체적으로" 작용한다. 즉, 이런 요인들이 하는 일은 그것들이 작용하는 무대인, 다른 요인들의 복잡한 배치에 좌우된다. 그런 맥락의 예는 위에서 들었다. 그러나 안정적인 경향성을 가진 요인들에 대한 증거가 부족한 데, 그 이유는 아마도 경제학자들이 열심히 찾아보지 않아서 그럴 것이다(나의 설명을 보려면, Reiss 2008b 참조). 불행하게도, 경향성을 확인할 기성의 방법은 없다(토론을 위해서라면 Reiss 2008b; N. Cartwright 2009a를 보라). 대부분의 인과추론 방법이 실험에서 어떤 요인이 다른 요인을 불러일으킨다는 것을 증명하면서도 그런 결과가 어느 정도로 실험의 특수한 설정에 의존하는지에 대해서는 침묵한다. 카트라이트(2009b)는 "C는 E를 야기한다"에서 "C는 E에 영향을 주는 안정적인 경향을 갖는다"로 추론하는 것은 **이론**의 바탕 위에서 가능해진다고 주장한다. 저명한 실험경제학자인 리스트(J. List)도 같은 논지를 내세운다(List 2007: 2). "진실로 이론은 하나의 환경으로부터 결과를 얻어서 그와 다른 환경에서 예측하는 데 도움을 주는 도구이며, 실험실의 일반화 가능성도 예외일 수 없다." 그러나 앞에서 살펴보았듯이, 이론은 실험경제학자들이 스스로 위험을 감수할 때에만 의지할만한 도구가 된다.

공학에 의한 외적 타당성. 이것은 실험이나 실험 결과로부터의 추론을 수정하기보다는 추론이 이루어지는 표적체계를 수정함으로써 외적 타당성을 구축하려는 시도다. 앞에서 본 바와 같이, 이론은 철저하게 통제된 조건에서만 검증될 수 없고, 실험을 철저히 통제하면 정책상황과 다르게 되어 버린다. 산이 모하메드에게 오지 않으면 모하메드가 산으로 가야 한다. 구알라(F. Guala)는 자신이 거둔 성공의 일부분을 설명하면서 이런 전략이 FCC 경매에 사용되었다고 주장한다(Guala 2005: 8장).

FCC 경매 사례에 있는 주된 과학적 문제는 메커니즘 설계 문제였다. 6장에서 메커니즘의 개념을 자세하게 논의했으나 여기에 관한 문헌은 이 개념을 전적으로 다르게 이해해왔다. 게임이론 분야의 하나인 메커니즘 설계("역게임이론 reverse game theory"이라고도 한다)에서 "메커니즘"이란 특정 목표와 성과를 달성하려는 목적을 가진 주체의 행동을 규율하는 규칙의 체계를 가리킨다. 메커니즘 설계의 목표는 (제도와 같은) 현존하는 현상을 분석하고 설명하는 것이 아니라, 어떤 바람직한 특성을 가진 새로운 제도에 대한 청사진을 만드는 것이다. 찰스 플롯(Plott)은 그것을 다음과 같이 설명한다.

> 설계는 운영 세부사항이 전혀 없는 메커니즘(수학적 모형, 이론체계)이 동기가 된다. 설계의 과제는 제도 체계 —개인적 표현, 정보 전달, 사회적 선택 등을 위한 규칙— 를, 다시 말해 메커니즘의 행동 특성을 반영하는 "과정"을 발견하는 것이다. 이론은 어떤 (바람직한) 방식으로 수행하는 과정의 존재를 시사하며, 과제는 그 과정을 발견하는 것이다. 이것이 제도 공학의 순수한 형태다.
>
> (Plott 1981: 134)

FCC 경매는 그런 공학적 제도였다. 미의회는 FCC에 경쟁입찰의 대안적 형태를 설계하고 검증해달라고 의뢰하였고, FCC는 경제이론가들과 실험가들에게 도움을 요청했다. 이론은 타당성 있는 후보 경매설계가 어떠해야 하는지에 대한 통찰을 줄 수 있을 것이다. 가령, "승자의 저주" 현상은 이론적으로 꽤 잘 이해되었고 이론은 그것을 피할 수 있는 방법에 대한 전략을 제공했다. 그러나 FCC가 요구한 경매는 너무 복잡해서 게임이론을 이용하여 그 전체를 모형화할 수 없었다. 실험경제학이 들어서는 지점이 바로 여기다. 대안 설계라는 활동이 실험적 수단에 의해 검증될 수 있었기 때문이다. 요는, 실험이 여러 가지 기본 설계들 사이의 차이뿐만 아니라 그 실행상의 세부적인 면을 이해하는 데에도 도움을 준다는 것이다.

FCC가 경매 설계에 대한 이런 이론적·실험적 이해로 무장되어 있었기 때문에 효율적인 결과가 나오도록 실제 주파수 면허 경매를 조직하는 법을 정확히 알았던 것이다. 뒤에 그 경매는 큰 성공으로 각광을 받았다(Cramton 1997). 정말로 그 경매는 1994년부터 1997년까지 정부예산에서 230억 달러의 수익을 창출했다.

따라서, 공학적 전략이란 제도를 가급적 실험적 조건에 가깝도록 만들라는 것이다. 메커니즘 설계는 명백히 매우 특수한 사례인데, 그 특성은 그것을 다르게는 "역게임이론"이라 하는 데서 드러난다(메커니즘 설계가 역게임이론으로 불리는 이유는, 주어진 게임의 규칙들로부터 어떻게 행동할지 묻는 게임이론과 반대로, 기대하는 행동을 이끌어내려면 어떻게 게임을 설계할지 묻기 때문이다—역자주). 현재 존재하는 현상이 분석되고 설명된다기보다는 이론과 경험으로부터 나온 권고를 따라서 새로운 현상(또는 제도)이 창조된다고 해야 한다. 이런 접근방법은 기껏해야 전자가 아닌 후자가 목표일 때에나 유효하다. 게다가 다른 문제가 있다. 경제이론의 안내를 받아, 경제학자들은 경매의 목표가 의회에 의해 설정되었다고 재해석했다(Reiss 2008a: 5장; Nik-Khah 2005: 5장). 경제이론은 그 목표가 효율성 개선이나 이윤 극대화일 때에나 유용하지, 목표가 다를 때(예컨대, 인권이나 고용 보장이 목표일 때—역자주)는 보통 그렇지 않다. 마지막으로, 그런 접근방식의 타당성은 제도가 실험을 유사하게 반영하는 정도에 달렸다. FCC 경매 사례가 여기에 해당된다고 생각되는데, 그렇지만 그럴 가능성을 보장하지는 못한다.

현장실험에 의한 외적 타당성. 존 리스트(J. List)와 그의 동료들은 현장실험이 실험실 결과의 외적 타당성을 분간하는 데 도움이 된다고 주장했다(Harrison and List 2004; Lavitt and List 2007; List 2007). 리스트는 다음과 같이 실험실 실험과 현장실험을 구분했다.

> 실험실 실험과 유사하게, 현장실험은 동질성 확보를 위해 무작위배정을 사용한다. 하지만 실험실 실험과 달리 현장실험은 주체가 관찰되는 **자연스러운 환경**에서 이루어지며, 주체가 시장에 들어가서 완수할 과제와 실험이 서로 잘 구분이 안 된다.
>
> (List 2007: 7; 원저의 강조)

해리슨과 리스트(2004)는 현장실험 유형 분류법을 제시했다. 그들은 이런 목적을 위해 실험의 종류를 기술하기 위한 다음 여섯 가지 특성을 제시했다. 피실험자 집단의 특성, 피실험자들이 주어진 작업 수행을 위해 활용하는 정보의 특성, 실험에 사용하는 재화의 특성, 실험에서 수행되는 거래규칙의 특성, 실험에 걸린 이해관계의 특성, 피실험자가 활동하는 환경의 특성. "인공적 현장실험"(AFE)은 피실험자 집단이 관심을 끄는 표적 모집단을 더 잘 대표한다는 점을 제외하면 실험실 실험과 매우 유사하다. 위에서 언급한 바와 같이, 대부분의 실험실 실험은 대학생을 피실험자로 이용하는데, 대학생의 행동은 시장참여자들이 하는 행동의 강력한 지표가 되기 어렵다. AFE는 사업가나 어부 또는 정책입안자들처럼 보다 "현실적인" 피실험자 집단을 이용한다. "틀을 갖춘 현장실험"(FFE)도 마찬가지로 철저하게 통제되지만, 피실험자들의 재화, 과제, 이해관계, 정보집합의 현장성(field context)을 이용한다. 토큰(실험 후 미리 결정된 교환비율로 현금화할 수 있을 수도, 없을 수도 있는 화폐단위)을 거래하지 않고 예컨대 현금을 주고 실물이 거래되며, 큰 이해관계가 걸려 있고, 정보의 분배가 더 현실적이다. 마지막으로, "자연적 현장실험"(NFE)은 환경을 실험실에서 현장으로 옮긴다. 즉, 피실험자는 대학 실험실이 아닌 자연적인 생활공간에서 관측된다. NFE와 자연적으로 발생하는 상황 간의 유일한 차이라면 피실험자들이 무작위적으로 (보통 자신도 모르게) 실험군과 대조군으로 나뉜다는 점이다.

리스트는 현장실험이 "실험실과 자연적으로 발생하는 데이터 간에 다리(bridge)"(이것이 List 2007의 제목이다)를 놓는다고 믿는다. 경제학자들은 현장실험을 사용하여 참으로 재미있는 관측을 해왔다. 여기에 몇 가지 예를 들겠다. 일단 그에 대한 소유권이 확정되면 사람들의 수용의사(WTA)와 그에 대한 지불의사(WTP) 간에 (정적인) 차이가 난다는 소위 "소유효과(endowment effect)"는, 다양한 실험적 조건에 걸쳐 존재하는, 신고전파 경제이론에 위배되는 실험적 현상이다(Kahneman 등1990). 그와 대조적으로, 리스트(2003, 2004)는 일련의 현장실험에서 시장 경험이 증가하면 개인의 행동이 신고전학파의 예측으로 수렴한다는 것을 입증해 보인다. 다른 예는 이타심, 공정성, 상호성, 불평등 기피와 같은 것을 표현하는 소위 "사회적 선호"와 관련이 있다. 사회적 선호 역시 수많은 실험실 상황에서 관측되어왔다(비록 그 결과가 일관되지는 않지만, Woodward 2009 참조). 리스트(2006)는 구매자들이 판매자들에게 가격을 제안하고, 대신 판매자들이 구매자들에게 제공할 재화의 질적 수준을 선택하는 여러 가지 종류의 현장실험을 실시하였다. 고품질의 재화들은 생산비용이 더 많이 들지만 구매자들에게는 더 가치가 있다. 이제 인공적이고 틀을 갖춘 현장실험 결과가 정(+)적으로 상관된 가격과 품질이라는 형태의 사회적 선호에 대한 증거라고 하는 실험실 실험을 재현한다. 그러나 피실험자가 시장에서 관찰되지만 그 사실을 인지하지 못하는 자연적인 현장실험에서는 가격과 품질 간의 강한 통계적 관계를 발견하기 어려웠다. 마지막으로, 다른 연구(Carpenter and Seki 2006)는 어느 일본 마을의 여러 유형의 어업 종사자들을 대상으로 한 공공재 실험에서 행동 재현을 시도했다. 여기서는 작업유형에 따라서 작업장에서 경쟁을 의식하며 일하는 사람들일수록 공공재에 유의하게 덜 기여한다는 것을 발견했다. 그런 결과가 실험실이나 인공적인 현장실험에서 나타나기는 어려울 것이다.

다리 비유가 강렬하긴 하지만 현장실험이 외적 타당성을 발견할 신뢰할만한 도구가 되려면, 우선은 각종 실험에 따라 달라지는 여러 요인들이 관심을 끄는 결과에 미치는 효과가 규칙적일수록, 실험을 통해 신뢰할 정도로 측정 가능할수록 좋다. 또, 되도록이면 애초부터 실험 결과가 인공적인 것으로부터 자유로워야 한다. 그리고 예컨대 시장 경험과 수용의사(WTA)-지불의사(WTP) 간에, 또는 경쟁심과 공공재에 대한 기여 간에 준선형적(quasi-linear)·안정적 관계가 있을 것이다. 이것으로 아직까지 관측되지 않은 요인-결과 조합을 예측할 수 있겠지만, 이것도 그 관계가 참으로 안정적이고 다른 요인들의 바로 그 배경에 의존하지 않을 경우에만 그렇게 된다. 전형적인 경제적 요인들이 그리 일정하게 움직이지 않는다는 것은 이미 인과적 경향성을 설명할 때 언급했다. 게다가, 실제 현장 상황에 다가갈수록 실험 결과가 실험군과 대조군에 미치는 교란요인으로 인해 무의미해질 가능성이 크다. 그 이유는 간단하다. 교란요인이 실험실 실험에서처럼 통제되기가 어렵기 때문이다.

결론

이 장에서는 현상을 규명하고, 경제이론을 검증하고, 정책을 제안하는 데 있어서 실험의 역할에 대해 살펴보았다. 실험은 과학적 탐구의 강력한 도구다. 그렇게 된 이유는 인과적 추론이 신뢰할만한 것이 되도록 배경적 요인들을 통제하기 때문이다. 그러나 그 신뢰성은 경제학자들이 궁극적으로 관심을 갖는 상황들 —"자연적" 시장상황이나 정책 상황처럼— 과 관련하여 비현실성이 증가하는 대가를 치르고 얻어진 것이다. 실험실로부터 궁극적으로 관심을 갖는 상황으로 추론을 이끌어내는 문제는 경제학자와 경제철학자에 의해 인지되고 있으며, 그들은 지금까지 몇 가지 해법을 개발해왔다. 이런 해법은 오직 제한적인 조건하에서만 "작동한다". 따라서 실험은 경제학자의 방법론 도구상자에 추가될 소중한 도구이긴 해도, 신뢰할만한 인과적 추론을 둘러싼 모든 문제를 해결할 만병통치약은 분명히 아니다.

연구 문제

1. 이 장은 경제학에서 실험이 하는 세 가지 역할에 대해 논한다. 생각나는 다른 역할을 말해보라.
2. 실험의 내적 타당성과 외적 타당성은 상충 관계(trade-off)라는 의견이 종종 제기된다. 이런 주장의 배후에는 무엇이 있는가? 여러분은 거기에 동의하는가?
3. 뒤앙 문제(Duhem's problem)가 시사하듯이, 현상에 대한 대안적인 설명이 항상 존재하는가?
4. 이 장은 외적 타당성의 문제를 다루는 네 가지 방법에 대해 살펴본다. 여러분은 어떤 접근방식이 가장 유망하다고 생각하는가? 여러분의 답변을 변호하라.
5. 실험경제학이 존재한다고 경제학이 "실험과학"이 되는가?

권장 도서

Guala 2005는 실험경제학에 관한 철학적 연구로는 권위 있는 자료다. 사회적 인식론(social epistemology)의 관점을 보려면 Santos 2010을 보라. Reiss 2008a 5장은 FCC 경매 사례와 경제학적 실험 일반에 대해 비판적으로 고찰한다. "실험경제학의 철학"의 매우 포괄적인 참고 문헌은 Francesco Guala의 다음 웹사이트에서 발견할 수 있다.

http://users.unimi.it/guala/MEE_Bibliography.htm

실험경제학에 대한 이런 모든 논의는 어떤 식으로든 소위 실험적 과학철학으로 이어지게 마련이다. 이는, 이전의 과학철학이 오로지 이론에만 초점을 맞춘 데서 벗어나 이제는 과학적 실천에 더 역점을 두는 방향으로 움직이는 것이다. Hacking 1983, Franklin 1986, Gooding et al. 1989는 실험적 과학철학에서 "고전"이다.

실험경제학의 연구에 대한 상세한 조사를 위해서는 Kegal and Roth 1997을 보라. 경제학자가 쓴, 실험적 방법론에 관한 더 최근의 책으로 Bardsley et al. 2010이 있다. FCC 경매도 다음 책들에서 논의되고 있다. Alexandrova 2006, Alexandrova and Northcott 2009, Callon and Muniesa 2007, Guala 2001, Nik—Khah 2005, 2006, 그리고 Mirowski and Nik—Khah 2007.

철학자의 관점에서 쓴 유의성 검정에 대한 초보적인 입문으로는 Hacking 1999 18장을 보라. 유의성 검정을 수행하는 바탕이 되는 통계학 학파에 대한 비판적 논의를 보려면 Royall 1997 2~3장을 참고하라.

11장

증거기반 정책

개요

증거에 기초한 정책은 현재 매우 영향력이 큰 운동이다. 본래는 영국, 미국을 비롯한 여러 나라들(주로 앵글로 색슨)의 의료 분야에서 일어났지만, 정책과 실천의 개발과 개선, 그에 대한 정보 제공을 위해 증거를 사용하는 추세가 증가하고 있다. 연구 · 분석이 정책과 실천에 대한 정보 제공방식을 개선하려는 이런 움직임은 증거를 바탕으로 한 건강과 사회적 돌봄을 비롯하여, 증거를 바탕으로 한 주거정책, 교통정책, 교육정책, 형사정책과 같은 보다 폭넓은 영역에서 감지된다.

정책 입안에서 증거기반 접근의 한 예는 영국의 슈어 스타트 프로그램 (Sure Start program)이다. 2001년에 시작된 그 프로그램의 목적은 아동과 가족들에게 아동 돌봄, 건강, 교육적 지원 등을 제공함으로써 빈곤의 악순환을 끊는 데 있다. 그 프로그램은 처음부터 증거에 바탕을 두었으며, 어떤 접근법으로 얼마나 일찍 개입하면 가장 효과적인지 알아보는 제반 연구성과에 대해 집중적으로 평가하는 방식을 사용하였다. 그 집행과 지속적인 성과평가 및 개선책 역시 증거에 바탕을 두었다. 영국의 다른 유명한 사례로는 국립임상평가연구소(NICE)가 국립보건소(NHS)에 제공한 특정한 처치에 관한 규범적 지침이다. 이 지침은 여러 가지 처치의 효과와 비용효과에 대한 심사에 바탕을 둔다.

미국에서는 교육부가 교육정책과 실천에 관한 증거기반 접근법을 촉진하는 데 적극 관여한다. 교육과학원은 2002년 "교육자, 정책입안자, 연구원 및 대중에게 교육효과에 대한 집중적이고 믿을만한 과학적 증거를 제공하는" "교육효과 정보센터(What Works Clearinghouse)"를 창설하였다. 나아가, 2005년 교육부는 증거기반 정책연합(CEBP)이 제안한 보조금 집행과정에 무작위 평가를 우선시하는 권고안을 공표했다.

그런 안의 시행과 관련하여 가장 눈길을 끄는 것은 미국의 낙제학생방지법(No Child Left Behind)이다. 증거기반 정책연합은 그것을 다음과 같이 기술하고 있다.

낙제학생방지법과, 연방기금이 "과학적 방법에 기초한 연구"에 의해 뒷받침된 교육활동을 지원해야 한다는 그 핵심 원칙은 바야흐로 초중등 교육에 증거로 추진되고 빠른 진보를 가져다줄 기회를 제공하게 되었다. 교육현장에서는 우수반 편성과 유급제와 같은 수많은 조치가 엄격한 증거와는 별 상관없이 그냥 유행처럼 나타났다가 사라진다. 그 결과, 국가교육성취도평가원(National Assessement of Educational Progress)에 의하면 학생당 실질적인 공교육 지출이 90% 증가했음에도 불구하고 30여년이 지나도록 초중등학교 학생들의 학업 성취에 아무런 진전이 없었다. 지난 몇 십 년간 학력에 대한 우리나라의 이례적인 무능력은, 이 보고서에서 논의한 바와 같이 의료분야의 증거기반 정부정책의 결과인 건강 증진의 괄목할만한 진보와 너무나 대조적이다.

(CEBP 2002: iii)

사회정책이 근래 몇 년간 "과학기반 연구"에 주력하는 유일한 분야는 아니다. 다른 주요 분야는 개발경제학이다. 이 분야의 증거기반 접근 옹호자들은 "세계적 가난과 싸우는 방법상의 근본적인 재고"(Banerjee & Duplo 2011, Poor Economics의 부제)와 "원조 살리기"(Banerjee 2007의 제목)에 대한 첨단 접근방식을 요구한다.

사회적 개발·구호정책과 관련한 참신한 사고가 요구된다는 데에는 의심의 여지가 없다. 양쪽 분야에서 "무엇이 효과적인가"에 대한 우리의 지식은 안타까울 정도다. 개발과 관련하여 앵거스 디턴(Angus Deaton: 소비자행동 모형을 연구하여 노벨 경제학상 수상)은 그 상황을 다음과 같이 표현한다(Deaton 2010a: 425). "실제로 효과가 있는 것과 효과가 없는 것에 대해 나는 별로 말할 것이 없다. ─그러나[그러니까?] 말 그대로 우리는 알지 못한다는 게 분명하다."

더군다나, 우리의 정책이 "증거를 바탕으로 해야" 한다는 주장이 결코 나쁜 생각이 아닌 듯하다. 여러분에게 사회과학의 새로운 동향에 대해 말하는 사람을 상상해보라. 만약 그 사람이 그런 동향을 지지한다면 사회정책이 보다 더 "신앙기반 접근방식"이나 "스토리 텔링기반 해외원조 정책"을 지향할 필요성을 요구할 때 그의 입장에서는 증거기반 정책을 옹호하는 것이 수사적(rhetorical) 이득이 된다.

이 운동이 새로 시작되고 혁신을 일으킬 때 그 수사의 이면을 보면 정책이 단순히 증거만을 요구하는 것이 아니라 무작위 통제실험(randomized controlled trials: RCT)이라는 어떤 특별한 증거를 요구한다는 것을 알게 된다. 무작위 배정(randomization)이 필요한가 아니면 일반적인 의미에서 유용한가 하는 논쟁은 1980년대로 거슬러 올라간다. 지금처럼 그 당시에도 RCT의 지지자와 반대자들이 무작위 배정의 장단점을 둘러싸고 논쟁을 벌였다.

이 장에서 나는 먼저 증거기반 정책을 소개하고, 그것이 어떻게 의학에서 일어났는지, 다음으로 RCT가 무엇이며, 인과추론을 할 때 왜 그것이 매우 신뢰할만한 도구인지 보여줄 것이다. 그리고 마지막으로 비판자들이 그에 대해 지적한 결점들을 논의할 것이다. 나는 정책 제안을 수립하는 이론의 역할과 관련된 하나의 딜레마로 이 장을 마무리할 것이다.

증거기반 정책이란 무엇인가?

증거기반 정책 운동은 전문지식 및 민속·전통과 같은 관련 지식의 근원에 대해 과신하고 있다는 인식의 반작용으로 이해될 수 있다. 그 운동의 지지자들이 볼 때 이런 신뢰할 수 없는 실천의 길잡이는 엄밀하게 규명된 과학적 증거에 의해 대체되어야 했다. 그리고 많은 사람들이 RCT를 증거의 "최적 표준"으로 생각한다. 그 운동은 전문가들이 1990년 대 초에 새로운 패러다임의 시작을 선언했던 의학에서 가장 먼저 두각을 나타냈다. 다음은 증거기반 의학연구단(Evidence-Based Medicine Working Group)에 의한 첫 번째 공식 표현의 하나이다.

증거기반 의학은 임상적 결정을 위한 충분한 근거로서 직관, 비체계적

임상경험, 병리생리학적 근거를 덜 강조하고, 임상적 연구로부터 얻은 증거 조사를 강조한다.

(Guyart et al. 1992: 2420)

그 규범적인 진술은 사케트(Sackett) 등에 의해 널리 인용된 한 기사에서 유래한다.

증거기반 의학은 개별 환자들의 돌봄에 대해 결정할 때 현재로선 최상의 증거를 양심적이고 명시적이고 사려 깊게 사용한다. 그것은 개별적인 임상적 전문 지식을 체계적인 연구에서 얻은 입수 가능한 외적 임상증거와 통합하는 것을 의미한다.

(Sackett et al. 1996: 71)

증거기반 의학은 "부드러운(soft)" 증거인 직관, 임상경험, 생물학적 메커니즘에 대한 지식과 같은 것을 경시하고, "단단한(hard)" 증거인 체계적인 임상 연구를 강조함으로써 혁신된 의학연구라고 생각된다.

경제학과 여타 사회과학에서 증거기반 접근의 지지자들은 RCT가 해야 하는 특수한 역할을 옹호할 때 이런 (소위) 의학의 성공담에 호소하곤 한다. 그 운동의 주요 인물들 중 한 사람인 MIT의 경제학자 에스더 듀플로(Esther Duplo)는 예컨대 다음과 같이 말한다. "엄격한 무작위 평가가 촉진·고양되고 재정지원을 받는 문화의 창조는 무작위 실험이 20세기 동안 의학을 혁신했듯이, 21세기 동안 사회정책을 혁신할 잠재력을 갖고 있다"(Duplo et al. 2004: 28).

증거기반 접근방식은 현재 인기를 얻고 있다. 개발경제학 분야는 물론이고 사회공공정책에서도 미국과 많은 다른 국가들, 대부분의 앵글로색슨 국가들에서 RCT는 다음과 같은 다양한 연구들 —TV가 범죄 감시에 미치는 효과, 학급규모가 학업성적에 미치는 효과, 인지행동적 치료가 반사회적 행동에 미치는 효과, 신병교정훈련소가 범행에 미치는 효과, 구충프로그램이 학교에 가려는 효과적인 유인을 제공하는지에 대한 연구 등 다수─ 을 수행해 왔다.

"증거"의 여러 정의들 중 하나는 "신념의 바탕이 되는, 증명하는 경향이 있는 어떤 것"(예컨대, *Webster's New World Dictionary*, 2nd Colledge Edition, "증거"에서 세 번째 표제어)이다. 엄격히 말해서 정책은, 그것이 직관, 경험, 계량 경제학적 모형, 이론, 실험실 (동물, 체외) 실험에 바탕을 두거나 무작위 통제실험에 바탕을 두면 증거기반이라고 부를 수 있다. 전통적인 접근방식과 근래의 증거기반 접근방식 간의 주요 차이점은 증거나 증거 산출 방법을 조직화하여 위계화한다는 데 있다.

그림 11.1은 영국 국립임상평가연구소(NICE)의 임상 지침에서 가져왔는데, 이것은 그런 증거수준, 그와 결부된 권고 등급의 위계에 대한 예를 보여준다.

RCT와 그에 대한 체계적인 검토만이 최고 증거범주에 들어간다. 관측 연구는 두 번째 낮은 범주로, 전문가 판단은 가장 낮은 범주로 표시된다. 본질적으로 생물학적 메커니즘을 의미하는 "병리생리학적 근거"에 대한 지식은 여기에 나타나지도 않는다(사실상 이론도 마찬가지다. 하지만 이런 특수한 "증거의 위계"는 생물학적 연구에 적용하기 위한 것이다. 대부분의 의학 분야에서 경제이론과 같은 이론이 정말로 하나도 없다. 현재 의학에서 "진화의학"이라고 하는 새로운 발전이 있고 진화론도 하나의 이론이지만, 아직 그것은 증거기반 의학의 관심권 내에 들어가지 못하지 않았나 하는 생각이 든다.)

이것은 인과적 주장을 평가하는 의학에서의 전통적인 사고방식과 극명하게 대비된다. 전통적으로 오스틴 브래포드 힐(Austin Bradford Hill)의 기준이 중요한 역할을 했다(Hill 1965).

그림 11.1 등급부여 방식 및 증거 위계

권고 등급	증거
A	직접적으로 범주 I 의 증거에 바탕을 둠
B	직접적으로 다음에 바탕을 둠 • 범주 II 의 증거, 또는 • 범주 I 의 증거로부터 추정된 권고
C	직접적으로 다음에 바탕을 둠 • 범주 III 의 증거, 또는 • 범주 I 또는 II 의 증거로부터 추정된 권고
D	직접적으로 다음에 바탕을 둠 • 범주 IV 의 증거, 또는 • 범주 I, II 또는 III 의 증거로부터 추정된 권고
양호한 실습점수	지침 개발 집단의 견해
NICE 2002	NICE 기술평가로부터 받아들인 권고

증거 범주	출처
I a	무작위 통제실험에 대한 체계적인 검토 및 메타분석
I b	최소한 하나의 무작위 통제실험
II a	최소한 하나의 무작위 아닌 잘 설계된 통제실험
II b	최소한 하나의 다른 유형의 잘 설계된 준 실험적 연구
III	비교연구, 상관관계연구 또는 사례연구와 같은 잘 설계된 비실험적 기술적 연구들
IV	전문가위원회 보고서 또는 존경받는 권위자들의 의견 또는 임상적 경험

Eccles M, Mason J(2001) How to develop cost-conscious guidelines. Health Technology Assessment 5(16)로부터 각색

- **강도(strength)**: 연관성이 크면 클수록 인과관계의 가능성이 크지만 연관성이 작다고 해서 인과관계가 없음을 의미하지는 않는다.
- **일관성(consistency)**: 다른 사람들에 의해 다른 장소에서 다른 샘플을 가지고 관측된 지속적인 발견은 어떤 결과의 가능성을 강화한다.
- **특이성(specificity)**: 어떤 특이한 국면의 매우 특이한 모집단과, 다른 설명의 여지가 없는 질병이 있다면 인과관계일 가능성이 있다. 어떤 요인과 결과 간의 연관성이 특이할수록 인과관계일 가능성이 크다.
- **시간성(temporality)**: 결과는 원인 뒤에 일어나야 한다(그리고 그 원인과 예상했던 결과 간의 지연이 예상했던 것이면 결과는 그 지연 뒤에 일어나야 한다).
- **생물학적 기울기(biological gradient)**: 더 많은 노출은 일반적으로 더 많은 결과의 발생 빈도를 낳는다. 그러나 어떤 경우에는 그 요인이 있다는 것만으로 결과를 촉발할 수 있다. 다른 경우에는 노출이 많을수록 발생빈도가 낮아지는 반비례의 결과가 관측되기도 한다.
- **개연성(plausibility)**: 원인과 결과의 중간에서 그 둘을 이치에 맞게 연결해주는 메커니즘은 도움이 된다.
- **정합성(coherence)**: 병리생리학적 발견과 실험실 발견 간의 정합성은 결과일 개연성을 높여준다.
- **실험(experiment)**: 경우에 따라서는 실험적 증거에 호소할 수도 있다.
- **유사성(analogy)**: 유사한 요인들의 결과가 고려될 수 있다.

인과 주장을 평가하기 위한 힐의 기준에서 두 가지는 주목할 만하다. 첫째, 힐 자신은 이런 기준들 중 단 하나도 인과관계를 결정하는 데 필수적이라고 —또 그 전체 집합이나 부분 집합이 충분하다고— 생각하지 않았다. "나의 아홉 가지 기준의 어느 것도 인과적 가정에 유·불리한 명백한 증거를 가져올 수 없으며, 그것들이 **필수요소로서 요구될 수도 없다**"(Hill 1965: 11; 그의 강조). 다이아몬드의 선명도나 캐럿, 색깔, 컷(cut)과 같은 것들이 다이아몬드의 질을 평가하는 차원인 것처럼, 위의 기준들은 인과 주장의 질을 평가하는 차원과 같은 것으로 이해되어야 한다. 둘째, 실험적 증거는 여러 유형들 중에서 한 가지 유형일 뿐인 것으로, 그리고 명시적으로 "우발적 가능성"으로 언급된다. 우리는 여기로 다시 돌아올 것이다.

증거기반 의학은 지금까지 지배적이었던 힐의 증거에 대한 견해와 상당히 다르다. 증거기반 의학이 명시적인 증거의 개념은 물론이고 증거가 무엇인지에 대한 설명도 제시하지 않지만, 다른 방법이 질적으로 다른 증거를 낳으며 RCT가 다른 어떤 방법보다 더 양질의 증거를 ─맥락, 검증 중인 가설, 탐구 목적 등과 무관하게─ 산출한다는 데 합의하고 있다.

나는 증거기반 의학에 대해 말하는 데 꽤 많은 시간을 할애했다. 왜냐하면 증거기반 접근방식이 증거에 대한 이런 이해를 공유하고 사실상 의학에서 알려진 성공에 기반을 두려고 노력하기 때문이다. 이제, 증거기반 무작위 실험의 핵심에 대해 알아보자.

RCT란 무엇이며, 그 장점은 무엇인가?

RCT에서는 글을 읽고 쓸 줄 아는 피실험자들이 무작위 숫자생성기를 이용하여 두 집단으로 나누어진다. 무작위 배정은 통계적 관점에서 "교환 가능한", 즉 처치효과를 평가하는 데 적합한 모든 측면에서 동일한 두 집단을 만드는 데 목표를 둔다(R. Fisher 1935참조). 한 집단은 실험 처치를 하고, 다른 집단은 대조군의 역할을 맡는다(처치를 받지 않고 남겨지거나, 다른 처치를 받거나, 플라시보를 받기도 한다). 이중맹검법 (double-blind trial)에서는 참가하는 피실험자들 뿐 아니라 실험 관리자들도 어떤 것이 실험군이고 어떤 것이 대조군인지 모른다. 그리고 데이터를 분석하는 통계학자와 여타 연구원들 역시 맹검화된다.

RCT는 밀(Mill)의 차이법(9장 참조)을 확률론적으로 변형한 것을 실행하는 데 목표를 둔다. 그 방법은 관심을 끄는 어떤 요소 —경우에 따라서는 더 뒤의 요소(이 경우에는 결과)— 를 제외하고는 완전히 동일한 두 상황을 비교한다고 했던 것을 상기하자. RCT에서 관심을 끄는 요인은 처치다 —활동 약제나 침대 모기장, 사회정책 또는 여러분이 갖고 있는 것들과 같은 것을 받는다. 만약 처치가 다른 결과를 낳는 차이를 보이면 그 처치는 효과적이라고 판정된다. 생의학과 사회과학에서는 모든 유의미한 요인들과 관련하여 완전히 똑같은 두 상황을 발견할 가능성은 희박하다. 따라서 RCT가 목표로 하는 바는, 결과와 인과적으로 연관된 모든 요인들의 **확률분포**가 동일한 그런 두 상황을 비교하는 것이다.

사회과학의 증거기반 운동에서 RCT는 증거의 최적 표준으로 인식되고 있다. 왜냐하면 RCT가 성공적으로 시행되면 인과적 주장에 대한 매우 믿을 만한 증거의 원천이 되기 때문이다. RCT가 성공적으로 시행되면 다른 모든 인과적 요인들이 두 집단 간에 동일하게 분포되어 있을 때 실험군과 대조군 간의 결과의 차이가 그 처치에 귀인(歸因)될 수 있기 때문에 교란 문제가 해결된다.

근래에 RCT가 경제학 및 여타 사회과학에서 지지를 받아온 다른 이유가 있다. 표준적인 계량경제학적 방법은 상당한 배경지식을 요구한다. 표준적인 회귀분석이 여기에 해당된다. 이를테면 종속변수에서 독립변수로 역(逆)인과관계가 있을 때나 종속변수와 독립변수 모두에 영향을 미치는 요인들이 모형화되지 않을 때에는 이것이 유효하지 않다. 이는 결국 인과에 대한 많은 배경지식을 요한다는 의미다. 이는 도구변수(그 특성에 관해서는 9장을 참조하라)에서, 그리고 특히 계량경제학에 대한 구조적 (이론 중심적) 접근방법에서도 마찬가지로 그러하다.

계량경제학자들끼리도 서로의 동일성(identification) 가정을 믿지 못하는 경우가 있다. 개발경제학의 성장회귀에 관한 문헌에 그런 상황이 다음과 같이 서술되어 있다.

> (자주 "유의미"하다고 판명되는) 새로운 "성장의 열쇠"("유의미"할 때도 있다)에 대한 끊임없는 요구와 엄청난 데이터 마이닝(data mining)으로 얻은 일견 당연한 명성과 함께, 국가 간 성장회귀에 관한 문헌의 신뢰성이 떨어지면서 [특별한 개발원조정책을 위한] 대대적인 지원을 둘러싼 비관주의가 강화되었다. 이스틀리(Eastly)의 바너지(Banerjee)에 대한 논평이 언급하듯이[Eastly 2009], 유의미한 우변(RHS) 결정 요인이라고 주장된 변수의 수가 145개에 달한다. 이 수치도 실제보다 적게 계산된 것이다. 연구자들은 마음대로 갖고 놀 게 목록에 잔뜩 있어서 유의미한 결과에 아주 수월하게 도달할 수 있다는 걸 알게 되었고, 무작위성에서 규칙을 발견하는 걸 가능케 하는 풍부한 휴리스틱 편향을 이용하여 유의미한 결과는 "올바른" 세목(細目)에서, (보통 보고 안 되는) 그렇지 않은 것들은 "틀린" 세목에서 비롯되었다고 자신했다.
>
> (Cohen and Easterly 2009: 3: 각주 감춤)

RCT는 "믿을 수 없는" 배경 가정을 요구하지 않기 때문에 이런 측면에서 다루기 쉽다. RCT로부터 얻어진 인과적 결론도 어떤 가정 위에서 나온 것은 사실이다. 하지만 그런 실험들은, 예컨대, 개연성과 인과관계 간의 연결에 대해 매우 일반적 성격을 띠고 무작위 배정도 (실험군과 대조군 간의 인과적 요소들을 비교하는 데) 성공적이었다. RCT는 이를테면 어떤 요인들이 결과에 영향을 미쳤는지 또는 역인과관계(처치가 무작위로 할당되어 그 결과로 인해 발생할 수가 없다)가 있는지에 대한 특정한 가정을 요구하지 않는다. 이런 이유로 증거기반 접근방법의 옹호자들은 RCT의 결과가 더 믿을만하고 다른 연구자들의 동의를 얻기가 더 수월하다고 주장한다.

RCT를 지지할 세 번째 장점은 특히 의학에서 처치 관리자와 피실험자 모두를 맹검화하는 데 도움이 된다는 점이다(Worrall 2002 참조). 연구자가 자신에게 더 이득을 줄 것으로 예상되는 피실험자들에게 처치를 할 때 "실험자의 편향"이 생길 수 있는데, 맹검은 그것을 줄일 수 있기 때문에 유용하다. 피실험자 맹검화가 플라시보 효과를 통제하는 데 도움을 준다.

그러면 증거기반 정책에 어떤 문제가 있는가?

증거기반 접근방법은 그 원래의 분야인 생의학 연구(Vandenbroucke 2008)와 더 근래의 증거기반 사회정책(N. Cartwright and Munro 2010)에서 철학자들(Worrall 2002, 2007a), 경제학자들 및 여타 과학자들에 의해 심한 공격을 받아왔다. 비판의 요지는 무작위 실험이 인과적 결론의 타당성을 전혀 **보증**하지 못할 뿐 아니라, 이런 결론들이 지금까지 실험적으로 검증되지 않은 상황에 일반화되거나 적용되기 어렵기 때문에 최적 표준으로 간주되어서는 안 된다는 것이다. 그러나 정책 결론은 아직까지 탐구되지 않은 새로운 상황에 관심을 갖는 그런 특성을 갖기 마련이다. 만약 무작위 실험이 이런 것들을 규명하지 못하고 다른 방법이 더 낫다면 그 비판을 참으로 심각하게 받아들여야 한다.

RCT의 인식론적인 힘을 기술할 때 우리가 붙여야 할 첫 번째 중요한 단서는 위에서 사용한 구절, 즉 "성공적으로 시행되면"이라는 구절로 정확히 포착된다. RCT 결과는 매우 엄격하고 참으로 비현실적인 조건 아래에서만 확실하다. 이런 조건에는 결과에 영향을 주는 모든 다른 요인들의 집합이 두 집단 간에 동일하게 분포되어 있고 상관관계가 항상 인과적 설명을 갖는다는 조건이 포함된다(그 예로 N. Cartwright 2007a를 참조하라).

그러나 무작위 배정은 모든 교란요인들에 대하여 실험군과 대조군이 동일하다는 것을 **보증**하지 않으며, 특히 사회과학에 적용할 때 상관관계가 인과관계와 무관한 다양한 근원(sources)을 가질 수 있다(그 예로 Reiss 2007b). 여기에서는 첫 번째에 초점을 맞추기로 하자.

무작위 배정을 하면 실험군과 대조군의 균형이 잡히지만 그것도 제한적이다. 즉, 양쪽이 균형을 이룰 확률은 집단의 크기가 무한히 클 경우 1에 접근한다. 실제 실험에서는 집단이 항상 유한한 크기를 가지며, 특히 사회과학에서는 매우 작다. 이는 결국 실험군과 대조군이 실제로는 항상 불균형 상태임을 의미한다. 예컨대, 연구자들은 관심을 끄는 결과에 성별(gender)이 영향을 미치지 않는지, 무작위 배정에도 불구하고 여성들은 실험군으로 끝을 맺고 남성들은 대조군이 되지 않는지 의심할 수 있을 것이다. 그런 명백한 경우에 어떤 사람은 무작위 배정을 다시 해서 그 문제를 풀려고 하겠지만, 이는 기지(旣知)의 요인들과 관련해서만 가능하며, 무작위 배정은 기지·미지(未知)의 모든 교란요인을 통제한다고 생각되고 있다.

여기에 대한 결론을 내리자면, RCT 데이터는 보통 일반적인 계량경제학적 모형과 매우 유사한 모형을 사용하여 분석된다 —따라서 같은 비판을 받기 쉽다. 어떤 연구자는 우리가 연령, 성, 사회경제적 배경을 통제해야 한다고 믿는가 하면, 다른 연구자들은 건강지위, 성, 교육을 적절한 변수라고 믿는다. 어떤 공변량(covariates)을 선택하느냐가 정확하게 결과에 영향을 미친다. 그러나 이런 절차가 데이터 마이닝(data mining)을 불러들인다. 대체로 사회과학 실험은 표준화되고 미리 구체화된 규약(protocol)을 따르지 않기 때문에, 연구자들은 표준화된 회귀모형에서처럼 유의미한 결과는 취하고 그렇지 않은 세부사항들은 무시해버리는 식으로 그런 공변량 집합을 사용한다(Cohen and Easterly 2009; Deaton 2010과 비교하라).

> 무작위 배정이 성공적이라면 공변량을 포함시킨다 해도 상관계수에는 영향을 안 주고 정확도만 높여야 한다. 예산과 행정상의 한계로 인해 RE[무작위 평가] 표집이 작은 경우가 자주 있다. 이는 여러 실험군에 걸친 균형 맞추기가 어렵고 공변량이 추정된 처치효과에 영향을 줄 수 있다는 것을 의미한다. 프로그램이 다른 하위 모집단들에 미치는 유의한 효과를 찾을 땐 데이터 마이닝을 할 것이다. 기껏 온갖 비용과 시간을 들여 무작위 실험을 하고는 … "아무 것도 찾지 못했다"고 결론내리기가 너무 난감한 것이다.
>
> (Cohen and Easterly 2009: 14)

둘째, 의학실험에서와 달리 사회과학에서는 전형적으로 피실험자, 실험자 모두를 맹검화할 수 없다. 예컨대, 여러분은 침대 모기장을 누군가에게 준다는 사실을 숨길 수 없다. 게다가, 사회과학 실험은 전형적으로 피실험자들의 협동을 요한다. 모기장은 그것이 그런 용도로 사용할 때에만 말라리아를 예방하는 데 효과적일 수 있지, 물고기 잡는 그물로 사용할 때는 그렇지 않다. 의학에서와 달리 대부분의 사회과학적 맥락에서는 규정을 강제로 준수하게 할 수도 없고 그걸 모니터링하기도 힘들다.

셋째, 무작위 실험은 실제로 관측연구와 관련된 새로운 교란요인을 불러들일 수 있다. 위험회피적인 사람들은 도박 자체가 싫어서 참여를 안

하거나, 참여를 하지만 대조군에 배정되었다고 하면 다른 곳에서 처치를 받음으로써 집단 배정을 위태롭게 하거나, 아니면 실험군에 배정되었을 때는 그것을 받지 않겠다고 거절할 수 있다(Heckman 1992 참조). 두 가지 문제 모두 좀 더 좁혀서 처치효과("피처치자에 미치는 처치의 효과" 등)로 규정하여 논의할 수 있지만, 이런 것들은 지금 소개하려는 더 일반적인 "평균 처지 효과"보다 적용하기에 훨씬 덜 유용하다.

넷째, RCT와 더불어 논의될 수 있는 문제들은 여러 가지로 매우 협소하다. 기껏해야 RCT는 "평균 처치효과"(ATE)를 성공적으로 확인하는 정도다. 즉 그것은 실험군과 대조군 간의 결과로 얻은 평균치의 차이를 측정한다. 그러나 대체로 ATE는 연구자가 관심을 두는 수치가 아니다. 의학적 사례에서 의사는 어떤 신약이 "모집단 전체에 대해서" "평균적으로" 효과가 있는지 알고 싶은 것이 아니라 특정한 환자 갑돌이에게 효과가 있는지를 알고 싶은 것이다. 마찬가지로, 무작위적으로 할당된 다른 마을에 다른 정책을 사용하여 말라리아를 예방하는 데 침대 모기장을 공짜로 줄 것인지 아니면 소액으로 그들에게 팔 것인지 연구할 때, 연구자들은 그들이 이런저런 정책을 시행하려고 생각하는 특정 마을에 더 좋은 정책이 무엇인지 알고 싶은 것이지, 어떤 정책이 "평균적으로" 좋은가 하는 것이 아니다.

처치가 일부 하위 모집단에는 매우 효과적이지만 다른 하위 모집단에게는 전적으로 효과적인 것이 아니거나 아예 유해하다는 사실을 숨길 수 있다는 것은 ATE의 다른 문제점이다. 특히 이런 경우에 처치를 개인에게 적용할 때 어떤 배경지식이 중요한지 반드시 알아야 한다.

RCT가 효능 문제, 즉 "무엇이 효과를 내는가"를 논의할 때에만 사용될 수 있다는 점에서 RCT의 증거는 "협소하다"고 하겠다. 특히 사회과학에서는 효능 이외에도 다른 많은 것들, 즉 비용편익 비율, 부수효과, 정책

시행으로 어떤 효과를 얻는지, 도덕적 · 문화적 · 정치적 문제들을 어떻게 다룰지 등을 알고 싶어 한다.

다섯째, 외적 타당성(10장 참조)은 RCT에 큰 문제이고 잠재적으로는 다른 방법들에 비해 더 클 수도 있다. RCT 결과는 다른 환경에 적용된다는 보장이 없다. 무작위 배정이 성공적이고 검정 모집단(RCT에 참여하는 모집단)이 기저에 있는 모집단의 대표적 표본인 이런 이상적인 경우에서조차, 관심을 끄는 인과적인 효과가 모집단들 간에 차이가 있을 가능성이 있다. 침대 모기장을 무료로 제공하는 것이 우간다에서 최상의 정책이라도 인도에서는 명목상의 수수료라도 받고 파는 게 더 효과적일 수 있다.

일반적으로 모든 연구는 외적 타당성 문제에 빠지기 쉽다. 관측연구와 실험연구, 그리고 무작위 배정되거나 혹은 그렇지 않은 실험연구라도 그렇다. 1960년부터 1990년까지의 미국의 데이터를 사용하여 화폐공급의 증가가 인플레이션에 미치는 인과적 효과를 측정한다면 그 결과는 아마도 2000년대 미국이나 같은 기간의 네덜란드의 사례에는 적용되기 어려울 것이다. 외적 타당성은 모든 사람에게 해당되는 문제이기 때문에 그것을 이유로 RCT를 비판하는 것은 부당하다.

하지만 다른 어떤 방법보다도 RCT의 경우에는 외적 타당성 문제를 더 절실하게 만드는 몇 가지 특이한 점이 있다. 위에서 설명한 바와 같이, RCT가 성공적으로 실시되면 인과적 효과를 데이터로부터 확인하기 위해 특별한 배경지식을 요구하지 않는다는 의미에서 지식을 싸게 제공해 준다. 하지만 이것도 결국에는 대가를 치러야 한다. 만약 RCT에서 계속 경험되고 있는 인과적 구조에 대한 이해가 매우 한정되어 있다면 어떤 결과가 검정 모집단과 다른 이런저런 모집단에서도 적용될 것이라고 믿을 합당한 근거가 없다.

어떤 의미에서 RCT는 블랙박스 인과추론방식이다. 처치를 관리하고 결과를 관측하여 그 사이에서 어떤 일이 진행되고 있는지, 왜 처치가 그런 결과를 낳았는지에 대해 알 필요가 없다. 하지만 만약 어떤 처치가 어떤 결과를 낳을 때 왜 그런 결과가 나왔는지 알지 못한다면 직접적인 시험 모집단을 넘어서는 추론을 이끌어낼 근거가 매우 협소하다.

계량경제학의 구조적 형식이나 다른 이론 중심적 형식과 같은 대안적 방법의 경우에는 그렇지 않다. 학급규모를 정하는 도구로서의 마이모니데스 규칙에 관해 9장에서 언급한 예를 생각해 보자. 우르퀴올라와 베르호겐이 쓴 논문은 마이모니데스 규칙을 도구로 선택한 것을 비판할 때, 부모들이 자기 아이를 위해 어떻게 학교를 선택하는지, 그리고 학교가 스스로가 제공하는 교육의 질을 어떻게 결정하는지에 대한 상세한 모형을 바탕으로 했다(Urquiola and Verhoogen 2009). 그런 모형이 옳다면 인과관계가 유지될 때에는 왜 그런지 그 이유에 대한 많은 정보를 제공해 준다. 이런 정보를 갖게 되면 그것이 실험연구 밖의 어디에 적용될 수 있는지에 대하여 합당한 추론을 할 수 있게 된다.

외적 타당성의 문제와 관련하여 소위 일반균형효과가 있을 가능성이라는 다른 문제가 있다(Morgan and Winship 2007). 일반균형효과는 개입 그 자체 때문이 아니라 작은 표본을 전체 모집단으로 확대함으로써 개입이 한 모집단의 인과구조를 변화시킬 때 얻어진다. 학급규모를 줄여서 학업 성적을 향상시키려고 하는 새로운 학교 프로그램은 그 실험처치를 받는 작은 표본의 학교에서는 효과가 있겠지만 모든 학교로 확대될 때는 더 이상 효과가 없다. 새로운 학급들을 모두 책임질 충분한 자격을 갖춘 교사가 부족하기 때문이다. 교사의 질과 같은 다른 학력 결정요인을 고정하면 그 프로그램은 효과를 낼 수 있다. 하지만 그 프로그램 자체가 다른 결정요인에 영향을 줄 때는 그렇지 않다.

외적 타당성 문제는 근래에 과학철학에서 상당한 주목을 끌어왔다. 현재는 그 문제에 대응하는 다양한 접근 방법이 존재한다(10장 참조). 하지만 그 어떤 것도 이상적인 RCT를 지지할 논리적 설득력을 갖고 있지 않다. 따라서 RCT를 사용한 정책명제의 검증과 관련하여 확실성이란 최소한 어느 정도는 환상에 지나지 않는다.

결론

이 마지막 부분에서 RCT에 대해 비판적인 논조를 택했지만 나의 입장은 무작위 배정이 항상 나쁜 발상이라거나 증거기반 정책에는 단점만 있다는 것이 아니다. 오히려 정반대다. 증거기반 운동은 —증거를 사용하여 인과관계를 알려 주는— 실천을 위해 중요함에도 불구하고 문헌들에서는 무시되어온 많은 방법론적 쟁점들을 부각시켰다. 외적 타당성 문제는 실증적인 정책에 대한 탐구를 방해하는 많은 걸림돌 중 하나다. 최근에 와서야 과학철학자와 여타의 전문 방법론자들이 그걸 알게 되었으니 참으로 부끄러운 일이다. 프란체스코 구알라는 그것을 "과학철학의 작은 스캔들"이라고 적절히 지칭했다(Guala 2010: 1070).

나는 하나의 딜레마로 마무리하면서 미래의 연구를 요청하고 싶다. 그 딜레마는 다음과 같다. 데이터로부터 인과관계를 감정하려고 할 때 이론이 우리를 인도하도록 할 수도 있고(그리고 알려진 인과관계를 새로운 상황에 일반화하는 것과 같은 다른 인과추론), 그렇게 하지 않을 수도 있다. 만약 이론이 우리를 인도하게 한다면 이론적 지식 그 자체가 확실하지 않기 때문에 우리의 인과추론이 "믿을 수 없는 것"이 될 수 있다. 모순되는 결론을 가진 많은 이론모형을 어렵지 않게 만들어 내기도 한다. 그래서 이론가들이 다른 사람의 가정을 진심으로 신뢰하지 않는다. 이론의 인도를 받지 않으면 처음 그 장소에 드리워진 인과관계에 영향을 주는 메커니즘을 알 수 없기 때문에, 우리의 인과적 결론이 실험군이나 다른 집단에 대해 참이라고 믿을 충분한 근거가 없다. 그리고 그런 메커니즘을 모르면 하나의 실험 결과를 다른 조건에 어떻게 일반화할지 알기 어렵다.

그러니 어떤 방향으로 가도 인과추론은 막다른 골목이 될 듯하다. 다음과 같은 질문에 관해서는 좀 더 방법론적인 연구가 필요하다. 정책에 성공적으로 적용하려면 어떻게 정확하게 방법론적인 지식과 경험적 연구를 접목시킬 것인가? 이론적 지식은 본질적으로 어떤 것이어야 하는가? 이론의 결론이 그 가정 안에서 일어나는 변화에 민감하지만 다른 가정들도 똑같이 타당할 수 있다는 문제를 어떻게 할 것인가? 앵거스 디턴은 그 문제에 대해 다음과 같은 꽤 매력적인 결론을 제시한다.

> 이론과 실험을 결합하는 방법이 항상 명확하게 보이지는 않는다. RCT에 대한 상당한 관심 —그리고 무작위 배정을 흉내낸 도구변수 및 다른 계량경제학적 기법들에 대한 관심— 은 경제이론에 대한 깊은 회의론에서, 또한 현실을 해석하는 데 어떻게든 도움이 되는 체계를 만들어내야 한다는 조바심에서 비롯된 건 사실이다. 응용경제학과 이론경제학은 지난 4반세기 동안의 어떤 시기보다 지금 서로 간격이 벌어진 듯하다. 하지만 재통합 실패가 선택지가 될 수는 없다. 왜냐하면 재통합 없이는 장기적인 과학적 진보나 실험을 유지·확장할 기회도 없기 때문이다. 이론의 인도를 받지 않는 RCT는 기껏해야 논리적 타당성만 가질 뿐이라는 것은 비실험적 연구에도 똑같이 적용되는 경고다.
>
> (Deaton 2010a: 450)

한 가지 단서를 붙여서 말한다면, 이론의 인도를 받지 않으면 RCT는 논리적 타당성조차 갖기 어렵다.

1. 이 장에서 RCT를 신뢰할 만한 유일한 원천(source)으로 보는 증거 기반 운동을 비판했다. 신뢰할 만한 다른 것들이 있는가? 신뢰도 면에서 다른 원천들의 순서를 매길 수 있는가?
2. 모든 종류의 증거가 가진 공통점은 무엇인가? 일군(一群)의 데이터가 증거가 되게 하는 어떤 속성이 있는가?
3. 9장에서 처음 본 밀의 실무자와 이론가의 입장에서 RCT에 관한 논쟁을 문장으로 표현해보라.
4. RCT가 가장 유용하게 쓰일 경제학 영역을 확인해보라.
5. 10장에서 배운 외적 타당성에 대한 네 가지 설명을 RCT에 적용해보라. 어떤 설명이 가장 유망한가?

권장 도서

개발 원조에 RCT를 사용하는 데 대한 지지자로 유명한 사람이 Abhijit Banerjee와 Esther Duflo다. 그들의 책 Banerjee and Duflo 2011 또는 Banerjee 2007을 보라. 그 쟁점은 Cohen and Eastly 2009에서 비판적으로 논의되고 있다. 그 책에 대한 입문은, 매우 많은 정보를 담고 있고 논평과 함께 Banerjee가 쓴 한 장(章)이 있다.

RCT에 관한 논쟁은 8장에서 논의된 도구에 관한 내용과 상당한 정도로 겹친다 —왜냐하면 무작위 배정은 사실상 도구변수이기 때문이다(Heckman 1996b). 따라서 권장 도서에서 언급된 많은 논문들이 계속해서 관련성을 갖는다. 나는 특히 Angus Deaton이 쓴 논문(Deaton 2010a,b)에 주목하고 싶다.

과학철학자들은 지금까지 증거기반 사회정책은 실제적으로 무시해왔다. 주목할만한 예외가 Nancy Cartwright인데, 그녀의 "증거 페이지"는 그 주제에 관해 출판되거나 미출판된 논문들에 대한 유용한 출처다. https://www.dur.ac.uk/philosohpy/nancycartwright/nspapersonevidence/

대조적으로, 증거기반 의학(EBM)은 과학철학자들로부터 많은 관심을 받았다. 그에 대한 가르침이 이어지고 있는 한(나는 십중팔구 사실일 것으로 생각한다) EBM에 관한 저서가 적절하다. 무작위 배정의 장점과 단점에 대해 철저히 논의한 것으로는 Worall 2002, 그리고 Worall 2007a,b가 있다. 증거의 위계에 관해서는 특히 Borgerson 2009를 보라.

III부

윤리학

12장

후생과 웰빙

개요

이 장에서는 후생경제학을 소개하고 그 규범적 기초를 살펴보며, 핵심개념인 웰빙(well-being 이것은 철학용어인데, 경제학에서는 대개 "복지"를 가리킨다. 그러나 "복지"는 "사회적 지원"을 의미하기도 한다. 그래서 나는 이제부터 철학용어를 사용할 것이다.)의 대안 제시에 대해 논의할 것이다.

웰빙이론은 매우 논쟁적이다. 그럴 수밖에 없다는 것은 어렵지 않게 알 수 있다. 개략적으로 말해서, 웰빙은 어떤 사람의 삶이 얼마나 잘 영위되고 있는지를 잰다. 다른 사회문화적 배경을 가진 사람들 간에 그 의미가 다르게 이해된다는 것은 놀랍지 않다. 추상적이고 보편적인 이론을 중시하는 철학자들이 완벽한 이론을 찾지 못한다는 것도 놀랍지 않다.

하지만 그럼에도 불구하고 웰빙에 대한 이론화는 불가피하다. 그 개념 없이는 규범경제학은 물론, 도덕철학과 정치철학을 하기도 어렵다. 이제부터는 경제학자들이 해야 할 실질적인 관여를 최소화하는 기존의 웰빙이론을 개략적으로 살펴볼 것이다. 그러나 최소화는 전혀 없는 것과 다르며, 그것을 이해하기 위해서 우리는 웰빙을 둘러싼 논쟁에서 그 성패를 결정짓는 것이 무엇인지 알아야 한다.

후생경제학

후생경제학은 개인의 웰빙을 위한 경제제도의 성과를 평가하기 위해 미시적 기법을 사용한다. 가장 초기의 경제학과 학생들이 기억하는 것은, 두 가지 "기본정리"를 입증한 것이 후생경제학이 거둔 최고의 업적이라는 점이다. "후생경제학의 기본정리"는 어떤 왈라스 균형도 파레토 최적이라고 본다. 두 번째 정리에 의하면, 어떤 파레토 최적 배분도 초기 부존자원의 이전이 가능한 한, 왈라스 균형으로 실현될 수 있다. 왈라스 균형과 파레토 효율은 여기서 핵심 개념이다. 그것은 다음과 같이 정의된다(Varian

1992; Mas-Colell et al. 1995: 10장 참조). 왈라스 균형은 상품의 배분이고, 모든 소비자가 효용을 극대화(기업은 이윤을 극대화)하고 모든 시장이 청산되는 ─즉, 잉여공급이나 잉여수요가 없는─ 가격들의 벡터이다. 파레토 개선은 주어진 배분으로부터 새로운 배분이 최소한 한 주체에 의해 선호되고 누구도 이전의 배분을 선호하지 않는 그런 새로운 배분으로의 변화다. 파레토 개선의 가능성이 없으면 배분은 파레토 최적이다.

그 정리가 성립될 중요한 한 가지 조건은 선호가 국소적으로 비포만(locally non-satiated)이라는 것이다. 즉, 모든 소비자와 상품 묶음에 대해서 첫 묶음의 임의의 가까운 곳에 언제든 그 소비자에 의해 선호되는 다른 묶음의 상품이 있다는 것이다. 이 가정은 선호를 단조적 ─항상 한 상품이 더 많이 선호된다면 선호는 단조적이다─ 이라고 보는 가정과 유사하지만 더 약하고, 따라서 더 낫다.

이런 식으로 표현하면 첫 번째 정리는 사소하다(trivial). 만약 사람들이 자신들에게 주어진 예산 범위에서 가장 선호하는 소비묶음을 선택하면(그들은 효용을 극대화하는 사람들이다), 만약 경제에 자신들이 선호하는(그들은 국지적으로 비포만적이다) 상품묶음들이 항상 존재하고 모든 재화가 이미 배분되었다(시장이 청산된다)면, 그럴 때 현재의 배분을 선호할 소비자가 단 한 명도 나오지 않게 재화를 재배분하는 것은 사실상 불가능할 수밖에 없다(현재의 배분은 파레토 효율이다).

그 정리들은 두 가지 수정이 가해질 때에만 상처가 나고 거기다가 악명까지 얻는다. 첫째, 파레토 효율은 "적정성(optimality)"과 같은 것으로 간주된다. 구체적으로 말해서 파레토 개선은 (도덕적·정치적으로) 좋은 것이다. 하우스만과 맥퍼슨은 이런 가설을 "파레토 원칙"이라고 부른다(Hausman and MacPherson 2006: 136, 218). 그럼으로써 가치판단이 그 명제에 들어간다. 선호만족이 웰빙과 동일시되고, 사람들의 웰빙을 증진하는 것이 도덕적으로나 정치적으로 좋은 것이라고 판단된다. 둘째, 어떤 —현재로선 훨씬 더 제한적인— 조건 하에서 자유시장은 재화의 균형배분으로 이어진다. 자유시장이 재화의 균형배분으로 이어지기 위한 조건에는 모든 사람들이 가격을 매기는 행동(많은 기업과 많은 소비자가 있을 때 다소 타당성이 있다)과 완전한 정보, 그리고 모든 재화를 위한 시장의 존재가 포함된다. 수정된 두 가지 명제 모두 논란의 소지가 크다. 그림 12.1은 그 논증의 구조를 요약한 것이다.

그림 12.1 자유시장에서부터 사회적 이익까지의 논증

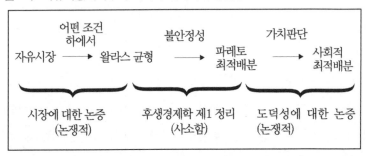

후생경제학의 첫 번째 기본정리는 종종 애덤 스미스의 "보이지 않는 손" 명제의 한 버전이라고 한다. 『국부론』(1904 [1776]: Ⅳ권 2장)에서 애덤 스미스는 다음과 같이 썼다: "각 개인은 사회의 연간 수입을 그가 할 수 있는 한 최대치가 되도록 자연스럽게 노력하고 있다. 사실 그는 일반적으로 공공의 이익을 증진시키려고 의도하지 않으며, 그가 얼마나 그것에 기여하였는지도 알지 못한다. … 그는 단지 자신의 이익을 도모할 뿐이고, 그는 이렇게 함으로써 다른 많은 경우에서와 마찬가지로 '보이지 않는 손'에 이끌려 그가 전혀 의도하지 않은 목적을 증진시키게 된다." 물론 그 끝은 사회적으로 바람직한 어떤 결과였다.

애덤 스미스의 주장을 다른 방식으로 표현하면, 만약 사람들이 사익을 추구하면 자유시장은 사회적으로 바람직한 결과에 이른다는 것이다. 이를 "보이지 않는 손 가설"이라고 부르자. 여기에서 우리는 '보이지 않는 손' 가설에서 기본정리는 작은 부분을 차지할 뿐이라는 것을 알 수 있다. 더 흥미롭고 논란의 소지가 있는 요소들은 자유시장이 작동하는 방식, 시장의 결과를 평가하는 방식에 관한 논증들이다. 이 장에서는 누군가의 선호를 만족시킨다는 것이 그의 삶을 복되게 만든다는 것을 의미하는가, 즉 그것이 개인의 웰빙을 증진하는가 하는 것에 대해 알아본다. 시장은 13장에서 더 상세하게 검토할 것이다. 웰빙의 증진이 유일한 도덕적·정치적 선(善)인가 하는 것은 14장의 주제가 될 것이다. 마지막으로, 사람들은 정말 어느 정도로 자기 이익을 추구하는가 하는 것은 15장에 가서 논의될 것이다.

웰빙

일반적 논평

'보이지 않는 손' 가설은 개인의 선호만족이 개인의 삶을 복되게 한다고 가정한다. 누군가를 복되게 한다는 것은 그의 **웰빙**을 증진한다는 것을 의미한다. 일상 언어에서 우리가 누군가의 웰빙에 대해 말할 때 우리는 그의 건강, 행복 또는 "젖과 꿀"에 대해 말한다. 이런 것들은 철학자들의 개념과 관련이 있지만, 철학자들의 개념은 전문적이고 추상적이다. 후자에 따르면 웰빙은 **그에게 궁극적으로 좋은 것이다**(Crisp 2008 참조). 이 개념에서 핵심은 "궁극적으로", "좋은", "그에게"라는 세 가지 측면이다.

"그에게 **궁극적으로 좋은 것**"은 웰빙이론이 도구적으로 좋은 것이 아니라 내재적으로 좋은 것에 초점을 맞춘다는 것을 나타낸다. 부(富)는 기껏해야 도구적으로 좋은 것이기 때문에 "부 웰빙이론"은 개념적으로 모순이다. 한 사람의 부는 더 많은 재화와 서비스를 구매하고 소비하도록 해주고 더 자율적이게 하며, 자기를 둘러싼 세계에 더 큰 영향을 주게 하고 더 건강하게 삶을 영위하게 하며 아마도 더 행복하게 할 것이다. 하지만 우리가 신경을 쓰는 것은 부 자체가 아니라 이 후자의 것들이다.

부에 대해 진리인 것은 사실상 경제학자들이 말하는 대부분에 대해서도 진리다. 만약 부가 재화와 서비스를 구매할 수 있게 해준다면 이런 재화와 서비스는 내재적으로 가치 있는 것이 아니라 도구적으로 가치 있다. 우리가 사과를 사고 소비하는 것은 사과를 위해서가 아니라 영양분을 섭취하고 행복해지고 만족을 얻기 위해서다. 부 웰빙이론이 없는 것처럼 사과 웰빙이론도 없다. 웰빙은 우리가 **궁극적으로** 관심을 갖는 어떤 것이다.

이런 차원의 웰빙 개념의 다른 측면은 그것이 한 사람의 찰나적 순간이 아니라 평생에 걸쳐 평가된다는 점이다. 푸아그라를 잔뜩 먹는 것은 먹는 사람에게 순간순간 좋지만 그로해서 결국 탈이 날 것이므로 평생의 삶에는 좋지 않다. 웰빙이론에 대한 여러 가지 역설과 반증례들이 이런 측면에 달려 있다는 것을 뒤에 가서 알아볼 것이다. 하지만 그럴 수밖에 없다는 것은 웰빙이론이 여러 가지 윤리이론에서 하는 역할로 미루어 분명하다. 만약 행위의 잘잘못이 사람들의 웰빙에 미치는 결과와 시시각각 펼쳐지는 결과에 달렸다면(공리주의자들은 도덕적 평가를 위해 **오로지** 웰빙에 미치는 결과만 중요하다고 생각한다) 행위의 결과가 어느 한 순간에 미치는 결과만이 아니라 행위가 미치는 결과 전체를 살펴보는 것이 확실히 중요하다. 마찬가지로, 사회경제 정책의 잘잘못이 사람들의 웰빙과 관련하여 평가된다면 그 평가가 근시안적이어선 안 된다.

"그에게 궁극적으로 **좋은 것**"은 웰빙이 평가적 개념임을 나타낸다. 기술(記述)적인 웰빙이론이란 없다. 가치판단을 하지 않으면서 웰빙을 말할 수 없다. 아래에서 경제학자들이 실질적 웰빙이론과 반대되는 형식적 웰빙이론을 지지한다는 것을 보게 될 것이다. 즉 그들은 사람들에게 좋은 것을 발견하기 위해 어떻게 착수할 것인지에 대해 말할 뿐, 좋은 것이란 궁극적으로 무엇인지는 말하지 않는다(Hausman and McPherson 2006: 119). 경제학자들은 자신에게 가장 좋은 것은 당사자만이 안다고 믿고 싶어 한다. 따라서 경제학자들은 좋음의 개념에 대한 실질적 견해를 가져서는 안 된다. 하지만 이것도 도덕판단을 하는 것임은 물론이고, 사람들이 바라는 것이 웰빙이라고 보는 특정 웰빙이론을 지지하는 것이다. 다른 웰빙이론 —가령, 건강을 바라느냐 하는 것과 상관없이 건강이란 사람들에게 좋은 것이라는— 을 가질 수는 있지만 웰빙이론 자체를 갖지 않거나 가치판단을 안 할 수는 없다.

"그에게 궁극적으로 좋은 것"은 웰빙이 개인의 **인격적**인 선에 대한 것이지 타인이나 동물 또는 자연이나 신과 같은 존재에 대한 것이 아니라는 것을 나타낸다. 우리들 대부분은 타인의 웰빙에 깊은 관심을 갖는다. 우리는 우리의 아이들, 미래 세대들, 친척들과 배우자, 시골농부들, 같은 가치관을 가진 사람들, 인류, 동물, 자연, 신, 나아가 추상적 이념에 대해서도 관심을 가질 수 있다. 하지만 이런 고려사항들도 예컨대 아이들이 잘 하는 것을 봄으로써 경험하는 즐거움을 통해 그것들이 우리에게 영향을 미칠 때에만 웰빙에 중요성을 갖는다.

일반적인 개념에 대한 언급은 이 정도면 충분하다고 생각한다. 실질적으로 웰빙이론에는 세 종류가 있다. 첫째는 이미 앞에서 보았다. 많은 경제학자들과 몇몇 현대 철학자들이 지지한 것이고, 둘째는 (이미 죽은 일부 철학자들과 살아 있는 경제학자들을 비롯해서) 현대 심리학자들이 지지하는 것, 셋째는 다른 현대 철학자들이 지지하는 것이다. 여기에는 만족할만한 이론이 없고 이런 철학 분야가 워낙 논쟁적이어서 의견의 일치도 거의 없다. 경제철학적으로는 웰빙이 도덕적 가치평가와 정치적 의사결정을 위해 중요하기 때문에 그 개념 형성을 개인에게 맡겨버릴 수 없다는 것이 문제다. 14장에서 보겠지만, 도덕철학에는 도덕적으로(그리고 정치적으로) 웰빙이 모든 것이라는 견해가 있다. 후생주의가 그것이다. 이것은 아주 극단적인 견해인데, 웰빙은 전혀 문제가 안 된다는 그 반대의 견해 역시 극단적이기는 마찬가지다. 그래서 우리는 어떤 이론이 있는지, 그것을 타당하게 만드는 것이 무엇이고 그 결함이 무엇인지 알아야 한다.

웰빙과 선호만족

I 부에서 합리적 선택이론들이 경제학에서 이중의 역할 ―선택을 설명하고 예측하는 기술적인 역할과 어떤 선택을 정당화하는 규범적인 역할― 을 한다는 것을 살펴보았다. 합리적 선택이론은 후생경제학과 도덕철학에서 세 번째 역할, 즉 개인의 웰빙을 설명해주는 역할을 한다. 선호만족 웰빙이론은 웰빙을 선호만족과 동일시해버린다. 이 이론의 여러 가지 버전이 있는데 여기에서는 웰빙에 대한 실제 선호(actual preferences)와 세탁된 선호(laundered preferences)에 대한 견해들을 살펴 볼 것이다.

실제 선호

많은 경제학자들이 그러하듯이, 실제 선호만족을 웰빙의 구성요소로 보게 되면 이 이론이 가진 장점 ―이런 의미의 웰빙은 별 문제없이 측정 가능하다― 의 덕을 볼 수 있다. 만약 사람들이 자기에게 이로운 것을 선호하고 선호하는 것을 선택한다면 웰빙은 사람들의 선택을 관측함으로써 측정될 수 있다. 하지만 4장에서 보았고 15장에서도 더 길게 논하겠지만, 사람들은 선호한다고 항상 그것을 선택하지는 않는다. 여기서 사람들이 선호하는 것이 그들에게 좋은가 하는 데 초점을 맞추어 보자.

사람들이 종종 나쁜 선택을 한다는 건 아주 분명한 사실이다. 20세 이상 미국인의 3분의 2가 과체중이거나 비만이다. 이런 많은 사례들은 건강한 다이어트와 더 많은 운동으로 예방할 수 있다. 비만은 미국에서 심장병, 각종 암과 뇌졸중, 당뇨 등을 포함한 사망의 주요 원인들과 연관되어 있다. 프랑스 인구의 5분의 1인 1200만 명이 흡연자이고, 매년 7만 명 이상이 흡연 관련 질병으로 사망한다. 이렇게 많은 사망은 (더 잘 알고, 더 철저하게 생각하고, 더 의지력을 발휘했더라면 다른 선택을 했을 것이라는 의미에서) 정상보다 이르다고 해야 할 것이다.

나쁜 선택이 이루어지는 데는 세 가지 이유가 있다. 첫째로, 사람들이 선호 대상에 대해 잘못된 정보를 갖는다. 나는 오후에 아주 좋은 커피일 땐 설탕을 안 넣은 블랙커피를 선호하고, 그저 그런 커피일 땐 설탕을 안 넣은 화이트커피를, 정말로 안 좋은 커피일 땐 설탕을 넣은 화이트커피를 선호한다. 좋은 커피일 것이라고 잘못 생각하고 한 번 마셔본 내 선택을 (문자 그대로) 몹시 후회한 적이 있다. 이런 경우 완전히 "합리적인" 선호를 가질 수도 있었는데(나의 선호를 한 줄로 꿰듯이 입수 가능한 선택지의 순위를 매길 수 있다는 의미에서) 잘못된 정보를 가져서 나쁜 선택을 했던 것이다. 둘째로, 완전히 정보를 가졌지만 어떤 이유로 그에 따라 행동하지 못할 수도 있다. 자신의 선호에 따라 행동하지 못한 근본 이유의 하나는 그리스어로 arcasia, 의지박약이다. 셋째로, 나의 웰빙에 영향을 끼치지 않거나 나를 복되게 하지 않고 나쁘게 하는 사태를 우선시할 수도 있다. 내가 보디가드로서 내 고객을 보호하기 위해 불길 속에 뛰어든다면, 나는 심사숙고하고 충분히 정보를 갖춘 상태에서 그렇게 하지만 **나의** 웰빙은 도모하지 못한다.

만약 사람들이 항상 자신에게 이롭게 선택을 하는 것은 아니라면, 웰빙에 실제 선호 이상의 뭔가가 있음에 틀림없다. 중요한 것은, 군이 현실의 사람들이 종종 나쁜 선택을 한다는 증거를 댈 필요가 없다는 사실이다. 웰빙에 대한 실제 선호 이론은 자신에게 이롭지 않은 것을 선호하는 사람이 있을 개념적 가능성을 배제하기 때문이다. 하지만 이것은 현실적이지 않다. 그래서 어떤 철학자들은 선호가 웰빙을 증진한다고 설명하기 이전에 정제 과정을 거쳐야 한다고 제안했다. 이런 식으로 정제를 하면 잘못된 정보를 가진 일관성 없는 선호가 걸러질 것이라는 말이다. 그렇게 해서 나온 결과물을 가리켜 "정보를 갖춘", "합리적인", "세탁된" 선호 순서("laundered" preference ordering)라고 부른다(예컨대, Arneson 1990; Gauthier 1986: 2장; GOOdin 1986; Griffin 1986).

세탁된 선호

웰빙을 세탁된 선호의 만족으로 간주하면 당연히 실제 선호 이론의 주된 장점, 즉 그 개념을 비교적 간단히 측정할 수 있는 가능성이 없어진다. 우리가 관측할 수 있는 것은 단지 사람들이 실제로 어떻게 선택하느냐 하는 것이지, 충분히 정보를 갖고 합리적이고 무한히 강한 의지력의 소유자라면 어떤 선택을 할 것이냐 하는 것이 아니다. 반면에 이런 조작 가능한 개념으로부터 멀리 벗어나면 현실적 타당성이 커진다. 사람들이 종종 나쁜 선택을 한다는 것이 그 이론에 허용된다. 그 이유는 이를테면 그들이 웰빙을 증진하는 선택을 하는 데 적합한 모든 것을 알지는 못하기 때문이다.

그러나 세 가지 문제가 남는다. 하나는, (충분히 정보를 갖추고 합리적인) 사람들이라고 해서 항상 **자신에게 좋은** 것을 선호하지는 않는다는 사실과 관계가 있다. 다른 하나는 그들에게 **궁극적으로 좋은** 것을 선택하지 않는다는 사실과 관계가 있으며, 세 번째는 충분히 정보를 갖춘 사람이라도 자신에게 **좋은** 것을 선택할 지 의문이라는 것과 관계가 있다.

대부분의 사람들은 충분히 정보를 갖추고 깊이 생각해보고 나서도 자기를 생각하는 선호와 아울러 남을 생각하는 선호를 갖는다. 우리는 대체로 자기 가족, 이웃, 사회, 선조들과 후손들에 대한 선호를 갖는다. 사람들이 지진 희생자들을 위해 돈을 기부하려는 결정은 그들에게 직접적으로 이익이 되지 않는다. 섬너(Leonard Sumner 1996: 1.32ff)는 다른 사람을 배려하는 (세탁된) 선호의 만족과 웰빙을 동일시하는 것은 희생은 개념적으로 불가능하다고 하는, 위에서 언급한 그런 것과 유사한 수수께끼를 안고 있다고 지적했다. 2011년 11월 21일, 아이다호 출신의 10대 소녀 제니 레이크는 18번째 생일을 며칠 앞두고 암으로 사망했다. 그녀는 임신중절을 피하기 위해 화학요법과 방사선 치료를 중단하였고, 사망하기 12일 전에 건강한 아이를 낳았다(ABC NEWS 2011). 이런 특수한 사례의 진실이 무엇이든 그 십대의 치료 포기 결정을 아기를 위한 자기희생이라고 표현할 수 없다면 이상할 것이다. 그런데 (세탁된) 선호 만족의 관점에 의하면, [치료, 사망 지연, 아기 출산 못함]보다 [치료 중단, 요절, 건강한 아기 출산]에 대한 선호의 만족이 필연적으로 **그녀의** 삶을 개선한다고 할 것이다. 하지만 이것은 이치에 맞지 않는다.

선호의 **변화** 역시 문제를 불러일으킨다. 어떤 사람이 정신이 또렷한 상태에서 처음으로 중독성이 강한 마약을 먹기로 결정을 했지만, 그로 인해 실제로 미래의 자신을 노예로 만든다. 이런 선호의 만족이 웰빙을 증진한다는 것은 아무리 생각해도 의심스럽다(Crisp 2008 참조). 특히 (마약 중독 사례나 가학적인 선호에서처럼) 결정이 외부**효과**를 가질 때 문제가 저절로 드러난다.

이전의 자아가 나중의 자아를 구속하려고 할 때 갈등이 일어난다는 것을 쉽게 알 수 있다. 본피글리올리(Kyril Bonfiglioli)의 소설『값진 것(All the Tea in China)』의 주인공 카를로스 반 클리프(Carlos Van Cleef)는 아편 과다복용 후 몹시 취한 상태였다. 잠시 상태가 좀 나아지자 자기의 종인 "유(You)"를 불러서 말했다.

> 6펜스 두 장이 보이지? 자, 그 중 하나는 네 것이다. 그걸로 요기나 해라. 나머지는 잘 넣어둬. 내가 다음에 너에게 나가서 아편을 사오라 하면, 연한 색에 덩어리로 된 걸로 사거라. 그리고 6펜스를 갖고 거리로 나가 시장에 있는 마차짐꾼이나 야채짐꾼을 사서 이리로 데려오너라. 그리고 그에게 내 머리를 기절할 때까지 사정없이 때리라고 해라. 이게 내 건강을 위해 더 싸고 좋을 거야. 안 그래?
>
> (Bonfiglioli 2008: 57)

시간이 흘러 주인공이 "유"를 보내 정말로 아편을 사라고 했다 하자. 현재의 선호와 이전의 선호 중에서 어떤 것으로 그를 만족시켜야 하는가?

이런 경우 우리는 이전의 선호에 우선권을 주고 싶어 한다. 하지만 우리가 집착했던 많은 것들이 나중에 생각하면 참 멍청해 보인다. 50세인 여러분의 친구가 (물론 여러 가지 선택지에 대해 종합적인 정보를 갖고 심사숙고한 끝에) 고용된 총잡이에게 돈을 주고 10년 뒤에 자기를 죽이라고 했다 하자. 마침내 60세가 된 친구가 10년 더 살고 싶다고 간절히 바란다면, 이전의 선호가 그의 삶을 더 복되게 할 것이라고 장담하지 못할 것이다.

사람들의 웰빙을 평가하는 것이 경제정책의 존재이유라고 한다면, 변화하는 선호, 더 구체적으로 내생적 선호는 특히 예민한 문제다. 정책은 종종 사람들의 선호에 영향을 미친다. 설령 비참한 흡연자의 암 덩어리 영상을 아무리 보여줘도 모든 흡연자들이 개의치 않고 담배를 피워댈 가능성이 있다 해도 흡연자들의 선호를 변화시키는 것이 이런 캠페인의 목표들 중 하나다. 하지만 사회정책이 사람들의 웰빙 증진을 목표로 하고 그것이 정책 후의 선호를 만족시키는 내용을 담고 있다면 정책으로 인해 생긴 사태(비흡연자가 된 것과 같은)를 사람들이 선호하는 결과를 실현했다는 이유를 들어 그 정책이 성공적이라고 정당화할 것이다. 정책의 결과는 시간이 경과하면서 전개되는 경우가 많다. 그렇게 해서 사람들의 선호가 그 전개 과정에서 변화한다면, 정책 이전의 애초의 선호, 과도기의 선호, 장기적인 선호가 우리가 선택할 수 있는 선호 집합이 된다.

마지막으로, 사람들이 자기에게 좋은 것을 선호한다는 데는 의문이 있다. 한 가지 강력한 반증례를 존 롤스로부터 빌려온다. 그는 (충분히 정보를 갖추고 철저히 생각한 뒤) "공원 광장이나 기하학적으로 잘 다듬어진 잔디밭 같은 곳에서 잔디를 세는" 오직 한 가지 소망만 가진 어떤 사람을 상상한다(Rawls 1971: 432). 혹자는 잔디를 세는 삶은 그 선호가 좌절되고 차라리 피아노를 치거나 예술 수집가, 고급식당이나 오래된 포도주 감정가가 되는 것과 같은 큰일을 강제로 시켜야 한다고 주장할 것이다. 그러면, 한 사람의 선호를 좌절시키는 것이 그에게 좋은 것이 확실한가?

텔레비전 연속극 "프레이저(Frasier)"에 나오는 에피소드 한 장면에서 라디오 심리학자는 바로 이런 딜레마에 빠진다. 어느 날 그는 자신이 애지중지하는 자신의 과거 쇼를 녹화한 테이프가 없어진 것을 알게 된다. 그는 방송으로 청취자들 중에 없어진 그 쇼를 녹음한 사람이 있는지 물어보았는데, 어 이게 웬일, 어떤 사람이 전화를 해왔다. 그를 방문해서 테이프를 입수하면서 프레이저는 그의 팬 톰(Tom)이 자기에게 완전히 빠졌다는 걸 알게 된다. 톰은 그날 것부터 모든 회를 다 청취했을 뿐 아니라, 다시 들으려고 모든 쇼를 다 녹음했으며, 그 쇼를 문서화하고, 라디오 유명인이 싸인한 사진을 더 많이 걸려고 자기 아파트의 하나밖에 없는 창문을 판자로 막았다. 톰이 열정을 다 바치려고 직장까지 그만두었다는 말을 들은 프레이저가 자기가 쇼를 하는 목적은 사람들이 더 잘 살도록 돕기 위한 것이라고 설명하고, 거기에 톰이 자기는 있는 그대로에 만족한다고 대꾸하며 한 차례 말을 주고받은 뒤, 프레이저가 말한다. "톰, 일이 이렇게 되니까 당신의 삶에 단순히 내 테이프와 사진 이상의 것이 있을 수 있겠다 생각이 들어요. 자, 만약 당신이 그런 문제를 더 탐색하는 데 관심이 있으면 당신과 얘기를 나누고 싶어 할 다른 사람을 추천해줄 수 있어요." 톰이 대답한다. "왜요? 저는 당신만 있으면 돼요!"

롤스의 잔디를 세는 사람과 톰에게 그들의 삶이 잘못되고 있다고 말하기 어렵다고 생각하는 사람들이 있을 것이다. 많은 사람들이 하나의 명분에 자신의 많은 것을 희생한다. 그들이 마더 테레사나 암 연구자라면 존경을 받는다. 반면 톰과 잔디 세는 사람은 뭔가 부족하다고 느껴진다. 그런 태도를 저 잘난 맛에 사는 거라고 생각하는 사람들도 있을 것이다.

더 설득력 있는 반대는, 그 선호를 가진 사람이 알지 못하고 그에게 영향을 미치지도 않는 선호만족이 그의 웰빙을 개선한다는 말이 이치에 맞지 않는다는 것이다. 우리는 그런 부류의 선호를 많이 갖고 있다. 대부분의 사람들이 2100년 지구의 평균 표면온도가 지금에 비해 5도 높은 것보다 지금의 온도와 같기를 선호할 것이다 —하지만 그런 선호를 가진 사람들 중에서 그 날을 볼 사람은 거의 없다. 어떤 사람들은 신의 존재를 선호하고 다른 사람들은 인종주의가 나쁘다고 생각한다. 더 구체적으로 말해서, 우리는 낯선 사람이 병에서 회복되기를 기원하지만 만나지 못하고, 병이 나아도 그 사실을 전혀 알지 못한다(Parfit 1984: 494). 선호만족이론에 의하면 2100년의 낮은 기온과 신의 존재, 인종주의의 허위성과 낯선 사람의 회복은 모두 우리의 삶을 개선하는 것들이다. 하지만, 우리의 선호가 만족되는지 알지 못하거나 알 수 없다면, 이런 것들이 왜 만족되어야 하는지도 알기 어렵다.

선호만족, 도덕성, 정책

지금까지 나는 대체로 맥락과 상관없는 선호만족이론에 대해서 살펴보았다. 우리가 도덕적인 평가와 사회정책이라는 맥락에서 그 이론을 검토할 때에는 새로운 난점이 발생한다. 이런 맥락에서 가학적이고 반사회적인 선호나 변태적인 선호가 문제가 된다. 다른 사람에게 피해를 주면서 만족을 구하는 선호를 모두 "악의적"이라고 부르자. 롤스의 잔디 세는 사람이 슬슬 그 일이 지겨워져서 나비의 날개 자르는 일을 취미로 개발한다고 하자. 혹자는 이런 선호를 만족시키는 것이 그의 웰빙을 촉진한다고 말할지 모른다. 하지만 이런 의미로 웰빙을 촉진하는 행동은 도덕적 관점에서 볼 때 칭찬할 가치가 거의 없다. 정책을 평가할 때 그것이 이런 의미의 웰빙에 주는 영향을 바탕으로 삼는 것은 바람직하지 않다고 생각된다. 우리는 14장에서 오로지 웰빙만이 도덕적 정당화의 근거라고 주장하는 도덕이론과 복지주의에 대해 살펴볼 것이다. 하지만 웰빙이 선호만족으로 이해되고 선호가 악의적이라면 후생주의는 애초부터 가망이 없는 게 분명하다. 따라서 그런 웰빙 개념이 도덕적·정치적 평가에 사용되면 될수록 그런 선호의 존재는 웰빙을 선호만족으로 보는 견해에 그만큼 불리하다. 선호를 세탁하는 과정을 거치면 악의적인 선호를 제거할 수 있겠지만, 결과에 대한 충분한 정보를 갖고 골똘히 생각하고 난 뒤에는 누구도 악의적인 선호를 갖지 않을 것이라고 가정하는 것은 너무 낙관주의적이라 할 것이다.

소위 사치스런 기호의 문제(예컨대 Keller 2002)도 마찬가지다. 프리필록세라 클라레(고가의 프랑스 보르도 산 적포도주-역자주)와 물떼새 알이 없으면 절망하는 사람은 "물과 콩가루로 만족하는" 사람보다 훨씬 많은 자원을 요구한다(Arrow 1973: 254). 사치스런 기호를 갖거나 개발하는 것이 확실히 그 자체로 나쁠 것은 없다. 하지만 사회정책이 웰빙에 미치는 결과에 비추어 평가되어야 한다면, 특히 사람들이 자신의 기호에 대해 어느 정도 책임이 있을 때 모든 선호를 대등하게 보는 것은 공정해 보이지 않는다. 정책 평가가 오로지 웰빙에 대한 정보만 사용하여 이루어지면 그만큼 다른 개념이 요구된다.

선호만족 웰빙이론이 갖는 이런 난점들 —시간에 따라 변화하는 선호, 내생적 선호, 타인에 대한 선호, 그리고 얻기를 소망하지만 실제로 얻는다고 해도 본인은 전혀 모르는 사태, 악의적인 선호, 사치스런 선호 등 — 은 매우 치명적이라고 생각된다(그 예로서 Sumner 1996; Hausman and McPherson 2006, 2009를 보라). 그렇다고 이것이 극복될 수 없다는 의미는 아니다. 하지만 그것들은 선호만족이 웰빙을 **구성한다**는 그런 발상에 의문을 제기한다. 우리는 이것이 우리가 알고 있는 후생경제학의 전부가 아니라는 것을 나중에 알게 될 것이다. 왜냐하면 웰빙과 선호만족이 서로 유관하지만 동일시할 정도로 가까운 관계는 아니라고 보는 견해가 있기 때문이다. 그러나 먼저 쾌락주의와 객관적 목록이론이라는 선호만족이론에 있어서의 강력한 경쟁자를 검토해보자.

쾌락주의

쾌락주의(hedonism)는 웰빙이 즐거움이나 행복과 같은 마음 상태로 이루어져 있다는 이론이다. 쾌락주의는 플라톤의 『프로타고라스』에서 처음 논의된, 참으로 오래 된 웰빙이론이다. 제레미 벤담(J. Bentham 1907 [1789]), 제임스 밀(J. Mill 1986 [1823]), 존 스튜어트 밀(J. S. Mill 1963b [1861]), 헨리 시즈윅(H. Sidgwick 1874)의 고전적 공리주의(14장 참조)의 바탕에는 웰빙에 대한 그런 견해가 깔려있다. 물론 그 네 사람은 웰빙을 구성하고 있는 것이 무엇인가에 대해 다른 견해를 가졌다. 그 견해는 근래에 경제학에서 약간의 부흥을 이루었다(Layard 2005;

Kahnemann and Krueger 2006). 그것은 지금까지 꽤 오랫동안 실험심리학자들의 웰빙 개념이었다(Angner 2009 참조).

벤담의 설명은 가장 간단하면서도 가장 잘 알려져 있다. 그 견해에 따르면 웰빙은 쾌락을 늘리고 고통을 줄이는 것이다(1907[1789]). 모든 쾌락은 —오토바이 타기, 굴을 꿀꺽 삼키기, 그림을 보고 감동받기, 스릴러물 읽기 등— 무엇으로부터 비롯되었든 동질적이다. 고통은 부정적인 쾌락에 지나지 않는다.

쾌락주의는 처음부터 쾌락이 우리들에게 좋은 것, 심지어 궁극적으로 좋은 것이라는, 이치에 맞는 웰빙이론이었다. 선호만족이론에 대한 많은 반증례가 쾌락주의에 의해 쉽게 수용된다. 만약 파아핏(Parfit)이 언급한 낯선 사람이 회복된다 해도 내가 그 사실을 모르면 쾌락을 경험할 수 없고 나의 웰빙은 증진되지 못할 것이다. 그에 반해서, 많은 타인 관련 선호의 만족은 선호만족의 결과로 생기는 쾌락으로서 우리의 웰빙에 영향을 줄 것이다. 따라서 만약 내가 내 손자가 학교에서 공부를 잘 하는 것을 선호하고 진짜로 학교에서 공부를 잘 한다면 내 웰빙은 증진될 것이다. 만약 그렇다면 그 이유는 쾌락주의에 따르면 내 손자가 잘 하고 있다는 것을 알고 그것이 내게 즐거운 느낌을 주기 때문이다. 이 이론의 진의는 내 손자가 정말로 잘 하느냐와 상관없이 즐거운 감정이 나의 웰빙을 개선한다는 것임을 단박에 알 수 있다.

물론 난점들이 있다. 문제는 모든 쾌락이 동등하게 간주되어야 한다는 생각에 있다. 오토바이 타기, 굴 먹기, 그림을 보고 감동받기, 스릴러물 읽기의 경험들은 모두 매우 이질적이다. 아마도 모든 즐거운 경험과 다른 심적 느낌이 결부되며 그것을 우리는 "쾌락"이라고 부른다고 해야 맞을 것이다. 따라서 내가 그림을 감상할 때에는 그림만 경험하는 것이 아니라 일정 정도의 즐거움이라는 이차적 경험을 한다. 그런 이차적 경험은 모든 즐거운 일차적 경험에 공통된 것이다.

　도덕적 관점에서 볼 때, 다른 쾌락 경험들은 다르게 계산되어야 한다. 크리습(Crisp)은 사고실험으로 논점을 제기한다.

> 여러분이 보람찬 인간의 삶을 살 것인지, 아니면 매우 낮은 수준의 쾌락을 경험하는 겨우 의식이 있는 굴(oyster)의 삶을 살 것인지 선택권이 주어진다고 상상해보자. 또, 사람은 80세까지밖에 못 사는 반면, 굴은 당신이 원하는 대로 얼마든지 오래 살 수 있다고 상상해보자. 벤담이 옳다면 인간으로 살기보다 굴로 살기를 선호할 정도로 오래오래 사는 굴의 삶이 있어야 할 것이다. 하지만 여러분은 굴의 수명이 아무리 길어도 굴로 살기보다 사람으로 살겠다고 말한다.
>
> (Crisp 2008)

　존 스튜어트 밀은 낮은 수준의 쾌락과 높은 수준의 쾌락을 구분함으로써 그 문제를 우회하려고 애썼다(1963b[1861]: 2장). 하지만 이것은 쾌락주의로부터 이탈하는 것이나 다름없다. 어쨌든, 쾌락주의에 대한 더 결정적인 반론으로 로버트 노직(Robert Nozick)의 "경험기계(experience machine)"라는 것이 있다.

　노직은 매트릭스 세계 속에 사는 한 사람을 상상한다. 이 사람은 으레 하고 싶어 하는 모든 경험들을 다 한다. 아프릴리아(Aprilia)를 타고 이태리 리베이라를 횡단하고, 클로에 세비그니(Chloë Sevigny)나 조지 클루니(George Cloony) (중에서 골라) 그 회사의 벨롱 굴을 먹고, 구스타프 쿠르베의 그림을 보며 감동하고, 로버트 윌슨(Robert Wilson)의 스릴러물을 읽는다. 하지만 이런 경험들이 당신의 생활환경의 산물이 아니고 매트릭스의 산물이라 하자. 당신이 그걸 안다면 그런 삶을 굳이 선택할 용의가 있는가?

　다른 문제들이 더 있다. 센(Sen 1999b: 162)은 심적 적응(mental

adaptation)이라는 문제를 언급한다. 어떤 생활환경 속에서 자라온 사람들은 외부 사람들 눈에는 그들이 비참해 보이는데도 불구하고 즐거움을 경험할 수 있다는 것이다. 행복한 노예, 억압받는 여성들, 천민집단 사람들이 그 좋은 예다. 물론 부유한 환경에 적응하고, 그럼으로써 자신의 특권을 감사하지 못할 반대의 가능성도 있다. 심적 적응에 대한 센의 요지는, 어떤 사람이 얼마나 잘 살고 있는가를 평가하는 데는 쾌락과 거리가 있는 다른 고찰이 중요하다는 것이다. 따라서 노직과 센의 주장은 같은 방향을 가리킨다. 즉 우리가 비록 자신의 삶에 대해 매우 행복하다고 느낄지라도 비참한 (또는 부유하면서도 불행한) 삶을 살 수 있다는 것이다. 여기서 강조점은 웰빙에는 쾌락보다 더 중요한 게 있다는 것이다.

이것이 그 이야기의 결말은 아닐 것이다. 아마도 쾌락주의자는 이런 비판을 피해갈 길을 갖고 알고 있을 테니까(Crisp 2008은 이런 가능성을 제기한다). 우리는 현대의 실험심리학자들이 쾌락주의 웰빙이론을 지지한다는 사실도 알아야 한다. 아마도 우리는 선호만족이론과 같은 방향으로 대응을 해야 할 것 같다. 즉 쾌락이나 행복, 웰빙은 서로 관련은 있으나 동일한 것은 아니다. 아마도 쾌락은 우리의 삶이 가야할 하나의 길일 수 있지만, 유일한 길은 아니다. 그리고 우리의 삶이 자신을 위해 잘 영위되지 못할 경우에도 종종 쾌락을 경험할 수 있다.

객관적 목록이론

사람들에게 쾌락을 주느냐, 원하는 대상이냐 하는 것과 무관하게 매력을 끄는 것들이 많이 있다. 건강이 좋은 예다. 한 번도 병을 앓아보지 않은 사람들은 건강함을 잘 즐길 줄 모른다. 개인의 건강이 그의 웰빙에 이바지한다는 것은 지당한 말이다. 마찬가지로, 만성적인 질병을 가진 사람은 처음 병을 앓고 난 뒤 얼마가 지나면 자신의 환경에 적응하여 건강한 사람들 못지않게 행복하다고 한다(Frederick and Loewenstein 1999). 행복한 만성질환자는 건강한 사람이 결여하고 있지 않은 뭔가를 결여하고 있다고 해도 무방하다.

웰빙에 대한 소위 "객관적 목록이론(objective list theories)"의 배후에 있는 핵심 사상은 자신에게 이롭기 때문에 모두가 소중하게 여기거나 여겨야 할 어떤 게 있다는 것이다. 객관적 목록이론은 그런 것들 중에서 단일 공통요소를 발견하려고 하지 않고 이것들을 나열한다.

객관적 목록이론에 대한 쟁점은 크게 두 가지로 압축된다. 하나는 "객관적"이라는 말과 관련이 있고 다른 하나는 "목록"이라는 말과 관련이 있다. 그런 목록을 작성해야 하는 이유를 어떻게 정당화할 것인가? 구체적으로 말해서 철학자들이 웰빙의 이론화 대상인 그 사람들보다 그들에게 좋은 것을 더 잘 안다고 믿을 근거는 무엇인가? 나아가, 목록에 올려야 할 항목들은 무엇인가? 이런 특정한 사항들을 목록에 포함시켜야 할 이유는 어떻게 정당화되는가?

목록에 어떤 것들이 올라 있는지 맛을 보여 주기 위해서 마사 누스바움(Martha Nussbaum 2000: 78-80)을 살펴본다(누스바움의 10가지 핵심역량을 정리한 것이다-역자주).

- **생명**. 본래의 정상 수명까지 잘 살 수 있음; 요절하지 않거나, 살 가치가 없을 정도로 위축되기 전에 죽지 않음.
- **신체 건강**. 자녀를 낳는데 필요한 건강을 포함한 좋은 건강 상태를 갖고 있음; 적절히 영양 섭취를 함; 적절한 주거지를 가짐.
- **신체 보전**. 자유롭게 여기저기로 이동을 할 수 있음. 자신의 신체적 경계를 주권으로 대우받음. 다시 말해서 성적 학대, 아동의 성폭력, 가정 폭력을 포함한 학대로부터 안전할 수 있음. 성적 만족을 누리고

자식을 낳을지 말지 선택할 수 있음.

- **감각, 상상, 생각.** 감각을 사용하고 상상하고 생각하고 추리할 수 있음 ―그리고 이런 일들을 하되, "진실로 인간적으로, 즉 읽고 쓸 줄 아는 능력, 기초적인 산술적・과학적 훈련을 포함한, 그러나 여기에 국한되지 않는 적절한 교육에 의해 정보를 얻고, 계발될 수 있게 일할 수 있음. 스스로 선택한 종교적・문학적・음악적 자기 표현 작업 및 행사를 경험하고 제작할 때 상상력과 사고력을 사용할 수 있음. 정치적・예술적 발언과 관련된 표현의 자유와 종교적 예배의 자유를 보장함으로써 보호받을 수 있게 각자의 마음을 활용할 수 있음. 각자 나름의 방식으로 삶의 궁극적 의미를 탐색할 수 있음. 즐거운 경험을 갖고 불필요한 고통을 피할 수 있음.

- **감정.** 우리 외부의 사물과 사람들에 대한 애착을 느낄 수 있음. 우리를 사랑하고 보살펴주는 사람들을 사랑하고, 그런 사람들이 없음을 슬퍼함. 일반적으로, 사랑하고, 슬퍼하고, 동경과 감사, 정당한 분노를 경험함. 공포와 불안에 의해, 또는 학대나 무시당한 충격적인 사건에 의해 정서 발달이 저해되지 않음(이런 역량을 지원함은 곧 발달에 결정적으로 중요하다고 입증될 수 있는 형태의 인간적 유대를 지원함을 의미한다).

- **실천적 이성.** 선(善)의 개념을 형성하고 각자의 삶의 계획에 대한 비판적 성찰에 참여할 수 있음(양심의 자유에 대한 보호를 필요로 함).

- **친교:**
  - 타인과 더불어 살고 그들을 인정하며, 자신의 외부에 있는 타인에 대한 관심을 표명하고, 여러 가지 형태의 사회적 상호작용에 참여함. 타인이 처한 상황을 상상할 수 있음. (이런 역량을 보호함은 그런 연대의 형태를 구성하고 함양하는 기관을 보호하고 집회와 정

치적 발언의 자유를 보호함을 의미한다).

- **자존과 비굴욕의 사회적 토대를 가짐.** 다른 사람과 대등한 가치를 가진 존엄한 존재로 대우받을 수 있음. 이를 위해서 최소한 인종, 성, 성적 지향, 신분제도, 종교, 국적에 따른 차별로부터 보호를 받아야 함. 노동에 있어서는 인간존재로서 노동할 수 있고 실천적 이성을 발휘하고 다른 노동자들과 상호 인정하는 의미 있는 관계를 맺을 수 있음.
- **다른 종.** 동물, 식물, 자연 세계에 대한 관심을 갖고 살고, 그런 것들과 관계를 맺음.
- **놀이.** 웃고, 놀고, 여가 활동을 즐길 수 있음.
- **주변 환경에 대한 통제**
  - **정치적.** 각자의 삶을 다스리는 정치적 선택에 효율적으로 참여할 수 있음; 정치적 참여 및 언론과 결사의 자유를 보호할 권리를 가짐.
  - **물질적.** 형식적 기회가 아닌 실질적 기회의 측면에서 (동산, 부동산 모두 포함한) 재산을 가질 수 있음. 타인과 동등한 바탕 위에서 재산권을 가짐; 타인과 동등한 바탕 위에서 직업을 구할 권리를 가짐; 부당한 조사와 체포로부터의 자유를 가짐.

이런 목록에 올라있는 다양한 항목들의 유일한 공통점이라면 모두 나름대로의 방식으로 사람들의 웰빙을 증진한다는 것뿐이다. 이것은 객관적 목록이론의 장점이다. 웰빙을 하나의 특징으로 환원하려고 하지 않는다. 그 특성이 무엇이든, 그런 특성을 가지지 않았음에도 불구하고 웰빙을 향유하는 사람과, 반대로 그런 특성을 갖고 있음에도 불구하고 웰빙이 결여된 사람을 그려볼 수 있을 것이다. 목록이 길 때는 이런 반증례를 찾기 더 어려워질 가능성이 크다.

그러나 두 개 이상의 항목을 가진 목록은 심각한 문제를 야기한다. 목록에 올라있는 다른 항목들과 관련하여 다르게 살아가는 사람들의 웰빙에 대해 어떻게 순위를 매길 수 있는가? 사람들의 쾌락을 측정하는 데 실제적인 문제가 있긴 하지만, 최소한 개념적으로는 모든 사람의 쾌락은 통약 가능하다(commensurable: 하나의 표준이나 기준 혹은 단위로 환산하거나 환원할 수 있다는 의미－역자주). 그런데 목록은 그렇지 않다. 만약 어떤 사람이 어떤 기준으로 볼 때 잘 살고 다른 사람은 다른 기준으로 볼 때 잘 산다면 다른 기준에 가중치를 부여할 방책이 없는 한 그들의 웰빙 수준을 비교할 수가 없다. 그러나 그런 방책을 사용하게 되면 객관적 목록이론의 가장 큰 장점인 상대적으로 개방적이고 다원적인 웰빙 접근방식을 훼손한다. 우리 모두 "놀이"를 같은 정도로 가치있게 본다고 말하기보다는 우리 모두 "놀이"를 가치있게 본다고 말하는 게 확실히 더 타당할 것이다.

센이 언급한 한 사례는 그 문제를 분명하게 보여준다(Sen 1999b: 4장). 극도의 가난은 남아시아와 사하라 사막 이남의 아프리카라는 세계의 두 지역에 매우 집중되어 있다. 소득, 유아 사망률, 성인 문맹률을 보면 두 지역은 상당히 비슷하다. 하지만 사망률과 영양 상태를 볼 때 엄청난 차이가 있다. 인도에서 사망연령의 중앙값이 37세인데 비해, 사하라 사막 이남의 아프리카의 경우에는 충격적이게도 5세다. 반대로 인도에서 영양 결핍상태인 어린이가 40%~60%인데 비해, 사하라 사막 이남의 아프리카의 경우에는 "고작" 20%~40% 정도다.

센은 웰빙이 다차원적인 개념이며 정책을 적절하게 평가하기 위해서는 우리가 그 상황에 대한 도덕적으로 적절한 모든 측면을 볼 수 있어야 한다는 자신의 논거로 이 사례를 제시한다. 하지만 그 사례를 가져다가 다차원적인 설명의 문제에 대한 관심을 끌기는 쉽다. 도덕적 평가와 특히 정책 분석을 위해서 우리는 두 사람, 상황, 또는 정책의 우선순위를 매기기 위한 기초를 필요로 한다. 미국 정부처럼 우리가 개발 원조에 쓸 일정한 액수의 돈을 갖고 있다고 가정하자. 그것을 인도에 투자할 것인가 아니면 사하라 사막 이남의 아프리카에 투자할 것인가? 생명, 신체건강(영양섭취 포함)에 대한 설명을 모조리 한 데 모아 놓으면 결정을 하는 데 별로 쓸모가 없을 것이다. 그렇다고 여러 차원을 벗어난 하나의 지수(index)를 구축하려고 하면 다원주의적 설명이 극복하려고 했던 문제들을 다시 불러들이게 될 것이다.

목록에 오른 항목들을 측정하고 가중치를 붙이는 문제와 별도로, 목록에 제일 먼저 오를 것을 어떻게 결정할 것인가? 원칙적으로는, 참여적이거나 아니면 철학적으로 성찰적인 두 가지 방식이 있다. 그런데 둘 다 문제가 있다. 모집단의 대표들한테 그것을 결정하라고 하면 그것은 세계적 수준에서는 명백히 비현실적이다. 그 결정을 국가적, 국가 하부적 수준에 국한하면 우리가 중요하게 생각하는 웰빙의 차원들을 다른 문화들이 존중하지 않는다 해도 그것을 비판할 수 없을 것이다. 예를 들어, 다른 문화는 자식을 낳을 것인가 말 것인가 하는 것을 개인이 선택할 소중한 문제로 여기지 않을 수 있다. 목록이 어떤 문화권 안에서만 "객관적"이라면 그 문화를 비판할 근거가 없다고 해야 할 것이다.

철학적 성찰을 계속하다보면 명백한 정당성의 문제에 부딪친다. 즉, 다른 가치관을 지지하는 문화의 성원들을 포함한 모든 사람이 자신의 웰빙에 대해 알고 있는 것보다 웰빙에 대해 성찰하는 철학자가 그들의 웰빙에 대해 더 많이 알고 있다는 것을 이들에게 어떻게 해명할 것인가? 그런데 우리는 민주적 절차가 유사한 문제, 즉 지구상의 다른 사람들은 고사하고 내 자신의 문화에서 내가 왜 다수의 가치를 받아들여야 하는가 하는 문제에 부딪친다는 사실을 무시하지 말아야 한다. 이론적으로는 만장일치가 그 문제의 출구일 수 있으나 문화적 다양성의 현실을 감안하면 합의에 도달할 가능성은 희박하다.

선호를 증거로 보는 견해

이제 우리가 막다른 골목에 도달한 것처럼 보일 것이다. 웰빙이론에 세 가지가 있고 셋 모두 심각한 문제를 안고 있다. 그것은 우리가 웰빙에 대한 고찰을 그만두고 많은 중요한 문제를 미해결 상태로 내버려 둬야한 다는 걸 의미하는가? 혼란에서 탈출할 길이 있지만 그것은 우리가 던지는 질문에서 두 가지를 바꿀 것을 요구한다. 첫째, "웰빙이란 무엇인가?" 를 묻기보다는 사람들의 웰빙을 평가하거나 측정하기 위해서 우리가 "어떤 출처의 정보를 고려할 것인가?"를 물을 수 있다. 비록 선호만족과 행복, 그리고 철학자들이 작성한 객관적 목록상의 항목들은 웰빙이 무엇인 가에 관한 이론으로서 기능적으로 문제가 있지만, 선호만족과 행복에 대한 정보와 철학자들이 작성한 객관적 목록상의 항목들에 대한 정보는 사람들의 웰빙을 평가하는 데 유용할 수 있다. 우리는 선호만족과 행복, 그리고 철학자들이 작성한 객관적 목록상의 항목들이 더이상 웰빙을 **구성한**다고 생각하기보다 웰빙**에 대한 증거**로 생각해야 한다(Hausman and MacPherson 2009). 둘째, 추상적 적용이 아닌 구체적 적용 상황에서 우리는 웰빙에 대한 정보를 어디서 얻었는지 물어야 한다. 한편으로는 구체적으로 적용할 때 하나의 척도를 다른 척도보다 선호할 맥락상의 합당한 이유가 있을 수 있다. 다른 한편으로는, 구체적으로 적용하게 되면 실제로 반증례가 발생할 가능성을 평가할 수 있게 될 것이다. 어떤 사례가 일반적 웰빙이론의 설명에 위배된다고 해도 발생할 가능성이 극히 희박하다면, 구체적으로 적용하는 실제 상황에서는 그걸 유의미하다고 보기 어려울 것이다.

비용편익분석(CBA)은 사회경제적 프로젝트를 평가할 때 그것이 가져다 줄 순편익(net benefit)의 개념을 사용한다. 여기에서 순편익은 프로젝트 지지자들이 그 프로젝트를 실현하는 데 **지불할 의사**가 있는 총액에서 반대자들이 그에 대해 보상을 요구하는 총액을 뺀 것으로 이해된다. CBA는 지불의사가 선호만족을 가리킨다고 가정한다. 따라서 가장 큰 순편익을 가진 프로젝트는 선호를 가장 효과적으로 만족시키는 것으로 간주되며, 웰빙에 대한 선호만족이론에 따라 사람들을 잘 살게 하는 것이 좋은 프로젝트다. CBA는 후생경제학의 주요 응용분야의 하나다.

하우스만과 맥퍼슨(Hausman and McPherson 2009)은 선호만족이 웰빙이론으로서 지속가능성이 없지만 특정한 조건 하에서는 CBA에 잘 부합하는 웰빙의 좋은 증거를 제공할 수 있다고 주장한다. 그들이 언급하는 주요 조건은, 사람들이 프로젝트의 결과에 대한 훌륭한 판관(judge)이며 그들의 선호가 이기적이라는 조건이다. 사람들은 어떤 프로젝트의 결과에 대한 충분한 정보를 갖고 편견 없이 판단할 때 훌륭한 판관이다. 사람들이 자신의 웰빙을 촉진하는 사태를 선호하면 그들의 선호는 이기적이다. 이렇게 해서 이기적 선호의 개념은 웰빙의 개념을 전제하게 되는데, 그러면 웰빙에 대한 선호만족이론이 순환론에 빠진다. 하지만 하우스만과 맥퍼슨은 웰빙이론을 추구하지 않기 때문에 사람들이 자신에게 좋은 것을 알 때도 있다고 가정할 수 있는 한 이것은 문제가 안 된다. 그들은 이것이 우리가 할 수 있는 안전한 가정이라고 주장한다(Hausman and McPherson 2009: 18).

그 두 조건이 충족될 때가 있다고 믿을 합당한 이유가 있는가? 사람들의 선호가 이기적이라고 가정할 수 있는지 살펴보자. 하우스만과 맥퍼슨은 사람들이 자신에게 이롭지만 선호할 것 같지 않은 한 가지 사례, 즉 멸종위기종 보호의 사례를 언급한다. 그들은 이렇게 썼다.

> 시베리아 호랑와 진두루미의 생존은 어느 정도 개인의 복지와 관련되어 있다. 왜냐하면 사람들은 참으로 아름다운 이런 피조물을 보면서 또는 멸종의 위기로부터 생존한 것을 단순히 관조하면서 즐거움을 얻기

때문이다. 하지만 대부분의 사람들에게 이런 즐거움은 그다지 대단한 것이 아니며, 이런 동물들이 멸종되지 않는 걸 선호할 다른 비이기적인 이유가 있다. 멸종위기종의 경우, 선호는 편익을 재는 좋은 척도가 아니다.

(Hausman과 McPherson 2009: 17)

따라서, 사람들이 멸종위기종을 보호하는 정책에 지불할 의사는 자신에게 좋은 것에 대한 고려가 아니라, 도덕적 · 미적 고려 또는 다른 동물에 대한 관심의 소산일 것이다. 그런 경우, 지불의사는 웰빙에 대한 좋은 지표가 아니다. 다른 사례(아마도 도로나 전기와 같은 사회기반시설의 구축)에서는 사람들의 지불의사가 웰빙을 더 정확하게 추적할 것이다.

다른 조건은, 사람들이 프로젝트 시행의 결과를 평가할 때 실수를 하지 않는다는 것이다. 현대 심리학에서 사람들이 편향되고 실수할 가능성이 있는 영역을 확인하는 연구들이 상당히 많으며, 정책입안자들은 이런 연구에 기초하여 지불의사가 웰빙에 대한 정확한 길잡이가 될 가능성을 평가할 수 있다(Hausman and McPherson 2009: 22-23).

CBA에 대한 다른 부분적 옹호론이 있다. 사람들이 이기적이고 어떤 프로젝트의 결과에 대한 좋은 판관일 가능성이 있는 경우, 지불의사는 대안들보다 웰빙에 대한 **더 좋은** 길잡이인 것처럼 보인다. 자기 보고로 측정된(self-reported) 행복은 신뢰하기 어렵다. 그런 보고들이 전적으로 부적절한 정보에 의해 심하게 편향되어 있다는 증거가 있다. "대체로 말해서 그 다리가 놓이게 되면 당신의 삶이 얼마나 행복해 질 것이라고 생각하십니까?"와 같은 질문에 사람들이 어떻게 답하게 될까? 특히 행복을 측정하는 척도가 아주 엉성할 때(예컨대, 미국 사회조사에서처럼 "매우 행복함, 꽤 행복함, 별로 행복하지 않음"), 어떤 프로젝트가 행복에 미치는 영향이 자기 보고로 측정된 행복에 의해 신뢰할 만큼 추정될 수 있다고 가정하는 것은 타당하지 않다.

이는 객관적 척도에도 해당되는 말이다. 웰빙에 대한 객관적 목록이론의 여러 측면 ―예컨대 사망률, 질병률, 이동성, 정치 참여― 중 어느 것도 신뢰할 수 있을 정도로 추정될 가능성이 낮다. 게다가 여기서도 우리는 앞에서 언급한 가중치부여/집계 문제에 부딪치게 될 것이다.

결론적으로 말해서, 선호만족이 웰빙의 구성요소가 아니라 웰빙에 대한 정보를 주는 것으로 이해될 때 맥락에 따라서는 지불의사에 바탕을 둔 CBA가 값진 정보를 제공할 수 있다고 믿어도 될 것이다. 사람들의 선호가 이기적이고 사람들이 정책의 결과에 대한 좋은 판관일 때 지불의사가 웰빙의 좋은 지표가 될 수 있다. 지불의사의 측정과 관련된 많은 난점이 있고 지불의사가 선호 뿐 아니라 부(富)에도 의존하기 때문에 "순편익" 기준만으로 정책을 평가해서는 안 된다. 그럼에도 불구하고 지금까지의 논의는 선호가 때로는 웰빙에 미치는 결과에 비추어 프로젝트를 평가하기 위한 옹호할만한 원천(source)이 되기도 한다는 걸 보여주었다.

결론

이 장에서 우리는 선호만족, 쾌락주의, 그리고 객관적 목록이론이라고 하는, 철학서에서 현재까지 웰빙에 관해 논의되어온 세 가지 이론에 대해 점검했다. 모두 심각한 반대에 부딪히고 있지만 출구가 있다는 것도 보았다. 만약 우리가 선호에 대한 정보를 웰빙의 구성요소로 이해하지 않고 웰빙에 대한 증거가 가진 특성으로 이해한다면, 또 맥락에 따라서 한정적으로 적용한다면 일반적인 후생경제학이 좀 더 설득력을 얻을 것으로 생각된다.

그러므로 그 핵심 개념인 후생이나 웰빙에 대한 공통된 이해가 없어도 후생경제학이 성립될 수 있다. 하지만 우리가 이 장의 시작 부분에서 다룬 '보이지 않는 손' 가설에 대한 중요한 시사점이 있다. 설령 시장의 불완전성으로 인한 난점들(이런 것들은 13장에서 검토될 것이다)을 무시하고, 또 어떤 결과가 사회적으로 적정하다고 여겨지기 위해서는 웰빙 하나만이 아닌 여러 요인들에 주목해야 한다는 사실(이것은 14장에서 검토될 것이다)을 무시한다고 해도, 사람들이 어떤 것이 자기에게 좋은지 알고 또 선택을 할 때 실수하지 않을 때에만 이기적 선택은 사회적 선으로 전환될 것이다. 사람들은 자기에게 좋은 것이 무엇인지 항상 잘 판단하고 실수하지 않는다는 가정은 해롭지 않은 이상화가 아니다. 15장에서 사람들이 훌륭한 판관이 아니거나 선택을 할 때 실수를 한다는 것, 또는 둘 다 일 수 있다는 것이 결코 부정할 수 없는 사실이라는 몇 가지 증거를 볼 것인데, 그렇게 되면 '보이지 않는 손' 가설은 거짓이 되고 이기적 선택은 사회적 이익으로 자동 전환되지 않는다.

연구 문제

1. 후생경제학은 필연적으로 가치 적재적(value-laden) 학문일 수 밖에 없는가?
2. 여러분은 어떤 웰빙이론이 가장 설득력이 있다고 생각하는가? 여러분의 대답을 변호하라.
3. 이 장(章)에 있는 "웰빙과 선호만족"에 관한 절(節)에서 실제적 선호만족 웰빙이론에 대한 많은 해결책을 제시했다. 남아 있는 문제들을 극복하기 위해 추가적으로 이론을 수정할 것이 있는지 말해보자.

4. 후생경제학에 대해 다룬 이 장(章)의 "웰빙"에 관한 절에서 논의된 선호만족 웰빙이론에 대한 비판의 결론은 무엇인가?
5. 행복에 대한 정보나 건강, 교육과 같은 객관적 목록상의 항목들에 대한 정보를 웰빙에 대한 증거로 보는 증거적 설명을 구축할 수 있을까? 그런 설명과 이 장에 있는 "선호를 증거로 보는 관점"에 관한 절에 제시된 것 간에는 어떤 차이가 있을까?

권장 도서

경제학의 윤리적 측면에 관한 가장 중요한 일반 교재는 Hausman and McPherson 2006이다. 이 책은 본서의 III부에 있는 모든 장(章)에 대한 참고자료가 될 수도 있다. Hausman과 McPherson은 시장실패를 제외한, 여기서 논의된 모든 윤리적 주제를 상세하게 다룬다. 특히 웰빙에 대해서는 Crisp 2006이 아주 훌륭한 입문서다. 책 분량으로 다룬 것으로는 "생활 만족"이라는 생각을 바탕으로 한 웰빙이론을 지지하는 Sumner 1996과, 객관적 목록이론을 지지하는 Griffin 1986이 있다. "경제학 안의 윤리학"에 대한 일반적인 주제에 관한 것으로 Dasgupta 2005를 보라. 그는 경제학에서 "표준적인" 입장이라고 부를 만한 것을 지지한다. 또한 Hilary Putnam과 Vivian Walsh의 논평(Putnam and Walsh 2007)과 Dasgupta의 응답(Dasgupta 2007)도 참고하라.

13장

시장과 도덕

개론

경제학자들은 '보이지 않는 손' 가설로 자유시장에 대한 지지를 정당화하곤 한다. 우리가 12장에서 다루었듯이 그 가설은 사람들이 사적 이익을 추구하면 자유시장은 사회적으로 바람직한 결과를 낳을 것이라는 주장을 편다. 그것은 상품 교환을 조직화하는 것이 사회적으로 바람직한 결과에 도달하는 하나의 효과적 전략임을 함축한다.

그러나 "자유시장"이란 무엇인가? 직관적으로 사람들은 그 용어를 최소한의 정부 간섭을 가리키는 말로 이해할 것이다. 그런 식의 이해가 어떤 미덕을 가지고 있다고 해도 그것은 '보이지 않는 손' 가설이 요구하는 바가 아니다. 후생경제학의 첫 번째 기본 정리(그 가정의 분석적 부분)는 무엇보다, 생산자와 소비자가 경쟁적으로 행동하고, 완전하게 정보를 가지며, 시장은 완전하다고 가정한다. 양자는 가격 수용자일 때 경쟁적으로 행동하고, 그들의 거래에 적합한 모든 정보를 갖고 있을 때 완전히 정보를 소유하고 있다. 그리고 사람들이 소중하게 생각하는 모든 것을 거래비용을 치르지 않고 교환할 수 있을 때 시장은 완전하다. 많은 시장의 실제 모습을 보면 생산자와 소비자는 상당한 시장적 권력을 갖고 있고, 정보는 불완전하며, 많은 상품을 위한 시장들이 실재하지 않는다. '보이지 않는 손' 가설에 요구되는 것을 위한 더 좋은 개념은 "이상적인 시장체제"일 것이다. 이는 직관적으로 이해된 "자유시장"과 확실히 다르다.

이 장에서는 자유시장과 이상적 시장체제를 하나로 묶어서 그것이 시사하는 바에 대해 살펴본다. 여기서 두 가지 주요 질문을 던진다. 첫째로, 시장이 자유롭게 — 즉, 정부 간섭이나 다른 규제가 없이— 작동하긴 해도 이상적인 시장체제가 아니라면 그래도 '보이지 않는 손' 가설이 함축하는 바가 여전히 타당한가? 둘째로, 어떤 간섭이 확실하게 실제 시장을 더 이상적으로 만든다면 도덕적으로 정당화될 수 있는가?

그 두 질문은 밀접히 연관되어 있다. 만약 도덕적으로 바람직하지 않은 결과를 초래하는 시장 불완전성이 나타난다 하자. 그러면 (최소한 규제된 시

장이 도덕적으로 열등한 결과를 낳지 않는 한) 시장 불완전성을 제거하는
개입은 정당해 보인다. 하지만 앞으로 보게 되겠지만, 시장실패가 갖는 도
덕적 함의가 쉽게 평가될 수 있다는 보장이 없을 뿐 아니라, 현실의 시장
을 더 이상적으로 만들려고 개입하는 것이 항상 바람직하다는 보장도 없
다. 그러니 도덕적인 면에서 시장은 지뢰밭이다.

시장실패

시장이 실패하는 데는 여러 가지 이유가 있다. 이것을 부정하기 어렵
다. 각각의 시장실패 유형에 대해 어떤 도덕적 기반 위에서, 어떻게 대응
할 것인가 하는 것은 흥미로운 문제다. 이 절에서는 가장 일반적인 시장
실패 유형 —시장지배력, 정보 불균형, 외부효과— 을 훑어보고 제시된
대응책에 대해 간략하게 논의할까 한다. 이 절은 경제학적 배경을 가진
독자들에게는 다소 지루하게 느껴질지 모르지만 시장실패의 종류를 아
는 것은 중요하다. 뒤에 다룰, 시장에 제기되는 도덕적 과제와 관련된 여
러 사례들을 논의하는 데 성패가 달린 것이 무엇인지 알기 위해서도 알
아둘 필요가 있다. 여기에 대해 부디 인내심을 발휘하기 바란다(아니면
그냥 넘어가도 좋다).

독점과 시장지배력

서양철학은 만물이 물로 만들어졌다고 생각한 밀레투스의 탈레스로부
터 시작되었다고 한다. 아리스토텔레스가 그렇게 말했고 버트런드 러셀
역시 그랬다(Aristoteles, *Metaphysics* A: 983b18; Russell 1967). 서양
철학의 시작은 BC 585년의 어느 날인데, 그 해는 탈레스가 예측한대로
일식이 일어난 해였다. 그러나 그는 자연현상에 대한 탈미신적 설명으로
더 유명하다. 한 일화에 의하면, 탈레스는 자신의 가난을 현실적으로 철

학이 아무짝에도 쓸모없다는 증거라고 조롱하는 사람들한테 진절머리가 났다. 철학을 하는 것이 꼭 쓸데없는 짓만은 아니라는 것을 보여주기 위해서 탈레스는 자신의 천문학적 지식을 바탕으로 예사롭지 않은 풍년을 예측한 후, 어느 겨울에 작은 돈을 들여 올리브 압착기를 구입했다. 수확기가 되어 압착기 수요가 폭증하자 탈레스는 자기 마음대로 원하는 값을 부를 수 있었다. 아리스토텔레스는 다음과 같이 결론을 내렸다. "그가 자신의 지혜에 대한 확실한 증거를 제시했다고 생각되지만, 내가 말한 대로, 부를 얻는 그의 방법은 흔히 사용해온 독점의 창출이라는 것이다. 그것은 돈이 필요할 때 여러 도시들이 써먹던 수법이다. 그들은 공급의 독점을 만든다."(『정치학』, 1권, 11부). 서양철학이 시작될 때 이미 시장지배력이 행사되고 있었던 것이다.

'보이지 않는 손' 가설은 생산자와 소비자 모두가 경쟁적으로 행동한다고 가정한다. 그런데 경쟁적으로 행동하지 않을 다양한 이유가 있다. 생산자가 높은 고정가격과 규모의 확대에 따라 수익이 점증하는 국면에서 소위 "자연독점"이 발생한다. 이럴 경우 생산량을 늘려 평균 생산비용은 줄이고 수요량을 더 싸게 공급할 수 있는 것은 언제나 작은 기업이 아니라 큰 기업이다. 자주 제시되는 예가 공익사업이다. 전기 생산과 물 공급은 기반시설에 엄청난 초기 투자를 요구하지만 그 재화의 한계생산은 실제로 무시해도 될 정도다. 자연독점뿐 아니라 정부보증 독점이 있는데, 여기에서 경쟁의 부재는 생산기술이 아닌 정부의 강제에서 생겨난다.

규모의 경제와 정부의 인가는 기존 기업들로 하여금 시장지배력을 행사할 수 있게 하는 진입장벽의 두 가지 요인이다. 그 이외에도 상당히 많은 것들이 있다. 이용자의 수와 더불어 어떤 재화의 가치가 증가할 때, 즉 네트워크 효과가 있을 때 자연독점과 유사한 상황이 나타날 수 있다. 마이크로소프트가 PC운영체제 시장에서 차지하는 위치를 생각해보라.

네트워크 효과가 있을 때 시장에서 최고의 기업은 그 재화의 질과는 전혀 상관없이 엄청난 이점을 갖는다. 다른 진입장벽으로는 천연자원에 대한 지배력(가령 OPEC이 1970년대에 가졌던 지배력)과 그 재화를 생산하는 최고 기술력을 더 잘 획득하고 통합하고 사용할 능력을 가진 대기업의 기술적 우위를 들 수 있다.

경제학 수업을 받아본 사람이면 독점적 가격 조건에 의해 만들어진 사중손실(deadweight loss: 재화나 서비스의 균형이 파레토 최적이 아닐 때 발생하는 경제적 효용의 순손실을 의미한다-역자주)을 계산하는 법을 알지만, 독점이나 다른 시장지배력이 반드시 복지를 저감시키거나 다른 방식으로 도덕적으로 바람직하지 않다고 보장하지는 못한다. 표준적인 모형은 **동일한 재화**에서 독점적으로 가격을 책정할 때와 경쟁적으로 가격을 책정할 때의 소비자·생산자 잉여를 비교한다. 그러나 일시적인 독점을 만드는 비결은 혁신이다. 혁신적인 기업은 신제품을 만들고 모방자들이 충분히 좋은 대체재를 만들어낼 때까지 높은 가격을 부과할 수 있다. 혁신자가 만들어내는 독점 이익은 혁신에 대한 가장 중요한 유인(incentive)이다. 그런 독점이 없다면 혁신도 줄어들 것이다. 여기서 소비자들이 **모든** 혁신으로부터 이익을 얻지 않을지라도 대체로 매우 혁신적인 기업으로부터 이익을 얻는다는 것을 알아내기 위해 굳이 상상의 나래를 펼칠 필요는 없다(Reiss 2008a: ch.3). 다시 말해서, 이것은 시장지배력이 행사되는 구체적인 시장의 세세한 모습을 추상해버리면 시장지배력의 존재가 도덕적으로 바람직한지 그렇지 않은지에 대한 답을 하기 어렵다는 것을 의미한다.

정보 비대칭성

생산자와 소비자가 항상 경쟁적으로만 행동하지 않는 이유는 거래되는 상품의 여러 측면에 대해 완벽한 정보를 갖고 있지 않고, 특히 적절한 정보가 두 거래자들 간에 비대칭적으로 분배되기 때문이다. 주류 경제학에 정보의 분배에 대한 고찰을 도입한 독창적 논문이 조지 애커로프(George Akerlof)의 "레몬 시장(Markets for 'Lemon')"(Akerlof 1970)이다. 이 논문은 비대칭적인 정보가 어떻게 완전한 시장을 붕괴시키는지 보여주었다.

본질적으로 애커로프의 추론은 이렇다. 중고차, 개인의 노동 또는 건강과 같은 상품의 질에 대한 거래자들의 지식이 비대칭적이고 판매자가 구매자보다 많이 알 때, 자기들의 상품이 저질이라는 것을 아는 사람들(즉, "레몬"을 가진 사람이나 저질 노동력을 가졌거나 건강이 안 좋은 사람들)은 팔려는 유인(incentive)이 강한 반면, 고품질 상품을 소유한 사람들은 보유하려는 유인이 강할 것이다. 그래서 구매자들이 품질을 관측할 수 없으니 시장은 기껏해야 질적으로 평균 수준의 상품을 제공한다. 그러나 합리적인 소비자는 (고품질의 상품을 얻을 가능성이 낮다는 것을 알기 때문에) 판매자 입장에서 이런 행동을 예견하고 평균 이하의 가격을 제시할 것이다. 만약 이것이 고품질의 상품을 시장 밖에서 보유할 유인만 계속 강화하면 결국 시장에는 저질 상품만 남게 된다. 애커로프의 이론이 시사하는 바는, 상품의 질이 중요하지만 구매자들이 그것을 관찰할 수 없는 시장은 빈약하고 가격과 품질이 낮다는 것이다.

이런 유형의 시장실패를 극복할 한 가지 메커니즘은 판매자가 상품의 질에 대한 신호를 보내는 것이다. 가령, 기업은 소비자들이 품질을 결정하는 데 사용할 수 있는 브랜드명에 투자할 것이다. 소비자들은 특정 브랜드가 과거에 고품질의 상품을 내놨다는 것, 그리고 그 생산자들이 브랜드명의 가치를 손상시키지 않으려고 품질을 유지하고자 하는 유인을 갖고 있다는 것을 안다. 브랜드명에 대한 초기 투자비용이 매우 비싸고 그 상품의 한계 생산비가 낮다면 정보 비대칭성은 시장지배력이 생겨날 수 있는 다른 원천 —장벽에서 진입으로— 을 제공한다.

어떤 종류의 정보비대칭은 본인-대리인 문제를 낳는다. 이 문제는 본인이라는 개인이 특수한 과제를 수행하도록 대리인이라는 다른 사람을 고용하는 상황에서 발생한다. 본인은 대리인이 그 과제를 수행하는 데 쏟는 노력을 볼 수가 없어 그 결과는 어느 정도 운에 달렸다. 그 예로는 사용자와 노동자 간의 계약, 보험자와 피보험자, 주주와 경영인 간의 계약, 의사와 환자 간의 관계가 있다.

후자를 예로 들어보자. 환자는 어떤 치료를 선택해야 더 효과적이고 효능이 좋은지에 대해 의사만큼 잘 알지 못한다. 더구나 어떤 처치를 하든 항상 우연적인 요소가 있기 마련이다. 그래서 치료 결과가 나쁘다고 애꿎은 의사를 비난하기가 쉽지 않다. 이기적인 의사라면 이런 과잉진료 상황을 악용해서 자기한테는 이익이 되지만 환자한테는 최상의 이익이 되지 않는 치료를 권할 것이다(특히 그 환자가 보험을 들어서 비용을 직접 부담할 필요가 없을 때). 합리적인 환자라면 이런 행동을 예견하고 의사에게 차선의 서비스를 요구할 것이다(또는 보험이 의무사항인 체제에서는 비용이 쓸데없이 비싸기만 할 것이다).

여기서 **역선택과 도덕적 해이**라는 두 가지 개념이 유용할 듯하다. 애커로프의 레몬 모형은 보험시장에 적용되면 역선택 모형이다. 여기서 중요한 "품질"은 중고차 품질이 아닌 보험 든 사람의 (모든 종류의 질병에 걸릴 가능성으로 표현될 수 있는) 건강이다. 보험사는 원칙적으로 보험을 드는 사람의 건강수준을 관측할 수 없다. 환자가 자신의 건강수준을 더잘 알 때 (자기가 골초인지, 애주가인지, 그리고 푸아그라를 사서 먹는 위험한 취미에 빠져 있는지 알기 때문에) 그 상황은 애커로프의 레몬 시장과 비슷하다. 자유시장에는 가장 질이 낮은 위험인자만이 보험에 들어 있을 것이고, 이는 아마 틀림없이 좋지 않을 것이다.

보험사와 고객 간의 계약이 갖는 다른 측면은, 고객이 고의로 자기가 보험 든 사건을 일으킬 개연성에 영향을 미칠 수 있다는 사실이다. 만약 내가 자전거 도난 종합보험에 들었다면 자물쇠를 잘 채울까? 만약 내가 치료비를 주는 종합보험에 들었다면 브랜드 있는 약 대신에 일반약을 먹지 않을까? 만약 내가 화재를 대비하여 종합보험에 들었다면 가스밸브를 잘 잠글까? 만약 내가 암보험에 들었다면 담배를 끊을까? 아니라고? 그렇다면 나는 도덕적 해이에 빠지기 쉽다. 도덕적 해이란 보험 및 그와 비슷한 다른 계약이 보험금 지급을 피할 가능한 모든 예방조치를 취하지 않고서 고객에게 제공하는 유인을 가리킨다. 도덕적 해이 역시 효율성 없는 낮은 수준의 보험을 낳는다.

공공재와 외부효과

경제에는 한 소비자가 그것을 먹거나 소비하면 다른 사람은 그렇게 할 능력이 감소되거나 없어지게 되는 그런 상품들이 많다. 내가 체리를 먹으면서 동시에 그것을 소유할 수 없다. 내가 체리를 소유하면 할수록 그것을 먹을 수 없다. 그러나 모든 재화가 다 그렇지는 않다. 내가 데이브 매튜스(Dave Matthews) 밴드가 연주하는 "Busted Stuff"를 들을 때 남들도 그걸 듣는다고 해서 나한테 아무런 영향을 끼치지 않는다. 경제학자는 체리와 같은 재화를 "경합재"라 하고, 음악을 듣는 것과 같은 재화를 "비경합재"라 한다.

두 번째 차원이 있다. 어떤 재화는 생산자가 그 재화의 생산으로부터 이익을 얻는 사람들이 확실하게 그 대가를 지불하게 할 수 있는 그런 것이다. 불법적인 활동이 없다면 체리와 CD는 고객들에게 대가를 지불하게 할 수 있다. 그러나 깨끗한 공기, 국방, 옛날의 라디오와 텔레비전 생산자의 경우에는 그렇지 않다. 일단 공기가 깨끗하면 그에 대한 대가 지불 여부와 상관없이 모든 사람이 그로부터 이익을 얻는다. 이것은 국방에도 해당되며, 암호화 기술이 출현하기 이전의 공개방송에도 해당된다. 경제학자들은 체리와 CD 같은 재화를 "배제성 재화", 깨끗한 공기, 국방, 공개방송을 "비배제성 재화"라고 부른다.

공공재는 비경합성이면서 비배재성인 재화다. 깨끗한 공기, 국방, 라디오 방송은 그 두 가지 성격을 가진 재화들이다. 어떤 재화를 공공재나 사유재로 만드는 것은 그것이 거래되는 제도적 조건이 아니라, 그것이 가진 물리적 특성과 기술적 가능성이라는 점에 주목해야 한다. 암호화 기술이 상용화되기 전에는 라디오 · 텔레비전 방송은 공공재였다. 새로운 기술과 더불어 사용자들이 배제될 수 있게 되었다. 이런 공공재들이 그렇게 해서 "클럽재"(비경합적, 배재적)로 탈바꿈하게 된다. 이것은 대중들이 사용료를 내지 않고 텔레비전을 보고 라디오를 듣는 것이 (암호화 이전에) 합법이었나 아니었나 하는 것과 무관하다. 음악(필름, 책, 잡지 등과 같은 다른 미디어들)은 반대 방향으로의 변모를 경험했다. 이런 재화들은 디지털 컴퓨터 덕분에 싼값으로 공유가 가능하기 전에는 "클럽재"로 불렸다. 왜냐하면 소비자가 음악을 즐기려면 레코드를 사야했기 때문이다. 디지털 혁명이 이런 것들을 공공재로 전환시켰다. 생산자가 청취자(또는 독자, 시청자...)를 통제하기 어렵게 되었기 때문이다. 다시 말하지만, 생산자가 저작권 보호를 받느냐 여부는 이런 특성들에 영향을 주지 않는다.

개인이 무임승차할 유인을 가지므로 공공재는 자유시장에서 과소 생산된다. 공공재에 대한 투자 결정은 n명의 죄수 딜레마로 모형화될 수 있으며, 균형상태에서 모든 개인의 기여는 0이다. 이는 공공재가 생산되지 않음을 의미한다(10장 참조). 사람들의 실제 행동이 게임이론의 예측과 꼭 일치하지는 않지만, 사람들이 무임승차를 하는 정도만큼 공공재가 비능률적으로 낮은 수준으로 공급되는 것은 분명하다.

여러 가지 해결책이 제시되었는데 그런 것으로는, 의결정족수를 충족하며 공공재 만들기에 이바지하겠다고 연대서약하는 보험계약, 그리고 정부 조달 및 정부 보조 등이 있다. 모두 다 계약 당사자들 간의 상당한 이해조정이 요구되는 것들이다.

외부효과(externality)는 거래 당사자가 아닌 개인들에게 부과되는 거래비용이나 편익이다. 생산자는 자신의 상품을 한계비용에 고객에게 판다. 그러나 그의 생산기술은 오염을 수반한다. 생산자, 소비자, 여타의 사람들이 다 오염으로부터 고통을 당하겠지만, 이 "비용"은 생산자가 부과하는 가격에 반영되지 않는다. 외부효과는 긍정적일 수도 있고 부정적일 수도 있다. 만약 내가 점심시간에 피아노를 치고 내 이웃이 그걸 듣는다면 이것은 긍정적 외부효과다. 만약 내가 라디오로 레이디 가가를 들으면 이것은 부정적 외부효과가 될 것이다. 긍정적 외부효과의 예로는 교육(개인과 사회 모두에게 이익이 된다), (화수분을 하며 이루어지는) 양봉, 백신접종, 멋진 색으로 누군가의 집을 칠하기 등이 있다. 부정적 외부효과의 예로는 오염, 기후변화, 일부 거대은행이 일으키는 시스템 리스크, 내성을 일으키는 항생제 사용, 약의 남용 등이 있다.

공공재와 긍정적 외부효과는 사실상 동전의 양면이다. 만약 이웃에 사설 라디오 방송국이 설립되고 비용을 이웃이 낸다면 다른 사람들은 공짜로 이득을 얻을 수 있다. 따라서 라디오 방송국과 이웃 간의 거래는 긍정적 외부효과를 갖는다. 반대로, 오염은 부정적 공공재 또는 "공공악"으로 간주된다. 그것이 발생하면 사람들이 원하건 원치 않건 사람들에게 영향을 주게 된다. 그리고 한 사람이 영향을 받음으로써 다른 사람이 영향 받을 가능성이 줄어들지 않는다. 부정적 외부효과는 따라서 과다 생산되고, 긍정적 외부효과는 과소 생산된다.

그 해결책도 유사하다. 공적인 해결책으로는 정부 조세(영국의 경제학자 아더 세실 피구 Athur Cecil Pigou의 이름을 따서 "피구세"라 한다)와 생산을 효과적인 수준으로 올리거나 낮추는 것을 목표로 한 보조금이 있다. 사적인 해결책으로는 이웃 자치회(neighbor association) ─여기에서 이웃들은 외부효과를 갖는 행동들 중에서 정확하게 어떤 종류의 행동들(피아노 연주, 집에 페인트칠하기, 잔디 깎기)이 어떤 조건 하에서 허용될 수 있는지 규정하게 된다─ 가 있다.

거래비용과 코즈 정리

언뜻 보기에도 외부효과와 더불어 소유권의 배분이 시장에서 중요한 역할을 하리라는 생각이 들 것이다. 어떤 지역의 주민들이 깨끗한 공기, 물, 토양에 대한 권리를 갖고 있다면, 환경을 더럽히는 생산기술을 사용하려고 하는 기업은 (비효율적으로) 그런 기술의 사용을 삼가거나 아니면 외부효과의 효율적인 거래를 가능케 하는 보상 계획에 대해 "피해자"와 합의를 보아야 할 것이다. 그렇게 해서 개별 참가자들이 명확히 규정된 소유권 아래 외부성 문제에 대한 효과적인 해결책을 찾는 것이 가능해진다. 경제학자 로널드 코즈(Ronald Coase)는 명확히 규정된 소유권이 있고 외부효과가 거래 가능하고 거기에 거래비용이 없다면 **원래의 소유권 배분과 상관없이 협상이 효과적인 결과를 낳는다**는 것을 보여주었다. 코즈는 자신의 이름을 딴 정리를 논하면서 지금까지 도입된 다양한 시장 불완전성 ─공공재, 외부효과, 정보비대칭, 소유권─ 이 어떻게 상호 연관되어 있는지 증명할 기회를 제공한다.

정리 설명

코즈가 먼저 주장하는 바는, 외부효과가 두 당사자들의 합작품이라는 것이다(Coase 1960). 한 쪽에 환경을 오염시키는 쪽이 있고 다른 쪽에 그 영향 받는 자가 있지 않다면 환경오염과 환경미화 모두 외부효과를 구성하지 않는다. 효율성의 관점에서 볼 때 생산자에게만 영향을 주는 (피구세와 같은) 개입이 항상 최선이라는 보장이 없다. 만약 내가 피아노를 쳐서 결국 내 이웃이 방해를 받는다면 내가 피아노 연주를 단념하거나 이웃이 집에 있을 때에는 연주를 안 하거나 내 방에 방음을 할 수 있지만, 이웃이 자기 집에 방음을 하거나 이사를 갈 수도 있다. 효과적인 면에서 볼 때 중요한 것은 누가 행동을 바꾸느냐 하는 게 아니라 어떤 것이 가장 값싼 해결이냐 하는 것인데, 그 해결의 부담은 아마도 외부효과의 "피해자" 쪽이 질 것이다.

내가 피아노 연주하는 실력이 없어서 내 이웃이 석 달간 그 소리를 듣고나서 집중적인 정신과 상담을 받아야만 살 수 있을 지경이라고 하자. 그리고 상담비용이 매달 50만원이라고 하자. 그들이 자기 아파트에서 10년 동안 살 계획을 하고 있으니까 전체 비용은 6,000만 원이 된다(이런 비용은 포괄적인 비용이다. 즉, 내 이웃은 소음 없이 자기 집에서 사는 것과 의료비와 다른 비용을 위해 갖고 있는 6,000만 원을 손에 쥐고 소음을 계속 참고 사는 것 사이에 무차별하다고 생각할 수 있다.) 다른 곳으로 이사 가는 비용은 4,000만 원 정도면 될 것이다. 양쪽 집에 방음하는 비용은 8,000만원이 드니까 내가 피아노 연주를 그만두거나 이사를 가는 데 드는 비용이 1억 원이라 하자. 거래비용이 없다는 가정 하에 코즈 정리는 이제 소유권의 배분은 무시해도 된다는 말이다. 그런지 보기 위해 우선 내가 내 마음대로 소음을 낼 권리를 갖고 있다고 가정해보자(왜냐하면, 가령 내가 아파트 빌딩을 소유하고 있거나 오랫동안 살아와서, 또는 우리가 사는 문화가 평화와 침묵보다 피아노 연주를 더 소중하게 생각하기 때문에). 이런 경우에 이웃은 간단히 계산을 해보고는 이사를 가는 게 가장 비용이 적게 드는 해결책이라는 걸 알고 이사를 갈 것이다. 그러나 이웃이 평화와 침묵 속에 살 권리를 갖는다고 해도 (거의) 같은 일이 일어날 수 있다. 그들이 아무 소리 하지 않고 현재 사는 집에 눌러 앉는 것과 4,000만원 현금을 내면서 이사를 가는 것 사이에 무차별하다고 가정을 했으니까. 그 돈에다가 내가 소란을 피운 대가로 약간 더 돈을 얹어서 이웃에게 주면 그들은 그걸 받고 이사를 갈 것이다. 내 이웃의 주머니에 있는 돈 4,000만원(그리고 그에 상응하여 내가 지게 된 손해)과 별개로 그 결과는 같다.

이번에는 "오염자"가 한 사람의 "피해자"가 아닌 다수를 상대하고 있다고 가정하자. "오염자"는 아마 공해산업을 이용하는 어떤 기업일 것이고, "피해자"는 생산 과정의 부산물에 영향을 받는 그 지역 전체 인구가 될 것이다. 영향을 받는 인구가 크다면 배출제어장치를 설치하는 것이 가장 효율적인 해결책이 될 것이다. 그러나 그 회사가 오염배출권을 갖고 있다면 그 영향권 안에 사는 사람들은 공공재에 이바지하는 것과 유사한 집단행동 문제에 직면하게 된다. 누구나 무임승차 유인을 갖고 있으니 공공재가 ―이 경우 깨끗한 공기가― 생산될 리 없다. 그 지역에 살고 있는 사람들이 오염 없이 살 권리를 갖고 있을 때는 그 역이 참이다. 회사가 보상을 제시할 수 있지만 각 개인이 거부권을 갖고 있어서 모두가 더 많은 돈을 받아내는 방향으로 협상력을 사용할 유인을 갖고 있으니 협상은 결렬될 것이다.

코즈는 이런 부정적인 유인구조를 거래비용으로 간주한다. 거래비용이 없다면 효과적인 해결책을 구할 수 있고 소유권 배분은 문제가 안 된다. 거래비용으로 인해 자유시장은 효율적인 해결책을 제공하지 못할 가능성이 크고 소유권 배분은 상당히 큰 문제가 된다. 마지막 예에서 **회사가 오염배출권을 갖고 있다면** 영향을 받는 사람들이 집단행동 문제를 해결할 수 없는 한 그 회사는 비효율적으로 많은 공해를 배출할 것이다. 반면, 사람들이 깨끗한 공기에 대한 권리를 갖고 있다면 비효율적으로 적은 양의 오염이 발생할 것이다.

코즈 정리에 대한 논의는 다른 종류의 시장 불완전성이 서로 연관되어 있다는 것을 잘 보여준다. 더 중요한 점은, 어떤 사람이 생산과정을 어떻게 조직하고 규제할지 생각할 때 도덕적 고려를 무시하는 것이 규범적으로 가능하지 않다는 사실이다. 다음 절에서 나는 몇 가지 적절한 고려사항에 대해 살펴보겠다.

코즈의 정리가 갖는 도덕적 한계

코즈의 논문 제목은 "사회적 비용의 문제"다. 먼저 거래비용이 없는 이상적 사례에 초점을 맞추어 보자. 코즈가 고찰하는 사회적 비용은 오로지 효율성 면에서 측정된다. 앞 장에서 살펴본 바와 같이, 배분은 최소한 한 명 이상을 더 나쁘게 하지 않고는 한 명 이상을 더 좋게 해주는 대안적 배분이 없을 경우에 한해서만 파레토 효율적이다. "더 좋게 한다", "더 나쁘게 한다"라는 말은 (실제) 선호만족의 측면에서 이해된다. 따라서 개인이 현상(status quo) S보다 사회적 상태 S'를 선호하는 경우에 한해서만 개인은 S에서보다 S'에서 더 낫다고 간주된다(그리고 반대로 "더 나쁘다"고 간주된다).

코즈의 추론은 사회적 비용과 이익을 다음과 같이 결과로 측정한 것에 의존한다.

- 분배에 대한 고려와 상관없이
- (실제) 선호만족으로 측정된
- 개개인의
- 후생에 미치는 (결과)

이런 가정들은 모두 문제가 있다. 우리가 후생은 향상시키되 극도로 불공정한 교환에 대해 숙고하게 되면, 피해를 받는 개인들의 후생에 미치는 바로 그 거래의 결과들보다도 경제적 거래에 대한 도덕적 평가에 있는 더 많은 문제들이 쉽게 보일 수 있다. 가령 앞 절(節)에서 말한, 환경을 오염시키는 생산자가 찢어지게 가난한 지역에 공장을 짓는 다국적 기업이라고 하자. 그 지역 주민들이 깨끗한 공기에 대한 권리를 갖고 있다 해도 그들의 형편을 조금 낮게 해주면 착취적인 보상계획에 합의할 것이다. 다국적 기업은 더 방대한 협상력을 갖고 있다. 협상이 관철되면 기업은 그 지역으로 신속히 이동한다. 그 지역 주민들에게는 이런 선택을 할 여유가 없다. 그들의 삶이 그 지역의 새로운 사업체로 인해 형편이 나아져도 그 교환은 착취적이라고 생각된다(Hausman and McPherson 2006: 20). 이것이 이런 식의 교환에 반대할 납득할만한 이유가 안 될 수도 있지만, 경제적 거래에 대한 가치평가가 후생에 미치는 결과로만 이루어져야 한다는 생각에 심각한 의문을 던진다.

물론, 교환의 공정성에 대한 논점은 양쪽으로 향한다. 피아노 연주의 예에서, 만약 내가 정말로 피아노 연습을 해야 하고 아파트의 구조상 내 집의 방음장치 설치에 이웃보다 네 배의 비용이 든다면 심술궂은 이웃이 내 상황을 악용할 수도 있다. 다른 대안이 없다면 그 이웃은 자기 아파트 공사비의 네 배를 달라고 할 수 있다. 그래도 여전히 결과는 파레토 개선(Pareto-improvement) 교환이 될 것이다.

그렇게 되면 교환의 결과는 결정적으로 교환하는 쪽의 협상력에 좌우될 것이고 또 이것은 그 쪽의 별도의 선택지에 좌우될 것이다. 대개는 더 부유하고 정치권력을 가진 사람들이나 기관이 더 많은 별도의 선택지를 갖고 있다. 하지만 외부효과에 대한 보상과 관련된 협상에서 그들의 선호가 더 중시되는 것은 불공정한 것처럼 보인다. 애덤 스미스는『국부론』에서 유사한 상황을 다른 맥락에서 다음과 같이 묘사한다.

> 그러나 모든 일반적인 경우에 양쪽 중 누가 그 논쟁에서 유리하고 자신들의 견해와 강제로 일치시킬지 예견하기 어렵지 않다. 고용주들은 소수여서 훨씬 더 연대하기가 쉽다. 권위와 법은 노동자의 연대는 금지하면서도 고용주들의 단합은 금지하지 않는다. 우리 의회의 어떤 법령도 노동의 가치를 낮추기 위한 연대에 반대하지 않는다. 하지만 그 가치를 높이기 위한 연대에는 많은 사람들이 반대한다. 그런 모든 논쟁에서 고용주들은 더 오래 버틸 수 있다. 지주, 농부, 공장주, 상인은 자기 밑에 한 사람도 고용하고 있지 않아도 이미 비축해놓은 것들로 대개 1,2년 정도는 살 수 있을 것이다. 노동자들은 일주일도 연명하기 힘든 사람들이 다수이고, 한 달 사는 사람도 소수이며, 고용되지 않고 일 년을 사는 사람은 드물다. 장기적으로 고용주가 노동자에게 없어서는 안 되듯이 노동자도 고용주에게 없어서는 안 되지만, 고용주에게 그 필요성은 그리 긴급하지 않다.
>
> (Smith 1904[1776]: book Ⅰ, ch. 8)

둘째, 사람에게 미치는 결과만이 중요하다는 것도 논란의 여지가 없지 않다. 우리는 환경과 동물복지에도 관심을 가져야 할 것이다. 환경오염은 경제적 효율성보다 더 큰 비용을 치르더라도 피해야 할 하나의 병폐일 것이다.

셋째, 우리는 앞 장에서 선호만족이론이 틀렸다는 것을 보았다. 코즈 정리 문맥 안에 그 이론의 문제점들이 전면에 등장한다. 사람들은 자기들에게 좋지 않음에도 불구하고 교환에 참여하게 되는 경우가 종종 있다. 불완전한 정보는 그 한 가지 중요한 이유이며, 비대칭적으로 분배된 정보는 어떤 종류의 교환을 도덕적으로 문제가 있다고 여길 다른 이유가 될 것이다. 소음이나 다른 종류의 오염이 사람들의 웰빙에 미친 결과를 누가 정확하게 계량화할 수 있겠는가? 설령 그럴 수 있다 해도 이런 정보는 공통지식(common knowledge)이라는 사실이 중요하다. 그렇지 않다면 그쪽은 비용이나 피해를 부풀릴 유인을 갖는다. 비대칭적으로 분배된 정보는, 별도의 선택지가 그러하듯이, 비대칭적인 협상력으로 이어질 수 있다. 오염자가 오염으로 인한 피해 뿐 아니라 오염배출을 줄이는 비용을 모두 아는 반면, "피해자"는 오직 피해에 대해 부정확한 추정만 할 수 있을 뿐인 상황을 생각해보라(코즈 정리 이면의 정보 요구사항에 대한 자세한 논의를 보려면 Hahnel and Sheeran 2009 참조).

마지막 문제는, 코즈의 해결책으로서의 협상은 분배문제를 무시한다는 것이다. 외부효과에 대한 보상이 현재의 불평등을 초과할 경우 협상 당사자들이 다른 협상력을 갖고 있을 것이므로, 비록 그들이 복지를 증진한다고 해도 교환이 도덕적으로 바람직하지 않다고 여겨질 것이다. 이것은 공정성에 대한 첫 번째 논점과 밀접한 관계가 있지만 같은 것은 아니다. 우리는 (위의 예에서처럼) 교환이 냉혹한 불평등에서 생겨나서, 또는 그것이 불평등을 낳아서 불공정하다고 생각할 것이다. 그러나 우리는 교환이 분배의 불평등을 야기해서가 아니라 한 쪽이 다른 쪽의 속임수에 넘어가거나 현혹되어서 공정하지 못한 사례를 상상해볼 수 있다. 그리고 교환이 불평등을 야기하는 것만 제외하면 여러 가지 면에서 공정한 경우도 상상해볼 수 있다.

다음 장에서 분배문제를 더 자세히 검토할 것이다. 지금은 현재의 정부 규제가 실제 시장을 '보이지 않는 손' 가설이라는 이상적 시스템에서 더 멀리 떨어뜨려 놓을 가능성이 큰 아주 흥미로운 사례로 가보자.

지적 재산권

지적 재산권은 그 이름이 시사하듯이, 일종의 재산권이다. 재산권은 특히 자유주의에 경도된 경제학자들에게 경제 활동과 번영의 관건이 되는 것으로 여겨져 왔다(예컨대, Hayek 1960; M. Friedman 1962; D. Friedman 1989[1973]). 철학적 논의에서 재산권은 흔히 땅이나 다른 자연자원과 관련된 것으로, 그리고 그 본질은 자연의 사용으로부터 타인을 배제하는 것으로 이해되었다(예컨대, Wolff 2006: 5장). 재산권을 가진 자는 그 이념형(ideal type)에 있어서 한 구획의 땅에 대한 재산권을 가지며, 그 권리의 주된 내용은 그 주위에 담을 쌓음으로써 타인이 지나다니지 못하게 하는 권능이다. 그러나 일이 그렇게 단순하지 않다. 다음에 나오는 프리드먼의 『자본주의와 자유(Capitalism and Freedom)』라는 책의 한 구절을 보자.

> 그에 대한 답이 어렵고도 중요한, 훨씬 더 기초적인 경제 영역은 재산권이라는 개념이다. 재산이라는 관념은 수세기에 걸쳐 발전해온 만큼, 그리고 우리의 법조항에 구현된 만큼, 그것이 워낙 우리의 일부가 되어서 그걸 당연시하는 경향이 있고, 또 그만큼 무엇이 재산을 구성하는가, 재산권이 어떤 권리를 주는가 하는 것이 자명한 명제가 아닌, 얼마나 복잡한 사회적 창조물인지 알지 못한다. 이를테면, 내가 땅에 대한 권리증서를 갖는 것과 내 재산을 내 마음대로 사용할 자유는 타인이 비행기를 타고 내 땅위를 날아갈 권리를 부정하는 것까지 허용하는가? 아니면 그가 비행기를 이용할 권리가 우선하는가? 아니면 그것은 그가 얼마나 높이 비행하느냐에 달렸는가? 아니면 자발적인 교환이 그가 내 땅 위를 날 특권에 대한 대가를 지불하도록 요구하는가? 단순히 사용권, 저작권, 특허

권에 대한 언급 및 기업에서의 주식공유, 그리고 하천부지의 권리와 같은 것들 —이런 것들은 아마도 바로 그 재산 개념에서 일반적으로 인정된 사회규칙의 역할을 강조할 것이다. 많은 경우에 잘 구체화되고 일반적으로 인정된 재산 개념의 존재는 단순히 그 정의가 무엇이냐 하는 것보다 훨씬 중요하다는 것을 시사할 수도 있다.

(M. Friedman 1962: 26-7)

그러니까 재산은 보통 물질적인 것에 적용된다고 여겨진다. 모든 경제재가 다 물질적인 것은 아니다. 우리는 앞에서 음악, 라디오와 TV 방송, 교육, 여러 가지 서비스 등의 엄선된 비물질적 재화에 대해 알아보았다. 이들 상품들 중 일부는 비경합적인 속성을 갖는다. 우리는 비경합적 재화에서 재산권을 가질 수 있고 또 가져야 하는가? 지적 재산권을 옹호하는 사람들은 그렇다고 생각한다.

지적 재산권은 주로 특허권과 저작권이라는 두 가지 형태를 띠고 나타난다. 특허권은 발명품을 공적인 것으로 만드는 대신에 특허권이라는 용어로 발명품의 제조, 사용, 판매, 수입으로부터 타인을 배제할 권리를 제공한다. 저작권은 소유자에게 "복제할 권리"를 준다. 이는 또한 누가 그 일을 다른 형태에 적용해도 되는지, 누가 그 일을 수행해도 되는지, 누가 그로부터 이익을 봐도 되는지 등등의 결정에 대한 허가를 받을 권리를 포함한다. 현대적 형태에 있어서 특허권과 저작권은 모두 최소한 르네상스로까지 소급한다. 15세기 베니스와 플로렌스에서는 발명자에게 독점권이 부여되었다. 저작권은 1440년 경 신성로마제국에서 일어난 인쇄기의 발명 이후 도입되었다.

특허권과 저작권의 "재산적" 성격은 분명하다. 보통의 재산처럼 지적 재산은 소유자에게 자신의 재산을 타인이 사용하지 못하게 배제할 권리를 준다. 미국에 처음 정착하여 한 구획의 땅에 대한 권리를 주장하고 그 주위에 담을 쌓은 사람들처럼 새로운 과정이나 기계장치, 노래 또는 이야기의 발명자들은 이런 것들을 자기 것이라고 주장하고 타인이 무단으로 그것을 사용하지 못하게 막는다. 보통의 재산과 달리 지적 재산은 물질이 아닌 아이디어에 적용된다.

아이디어는 비경합적일 뿐 아니라 비배제적이다. 즉, 그것은 공공재다. 만약 내가 곱게 간 커피를 흘리지 않고 진공팩에서 커피통으로 옮기는 편리한 기계장치를 발명한다면 당신이 내 기계장치를 개조한다고 해서 그 기계장치가 내게 주는 효용을 감소시키지 않는다. 더구나 나는 내 아이디어를 (거기에 울타리를 치는 것과 같은) 물질적 수단으로 보호할 수 없다. 아이디어가 자유시장에 한 번 나가면 그것으로 끝이다.

위에서 본 바와 같이 자유시장에서 공공재는 과소 공급된다. 만약 자기 이웃이 앞에서 말한 기계장치를 발명할 때까지 가만히 앉아서 기다릴 거라면 대체 누가 그걸 고안하느라 성가시게 머리를 쥐어짜겠는가? 따라서 일반적인 상식으로는, 사람들이 부정적인 외부효과 때문에 오염시킬 생각을 **버려야** 하듯이, 그들이 만나는 긍정적 외부효과 때문에 아이디어를 창안할 용기를 **얻어야** 마땅하다.

그러나 국가 지원 유인을 제공하는 데는 단점이 있다. 즉, 지적 재산권은 아이디어 창안자에게 일정 기간의 아이디어 사용에 대한 독점권을 주는데, 시장지배력이 항상 좋은 것은 아니라는 것이다. 어떨 때 그것이 나쁜지 알아보려면 먼저 보통의 재산권과 지적 재산권의 중요한 차이점을 알아야 한다. 보통의 재산권도 그 소유자에게 자기 재산에 대한 배타적 권리를 준다. 하지만 물리적 재산인 경우에 그것은 이 사과, 저 구획의 땅처럼 **개별자**(token)에 대한 권리다. 지적 재산인 경우에 그것은 어떤 기계장치의 디자인(예컨대, 기계에 있는 물리적 예화가 아닌), 소설의 단어들(책의 물리적 예화가 아닌), 한 곡의 구성(CD나 컴퓨터 코드의 물리적 예화가 아닌)처럼 어떤 유형(type)에 대한 권리다. 만약 내가 한 구획의 땅을 갖고 있고 그 땅에 난 과일에 대한 권리를 갖는다면 여러분이 내 사과를 못 먹게 할 수는 있으나, 내가 여러분의 땅에 대한 권리주장을 해서 여러분이 나를 복제하지 못하게 하거나 여러분이 사과를 재배해서 내 경쟁자로서 그것을 남에게 파는 것을 막을 수는 없다. 내가 이 책에 대한 저작권을 소유한다면 그럴 경우에는 능히 여러분이 복제하거나 특히 팔지 못하게 할 수 있다. 따라서 보통의 재산권은 경쟁적 행동을 북돋울 수 있지만 지적 재산권은 대상의 유형에 대한 독점을 만들어내기 때문에 경쟁을 막는 경향이 있다(내가 내 사과를 소유하고 있지 않았으면 여러분은 그것을 손수 재배하지 않고 그냥 내 것을 가져버릴 것이다).

따라서 여기에는 상충 관계(trade-off)가 있다고 생각된다. 한편으로 우리는 아이디어 창안을 북돋우는 유인을 요구하지만, 다른 한편으로는 아이디어 독점자 쪽에서 반경쟁적 행동을 하도록 하는 것을 원치 않는다. 이런 상충 관계는 경제학 책에서 충분히 인식되고 있다.

> 기본적인 문제는 새로운 아이디어나 디자인의 창안에... 비용이 든다는 것이다. 모든 생산자가 기존의 발명들을 사용할 수 있게 하는 것이 사후적으로는 효율적일 수 있지만 이런 관행은 이후의 발명에 대한 사전적 유인을 제공하지 못한다. 기존 아이디어의 사용에 대한 제한과 발명활동에 대한 보상 간의 상충 관계가 ... 발생한다.
>
> (Barro and Sala-i-Martin 1999: 290;
> Boldrin and Levine 2008: 158에서 인용)

따라서 이론적으로 함정에 빠진 것 같다. 우리는 지적 재산권의 존재와 보호를 다른 방식으로 어떻게 정당화할까? 문헌을 보면 자연권 논증, 인격으로부터의 논증, 공리주의 논증이라는 세 가지 답이 제시된다(De George 2009).

자연권 논증은 로크의 (보통의) 재산권에 대한 옹호론을 응용한 것인데, 이것은 다음 장에서 논의될 것이다. 본질적으로 로크는 사람들이 자신을 소유하고 그럼으로써 자신을 보존할 권리를 가지고 자기 노동의 열매를 소유하기 때문에, 일정한 단서(privosos)를 붙여서, 땅과 여타의 자연자원에 대한 재산권을 취득할 수 있다고 주장한다. 나아가 그들의 노동과 (예전에 소유되지 않았던) 물리적인 사물을 혼합함으로써 그 사물에 대한 재산권을 취득한다. 다음 장에서 이런 논증이 얼마나 성공적으로 보통의 재산권을 방어하는지 살펴볼 것이다. 여기에서는 그와 유사한 논증이 지적 재산권에 대해서도 효과적인지 물어야 한다.

땅과 그 열매는 아이디어와 본질적으로 다르다. 의식주와 달리 아이디어, 특히 지적 재산 보호의 대상인 아이디어는 생존에 필수적이지 않다. 만약 어떤 것이 누군가의 생존을 보증하는 데 필수적이라면 그것을 전용(專用)하는 것이 충분히 공정하다고 봐도 무방하다. 그러나 누군가가 나로부터 그걸 복제하든 안 하든 발명은 나의 생존 투쟁에 도움을 줄 것이다. 내가 소설을 쓸 여유가 있다면 왜 다른 사람이 그걸 읽지 못하게 할 권한을 내가 가져야 할까?

나아가, 땅과 자연자원은 취득되기 전에는 만인이 가진 "공유물"로 간주될 수 있다. 반면에 아이디어는 그 발명 이전에는 존재하지 않았다. 한 사람의 육체노동과 물질적 자원을 섞음으로써 자원의 가치를 높인다. 그래서 아마도 그 가치를 부가시킨 사람이 이익을 얻어야 할 것이다. 만약 타인이 그 열매를 취한다면 당사자는 그 이익을 잃게 될 것이다. 그러나 아이디어를 생각해낸 경우에는 타인이 그 이익을 얻는 것과 무관하게 창안자가 그 이익을 얻을 수 있다. 타인도 이익을 얻지 못하게 하는 것이 비경합재의 경우에는 훨씬 정당화되기 어려워 보인다.

인격으로부터의 논증은 재산이 인격의 외화(外化 outward symbol)라는 헤겔의 사상에 바탕을 둔다. 따라서 사람은 자신의 성취와 재능을 내적인 어떤 것으로 소유하지만 그것을 외적으로 구체화된 어떤 것으로 표현한다. 그러나 사람은 자신의 자유를 포기할 수 없듯이, 가령 책이나 레코드에 있는 자신의 인격을 외부로 표현할 권리를 포기할 수 없다. 그리하여 한 사람의 아이디어 소유권이 성립한다.

이 논증은 그것이 적용되는 곳에서 아무리 성공적이라 해도(듣자하니 헤겔이 주창한 이런 견해는 유럽 대륙의 법학자들 사이에서 상당한 명성을 얻고 있다고 한다; De George 2009: 417-8 참조), 기껏해야 저작물이 출간될 때 다른 사람을 배제하고 자신의 이름을 올리게 할 권리, 그 저작물에 대한 명예훼손으로부터의 보호와 같은 아주 제한된 형태의 저작권만 승인한다. 헤겔의 논증은 다른 사람이 어떤 사람의 생각을 복제하지 못하도록 막을 근거를 제시하지 못한다고 생각된다.

지적 재산을 옹호하는 마지막 논증은 셋 중 가장 중요한 공리주의 논증이다. 공리주의는 다음과 같은 질문에 답해야 한다. 지적 재산이 없다면 세상은 어떻게 될까? 그것을 옹호하는 사람은 이렇게 말할 것이다. "소련이나 다른 공산 정부를 조사하고 그들의 생활수준을 우리와 비교해보라!" 물론 이런 나라들과 자본주의 국가들이 많은 차이가 있지만 생활수준의 차이가 지적 재산 부문의 차이에 기인한다고 할 수는 없다. 역사적으로 19세기 미국의 특허체제는 혁신과 기술진보를 자극하는 면에서 성공적이라고 평가되어 많은 나라에서 채택된 데 대해 "미국의 제도는 발명을 자극하는 역할을 잘 수행했다. 그 제도는 변변치 않은 장치를 발명한 사람들에게도 한시적 독점권을 부여함으로써 물질적 유인을 제고했을 뿐 아니라, 기술을 위한 시장의 개발과 기술적 지식의 확산도 촉진했다"고 한다(Khan and Sokoloff 2001: 234-5). 그러나 다시 한 번 말하지만, 미국과 다른 나라들 간에는 혁신과 특허의 정도보다는 다른 차이가 있음이 분명하다.

사실상 지적 재산이 혁신을 촉진하지 않고 억제한다는 상당한 증거가 있다. 그런 방향으로 이론적 고찰을 해보자. 한편으로는 어떤 과정이나 장치에 대한 특허를 획득함으로써 타인의 발전이 저해된다. 새로운 아이디어는 낡은 아이디어를 바탕으로 나온다. 새로운 아이디어의 창안자가 낡은 아이디어를 사용하지 못하게 됨으로써 새로운 상품을 개발하기 어려운 경우가 적지 않다. 한 가지 예를 든다면, 제임스 와트의 첫 증기기관은 그 가능성에 비해 비효율적이었다. 왜냐하면 발명가 제임스 피카드(James Pickard)가 개발특허를 가졌던, 왕복운동을 회전운동으로 변환하는 방법을 사용하는 것이 금지되었기 때문이었다(Boldrin and Levine 2008: 2). 그런 "혁신의 연결고리"는 모든 기술적 연구 개발 영역에 공통된다. 특히 생의학 연구에서 과학자들은 경쟁하는 연구팀이나 제약회사들이 성분, 유전자, 미생물 등등에 관한 중요한 특허를 가지고 있어서 새로운 요법을 개발하려는 노력에 방해가 되는 경우가 자주 있다.

다른 한편, 특허는 독점을 낳고 지대추구 행위를 부추긴다. 이번에도 제임스 와트가 좋은 예다. 와트의 증기기관 특허기간 동안에는 증기기관이 만들어지지 않았다. 와트는 자기의 특허가 소멸되고 난 뒤에야 실제로 증기기관 양산을 시작했다. 그 전에는 큰 액수의 특허료를 뽑아내는 일이나 경쟁자를 막아내고 자기의 독점을 보호하는 데 목표를 둔 법적 행동에 모든 노력을 쏟았다(Boldrin and Levine 2008: 2).

더구나 특허, 저작권, 그로 인한 독점이 없으면 혁신도 없을 것이라는 말은 사실이 아닌 듯하다. 와트의 경우, 그의 특허가 소멸되자 새로운 증기기관의 개발과 폭넓은 채택이 이루어졌다. IP 보호 없이도 창조활동이 이루어진 사례들의 예를 들어보자: 오픈 소스 소프트웨어, 인터넷 상의 뉴스 배포, 저작권 발명 이전의 음악과 창작(예컨대, 그 대부분이 존재한

기간 동안), 1998년 이전의 금융혁신 등(여기에 대한 더 많은 예를 보려면 Boldrin and Levine 2008: 2, 3장 참조).

아이디어(발명, 책, 음악 등)를 위한 시장의 경우, 어떤 유형의 시장실패는 상품 창안자의 독점력이라는 다른 유형의 시장실패를 낳는다. 우리는 진퇴양난에 빠진 듯하다. 나는 개인적으로 미셸 볼드린(M. Boldrin), 데이비드 레빈(D. Levine) 등에 의해 제시된, 지적 재산권이 해롭다는 취지의 증거와 논증이 설득력이 있다는 것을 발견한다. 하지만 지적 재산권의 득과 실에 대한 공리주의적 계산의 결과가 어떠하든, '보이지 않는 손' 가설을 노골적으로 적용하는 것이 정말로 불가능한, 성장하는 거대한 경제부문이 있다는 것만은 분명하다.

상품화: 돈으로 살 수 없는 것들

실제 시장을 이상적인 시장에 가능한 한 가깝게 만들기 위해서 예전에는 없었던 시장을 도입하는 것, 즉 시장체제를 더 완전하게 만드는 방법이 있다. 주지하다시피, 오늘날 시장경제는 생활의 구석구석에 파고드는 경향이 있다. 정말로 요즘에는 돈을 주면 데이트 상대 소개, 대신 줄 서주기나, 비행기의 그런대로 괜찮은 좌석에 앉기, 서가의 가장 눈에 잘 띄는 곳(쇼윈도우 같은 곳)에 책 진열하기, 미친 듯이 날뛰는 친구의 희생자가 될 위험이 낮은 학교에 보내기와 같은 서비스까지 받는다. 또 여러분은 헌혈의 대가로, 콩팥이나 정자·난자의 대가로, "생식 서비스"를 제공한 대가로, 좋은 성적(成績)의 대가로, 체중을 줄인 대가로, 미국으로 이민 갈 권리의 대가로, 오염시킬 권리의 대가로 돈을 받을 수 있다.

'보이지 않는 손' 가설은 모든 것에 시장이 있다고 가정한다. 그러면 그것은 좋은 일인가? 어쩌면 우리는 다른 좋은 것을 위해 효율성을 포기해야 하지 않을까? 어떤 철학자들은 팔아서는 안 될 의무가 있는 것들이 있다고 주장한다. 최소한 세 가지 주장을 문헌 속에서 확인할 수 있다. 첫 번째 주장의 전제인 공정성으로부터의 논증, 즉 자발적인 교환이라고 모두 다 공정한 것은 아니라는 주장은 우리가 앞에서 보았다. 시장에서 어떤 종류의 상품에 대한 교환이, 필연적으로 또는 대체로, 참여한 한 쪽에게 불리하다면(특히 그것이 항상 같은 쪽 사람에게 그럴 때, 또는 불리한 쪽이 사회적 약자일 경우) 그 상품에 대한 시장교환을 금지시킬 정당한 이유가 될 것이다. 두 번째 논증인 타락으로부터의 논증은 특수한 형태의 교환이 허용하는 특수한 가치평가와 관계가 있다. 만약 시장이 그 상품을 거래할 적절한 장소가 아니라면 시장교환은 그 교환된 상품을 부패시킬 것이라고 말한다. 세 번째 논증은 공리주의 논증이다. 다른 형태의 교환을 시장으로 대체하는 것은 종종 복지를 감소시킨다고 말한다. 이 세 가지 논증을 차례대로 검토해보자.

공정성으로부터의 논증

이 논증을 이해하기 위해, 일단 멀리 떨어진 어떤 소도시에 '독고용'이라는 고용주 혼자 살고 있다고 가정하자. 그는 거기에서 일자리를 찾는 모든 사람을 고용하지만 일당을 잠자리와 두 끼 식사의 현물 형태로만 준다. 그 회사는 두 끼 중 한 끼를 소액의 현금으로 교환하도록 허용한다. 때마침 독고용은 그 소도시를 떠나는 유일한 철도를 운영한다. 사람들은 원할 때 언제든 떠날 자유가 있지만 매일 먹는 두 번째 식사의 일년치에 맞먹는 돈을 주고 열차표를 사야 한다.

독고용을 위해 일하는 사람들은 자발적으로 일한다고 여겨진다. 아마 그 교환은 복지를 증진하는 것처럼 보일 것이다 —독고용이 아니었으면 노동자들은 굶어 죽을 거니까. 하지만 그 교환은 틀림없이 독고용

쪽에서의 착취다. 독고용은 노동에 관해서 독점적일 뿐 아니라 떠나는 선택지에서도 독점적이다. 이것이 그 회사의 저임금과 회사 철도의 바가지요금을 가능케 한다. 이런 환경은 다시 그 소도시 거주자들의 대안적 선택을 더욱 매력 없게 만든다. 그러나 교환은 그 교환에 참여하지 않는 것이 실현 가능한 현실적 선택이 될 수 있는 그 정도까지만 공정하다.

이 예가 부각시키고자 하는 바는, 시장 거래가 참여자의 복지에 미치는 효과에 대한 고려가 시장 거래의 도덕적 평가를 위해 중요하다는 점이다. 상당수의 실제 교환이 자발적이지만 이런 의미에서는 불공정하다. 시장가격보다 한참 낮은 임금을 받고 비서대행 업무를 다국적 기업에 파는 홀어머니가 적절한 한 가지 사례이며, 십대 소녀가 그녀의 마약중독을 옹호하는 패션 디자이너에게 성을 파는 다른 사례도 있다. 자발적 교환이라도 다른 선택의 여지가 없다면 불공정하다고 해야 할 것이다.

시장참여자가 현실적인 범위의 별도의 선택지를 갖고 있느냐 하는 것뿐 아니라 그가 무엇을 알고 있는지 살펴보는 것도 중요하다. 약자 쪽이 실제로 별도의 선택지들을 갖고 있다고 해도 그에 대해 모르거나 강자 쪽이 이런 사실에 대한 주도권을 활용하게 되면 착취적 교환이 발생할 수 있다.

여기에 덧붙여야 할 것은, 어떤 시장은 거의 언제나 이런 식으로 이해되는 불공정한 교환을 내포하고 있다는 주장이다. 그렇다면 우리는 그 시장에서 재화나 서비스를 팔지 못하도록 해야 할 정당한 근거를 갖는 셈이다. 어떤 사람들은 매춘이 그런 시장이라고 주장한다. 돈벌이를 위해 자기 몸을 파는 사람들은 가난이나 마약중독, 또는 다른 불행한 생활환경에 의해 그럴 수밖에 없기 때문에 매춘은 공정한 적이 거의 없다 (Sandel 1998: 95).

공정성으로부터의 논증에 대해 두 가지만 논평한다. 먼저, 성매매든 뭐든 간에, 시장이 공평한가 하는 것은 부분적으로는 **선험적인** 논증만으로는 해결될 수 없고, 다음과 같은 경험적 사실에 달려 있다 —참여자가 어떤 별도의 선택지를 갖고 있는가? 이런 별도의 선택지가 진정한 대안을 구성할 만큼 매력적인가? 만약 그들이 충분히 정보를 가진 상태라면 참여자들이 이런 종류의 교환에 계속해서 참여할 것인가?

두 번째로, 이런 영역에 있는 시장을 금지하는 것이 과연 시장과 관련된 윤리적 문제를 해결하는 최선의 전략인지는 전혀 알 수 없다. 명백한 대안은 사람들의 정보 획득 능력을 향상시키고 별도의 선택지를 강화하는 것이다. 만약 강제가 문제라면 특정 상품의 시장거래를 금지하는 것이 아닌 다른 수단으로 강제에 맞설 수 있다. 그것은 "강제된 교환"에서 "교환"이 아닌 "강제"를 중단시켜서 대처할 수 있다.

타락으로부터의 논증

두 번째 논증은 그것이 성공적이라면 더 강력하다. 아마도 매춘의 문제는 자기 몸을 어쩔 수 없이 팔게 된다는 데 있다기보다는 그것이 본질적으로 타락이라는 데 있다. 그 활동이 본질적으로 타락이라면 참여자의 생활조건을 향상시키는 건 도움이 안 된다. 그런 경우 시장 교환은 그 자체로 나쁘다. 본질적으로 그 논증이 말하는 바는, 시장에서 어떤 상품을 교환하는 행위가 이런 상품에 대한 합당한 평가를 제공할 수 없다는 것이다. 이런 논증의 강력한 지지자는 엘리자베스 앤더슨(E. Anderson 예컨대, 1993)이다. 따라서 나는 여기에서 그녀가 언급하는 많은 예들을 검토할 것이다. 앤더슨은 시장 관계가 규범적으로 다음과 같은 특징을 갖는다고 생각한다.

1. 시장 관계는 비인격적이다
2. 모든 사람은 자신의 개인적 이익을 도모할 자유를 갖는다.
3. 거래되는 상품은 배타적이고 소비로 경쟁한다(즉, 사유재다).
4. 가치평가는 순전히 주관적이거나 (필요나 객관적인 품질로부터 연유하지 않고) 원하는 것과 관련된다
5. 만족하지 않을 경우 사람들은 그 불만에 대해 "목소리를 내지" 않고 "퇴장한다".

그녀가 의도한 바대로 전형적인 예를 들기 위해서, 어떤 사람이 노트북을 새로 산다고 해보자. 그것을 구매하는 행위 또는 매매관계가 갖는 특징은 다음과 같다.

1. **비인격성.** 요즘 우리들 대부분은 애플샵에 가서 좋아하는 모델을 살 때 누가 그것을 파느냐 하는 것은 전혀 상관하지 않는다. 우리는 그 컴퓨터나 이런저런 모델을 사라고 하는 상인과 인격적 관계를 맺지 않는다.
2. **사적 이익.** 사람들이 그 컴퓨터를 살 때 이기심에서 사지, 세계평화나 정의와 같은 소위 "고상한 목표"의 실현을 위해 사지 않는다. 그렇다고 잘못된 것은 없다.
3. **사유재.** 컴퓨터는 사유재다. 즉, 내가 그것으로 작업을 하면 다른 사람은 할 수가 없다. 애플은 자기 회사가 컴퓨터를 누구에게 파는지 관리한다(컴퓨터의 사용에 내재된 명백히 네트워크 외부효과가 있지만 여기서는 그것을 무시한다.)
4. **주관적 가치평가.** 내가 컴퓨터를 가지면 주관적인 의미에서 생활을 향상시키지만, 중요한 것은 내가 그걸 원했다는 것이다. 그것이 구매를 나에게 좋은 것으로 만든다.

5. **퇴장으로 불만표시를 한다.** 만약 어떤 사람이 매킨토시를 사용해보니 너무 쉽다는 걸 알게 되었지만 마이크로소프트가 응용소프트웨어에 내장해 놓은 버그를 잡는 게 재미있고, 속도가 느리고 미적으로 불쾌하고 난해한 사용자 인터페이스를 해결해가며 일하는 걸 즐긴다면 그냥 윈도우로 운영되는 기계로 되돌아가면 된다. 굳이 스티브 잡스에게 잘 먹고 잘 살라며 불만을 표시하지 않는다.

경제재는 그 교환이 이런 규범에 의해 적절히 관리되는 단순한 재화다. 앤더슨은 (1)~(5)의 특징을 갖는 상황에서 거래될 때 그 가치를 충분히 실현하지 못하는 재화가 있다고, 간단하지만 매우 통찰력 있게 주장한다. 다시 말해서, 그것은 가치가 시장 교환을 통해서 충분히 실현되지 않는 재화, 즉 비경제재다. 그녀는 선물과 공유재라는 두 가지 종류의 재화를 살펴본다.

선물은 시장교환 규범들 중 앞의 두 가지와 비교되는 특징 ―친밀감과 헌신― 을 갖는다. 전형적으로 경제재는 "시장"을 위해 생산되지, 개인의 필요나 사적인 특성에 맞추어 생산되지 않는다. 오늘날 많은 것이 그러하듯, 상품을 "소비자 요구에 맞출" 때에도 매출 증대를 위해서 하는 것이지, 일차적으로 개인의 필요와 개성에 맞추기 위해서 하지는 않는다. 반면, 선물은 바로 그런 것이라고 여겨진다. 선물은 가끔 선물을 받는 사람만큼이나 선물 하는 사람에 대해서도 많은 것을 말해준다는 걸 우리 모두가 알고 있다고 해도, 선물을 주는 것의 목표가 받는 사람의 필요와 개성에 맞추는 데 있음은 분명하다. 비인격적인 선물은 그리 좋은 선물이라고 할 수 없다.

더구나 선물을 주는 것은 더 장기적인 관계의 표현이다. 보통 낯선 사람에게는 선물을 하지 않는다. 만약 그렇게 하면 선물 받는 사람의 의심을 사게 된다. 개인적으로 나는 바에서 낯선 여성이 술 한 잔 하자고 제안하면 받아들이지 않는다 ─ 그녀가 혹시나 불명예스런 의도를 갖고 그러면 어떻게 하나? 선물과 시장교환은 호혜적이지만 호혜성은 시장에서는 일회적이고 즉흥적인 성격을 갖는데 반해, 선물 교환에서는 반복적이고 장기적인 성격을 갖는다. 선물 교환에 내포된 호혜성의 장기적인 성격에 대한 오해는 몰이해와 감정 상하는 상황을 불러온다. 연속극 "프레이저(Frasier)"에 나오는 에피소드인데, 건강보조원인 다프네는 프레이저의 아버지 마틴에게 뚜렷한 이유도 없이 가디건을 준다 ─ 그녀는 그가 그걸 좋아할 거라고 생각하고 그 선물을 그를 아낀다는 의사표시의 수단으로 사용한다. 마틴은 선물 주기의 호혜적 성격을 이해하지만 호혜성이 일시적이라고 생각한다. 그래서 그는 다프네한테 그녀가 좋아하는 세면도구 한 바구니를 갖다 주러 갈 때에도 그 가디건을 거의 입어보려고 하지 않는다. 다프네는 망설인다. 그리고 다음과 같은 대화가 이어진다.

> 마틴: 다프네, 이놈의 바구니 받아줄래?
> 다프네: 아니, 왜 심술이 나셨어요?
> 마틴: 아니, 왜라고? 당신은 나한테 선물을 해도 되고, 난 당신한테 그걸 되갚으면 안 돼?
> 다프네: 아, 고작 그런 이유로 이걸 저한테 주는 거예요?
> 마틴: 그럼, 이치가 그렇잖아.
> 다프네: 좋아요, 우리 고향에서는요, 누구한테 의무감으로 선물을 주진 않아요. 여기, 웃기는 바구니 받아요.

선물은 친밀감과 헌신이라는 규범과 양립하는 식으로 교환되지 않으면 그 특성을 상실한다. 이런 고찰을 바탕으로 앤더슨은 선물 관계에 의해 적절히 교환되어야 하는 상품을 위한 시장교환을 포함한, 일정 범위의 사회적 관행 —매춘을 비롯해서 상업적 거래, 약혼, 친구 간의 돈거래 등에서 이루어지는 선물이 착취적인 조종에 이용되는 현상— 을 비판한다.

앤더슨은 소위 "공유재"에 대해서도 언급한다. 시장과 선물 외에도 사람들은 우애관계를 맺는다. 사람들이 자기들보다 형편이 안 좋은 사람들을 희생해서 얻는 재화에 대한 권리 주장을 삼가는 데 합의할 때, 그리고 그런 성취를 자신들의 선(善)의 일부로 간주할 때 이런 관계가 맺어진다. 정치적 재화들이 그렇다. 이런 것들은 시장 규범 (3)~(5)와 대비되는 교환 규범이 갖는 특징이다. 정치적 재화들은 중요한 (보통 긍정적인) 외부효과를 포함하며 욕망이 아닌 원칙과 필요에 따라 분배된다. 그리고 불만이 있으면 떠나지 않고 목소리를 내서 자유를 행사한다.

이런 영역에서 분명한 예를 발견하기가 더 어렵지만, 국방이 그런 예에 해당한다. 국방은 공공재다. 일단 생산되면 어떤 시민이 그걸 원하든 원치 않든, 그 혜택으로부터 그를 배제할 수 없다. 그리고 어떤 시민이 그 재화를 "향유한다"고 해서 다른 시민이 그것을 향유하지 못하는 것도 아니다. 국방을 도입하고 유지할지 포기할지 결정하는 일과, 그 목표와 중요한 과제를 결정하는 일이 시민들 각자의 개인적 취향의 문제라는 주장은 너무 황당하다. 오히려 그것은 분별 있는 원칙의 문제가 되어야 한다. 만약 우리가 한 시민으로서 채택된 원칙에 동의하지 않는다면 정치적 절차나 공개적 항의를 통해 불만의 목소리를 내야 한다. 대개 "떠나기"가 가능하지 않으며, 가능하다 해도 그것은 부적절한 처신이다.

앞에서처럼 앤더슨은 선행된 고찰을 바탕으로 몇 가지 사회적 관행을 비판한다. 공공 도로와 공간의 제공, 복지혜택과 기초교육의 제공과 같은 재화는 컴퓨터보다는 국방과 더 비슷하다. 만약 모든 도로와 공공장소가 사적으로 소유된다면 우리는 우리의 정치적 견해를 시위나 캠페인으로 표현할 공간을 잃게 될 것이다. 하나의 공동체로서 우리는 현물을 높이 평가하기 때문에 어떤 형태의 복지는 현금보다 현물로 제공되어야 한다. 따라서 무엇보다 건강이 중요하므로 수혜자가 건강보험을 해약하고 그에 상당하는 현금을 받을 수 있는 기회를 주면 안 된다. 그리고 스쿨 바우처(school voucher)도 대체적으로 나쁜 발상이다. 왜냐하면 그것은, 부모들이 자신들의 민주적 권리와 의무를 행사해서 학교에서 가르치는 가치와 교육과정에 기여하게 하지 않고 특성화된 학교의 설립을 부추기고 자기 자녀에게 적당하다고 여겨지는 학교를 그냥 "선택"만 하도록 유도하기(시민으로서의 권리와 의무를 소비자로서의 선택 문제로 접근하는 방식—역자주) 때문이다.

이제 매춘이 부부간의 성(性)과 다르다는 것(그리고 하룻밤을 같이 보내는 것은 "친근함과 헌신"의 표현으로서의 성과 다르다는 것)을 상기하는 데 굳이 엘리자베스 앤더슨을 필요로 하지 않다는 게 확실해졌다. 그러나 그녀는 오늘날 많은 서구 사회에서 발견되는 경향들에 대한 우려를 자아내는 중요한 현상을 지적한다. 그 현상이란, 어떤 재화를 향유할 방도가 하나 이상 존재하고 어떤 형태의 재화를 향유하는 능력이 부분적으로 재화가 교환되는 방식에 의존하는 현상이다. 받는 사람의 필요와 개성에 부응하지 않고 즉각적인 보답을 기대하는 선물은 더 이상 선물이 아니다. 학교 체계가 분열되고 부모가 자신의 정치적 표현을 오로지 선택을 통해서만 표현하는 사회는, 모든 학생이 공립학교에 다니고 부모가 공통의 가치와 교육과정을 결정할 때보다 민주적 전통을 형성하기가 한층 더 어려운 시간에 직면할 것이다.

우리의 생활환경이 갈수록 시장원리에 종속되는 현상은 많은 서구 사회에서 발견되는 경향이다. 많은 예를 들어가며 시작을 했으니 타락 논증에 대한 이런 논의를 마지막 예로 마무리하고 싶다. 대학교육은 많은 나라에서 무료이거나 상징적인 "등록금"만 받고 제공된다. 요즈음 갈수록 더 많은 정부가 공립 대학들로 하여금 상당한 금액의 수업료를 부과토록 한다. 이런 관행의 배후에는 그들이 인적 자본에 대한 투자의 대가를 지불해야 한다는 경제논리가 자리 잡고 있다. 교육이 모종의 외부효과를 갖는 건 확실하지만, 그것은 일반 국민이 교육을 보조해야 한다는 것이지 전액을 부담해야 한다는 걸 의미하지는 않는다.

수업료는 대학교육에 대한 학생의 기대에 영향을 미친다. 돈을 내니까 소비자 대우를 받을 거라고 기대한다. 같은 이유로 자기들을 교육하는 사람들을 서비스 제공자로 취급한다. 그들은 좋은 성적을 기대한다. "성적을 위해 많은 돈을 냈으니까 진짜로 좋은 성적을 받았으면 좋겠어!" 하지만 학생은 고객이 아니며 교육자는 서비스 제공자가 아니다. 성적은 수업료 액수가 아니라 학생의 성취를 반영해야 한다. 교육과정 내용은 학생의 선호에 부응할 게 아니라 학문적 수월성과 학생의 필요와 같은 원칙에 바탕을 두고 결정되어야 한다. 수업료가 학생을 망친다.

지금까지 말한 모든 것은 논쟁의 여지가 별로 없으리라고 확신한다. 진짜 문제는 그에 대한 대책이 무엇이냐 하는 것이다. 우리 생활환경이 갈수록 시장관계의 특징이 강화되는 그런 경향에 종지부를 찍는다면 어디에다 찍어야 할까? 어떤 상품을 아예 팔지 못하게 해야 할까? 이건 어려운 문제이고 여기에 그 답을 내놓을 공간도 없다. 여기서는 이런 말로 충분할 것이다. 타락으로부터의 논증은 그 자체로는 특정 상품의 거래를 금지할 합당한 이유를 내놓지 못한다. 시장규범을 이용한 선물 교환이 선물 상품의 본질을 훼손한다는 것은 사실이다. 만약 선물이 비인격적이고 일시적인 호혜성을 위해 건네진다면 기쁨을 줄 수 없을 것이다. 그러나 그렇다고 그런 식으로 교환된 상품이 잘못되었다는 말은 아니다. 술을 살 때 여럿이 돌아가며 대접하는 영국의 풍습을 생각해보자. 자기 차례일 때 술을 사서 한잔씩 돌려야 하니까 여기에서 호혜성은 매우 일시적이다. 그리고 술을 사서 돌리는 사람은 술 마시는 다른 사람들의 필요와 개성에 맞추지 않는다. 앤더슨의 도식에 따르면, "돌리기(rounds)"는 영국 펍(pub) 문화에서 경제재다. 그래서 나는 거기에 무슨 잘못이 있는지, 그리고 그게 전형적인 선물과 더 흡사하게 조직화하면 무엇을 얻을 수 있는지 아직도 모르겠다.

내 말의 핵심은, 시장원리를 통한 상품 교환은 교환을 위한 다른 방안이 있는 한 해롭지 않다는 것이다(Wolff 2004 참조). 선물과 공공재가 없다면 우리는 메마른 세상에 살게 될 것이다. 하지만 경제재가 없다면 우리가 문자 그대로 매우 메마른 세상에 살 것이라는 말도 역시 옳다. 극단적인 보수주의라면 몰라도, 모든 상품이 선험적으로 알 수 있는 고유의 "적절한", "제대로 된" 교환형태를 동반해야 된다고 믿을 이유는 없다. 운 좋게도 비판자들에게는 화살통에 아직 화살 한 발이 남아 있다.

공리주의 논증

공리주의 논증에 따르면, 다른 교환형태를 시장교환으로 대체하는 것은 복지 축소를 초래할 수 있다. 그것은 두 번째 논증과 밀접한 관련이 있어서 아주 간략하게 논의할 수 있다. 그 이야기는 이렇다. 공급이 부족한 재화들, 즉 장기기증과 헌혈, 시간 엄수하기, 학생들이 수업시간에 조용히 하기 등, 이들 중 하나를 고른다. 경제학자처럼 사고하여 수요를 자극하기 위한 금전적 유인을 도입한다. 반대의 일이 일어나는 것을 관찰한다. 자문해 본다. 어떻게 된 거지? 답: 금전적 유인의 존재가 어떤 형태의 내재적 동기를 몰아낸다. 시장교환이 어떤 재화를 오염시키기 때문에(위를 보라) 사람들이 그것을 내놓고 싶어 하지 않는다. 따라서 금전적 유인이 본래의 동기를 대체하거나 압도할 정도로 강하지 않을 때에는 공급이 줄어들 것이다.

이 논증은 리차드 티트머스(Richard Titmuss 1970)에 의해 이루어진 유명한 연구에 바탕을 둔 것이다. 그는 혈액을 조달하기 위한 영국와 미국의 시스템을 비교하여 영국의 헌혈 시스템이 혈액 판매를 허용하는 미국보다 질적인 면 뿐 아니라 효율성 면에서도 더 우수하다고 주장했다. 그는 영국의 이타적 기부자들과 달리 미국의 매혈자들은 자신의 병을 숨길 이유가 있고 그래서 시장에 내놓은 혈액의 질이 떨어진다고 주장했다. 그는 나아가 시장의 도입이 "이타주의적 표현을 억누르고 공동체감각을 훼손한다"(Titmuss 1970: 314)고 주장했다. 이전의 더 고상한 동기에 바탕을 둔 행동이 이제 가격표를 갖게 된다. "더 고상한 동기"는 일반적으로 돈보다 더 나은 유인을 제공하므로 기부하려는 의지가 줄어들게 된다는 것이다.

이 논증의 아름다움과 힘은 내재적 동기를 몰아내는 것은 순전히 시장교환의 존재라는 주장에 있다. 그것은 다른 형태의 교환을 완전하게 떠안아 줄 시장에 기대지 않는다. 하지만 그 논증은, 시장의 도입이 내재적 동기를 몰아내어 복지를 축소시킨다는 게 실제로 사실이라야 의미가 있는, 선험적(a priori) 논증이다.

티트머스가 묘사하는 메커니즘이 종종 일어난다는 몇몇 증거가 있다. 데브라 사츠(Debra Satz)는 하나의 유명한 실험을 다음과 같이 기술한다.

> 하루 일과가 끝나고 자녀를 데리러 오는 데 상습적으로 늦는 학부모들 때문에 여섯 하이파어린이집 관리센터는 지각하는 부모에게 벌금을 부과했다. 그들은 이 벌금이 이런 부모들로 하여금 제 시간에 도착할 이기적인 이유가 되어 줄 것이라고 희망했다. 그 부모들은 늦을 때마다 두 배의 돈을 내면서 벌금에 응했다. 석 달 뒤 벌금이 폐지될 때까지 지각의 증가는 계속되었다. 이런 결과에 대한 어떤 그럴 듯한 해석에 의하면, 벌

금은 보호소 노동자들에게 수고를 끼치지 않는 걸 도리라고 여기는 부모들의 감성을 훼손하였다. 대신 그들은 이제 자신들의 지각을 구매할 수 있는 상품으로 보았다.

(Satz 2010: 193)

그러나 사츠가 관찰한 바와 같이 시장의 도입이 실제로 내재적 동기를 몰아내고 그럼으로써 중요한 재화의 공급이 줄어들어 복지가 축소되는가, 아니면 금전적 유인이 기대했던 자극을 주는가 하는 것은 사례별로 (case by case) 논의해야 할 경험적인 문제다. 그게 중요했던 한 때, 내가 10학년 쯤 된 이후 부모님은 계속해서 나의 성적을 올리려는 목적으로 돈을 주셨는데, 그게 정말 효과가 있었다. 나는 내 부모님이 티트머스 등에 대해 모르셨던 것을 두고두고 감사한다.

요는, 공리주의자들의 논증은 결정적이지 않다. 그것은 철학적인 토론으로는 해결될 수 없는 경험적인 사실에 달려 있다. 매춘의 존재가 선물교환 규범에 따라 성을 교환하는 데 부정적인 영향을 미친다거나, 사립학교나 고백학교(confessional school: 종교계 사립학교―역자)의 존재가 부모들로 하여금 공립학교 생활에 전념하고자 하는 동기를 몰아낸다거나, 또는 학교성적을 올리려고 애들한테 돈을 주면 공부밖에 모르는 애들이 없어질 거라고 생각되지 않는다. 하지만 콩팥과 같은 "재화"를 파는 시장을 도입하려 한다면 적어도 사전에 (물론 잠재적 기증자/판매자의 별도 선택지에 대한 사실도 포함하는) 적절한 경험적 사실에 대한 신중한 연구를 하거나 그 속에 내포된 도덕적 문제점에 대한 숙고를 하고 난 뒤에 해야 할 것이다.

연구 문제

1. 평상시와 다른 없는 일상을 보내면서 여러분이 소비하는 것들에 대해 생각해보라. 그 중에 얼마나 많은 것이 순수하게 사유재인가? 그 중에 얼마나 많은 것이 공공재인가?
2. 외부효과의 문제에 대한 해결책은 무엇인가? 그 중 어떤 것이 가장 설득력이 있는가?
3. 재산권은 있어야 하는가, 그리고 그것은 얼마나 강력해야 하는가? 여러분의 답변을 정당화하라.
4. 시장이 교환하는 재화들 중에 항상 불공정한 것이 있는가?
5. 시장 교환에 대한 공리주의적 주장은 얼마나 설득력이 있다고 생각하는가? 여러분의 답변을 정당화하라.

권장 도서

시장의 도덕적 한계에 관한 절대 "필독"의 책으로는 E. Anderson 1993, Sandel 2012, Satz 2010, Walzer 1983 네 권이 있다. 지적 재산권을 상세하게 정당화하는 것으로 Merges 2011이 있고, 그에 대한 대강의 비판으로 Levine 2008이 있다. 생의학 연구의 상품화에 대해서는 Krimsky 2003과 Angell 2004를 보라. 지적 재산권에 초점을 맞추어 생의학 연구의 개혁에 대한 제안을 한 것으로는 Baker 2005, Reiss and Kitcher 2009, Reiss 2010, Stiglitz 2006이 있다. Graafland 2007은 시장 불완전성에 대해 고찰하는 보기 드문 철학교재다. 그 책에서 특허권, 연금, 세계화, 발전 등의 주제가 다양하게 적용된다.

14장

불평등과 분배정의

개요

후생경제학의 두 번째 기본정리는 부의 분배 문제가 자원 배분 문제와 분리될 수 있다는 것을 보여준다고 여겨진다. 파레토 최적이 경쟁의 균형에 도달하듯이, 정부의 적합한 역할은 부의 재분배이며 그 이외의 것은 "시장이 작동하는 대로 놔둬야 한다"(Mas-Colell 등 1995: 308).

앞 장에서 보았듯이, 실제 시장에서는 자원 배분이 공정성 문제를 야기한다. 따라서 시장체제가 '이상적'이지 않다면 자원 배분의 문제는 분배의 문제와 완전히 분리될 수 없다. 양방향 모두 공정성과 분배에 대한 우리의 사고를 이끌어줄 짐승적인 직감 이상의 능력을 필요로 한다. 이 장은 분배의 공정성, 정의와 관련하여 경제적 성과, 정책, 제도 등을 평가하는 데 도움을 주는 몇 가지 원칙에 대해 논의한다. 불평등은 필연적으로 불공정할 수밖에 없는가? 우리가 경제적 효율성을 취하면 그만큼 사람들을 불공정하게 취급하는 대가를 치르게 마련인가? 시장의 결과를 부의 재분배에 의해 "교정"하려는 정부의 노력은 어느 정도로 정당화될 수 있는가? 나는 우선 실제 시장은 종종 높은 정도의 불평등을 낳는다는 사실을 입증해 줄 몇 가지 사실과 수치를 미리 보여줄 것이다.

불평등

오늘날 우리가 살고 있는 사회는 경제적 불평등이 심각하면서도 점증하는 특징을 갖고 있다. 이는 국가들 간에도 그렇고 한 국가 안에서도 그렇다. 국제통화기금(IMF)에 따르면, 2011년 카타르는 가장 높은 1인당 소득 102,943달러를, 콩고는 가장 낮은 소득 348달러(1년에!)를 얻었다. 오늘날 OECD 국가에서 가장 부유한 인구 10%의 평균 소득은 가장 가난한 인구 10%의 약 9배다. 그러나 사실 선진국에서는 불평등이 상대적으로 덜 심각하다. 완전히 평등한 상태를 0으로, 완전히 불평등한 상태를

100으로 표시하는 불평등 지수인 지니계수가 독일은 28, 네덜란드 31, 영국 36, 미국 41이다. 지니계수에 따르면 가장 불평등한 나라는 나미비아(74), 남아프리카(67), 세이셸(66), 코모로스(64)이고, OECD에서 가장 불평등한 나라는 멕시코(52)다(데이터는 세계은행 지니계수).

불평등은 대부분의 나라에서 커지고 있다. 전통적으로 평등주의적인 독일, 덴마크, 스웨덴 같은 나라들에서 빈부 계층 간 소득격차가 1980년대 5대 1에서 오늘날 6대 1로 확대되었다. OECD 모든 국가에서 지니계수는 1980년대 중반에 평균 29에 머물렀는데, 2000년대 말에는 32로 증가했다. OECD 22개 국가들 중 17개 국가에서 증가했는데, 핀란드, 독일, 이스라엘, 룩셈부르크, 뉴질랜드, 스웨덴, 미국에서 4% 이상 증가했다(OECD 2011).

그리고 불평등은 단순히 소득에만 연결되지 않는다. 세계개발경제연구소(World Institute for Development Economics Research)의 한 연구 보고에 의하면, 2000년 가장 부유한 성인의 1%가 세계 자산의 40%를 소유하고 있었다(Davis 등 2006). 세계에서 가장 부유한 세 사람이 가장 가난한 48개국 사람들의 자산을 합친 것보다 많은 자산을 소유하고 있다. 북미와 유럽 모두 합쳐도 세계 인구의 15%를 넘지 않지만 세계 순자산의 절반 이상을 움직인다. 물론 이런 불평등은 건강, 교육, 자유, 정치적 영향에 대한 접근의 불평등, 생명의 번성을 다채롭게 표현할 기회의 불평등으로 이어진다.

많은 사람들이 큰 경제적 불평등은 그 자체로 불공정하다고 인식한다. 2007년 미국 주식 S&P 500 지수에서 CEO들은 매년 평균 1,050만 달러를 벌었는데, 이는 전형적인 미국 노동자들의 344배다(Maloney and Linenman 2008). 이제는 약간의 소득 불평등은 당연하다고 본다. 아마도 CEO가 더 많이 더 오래 일하고 더 나은 교육을 받고 더 큰 책임을 지는지 몰라도, 그것이 봉급에서 344배 차이를 정당화할 수 있는가? 우리는 1980년에는 그 차이가 "겨우" 42대 1이었다는 점에 주목해야 한다 (Maloney and Linenman 2008). 더군다나 대부분의 사람들은 도덕적 관점에서 완전히 우연한 요인들 ―부유한 부모를 두었거나, 선진국에서 태어났거나― 에 기인한 불평등을 부정의하다고 여길 것이다. 불평등이 공적(功績)과 무관한 사회적 변수와 체계적으로 상관되는 양상이 갈수록 악화되고 있다. 실제로 세계 평균보다 많은 일인당 GDP를 가진 모든 국가가 북반구와 남쪽 먼 지역에 있는 반면, 평균 이하를 가진 모든 국가는 적도 가까이 있다. 미국을 비롯한 각국에 사는 아프리카 후손들은 백인들보다 훨씬 적은 소득을 얻고, 그 격차는 날로 벌어지고 있다.

분배정의의 원칙

앞에서 언급한 바와 같이 불평등이 참으로 불공정하다는 사람들 대부분의 직관에 대해 어떻게 말할 수 있을까? 여러 문헌에서 수없이 많은 원칙들이 제시되었다. 여기에서는 경제 정의의 맥락에서 네 가지 중요한 이론틀인 공리주의, 자유지상주의, 사회계약론, 역량이론에 대해 고찰할 것이다.

먼저 알아 두자. 정의론에는 결과론, 의무론, 덕이론과 같이 근본적으로 다른 세 가지 이론이 있다. 결과론은 행위, 정책, 제도가 좋은 결과를 낳는 정도에 따라 정의롭다고 주장한다. 그 예로 공리주의가 있다. 결과론은 의무론과 대립한다. 의무론은 추상적 원칙(예를 들어 "네가 하고자 하는대로 남에게 해주어라" 또는 10계명과 같은)의 준수에 근거하여 행위, 정책, 제도의 정당성을 판정한다. 그 예로 자유지상주의와 사회계약론이 있다. 덕이론은 개인의 행위나 따라야 할 원칙보다는 개인의 품성과 번성에 초점을 맞춘다. 역량접근방식은 덕윤리로 이해할 수 있다.

공리주의

단순하게 말해서, 공리주의는 재화의 분배는 집단의 효용을 극대화할 경우에 한해서만 정의롭다고 주장한다. 그 슬로건에 따르면, 공리주의는 "최대 다수의 최대 행복"을 추구하며, 분배정의의 원칙은 이런 공리에 따라야 한다.

아마티아 센이 설명한대로, 공리주의는 결과주의, 후생주의, 총량주의라는 세 가지 요소를 갖는다(Sen 1999b: 3장). 결과주의는 앞에서 살펴보았다. 후생주의에서 적절한 결과란 개인의 웰빙을 기준으로 한다. 마지막으로 총량주의는 웰빙의 분배가 아닌 웰빙의 총량(아마도 사람 수로 나눈)이 중요하다는 입장이다.

공리주의가 솔직하게 시사하는 바는, 우리가 오늘날 세계 대부분의 국가에서 목격하는 엄청난 불평등이 어쩌면 불공정할 수도 있다는 것이다. 그에 대한 간단한 설명을 들어보자. 대부분의 사람들에게 (돈과 같은 자원뿐 아니라) 대부분의 재화에 있어서의 한계효용은 감소하고 있다. 만약 여러분이 가진 게 없다면 한 끼 식사로도 여러분의 웰빙에 큰 차이를 낳을 것이다. 만약 이미 오늘 네 끼 식사를 했다면 한 끼 더 먹는 것은 여러분을 더 행복하게 하지 않을 것이다. 그것을 소비하는 것은 실제로 우리를 더 나쁘게 할 것이다. 그것은 돈에도 적용될 수 있다. 거지한테 천원짜리 몇 장을 주면 그의 삶에 큰 변화를 줄 수 있겠지만 백만장자에게 주면 거들떠도 안 볼 것이다. 따라서 재화나 돈을 사회의 가장 부유한 사람들에게서 가장 가난한 사람들에게로 재분배하는 것은 아마도 총효용을 증진할 것이다.

그럼에도 불구하고 소득을 비교적 부유한 사람에게서 비교적 가난한 사람에게로 이전하는 것은 약한 욕망을 희생하여 더 강렬한 욕망이 만족되도록 하므로 집단적 만족의 총량을 증가시킬 게 틀림없다. 그리하여 오래된 "효용체감의 법칙"에서 확실하게 다음과 같은 명제가 도출된다. 그것이 어떤 관점에서 보더라도 국민들의 배당금 규모의 축소를 야기하지 않는다면, 가난한 사람의 손에 쥐는 실질 소득의 절대적인 몫을 늘리자는 어떤 명분도 일반적으로 경제적 후생을 증진시킬 것이다.

(Pigou 1932 [1930]: Ⅰ.Ⅷ.3)

나는 위에서 재분배가 **아마도** 총효용을 증진할 것이라고 말했다. 왜냐하면 그 논증에는 도전받을 두 개의 가정이 있기 때문이다. 첫째는 한계효용체감의 원리다. 피구는 그것을 법칙이라고 부르지만 엄밀하게 말해서 법칙이라 보기 어려우며, 일부 사람들에게는 해당되지 않을 것이다. 나는 그 원리를 비교적 논란의 여지가 없는 이상화로 간주하지만 효용이 쉽사리 관측될 수 있는 것이 아니어서 충분한 증거를 갖고 그것을 뒷받침하기가 쉽지 않다. 두 번째 가정은 더 심각하다. 재분배는 재분배될 재화의 양에 유의미한 영향을 미치지 않는다고 한다. 재분배가 실질적으로 파이의 크기에 영향을 주지 않는다는 것이다. 어쩌면 재분배가 파이의 크기에 영향을 주지 않는다는 것이 거짓일 수도 있지만, 그 효과가 얼마나 클지는 알기 어렵다.

모두가 같은 효용함수를 갖고 있고 한계효용이 감소했다고 가정하자. 이런 경우, 재화의 동등한 분배는 총효용을 극대화할 것이다. 그러나 만약 내가 아무리 노력을 쏟아도 내가 받을 파이의 몫이 같다는 것을 안다고 하면 노력을 쏟을 의욕이 확 떨어진다. 그렇다고 내가 어떤 노력도 안할 것이라는 말은 아니다. 그냥 좋으니까 노력은 할 것이다. 능력껏 하는 게 도리라고 생각할 것이다. 나는 그 문제에 대해 전혀 깊이 생각하지 않고 그저 들은 대로 할 것이다. 그러나 많은 사람들이 노력과 보상 간의 어떤 긍정적 관계를 기대할 것이므로, 재화를 엄격하게 평등주의적으로 분배하게 되면 의욕이 꺾일 것이다.

다른 노선의 고려사항도 있다. 만약 사람들이 불평등한 사회에 산다면, 특히 불평등이 단지 노력의 차이 뿐 아니라 운 같은 우연적인 요인에 기인한다면, 사람들은 열심히 노력해서 자기한테 조금 보상이 돌아온다고 해도 그렇게 하지 않을 것이다. 예컨대 노동시장 진입이 모든 사람의 수입을 어느 정도 늘리고, 믿기 힘들만큼 부를 가진 소수의 사람들이 있다고 하자. 이제 노동시장에 진입하지 않으면 소득이 낮아진다 해도 막상 노동시장에 진입했는데 운이 나빠 후회하게 될까봐 어떤 사람들은 비진입을 선호할 것이다. 만약 불평등이 노력과 그 과정의 운뿐만 아니라 힘없는 불리한 가정배경, 조상, 성, 인종 등과 같은 다른 요인들 때문이라면 당연히 사태는 더 심각해진다.

어떤 사회에서 하는 자원의 재분배와 관련하여 공리주의에 수반되는 게 정확히 무엇인가 하는 것은 그 사회에 대한 많은 구체적 사실들에 달려 있다. 그러나 공리주의가 부자에게서 빈자에게로 **어느 정도의** 재분배는 정당화할 것 같다. 하지만 위와 같은 고려는 이미 공리주의적인 생각을 가진 사람들에게만 설득력이 있을 것이다. 따라서 공리주의 자체가 얼마나 그럴듯하고 정당화될 수 있는지 물어 보아야 한다.

"공리"라는 용어는 모호하다. 고전적 공리주의자 벤담, 밀, 시즈윅(그리고 다른 소위 "쾌락주의자들")에게 그 말은 행복을 의미하거나, 고통을 상쇄한 쾌락, 또는 쾌락을 느끼는 정신 상태를 의미했다. 대부분의 현대 공리주의자들은 그것을 선호만족으로 정의한다. 아래에서 언급한 비판은 대부분 효용에 대한 두 가지 이해와 관련이 있다. 그래서 필요할 때만 그 의미를 구분하도록 하겠다.

공리주의에 대해 호의적으로 설명하는 많은 견해가 있다. 사람들이 효용에 대해 깊은 관심을 갖고 있어서 사회적 결과, 정책, 제도를 평가하는 데 일정한 역할을 해야 한다는 것은 분명하다. 푸아그라에 관심이 있는 거의 모든 사람을 매우 불행하게 만드는 정책 제안(예컨대, "푸아그라의 생산, 분배, 소비를 금지하라")이 있다고 하자. 단순히 소수의 운동가들이 날조된 추상적인 원칙으로 그런 제안을 정당화한다고 해서 그걸 시행하는 것은 미친 짓일 것이다.

성과, 정책, 제도에 대한 현실성 평가를 할 때 그로인해 개인의 웰빙이 어떻게 되었는가 하는 것이 확실히 매우 중요하다. 금융위기를 다시 생각해보자. 몇 년에 걸쳐 각국의 정부는 은행과 국가를 구하기 위해 미래의 웰빙에 대한 예견된 결과 —"그리스 경제가 붕괴될 것이다", "독일의 수출이 무너질 것이다.", "몇 년 간 세계적 공황이 있을 것이다."— 를 생각해서 위험을 무릅쓰고 상상할 수 있는 모든 규칙과 원칙을 깼다. 그런 결과가 발생할 것이라고 믿을 충분한 근거가 있었다면 "가격을 안정시키기 위한 유럽 중앙은행 통화정책의 일차적인 목적은 결정적인 중요성을 갖는다"와 같은 규칙을 깨는 건 참으로 사소한 악으로 여겨질 것이다.

그러나 공리주의는 결과가 중요하다고 주장할 뿐 아니라, 사람들의 효용에 대한 결과가 모든 것인 것처럼 주장한다. 이것은 타당하지 않다. 왜냐하면 사람들은 여러 가지 권리를 갖고 있으며, 단지 총효용을 증진하는 결과를 낳는다는 이유만으로 사람들의 권리를 침해하는 것은 도덕적으로 허용될 수 없기 때문이다. 개인 A가 신장을 필요로 하는 곤경에 처해서 고통을 겪고 있는데 개인 B가 건강한 신장을 두 개 갖고 있다고 하자. B는 자기 신장을 지키는 것을 선호하지만 그걸 포기함으로써 겪는 고통이 그리 크지 않기 때문에 그의 선호가 신장을 받으려는(결국 생명이 위태롭다) A의 선호보다 강하지 않다. 이런 상황에서 어떻게 하는 것이 좋으냐 하는 것은 분명하다. 하지만 만약 여러분이 공리주의자라면 그가 아무 말도 않고 신장을 포기하도록 강제하는 걸 옳다고 생각하겠지만, 그건 모든 사람들에게 호소력 있게 들리지 않을 것이다.

그러므로 공리주의는 사람들의 권리를 완전히 무시한다(물론 어떤 사람의 권리에 대한 침해가 그의 웰빙에 영향을 미치지 않는 경우에). 공리주의적 계산에 바탕을 둔 정책들이 개인의 권리 침해로 총효용이 극대화될 때 개인에게 불공정한 해를 끼치는 결과를 낳을 수 있는 경우가 적지 않다. 이게 공리주의에 대한 결정적인 반론은 아니지만 도덕적 평가에서 사람들의 웰빙에 미치는 결과가 무엇보다 중요하다는 관념에 의문을 던진다는 건 확실하다.

공리주의가 인권에 대해 간접적으로만 관심을 갖듯이, 분배도 오직 간접적으로만 문제가 된다. 만약 사람들의 효용함수가 감소하면 그럴 때에는 공리주의도 부자로부터 빈자에게로 재분배하는 걸 찬성한다. 하지만 총효용을 극대화하는 그 상황이 근본적으로 불평등한 경우를 생각해볼수 있다. 단지 어떤 사람은 다른 사람보다 자신이 가진 자원을 효용으로 전환하는 데 더 능하기 때문이다(Sen 1970). 가령, A와 B 두 사람이 글래스톤베리(Glastonbury) 음악축제에 가고 싶어 하고 둘 다 축제에 가서 그로부터 같은 효용을 이끌어내고 싶어 하지만, A는 휠체어를 타고 B는 그렇지 않다. A는 축제에 도착하는 데 (특수하게 설계된 교통수단이나 도움의 손길과 같은) 더 많은 자원을 필요로 한다. 만약 B가 애초부터 더 많은 자원을 소유한다면 B가 자원을 웰빙으로 전환하는 데 더 효율적이기 때문에 공리주의는 A로부터 B에게로의 재분배를 승인할 것이다. 그런 경우, 공리주의는 기존의 불평등을 악화시키는 것도 정당화하는 것처럼 보인다.

대부분의 현대 공리주의자들은 공리를 선호만족으로 생각한다. 그로 인해 개인들 간의 효용 비교와 연관된 문제가 생겨난다. 효용의 총량을 계산하려면 개인 A의 효용수준을 B의 그것과 비교해야 한다는 건 분명하다. 하지만 바나나보다 사과를 더 좋아하는 A의 선호만족을 딸기보다 체리를 더 좋아하는 B의 선호만족과 서로 비교한다는 게 무슨 의미가 있는가? 많은 경제학자들이 그런 개인들 간 비교가 가능하다는 걸 부정할 것이다. 어떤 경제학자들은 이런 개념적인 문제를 풀 방안을 제시했다. 이를테면, 사람들(사회기획자?)에게 A와 B 두 사람 모두의 입장이 되었다고 상상해보게 한 다음, A로서 사과를 갖는 것을 **선호하게 될지** 아니면 B로서 체리를 갖는 것을 **선호하게 될지** 물어보면 된다는 것이다 (Binmore 2009 참조). 이것이 원리적인 면에서 효과가 있는지 의문이고 (Hausman and McPherson 2006 참조), 선호를 측정하는 실제적인 접근 방식으로서도 효과가 없을 게 틀림없다.

효용의 개인 간 비교의 문제를 피하기 위해 경제학자들이 개발한 것이 파레토 우월이라는 개념이다. 아무도 결과 X보다 결과 Y를 선호하는 사람이 없고 최소한 한 사람이 Y보다 X를 선호할 경우에 한해서만 X가 Y에 대해 파레토 우월이라고 말한다. 하지만 이런 기준은 정책을 판단하기에 극도로 빈약하다. 대부분의 정책들은 승자를 낳는 **동시에** 패자를 낳기 때문에 파레토 우위의 순위를 매기는(Pareto-ordered) 게 불가능하다.

요약하자면, 공리주의를 괴롭히는 주요 난점은 다음과 같다.

- 공리주의는 인권을 무시한다.
- 공리주의는 자원의 분배를 무시한다.
- 효용을 선호만족으로 이해하면 개인들 간의 효용을 비교하기 어렵다.
- 대체기준으로서의 파레토 최적은 적용 가능성이 희박하다.

재산권과 자유지상주의

현재의 불평등을 정당화하는 사실상 매우 조잡한 한 가지 방법은, 그 불평등이 자유로운 사람들이 자원의 사용에 대해 자발적인 결정을 내린 결과라고 주장하는 것이다. 결과가 어떠하든, 사람들이 자원에 대한 소유권을 가지고 있고 이런 권리로부터 생겨나는 소유의 자격이 있기 때문에 불평등은 정당화된다. 그렇다면 이런 질문을 제기할 수 있을 것이다. 재산권 자체는 정당화되는가?

자유지상주의는 어떤 사태가 개인이 자발적으로 행동하고 권리가 침해되지 않는 어떤 과정의 결과로서 생겨난 것이라면 정의롭다는 이론이다. 그것은 어떤 행위가 타인의 자유나 자유권을 침해하지 않는 한 옳다고 보는 의무론이다.

모종의 가정적인 원초적 상태에서 예전에 소유되지 않은 영토가 사회 구성원들 간에 똑같이 분배된다고 가정하자. 그 구성원들은 자유로우며, 각자에게 할당된 땅에 대한 재산권을 갖고 있다. 모두가 자기 마음대로 그 땅을 활용할 수 있다. 생존을 위해서 그 땅을 사용하여 의식주를 생산한다. 모든 사람이 똑같은 양을 생산할 수는 없다. 누구는 채소를 더 잘 재배하고, 누구는 가죽으로 옷을 더 잘 만든다. 그들은 서로 자유롭게 계약을 맺고 그 땅에서 난 과일을 교환한다. 아마도 누구는 다른 사람보다 성공해서 거래에 대한 구상을 더 영리하게 구체화할 것이다. 그들은 자신의 땅을 채무계약에 담보로 쓸 수 있다. 그들이 다음 해에 충분히 생산하지 못하면 그 땅을 잃을 것이다. 그들은 더 성공한 사람이 소유한 농장에서 일을 구할 것이다. 그들은 다시 한 번 자발적 행동으로 노동계약에 들어간다. 얼마간 시간이 지나면 아마도 소득, 재산 등에서 불평등이 있을 것이다. 어떤 사람들은 많은 땅을 소유할 것이고 자기들이 소비할 수 있는 것보다 훨씬 많이 생산할 것이다. 다른 사람들은 가진 것이라곤 자기 몸뿐이어서 노동소득에만 의존한다. 자유지상주의자들은 새로운 상황에 책임을 져야 하는 모든 행동이 자발적이면 그 상황을 정의롭다고 생각한다. 그들은 무슨 근거로 그렇다고 생각할까?

개인이 재산으로 취득한 자원은 모두 예전에 소유되지 않았거나 소유된 것이다. 만약 그것이 예전에 소유되지 않았다면, 결과적 상태가 정의롭기 위해서는 그 자원이 공정하게 취득되어야 한다. 만약 그것이 예전에 소유되었다면, 결과적 상태가 정의롭기 위해서는 그 자원이 공정하게 이전되어야 한다. 만약 그 취득이나 이전이 공정하지 못하다면, 결과적 상태가 정의롭기 위해서는 부정의가 교정되어야 한다. 20세기의 가장 저명한 자유지상주의자인 로버트 노직(Robert Nozick)은 소위 "소유권적 정의론(entitlement theory of justice)"을 기술하는 세 가지 원칙을 다음과 같이 열거한다(Nozick 1974).

a. 취득에 있어서의 정의의 원칙
b. 이전에 있어서의 정의의 원칙
c. 부정의(不正義)의 교정의 원칙

사람들이 예전에 사유되지 않은 자원을 전용(專用)한다고 할 때, 그것은 정당화될 수 있는가? 로크는 『통치론』(1988 [1689])에서 그것이 어떤 조건 하에서는 가능하다고 주장했다. 그의 주장은 결국 성공적이지 못했고, 노직 자신도 많은 우려를 표명했다. 이를테면 개인은 자원에 노동을 혼합함으로써 자원에 대한 소유권을 취득한다는 로크의 주장에 대해 노직은 다음과 같이 반박한다.

내가 소유한 것과 내가 소유하지 않은 것을 혼합하는 것이, 왜 내가 소유한 것을 잃는 방도가 되지 않고 내가 소유하지 않은 것을 취득하는 방도가 된다는 말인가? 만약 내가 한 통의 토마토 주스를 소유하고 있고, 그 것을 바다에 부어 그 분자가 바다 전체에 고루 섞이게 … 한다면, 그렇게 해서 내가 바다를 소유하게 될까 아니면 바보같이 내 토마토 주스만 낭 비하게 될까?

(Nozick 1974: 174)

따라서 노직은 재산권을 정당화하는 근본적인 이론을 제시하지 않는 다(Nozick 1974: xiv). 그 대신, 주인이 없던 자원이 전용될 조건을 이해 하는 데 대해 약간 상세히 기술한다. 로크는 어떤 자원을 정당하게 취득 하기 위해서는 "공유물로서 타인에게도 충분히 양질의 것"이 남아 있어 야 한다고 주장했다(Locke 1988 [1689]). 노직은 이런 단서(privoso)를, 초기의 재산권 취득에 의해 누구도 처지가 더 나빠져서는 안 된다는 말 로 해석한다(Nozick 1974: 178-83). 그 단서가 함축하는 바는, 이를테 면 어느 누구도 다른 사람이 필요로 하는(세상의 마실 수 있는 물과 같 은) 자원을 전용할 수 없다는 것이다(예컨대, 최초 오아시스 발견자라도 배타적 소유권을 주장할 수 없다는 것-역자주). 그것은 다른 한편, 경쟁 으로 인해 누군가의 처지가 "나빠진다"고 해서 어떤 사람이 다른 사람과 경쟁하기 위해 그 자원들을 합법적으로 전용할 수 없다는 것을 함축하지 는 않는다.

재산권의 정당화는 로직이 남겨둔 허점임이 틀림없다. 다른 사람들은 가령, 정부의 후원을 받는 재산권이 인간의 발전과 웰빙에 필수적이라든 가(de Soto 2000), 재산권이 자유를 보증한다는 생각을 근거로 삼아서 재 산권을 옹호하는 이론을 제시해왔다(Hayek 1944). 그러나 노직이 제안 한 의무론적 체계 안에서는 재산권이 정당화되기 어려운 난점이 남는다 는 사실에 주목해야 한다.

재산권이 일정 조건 하에서 옹호될 수 있다고 한다면 자유지상주의자들은 어떻게 어떤 소득분배를 공정하다 또는 불공정하다고 평가할 것인가? 노직에 따르면, "누구라도 그 분배 하에 그들이 가진 재산을 소유할 자격이 있다면 그 분배는 정의롭다"(Nozick 1974: 151). 위에서 묘사한 세 부분의 소유권이론에 따르면 다음과 같은 조건들이 모두 갖추어질 경우 그들의 재산에 대한 자격을 가질 수 있다. (a) 재산이 정당하게 취득되었다. (b) 재산이 정당하게 이전되었다. (c) 재산이 이전의 부정의에 대한 교정을 구성한다. 어떤 결과를 평가하기 위해서는 **역사적 정보**가 요구된다. 노직은 결과적으로 분배정의의 역사적 원리와 최종결과원리(end-result principle)를 구분하고(Nozick 1974: 153ff.) 그것을 다음과 같이 설명한다. 전자가 말하는 것은 "어떤 분배가 정의로우냐 아니냐 하는 것은 그것이 어떻게 발생했는가에 달렸다. 반면, 정의의 현시점 **시간단면원리**(current time-slice principle)는 어떤 공정한 분배의 **구조적** 원리에 의해 판정되는 것으로서, 사물들의 분배방식(누가 무엇을)에 의해 분배정의가 결정된다는 것이다."(Nozick 1974: 153; 원저의 강조) 최종상태원리(end-state principle)는 현시점 시간단면원리와 같은 비역사적 분배정의의 원리를 모두 포괄한다.

나아가 노직은 정형화된(patterned) 원리와 비정형화된 원리를 구분한다(그 자체가 역사적이거나 최종상태가 될 수 있다). 정형화된 원리는 사회에 대한 도덕적 장점이나 유용성과 같은 어떤 자연적 차원(의 조합)에 따라 분배의 몫을 직접적으로 달리할 것을 요구한다. 대부분의 분배정의의 원리는 정형화된다('X에 따른 분배'와 같이 정형화된다. X에는 노력, 능력, 필요 등이 있다—역자주). 그러나 노직은 분배의 정형화에 대한 요구가 사람들의 자유를 침해하는 결과를 낳는다고 주장한다. 그는 다음과 같은 사고실험을 성찰해보라고 한다. 어떤 사회의 보유물이 정말로 선호되는 정형화된 정의로운 분배원리 D_1과 완벽하게 일치한다고 가정하자.

또 그 사회에서 유명한 농구선수인 월트 챔버린(노직이 저술할 당시 LA 레이커스를 위해 뛴 미국 선수)이 홈경기 티켓 한 장당 25센트가 챔버린에게 돌아간다는 그의 팀과의 계약에 서명한다고 가정하자. 나아가, 노직은 일 년간 백만 명의 관객이 그 경기를 관람하고 그가 25만 달러를 벌어들인 일 말고는 어떤 이전도 일어나지 않았다고 가정한다. 그 새로운 분배를 D_2라 하자. 그러나 만약 D_1이 정의롭고 사람들이 자발적으로 D_1에서 D_2로 이동한다면 어떻게 D_2가 공정하지 않을 수 있는가?('자발적' 교환이라면 그로 인해 기존 분배의 정형이 무너진다고 해도 그 교환은 정당하다는 주장—역자주) 더 중요한 것은, D_1을 그 선호되는 원리 하의 유일하게 공정한 분배로 간주하고 정의를 보존하려 한다면 25만 달러를 그로부터 압수하거나 그와 그의 팀 또는 그와 팬들 간의 계약을 금지해야 하는데, 그렇게 되면 챔버린의 권리가 침해되지 않을 수 없다. 두 선택지 모두 별로 매력적이지 않다.

1950년대 스탈린의 소련에서 쓰인 소설 『인생과 운명(Life and Fate)』에서 바실리 그로스만(Vasily Grossman)은 개인이 재산권과 재화를 교환할 권리를 보장받지 못할 때 무슨 일이 일어날 수 있는지 묘사한다.

> 나는 어릴 적부터 가게를 열고 싶었다. 그래서 누구든 와서 살 수 있었으면 했다. 그리고 스낵바도 열어서 고객들이 고기를 구워 먹고, 술도 마시도록 하고 싶었다. 아주 싸게 서비스했을 텐데. 구운 토마토! 마늘을 곁들인 베이컨! 사우어크라우트! 맨처음 나오는 요리로는 골수를, 코스로는 약간의 보드카와 골수, 흑빵 그리고 소금을. 벌레가 생기지 않는 가죽 의자도 준비하고. 고객님께서 앉아서 쉬면서 서비스도 받고. 내가 이걸 소리 내어 말하기라도 하면 난 곧장 시베리아행이다. 아니, 내가 남들한테 무슨 몹쓸 짓이라도 한 거야?
>
> (Wolff 2006: 147에서 인용)

노직은 그 말에 다음과 같이 덧붙인다. "사회주의 사회는 동의하는 성인들 간의 자본주의적 행동을 금지하지 않을 수 없을 것이다"(Nozick 1974: 163) 한 걸음 더 나아가서, 원칙적으로 또는 최소한 아주 가깝게는, (진보적인) 조세제도에 의해 정형화된 분배를 지지하는 사람도 있을 것이다. 그 결과에 대한 완충장치(예컨대, 실업자를 위한 실업수당 지급—역자주)만 마련한다면 사람들 간의 동의에 입각한 자본가적 행동을 금지하지 않을 수도 있을 것이다. 노직은 이런 발상에 반대하며 세금은 강제노동(과 다름없는 것)이라고 주장한다(Nozick 1974: 169). 만약 소득세가 가령 25%라 하면 일주일에 40시간 일하는 사람은 10시간은 다른 사람을 위해 일을 하는 셈이다. 이 10시간은 노예제와 다름없는 강제노동이다.

그의 세금/강제노동 유비에도 불구하고 노직이 모든 세금을 반대하지는 않는다는 점에 주목해야 한다. 따라서 그는 "폭력, 도둑, 사기 등으로부터의 보호라는 좁은 역할로 제한된" 최소국가와, 그것을 지탱하는 데 꼭 필요한 과세 수준을 지지한다(Nozick 1974: 169). 국가가 이런 역할을 하도록 허용함으로써 노직은 그가 원하는 것 이상으로 국가의 엄청난 개입이 이루어지도록 문을 열어주게 된다. 무엇을 위해 공공재 이상의 "폭력, 도둑, 사기 등으로부터의 보호"가 존재하는가? 그리고 국가가 공급함으로써 스스로를 정당화시켜줄 다른 공공재도 있지 않은가? 불완전한 많은 시장들로 인해 국가의 개입을 요구하거나 최소한 그것을 유의미하게 만들고 있지 않은가?

노직은 여기에 대해 이를 악문다. 만약 개인들이 긍정적 외부효과를 가진 어떤 재화 ―가령, 공연― 를 자발적으로 생산한다면, 그걸 받는 사람들은 생산에 동참하겠다고 합의하지 않았으니까 거기에 기여해야 할 의무가 없다(Nozick 1974: 90ff.). 그 부정적 결과 ―과소 생산― 는 자유지상주의자들이 감수해야 하는 것이다. 부정적 외부효과의 경우에는 더

욱 나쁘다.

노직이 그러하듯, 공연이 내 근처의 강력한 확성기를 통해 들린다고 한다면 나로서는 그 소리를 안 들을 수 없다. 어떤 경우에 그것을 즐길 수도 있지만 그렇지 않을 때 내 서가의 책을 읽으며 평화로운 오후를 보낼 나의 권리가 침해된다. 대부분의 생산활동은 최소한 모종의 부정적 외부효과(공해, 소음, 자원 낭비, 항생제 과용 등)를 내포하며, 그럼으로써 이런 활동에 대한 참여는 누군가의 권리에 대한 침해를 수반하게 될 것이다.

노직에게 두 가지 출구가 있다. 우선, 모든 부정적 외부효과로부터 시민을 보호하는 국가의 역할을 확대할 수 있다. 이것은 직접적인 집행비용과 생산을 위해 잃는 간접적인 기회비용 때문에 돈이 극히 많이 든다. 또한 그것은 노직이 원하는 것 이상으로 국가가 엄청나게 개입하는 것을 의미한다. 두 번째로, 그는 원칙상 부정적인 외부효과를 내포한 생산적 활동을 허용하지만 그의 세 번째 원칙에 따라 권리침해가 교정되도록 요구할 수 있을 것이다. 그러나 노직은 세 번째 원칙에 대해 별 말을 하지 않고, 다만 그것은 "짐작컨대 부정의가 일어나지 않았다면 발생했을 것에 대한 가정적 정보의 최상의 추정치(또는 기댓값을 이용하여 일어났을 것에 대한 확률분포)를 활용할 것이다"(Nozick 1974: 153)라고만 말한다. 그러나 시장들이 없는 상황에서는 그런 계산이 전혀 불가능하진 않아도 매우 어려울 수밖에 없다(그리고 오로지 어떤 시장들이 없을 때 외부효과가 일어난다). 노직의 이론에서 외부효과는 난점을 제기한다(Hausman 1992b 참조).

여기에는 다른 심각한 문제가 있다. 사람들이 배타적인 재산권을 갖는다고 가정하더라도, 과거에 사람들의 권리에 대한 많은 침해가 있었다는 압도적인 증거가 있다고 한다면 왜 **오늘의** 재산이 국가에 의해 보호되어야 하는지 분명치 않다. 노직의 소유권 이론에 따르면 오늘날의 재산 및 다른 자원의 분배가 정의롭지 않을 가능성이 압도적이다. 그러나 정의로운 상태를 판정하기 위해서는 우리가 갖고 있지 않고 또 거의 가질 수 없는 정보, 엄청난 양의 역사적 정보가 필요하므로 현 상태로부터 정의로운 상태로 이행할 길이 없다. 노직의 체계 안에서는 왜 정의롭지 못한 재산권 분배가 옹호되어야 하는지 알기가 매우 어려워 보인다.

요약하자면, 노직의 자유주의적 제안은 다음과 같은 난점을 야기한다.

- 재산권이 노직의 체계 안에서 정당화되기 어렵다.
- 외부효과는 모든 자유주의적 제안에 대해 중대한 위협을 가한다. 물론 노직은 이런 문제를 무시한다.
- 노직의 이론은 **현재**의 불평등을 정당화하지 못한다. 왜냐하면 현재의 불평등은 일정 부분 과거의 부정의로부터 발생했기 때문이다. 이것은 난점을 야기한다. 그 이유는
- 현재의 결과를 초래한 과거의 기원을 확인하기 어렵기 때문이다.
- 노직이 과거의 부정의를 교정하는 이론을 제시하지 않기 때문이다.

롤스와 무지의 베일

존 롤스는 저명한 미국의 정치철학자이며, 그의 명저 『정의론』(Rawls 1971)은 20세기 정치철학에서 단연 가장 중요한 저서다. 이 책에서 그는 분배정의의 원칙에 관한 중요한 시사점을 갖고 있는 "공정으로서의 정의"에 대해 설명한다. 『정의론』에서 롤스가 옹호하는 다음 두 가지 원칙을 언급하면서 시작하는 것이 가장 쉬울 것이다(Rawls 1993, 2001에서 반복된다).

1. 각자는 만인의 유사한 자유의 체계와 양립할 수 있는 가장 방대한 기본적 자유의 체계에 대한 동등한 권리를 갖는다.
2. 사회 경제적 불평등은 두 가지 조건을 만족해야 된다. 그것은 반드시 (a) 사회에서 최소 수혜자에게 최대 이익이 되도록 하고 (b) 공정한 기회균등의 조건 하에 만인에게 직책과 직위가 공개되어야 한다.

첫 번째 원칙은 한 사회의 정치 제도에 대한 것이고, 두 번째 원칙은 사회경제 제도에 대한 것이다. 롤스는 이런 원칙을 첫 번째 원칙이 두 번째 원칙에 우선한다는 식의 "사전편찬적 순서"로 이해한다. 이는 곧 가장 방대한 기본적 자유의 체계로부터의 출발이 더 큰 사회경제적 기회에 의해 정당화되거나 보상받을 수 없다는 것을 의미한다. 거래는 허용되지 않는다. 이런 이유로 첫 번째 원칙은 "자유 우선성"의 원칙으로 불리어지게 된다. 그것이 함축하는 바는, 이를테면 노예제는 어떠한 경우에도, 즉 설령 사람들이 자유를 누리는 대안적인 체제에 비해 노예제 사회가 경제적으로 더 이익이 된다고 해도 정당화될 수 없다는 것이다. 롤스는 그냥 형식적인 평등이 아니라 **정치적 자유라는 공정한 가치의** 평등을 요구한다. 즉, 시민은 그들의 수입과 사회적 지위와 상관없이 직책을 갖고 선거에 영향을 미치는 등의 동등한 기회를 가져야 한다는 것이다.

두 번째 원칙의 첫 번째 부분도 "차등의 원칙"이라고 한다. 그것은 더 평등한 상황과 관련하여 사회에서 최소 수혜자에게 이득이 되는 사회경제적 제도의 배열이 요구된다는 것이다. 표 14.1은 네 가지 가상적인 제도배열(institutional arrangements)과 그에 상응하는 총생산, 여러 사회계층을 위한 생산을 나타낸다.

표 14.1 네 가지 경제체제

사회	최소 수혜자	중산층	부유층	총량
평등주의(북한)	2,000	2,000	2,000	6,000
사회적 시장경제(독일)	15,000	20,000	65,000	100,000
시장경제(스칸디나비아)	20,000	35,000	45,000	100,000
홍콩 자본주의	5,000	30,000	115,000	150,000

이것이 가능한 유일한 제도배열이라고 가정하고, 숫자는 소득이 아닌 "기본재"의 값을 나타낸다고 해석하면(표를 보라), 차등원칙은 세 번째 배열을 정의롭다고 채택할 것이다. 불평등은 존재하지만 ―최소 수혜집단이 평균 20,000을 갖고 최고 부자집단이 45,000을 갖는다― 최소 수혜자가 다른 배열에 비해 가장 많은 혜택을 받는다. 그래서 그 원칙은 상충하는 형평성과 효율성을 함께 고려하는 데 목표를 둔다. 사람들이 더 많이 가질 때 더 열심히 일한다는 가정 하에 어느 정도의 불평등을 허용하는 것이 더 큰 총수입을 낳을 것이다. 따라서 매우 적은 총소득을 얻는 완전히 평등한 배열은 거부된다. 하지만 가난한 사람들은 불평등으로부터 혜택을 받아야 한다. 경제성장은 어떤 비용으로도 살 수 없다. 따라서 매우 불평등한 네 번째 배열은 거부된다. 똑같은 중간범위 생산을 가진 두 사회 중에서 더 평등한 배열이 선호된다.

두 번째 원칙의 두 번째 부분인 공정한 기회균등은 같은 재능과 노력을 기울여줄 의지를 가진 시민들은 타고난 빈·부와 관계없이 같은 문화적, 정치적, 경제적 기회를 가져야 함을 요구한다. 이는 오늘날 우리가 대부분의 사회에서 목격하는 것보다 더 높은 정도의 사회적 이동을 요구한다. 롤스에 따르면 공정한 기회균등은 차등의 원칙보다 우선한다. 즉, 사회에서 최소 수혜자에게 이익이 되는 불평등이라도 만인이 사회경제적 재화에 같은 정도의 접근권을 가지는 정도만큼만 허용될 수 있다.

그 두 원칙의 중요성을 이해하려면 롤스가 원칙을 어떻게 이끌어내는 지 다소 자세하게 설명하는 것이 좋다. (나는 여기에서 Rawls 1971에 초점을 맞추고, 원칙을 지키면서도 다른 방식으로 원칙을 논증하는 후기 저작은 무시한다.) 롤스 철학의 주무기는 우리가 가상적 사회계약을 맺으려고 하는 데 초대받았다고 상상하는 사고실험이다. 정치제도를 사회계약으로 정당화하는 것은 정치철학에서 홉스와 로크, 루소로 소급하는 오랜 전통을 갖고 있다. 그들은 나름대로의 방식으로 우리에게 정치제도가 없는 "자연상태"의 상황을 상상해보게 한다. 이 저자들에 따르면 자연상태에 사는 것은 즐겁지 않다. 홉스(1994 [1651])의 말로 표현하면, 자연상태의 개인의 삶은 "고독하고, 가난하고, 끔찍하고, 야만적이고, 단명할 것이다."(Leviathan 13장 9절) 그리고 "만인의 만인에 대한 투쟁"(14장)이 있을 것이다. 자연상태가 바람직하지 않다는 데 동의하는 사람이라면(모두가 그렇지는 않다!), 계약에 의해 성립된 정치제도가 무정부주의의 부정적인 면을 극복하는 데 도움을 줄 것이라는 것을 쉽게 알 수 있다. 사회계약론은 제각기 방식은 달라도 모두 이런 사상 위에 세워져 있다.

롤스의 이론은 확고하게 사회계약론의 전통에 서 있으나, 그는 거기에 칸트적인 변형을 가했다. 칸트와 마찬가지로 롤스도 사람들이 보편적 관점에서 추론하는 능력을 갖고 있다고 생각한다. 롤스에게 이것은 그들이 불편부당한 입장에서 원칙을 판단할 수 있다는 것을 의미한다. 따라서 롤스적인 사고실험은 자연상태가 아닌 "원초적 입장"이라는 것을 포함한다. 원초적 입장에서 우리는 자신에 대한 모든 것을 망각(롤스에 따르면 정의의 관점에서 볼 때 부적절한)하도록 하는 무지의 베일 뒤에 놓여진다. 따라서 우리는 자신의 인종, 계급, 성, 재산, 타고난 재능, 능력, 일할 의욕 등을 모른다. 정의의 원칙을 선택한다는 건 **사심이 없어지**는 걸 의미한다. 인종과 계급 등의 요인들은 자신의 관점을 편향되게 하기 쉽다. 나의 다재다능함은 나로 하여금 재능 있는 사람이 큰 몫을 차지하는 방식이 정의롭다고 생각하는 쪽으로 기울게 할 것이다. 우리가 알지 못하는 다른 것은 우리의 가치관이다. 가령, 우리는 자신이 종교적인지, 자유를 평등보다 더 가치 있다고 보는지 아니면 그 반대로 보는지 알지 못한다.

그러나 우리는 완전히 무지하지 않다. 정반대다. 우리는 진짜로 일반적인 심리적 경향과 인간의 행동, 시장이 작동하는 원리, 생물학적 진화와 정의와 합리성의 관념을 계발하는 인간의 능력에 대해 많은 것을 알고 있다. 우리는 인간들이 흄이 "정의의 환경"으로 묘사한 그런 상황 속에 있다는 특별한 사실도 안다.

흄은 그의 『인간 본성에 관한 논고』에서 다음과 같은 유명한 말을 남겼다. "인간의 필요를 위해 자연이 제공한 빈약한 공급, 게다가 인간의 이기심과 제한된 관용, 정의는 여기로부터 기원한다." 자원이 희소할 때에만 서로 경쟁할 이유가 생긴다. 우리가 이타적이지 않을 때에만, 그리고 우리의 이해가 때때로 충돌할 때에만 자원을 얻기 위한 경쟁이 벌어진다. 그리고 이런 환경 하에서만 협동으로부터 무엇인가가 얻어진다(Rawls 1971: 126). 역으로, 자원이 **너무** 희소하지는 않다는 것이 중요하다. 사람들이 생존을 위해 싸우고 있을 때에는 타인을 배려하라든가 정의롭게 행동하라는 제안에 아무도 귀 기울이지 않을 테니 그런 제안은 저절로 시들해질 것이다. 롤스에 따르면 정의의 조건은 협동이 필요할 뿐 아니라 가능하기도 한 그런 환경이다.

더욱이 우리는 특별한 선(善)의 관념을 갖고 있지 않기 때문에 롤스는 우리 모두가 어떤 욕망은 공유하고 다른 욕망은 결여하고 있다고 생각한다. 우리 모두가 바라는 것을 롤스는 "기본재(primary goods)"라고 부르는데, 이는 도덕성을 발휘하고 다양한 선의 관념을 추구하는 데 필수적인 다용도의 수단임을 의미한다. 구체적으로 말해서 기본재에는 의로움과 자유, 힘과 기회, 소득과 부 그리고 자존(自尊)의 사회적 기초와 같은 것이 있다. 롤스는 이런 가치는 그의 인생 설계가 어떠하든, 그의 가치관이 무엇이든, 합리적인 사람이라면 누구나 원해야 하는 것이라고 생각한다. 롤스는 우리 모두가 기본재(많으면 많을수록 좋다)를 원한다고 말하면서, 원초적 입장에 선 우리는 타인에 대한 선호를 갖지 않으며 사람들은 서로에 대해 무관심하다고 가정한다.

이제 롤스의 첫 번째 원칙이 어떻게 원초적 입장에 있는 개인에 의해 선택되는지 분명해졌다. 어떤 사람에게 자유를 부여해도 다른 사람들에게 직접적으로 많은 비용이 들지 않는다. 기본재에 대한 욕망을 가진 합리적이고 공평한 개인은 만인을 위한 가능한 최대한의 자유의 체계를 선택할 것이다. 그러나 일부 개인들의 자유가 타인의 자유와 충돌할 수 있으므로 ─내가 심야에 피아노를 연주할 자유는 내 이웃이 평화와 고요함을 선호할 자유와 충돌한다─ 타인에게도 똑같은 자유가 부여되어야 한다는 요구에 의해 자유가 부여될 수 있는 확장성이 제한된다. 밤에 음악을 연주할 자유는 밤에 평화와 고요함을 선호하는 사회구성원이 있을 개연성이 있다면 만인에게 부여될 수 있는 것이 아니다. 그러나 나는 내가 그 둘 중 어느 쪽인지 모르기 때문에 모두가 향유할 수 있는 그런 자유만을 요구할 것이다. 친숙한 예를 든다면 양심의 자유와 결사의 자유, 표현의 자유와 신체의 자유, 투표하거나 직책을 갖거나 법에 따라 대우받을 권리 등이 있다.

두 원칙의 사전편찬적 순서가 요구하는 바대로 사람들이 웰빙의 향상보다 확장적 자유를 우선적으로 선택할까? 이것이 사람들이 정의의 환경 속에 있다는 롤스의 가정에서 문제가 되는 부분이다. 경제적 개선의 대가로 자유를 억압하는 것이 합리적일 수 있는 상황이 있을 수 있다 — 누구라도 표현의 자유보다 무언가를 먹을 자유를 더 원하지 않을까? 그러나 롤스는 전쟁이나 기근 같은 극단적 상황을 가정에서 제외하고 처참한 빈곤이 없고 긴급하지 않은, 그가 볼 때 더 일반적인 상황에 초점을 맞춘다. (우리는 아래에서 이것이 가난과 발전에 매우 지대한 관심을 가진 아마티아 센이 롤스의 입장에 대해 비판한 것들 가운데 중요한 부분임을 알게 될 것이다.)

두 번째 원칙과 관련하여 먼저 눈여겨 볼 대목은 우리가 (위험 상황이 아닌; 3장 참조) 불확실성의 상황에 처해 있다는 점이다. 원초적 입장에서는 우리가 결국에 어떤 처지인지 모르고, 결과에 붙여지는 확률이 없다. 더구나 어떤 결과가 나올지 모른다. 그런 상황에서 어떻게 하는 게 합리적인가? 가능한 모든 답 중에서 롤스는 다음 두 가지, 즉 공리주의적 대응책 —기대효용을 극대화하라!— 과 소위 최소극대화(maximin)의 원칙이라고 하는 것을 다소 상세하게 고찰한다.

그 이름이 암시하듯이, 최소극대화는 각각의 전략에 대해 **최소한의** 보수(pay-off)를 낳는 사태 가운데 의사결정자의 보수를 **극대화**하는 대안을 채택한다. 따라서 그 원칙은 각각의 대안적 전략에 대한 최악의 시나리오에 관한 정보를 제외한 모든 것을 무시한다.

이제 우리의 "가용한" 전략이 표 14.1의 네 가지 제도배열이라고 가정하자. 무지의 베일 뒤에서 사람들은 어떤 결정 원칙을 선택할까? 이런 상황은 한 번의 선택으로 끝난다. 즉 선택은 딱 한 번만 할 수 있고, 일단 선택하면 그 결과가 어떠하든 그것을 고수해야 한다. 만약 그 선택이 반복된다면 기대효용을 극대화하는 것은 평균적으로 더 높은 보상을 주겠지만, 최소극대화의 원칙에 따른 단 한 번의 상황 선택에서 그것은 겉으로만 그럴싸하다. 만약 여러분이 사회의 어떤 위치에 살지 모르고 단 한 번만 선택할 수 있다면 운명이 여러분을 최악의 상황으로 끌고 갈지라도 그나마 나은 처지가 되도록 선택을 하는 것이 합리적이다. 차등의 원칙은 사회경제적 제도들 중에서 선택할 때 적용되는 하나의 최소극대화 버전(version)이다.

이제 롤스의 방법 자체를 살펴볼 차례다. "무엇이 공정한가?"라는 질문은 "이상적 조건 X에서 무엇이 공정한가?"라는 질문으로 바꿔서 답할 수 있을까? 많은 사회과학자들은 이런 부류의 사변(speculation)을 그다지 높게 평가하지 않는다. 그 이유는 그들이 일반적으로 "어떤 일이 벌어질까?" 하는 사변에 반대해서라기보다는 ─어느 정도의 사변은 삶의 불가피한 특성이다─ 우리의 일상적 경험과 극히 거리가 멀다는 것이 그런 사변을 신뢰할 수 없는 것으로 만들기 때문이다. 만약 우리가 아주 다른 사람이 된다면 우리가 어떤 생각을 할지 어떻게 알 수 있을까? 사회과학에서 이런 식의 사고방법은 최소한 막스 베버에까지 소급한다. "막스 베버는 행위자가 가동하는 가치, 목표, 맥락을 방해하면 할수록, 그들의 행동이 더 예측 불가능해지게 된다는 사실을 근거로 그럴싸한 반사실적 가정을 할수록 역사의 변화를 이룩할 가능성은 적어진다고 주장했다"(Lebow 2010: 55).

설령 우리가 그 사변의 결론에 동의한다고 해도 그게 얼마나 구속력이 있을지 의문이다. 드워킨(Ronald Dworkin)의 생각으로는 구속력이 별로 없다(Dworkin 1978: 151). "가상적 계약은 실제 계약의 단순한 모형이 아니다. 그것은 전혀 계약이 아니다." 그는 자신의 우려를 ─가상적인─ 포커 게임을 예로 들어 보여준다. 카드를 돌리고 나서 판 위에서 카드 한 장이 빠진 것을 알게 되었다(Dworkin 1978: 151). 당신이 받은 패를 던지고 새로운 패를 받으려고 한다. 내가 막 이길 순간이라 그걸 거절한다 하자. 그러면 당신은 우리 손에 든 패를 알기 전에 그 카드가 빠졌을 가능성이 제기되었으면 "무지의 베일 뒤에서"라는 절차에 내가 동의할 것이라고 말하며 나를 설득할 것이다. 그러나 드워킨은 이런 주장이 통하는 것은 "그 해법이 워낙 공정하고 일리가 있다는 것이 명확해서 이해관계가 정반대되는 사람만이 반대하기" 때문이라고 반박했다(R. Dworkin 1978: 151). 결국 사고실험의 결과를 신뢰할 수 있게 만드는 것은 절차의 공정성이다. 요는, 롤스의 두 가지 원칙이 공정함을 입증할 별도의 논증이 필요하다. 이해관계가 없으면 그 행위자가 동의할 것이라고 주장하지 말고, 롤스의 원칙과 같은 특징을 갖는 제도적 상황에 동의하는 것이 그로서는 최상의 이익이 된다는 것을 보여주면 더 설득력이 있지 않을까?

또한 우리는 원초적 입장을 구성하는 특정한 요소들이 롤스가 보여주려고 한 것만큼 구속력이 있는지 묻게 된다. 앞에서 보았듯이 그는 무지의 베일 뒤에서 모든 사람들이 기본재를 계속 원할 것이고, 그것은 언제든 많을수록 좋다고 가정한다. 하지만 이것이 만인에게 진리라고 말할 수 있을까? 자유, 소득, 부, 그리고 "자존을 위한 사회적 기초"가 현재의 선진 사회에서는 중요하다고 할 수 있겠지만 모든 사회에서 반드시 그런 것은 아니다(Woolff 2006: 170).

마지막으로, 롤스의 원칙 그 자체가 도전을 받을 수 있다. 다른 사람보다 더 열심히 일하는 사람, 재능을 갖고 그것을 영리하게 사용하는 사람이 게으르고 능력 없고 우둔한 사람보다 더 많이 받을 자격이 있다는 데 다수가 동의할 것이다. 설령 내가 부지런할지 아니면 게으를지 영리할지 우둔할지 모른다 해도, 열심히 일하고 능력 있는 사람에게 상을 주는 원칙에 동의할 것이다. 그 이유는 단순하다. 사회적 결과가 대략 개인의 투입에 비례해야 한다고 믿기 때문이다. 더욱이 자유지상주의의 관점에서 보면 롤스가 제시한 그런 정도의 재분배는 심히 불공정하다고 생각될 것이다(앞 절 참조).

요약하자면, 롤스의 정의의 원칙은 다음과 같은 난점을 낳는다.

- 그 결과가 만인에게 구속력이 있다고 여겨지지 않고 또 최상의 자격을 갖추지 못한 그런 방법을 사용하여 그 원칙이 수립되었다.
- 롤스의 '무지의 베일'은 사람들이 알고 있는 것과 모르는 것에 대해 기이한 가정을 하고 있다. 이는 필연적 당위성을 갖지 않으며, 따라서 결국 롤스의 원칙에 승복하게 하려고 꾸며낸 것이라는 논란을 야기한다.
- 그 원칙은 자격에 바탕을 둔 정의론 지지자들이나 자유주의자들처럼 다른 출발점을 가진 사람들에게 설득력이 없을 것이다.

역량

아마티아 센(A. Sen)은 자신의 대부분의 저작에서 현재의 가난과 궁핍 및 그 극복방법에 관심을 갖고 연구하는 경제학자의 일상을 보여준다. 하지만 그는 정의의 원칙에 대한 근본적인 정당화에는 그다지 관심을 보이지 않았다. 정의론과 불평등 이론에서 *그가* 기여한 바는 근본적인 쟁점에 있다기보다는 본질적으로 개념적이면서도 불평등, 가난, 궁핍에 대한 측정을 염두에 두는 데 있다고 정평이 나 있다. (덧붙임: 그도 그럴 것이, 근본적 쟁점이 설득력 있게 논의될 수나 있겠는가?)

센이 묻는 핵심적 질문(예를 들어 Sen 1999b: 3장)은 정의의 문제를 논의할 때 우리가 어떤 종류의 정보를 찾아야 하느냐 하는 것이다. 지금까지 살펴본 여러 이론들이 갖가지 답을 내놓았지만, 센이 볼 때에는 하나같이 다 심각한 결점을 안고 있다.

먼저 공리주의를 보자. 공리주의는 결과론이다. 그래서 그 자체로는 행동, 정책, 제도의 정의로움을 오로지 개인의 웰빙이라는 결과의 측면에서만 평가한다. 그러나 사람들이 잘 지낸다고 해서 다 정의로운 것 같지는 않다. 센은 사람들의 선호가 만족되었음에도 여전히 정의의 결여나 박탈 상태에 있는 적응적 선호(adaptive preference)와 같은 현상에 주로 관심을 갖는다. 풍요로운 삶에 필요한 기본적인 편의시설조차 없는 사람들은 그릇된 정보, 궁핍, 억압 또는 개성으로 인해 이런 편의시설을 가지길 바라지도 않는다. 왜냐하면 그들은 현실적인 변화의 기회가 없어 자신의 상황을 체념하며 받아들이는 과정에서 이런 시설들을 상실해버렸기 때문이다. 그들이 그 상황에 순응하는 것은 그렇게 하지 않으면 좌절과 고통을 감내해야 하는 결과가 초래되기 때문이다. 공리주의 하에서 자기의 상황에 순응하는 사람은 어떤 면에서 이중으로 박탈당한다. 첫째는 훌륭한 삶으로 인도할 편의시설의 부족으로, 둘째는 그들의 곤경에 대한 인식의 결여로(여기에 주관적 행복도 조사의 문제가 드러난다— 역자주).

공리주의의 다른 문제는 사람들의 효용이 관측될 수 없다는 점이다. 그래서 응용경제학자들은 소득을 효용의 대리자로 간주하곤 한다. 이는 효용과 웰빙을 선호만족으로 보는 관점 하에서는 일리가 있다. 그러나 센이 볼 때 소득은 하나의 자원이며, 자원을 웰빙으로 전환하는 능력은 사람마다 천차만별이다. "따뜻하게 함", "돌아다닐 수 있음"이 한 사람의 웰빙에 기여하는 것들이라 하자. 만약 두 사람이 같은 소득을 얻고 있는데, 가령 한 사람은 더운 나라에서 살고 다른 한 사람은 추운 나라에서 산다면, 또는 한 사람은 하반신 마비이고 다른 사람은 그렇지 않다고 하면, 소득은 웰빙 수준이 같음을 나타내는 지표로서 적합하지 않다. 추운 나라 사람은 보온을 하는 데 더 많은 옷이 있어야 되고 겨울에 난방을 하는 데 더 좋은 주택용 단열재가 필요하므로 더운 나라 사람보다 더 많은 자원이 필요하다. 하반신 마비는 "돌아다니기" 위해 휠체어가 필요하고 접근할 수 있게 경사로와 리프트 같은 수단을 제공하는 지역공동체도 필요하다. 따라서 자원을 웰빙으로 전환하는 능력은 여러 가지 측면에서 차이가 난다(Sen 1999b: 70-1).

- 개성적 이질성에서
- 환경적 다양성에서
- 사회 풍토의 차이에서
- 관계적 전망의 차이에서
- 가족 내에서 하는 분배에서

센은 이질성에 대한 논점을 롤스의 정의론을 비판하는 데 사용한다. 앞에서 보았듯이, 롤스의 이론에서 기본재 ―권리, 자유, 권력, 기회, 소득, 부, 자존감의 사회적 기초― 는 핵심적 역할을 한다. 그러나 센은 기본재가 자원이며 그것이 개인에 대해 갖는 효용은 그의 개성과 환경에 의존한다고 주장한다. 소득과 부에 해당되는 것이 권리와 자유에도 똑같이 해당된다. 가령 어떤 사람이 이동의 자유가 주어져도 꼭 필요한 휠체어가 없고 재정적 자원이 없거나 건강보험혜택을 못 받으면 이동할 수가 없다. 센은 개인이 자유를 가지고 있어도 다른 자원이나 타고난 재능이 없어서 웰빙을 달성하는데 사용할 수 없을 때, 그것을 "형식적 자유"라고 부른다. 그리고 이것이 기본재에 대한 센의 비판의 핵심이다. 많은 경우에 형식적 자유는 사람들이 소중하게 생각하는 그런 삶을 달성하는 데 충분하지 않다. 다른 무엇인가가 필요한데, 센은 그것이 무엇인지 자신의 "역량(capability)" 개념이 포착하고 있다고 생각한다(센의 이런 생각은, 행복한 삶을 살려면 덕을 체득해야 한다는 아리스토텔레스의 덕이론을 계승했다고 평가된다—역자주).

그러나 역량으로 들어가기 전에, 롤스의 이론과 같은 자유론이나 노직과 같은 자유지상주의 이론에 대한 센의 비판에 대해 간략히 살펴보자. 센은 권리와 자유가 정치적 판단을 하는 데 중요하기 때문에 정치이론에서 특별한 지위를 차지해야 한다는 것은 인정하지만, 권리와 자유가 다른 어떤 고찰보다도 확고한 우선성을 가져야 한다는 데는 이의를 제기한다. 구체적으로 말해서, 그는 "왜 생사의 문제가 될 수 있는 강렬한 경제적 필요가 정치적 자유보다 지위가 낮아야 하는가?"라고 묻는다(Sen 1999b: 64). (우리가 알기로는, 롤스도 자기 이론의 이런 한계를 알고 있다. 그는 자기 이론을 "정의의 환경"에 있는 사회로, 즉 "생사의 문제"가 경제적 쟁점이 아닐 때로 한정한다고 명시적으로 밝혔다. 센은 롤스와 달리 개발, 가난, 결핍에 관심을 가지고 있어서 이런 환경에 적용되는 이론을 세워야 했다.)

노직의 자유지상주의적 이론에 대한 센의 비판은 단순하게 우리의 직관에 호소한다. 그는 심각한 기근이 발생해도 누구의 자유지상주의적 권리가 침해되지 않을 수 있음을 자신의 저서 『가난과 기근』(Sen 1983)에서 보여주었다고 지적하는데, 이로써 정의론에서 형식적 자유의 만족이 문제의 전부가 될 수 없음을 입증하려고 했다.

센의 대안적 설명의 핵심에 기능(functioning)과 역량이라는 두 가지 개념이 있다. **기능**은 사람들의 행동과 상태다. 사람들은 읽고, 돌아다니고, 친구들과 즐거운 시간을 보내고, 동의하거나 반대하는 목소리를 내는 등 무엇인가를 **하기** 바란다. 그런가 하면 또 건강해지고, 먹고, 입고, 존경받고 싶어 하는 등 어떤 상태가 **되기** 바란다. 역량은 어떤 사람이 달성할 수 있는 대안적인 기능들의 조합이다. 내가 이해하기로는 이런 생각은 수학적으로 가장 잘 예시된다(그림 14.1 참조).

길동이라는 사람이 자기 삶에서 세 가지만 소중하게 여긴다고 하자. 먹고, 돌아다니고, 읽기 원한다. 이런 것들이 그의 기능이다. 자, 그의 자원들(그의 타고난 재능과 그것을 이용하려는 의지를 포함한)이 주어지면, 그는 각각의 차원에 따른 어떤 수준의 기능을 달성할 수 있다. 가령, 그는 음식에 돈의 대부분을 소비하고 남들이 모르는 음지 같은 곳에서 공짜 영화만 볼 수 있을 것이다. 아니면 그 대신에 단식을 하고 푼돈을 모두 고답적인 문학에 투자할 수 있다. 아니면 할리 데이비슨 오토바이 타는 법을 배우고 거기에 드는 돈을 모두 저축하다가 결국 그것을 한 대 구입한다든가 할 수도 있을 것이다. 길동이의 역량은 그가 달성할 수 있는 대안적인 기능조합의 집합이다. 그림 14.1에서 삼각형은 이런 집합을 나타낸다.

그림 14.1 역량집합의 표시

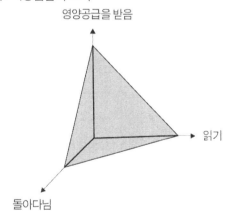

다른 사회집단 간의 개발과 가난의 수준을 역량에 따라 비교하기 위해서 우리는 적절한 기능이 무엇인지, 그것을 어떻게 측정하고 합산하는지 알아야 한다. 안타깝게도 센은 이 세 가지 측면에 대해 구체적이지 않

다. 핵심 기능과 그 가중치를 어떻게 결정하는가에 대하여 두 가지 대안이 제시된다. 센 자신은 숙의 민주주의적(deliberative-democratic) 접근(의사결정을 할 때 숙의를 통한 합의와 다수결 원리를 모두 포함하는 민주주의 형식−역자주)을 지지하는 주장을 편다. 사람들은 성찰을 통해 개인적 차원에서 가장 소중하게 여기는 것들의 목록과 더불어 각각의 기능을 소중하게 여기는 정도에 대한 추정에 도달할 수 있다. 정책 목적을 위해 다른 무엇이 필요하다.

> 그러나 **사회적 평가**(social evaluation)를 위한 "합의된" 범위에 도달할 때 (예를 들자면, 빈곤에 대한 사회적 연구에서) [기능]에 대한 모종의 이성적 "합의"가 존재해야 한다. 이것이 "사회적 선택"의 행사이며, 이것은 공공의 토론과 민주적 이해 및 수용을 필요로 한다. 이것은 기능공간의 사용에만 관련된 특별한 문제가 아니다.
>
> (Sen 1999b: 78-9; 원저의 강조, 각주 감춤)

12장에서 언급한 고전학자이자, 정치철학자, 대중적 지식인인 마사 누스바움(Martha Nussbaum)은 잘 정의된 핵심기능의 객관적 목록을 다음과 같이 추천한다: 생명, 건강, 신체 보전, 생각하고 상상할 수 있음, 감정을 가질 수 있음, 선의 관념을 형성할 수 있음, 타인과 함께 살 수 있음, 자존감의 사회적 기초를 가질 수 있음, 동물에 관심을 갖고 살 수 있음, 웃고 놀 수 있음, 그리고 물질적 정치적 환경에 대한 통제력을 가짐. 누스바움은 이런 기능들은 제각각 인간의 삶이 "인간 존엄성을 훼손할 정도로 빈곤해지지 않기 위해"(Nussbaum 2000: 72) 필요한 것이라고 생각하며, 지구상의 모든 인간이 그런 기능을 가질 자격이 있다고 주장했다. 그녀는 목록이 추상적 수준으로 공식화되었다고 보고, 지역적 차이를 감안한 지역적 수준의 시행과 정책을 지지한다.

두 견해 모두 보완해야 할 명백한 단점을 안고 있다. 만약 누군가가 문자 그대로 센을 따라가면, 사전에 미리 문제의 그 기능 목록에 대해 민주적 숙의를 하지 않으면 사회과학을 하기조차 어렵게 될 것이다. 알다시피 이것은 사회과학의 발목을 잡을 뿐 아니라 센이 상상하는 그런 종류의 민주적 숙의는 대부분 달성될 수 없는 이상(理想)으로 끝나버릴 것으로 예상된다. 누스바움은 이런 문제를 안고 있지 않지만 그녀는 가르치려든다는 비난에 답해야 한다(12장 참조). 왜 일반 사람들이 그녀가 선호하는 기능집합의 가치를 수용해야 하는가?

핵심 기능의 목록에 대한 합의가 있다고 해도 그 접근방법을 실행하는 데는 심각한 실천적 장애가 있다. 사회적 평가의 기초를 제공하려면 역량이 측정되어야 한다. 센은 역량을 **직접적으로** 측정하고 (GDP와 같은) 현재의 웰빙 측정을 역량에 대한 정보로 **보완**하거나, 현재의 측정을 역량에 대한 정보를 사용하여 **조정**하는 시도를 해야 할 것이라고 말하는 것 이외에는 실천적 이행에 대해 거의 언급하지 않는다(Sen 1999b: 82-5). 그런데 역량을 직접 관측할 수 없다는 게 근본 문제다. 역량이라는 아이디어의 중심에 성취(또는 결과)와 실질적 자유(또는 어떤 사람이 달성할 수 있었던 것) 간의 구분이 있다. 직접 관측할 수 있는 것은 기껏해야 한 사람이 성취하는 것이고, 성취할 가능성은 관측할 수 없다는 게 명확하다. 그러나 그렇다고 역량이라는 아이디어에 약간의 실증적 내용을 제공하는 것이 불가능하다는 의미는 아니다. 가령, 사망과 질병, 읽고 쓰는 능력, 교육 정도 등에 대한 데이터는 모두 사람들의 역량을 측정·평가하는 데 적합하다.

인간개발지수(HDI)는 1990년 이래 유엔 개발계획에 의해 집계되고 출판된, 센이 말하는 소위 소득보정 측정치(income-adjusted measure)의 한 예다. 그것은 출생할 때의 예상수명, 학교교육, 국가총소득에 대한 측정치를 합한다. 구체적으로 보면, HDI는 다음과 같은 예상수명지수의 기하학적 평균으로 계산된다.

LEI = (출생시 예상수명-20)/(83.4-20)

그리고 교육지수는 다음과 같이 계산된다.

EI = $\sqrt{}$(MYSI×EYSL)/0.951

여기에서 25세 이상의 사람들이 평생 동안 받은 평균 교육기간, 즉 평균 학교교육 기간 지수(MYSI) 계산은 (평균 학교교육 햇수)/13.4 로 계산되고, 입학연령의 아동이 학교나 대학에서 보낼 것으로 예상되는 햇수를 계산한 예상 학교교육 기간 지수(EYSI)는 (예상 학교교육 햇수)/20.6 으로 계산된다. 그리고 소득지수(II)는 다음과 같다.

II = (소득(1인당 GNP)-소득(100))/(소득(107,712)-소득(100))

HDI = $^3\sqrt{}$(LEI×EI×II)

센 자신이 그 지수를 고안하고 착수하는 데 도움을 주었음에도 불구하고 그는 그로부터 항상 비판적인 거리를 두려고 했다. 왜냐하면 그는 인간개발과 같은 복잡한 개념이 단일 수치로 표현될 수 있다는 데 대해 회의적이었기 때문이다. 2010년 옥스퍼드 빈곤 및 인간개발구상(OPHI)은 다차원 빈곤지수(MPI)를 개발했는데, 이것은 빈곤을 측정할 때 아동 사망률, 영양, 학교교육 햇수, 아동의 학교출석률, 전기, 위생시설, 식수, 마루, 요리할 연료, 자산 등의 10차원으로 측정한다. 가령 어떤 가계가 전기가 없거나 먼지, 모래, 똥이 묻은 마루이거나, 똥이나 나무, 목탄을 때서 요리를 하면 궁핍으로 간주한다. HDI보다 더 많은 정보를 포함함에도 MPI 역시 그것을 합하여 단일 지수로 환산한다. 진정한 다차원 지수라면 합산을 삼가야 되지만 그렇게 되면 국가와 지역, 시간에 걸친 비교가 한층 어려워지는 대가를 치르게 된다.

이런 실천적 장애는 차치하고, 역량접근법이 아직은 개발 도상에 있는 정의론이라는 점에 주목해야 한다. 그것은 사회분석가들이 사회정의의 문제를 평가할 방법을 생각하는데 도움을 주지만 그 자체로 개입을 정당화(또는 비개입을 정당화)할 수단을 제공하지는 않는다. 잉그리드 로베인스(Ingrid Robeyns)는 이런 접근방법이 다음 일곱 가지 영역에서 수리가 필요하다고 주장한다(Robeyns 2011).

1. 정의의 원칙이나 주장을 정당화할 근거에 대해 설명할 필요가 있다.
2. 결과주의 이론과 기회주의 이론 중 어떤 것이 되길 바라는지(예컨대, 초점이 기능과 역량 중 어디에 맞춰져야 하는지) 결정해야 한다.
3. [앞에서 설명한 바대로,] 차원의 선택, 계량화, 총량화라는 문제를 언급해야 한다.
4. 다른 "정의의 지표(metrics)"(롤스의 기본재와 같은)를 언급할 필요가 있을 것이다.
5. 그것은 그것이 지지할 분배 원칙에 입각한 어떤 입장 ─소박한 평등이냐, 아니면 풍요냐, 우선주의(prioritarianism)냐, 아니면 다른 (혼합된) 분배 규칙이냐 하는─ 을 가질 필요가 있다.
6. 개인적 책임과 집단적 책임 사이의 어디에 선을 그을지 명확히 할 필요가 있다.
7. 선정된 역량들을 확장할 의무를 누가 져야 하느냐 하는 문제를 논의해야 할 것이다.

역량이론은 근래에 그에 대한 경제학자, 철학자, 정치사회과학자들의 관심을 끄는 데 상당한 성공을 거두었으나 공리주의, 자유지상주의, 롤스의 정의론에 대한 대안이 되기에는 아직 더 많은 연구가 필요하다.

결론

정의론은 제도와 정책개입의 정당화에 도움을 주고자 한다. 몇 가지 경험적 사실에 의거한다면, 공리주의에 근거하여 복지국가와 더불어 비교적 자유로운 시장경제를, 롤스에 근거하여 고도의 재분배를, 자유주의에 근거하여 거의 모든 재분배 억제를, (여러 차원에서 특정한 것들에 의존하는) 역량이론에 근거하여 만인이 체감할 수 있는 수준(threshold level)의 역량 확보를 정당화할 수 있을 것이다. 하지만 이런 이론들은 그 자체로는 정당화되기 어렵다. 그러나 특정 제도를 수립하고 정책을 시행할 것인지 여부, 그리고 어떻게 시행할 것인지를 결정할 때, 이런 제도와 정책이 사람들의 웰빙수준에 미친 결과를 헤아려야 한다고 말해도 무방하다. 하지만 왜 그런 것을 헤아려야 하는가? 사람들이 모종의 권리를 갖는다고 가정해도 무방하다. 하지만 이런 권리를 행사할 때마다 외부효과를 야기할 경우, 왜 여기에 강력한 소유권이 포함되어야 하는가? 사람들이 원초적 입장에 있다면 롤스의 정의의 원칙에 찬성할 만하다고 가정하는 것도 무방하다. 하지만 왜 꼭 그런 맥락에서 정의를 고찰해야 하는가? 그리고 실제로 우리가 어떤 것에도 동의한 적이 없다면 왜 거기에 신경을 써야 하는가? (누스바움이 요구하는 것처럼) 체감할 수 있는 수준의 역량을 국가가 만인에게 보장하는 세상에서 산다고 가정해도 무방하다. 하지만 실제로는 그렇지 않다면 자기가 가진 돈을 불운한 사람들의 능력 향상을 위해 줘버리라고 어떻게 사람들을 설득할 것인가?

중대한 기본적인 쟁점들을 토론할 때 철학자들과 경제학자들, 다른 사회과학자들은 나름대로 성공적이다. 나름대로 결함을 안고 있긴 하지만 가용한 모든 정의론은 중요한 규범적 문제를 제기하고 소득분배 및 여타 사회 정의의 문제를 명료하게 사고하는 데 도움을 준다는 것은 명확하다. 손쉬운 해결책이 안 보인다고 시도조차 하지 말아야 할 이유는 없다.

연구 문제

1. 공리주의자는 사람들의 권리를 무시한다는 비판에 대한 반박을 내놓을 수 있을까?
2. 재산권에 대한 공리주의적 정당화 논리를 개진하라. 그런 논증은 얼마나 설득력이 있는가?
3. 롤스의 가설적 사고실험을 사용하지 않고 그의 사회계약론에 대한 다른 정당화를 할 수 있을까?
4. 여러분은 역량에 대한 누스바움의 보편주의적 접근방식과 센의 공적 추론(public-reasoning) 접근방식 중 어느 것이 더 설득력이 있다고 생각하는가? 자신의 답변을 변호하라.
5. 논의된 모든 정의론은 궁극적 정당화의 결여라는 문제를 안고 있다. 이런저런 이론을 좀 더 구미 당기게 할 다른 형태의 정당화에는 어떤 것이 있을까?

권장 도서

Driver 2009는 공리주의의 역사에 대한 좋은 입문서다. 가장 유명한 현대 공리주의자는 아마 피터 싱어일 것이다. 예컨대, Singer 1979

를 보라. 무엇보다도 싱어는 "최대 다수의 최대 행복"의 원리가 인간 이외의 다른 동물들에도 적용되어야 한다는 생각을 옹호한다. Bernard Williams는 충실한 비판자였다(예컨대, Williams 2011). 선집 Sen and Williams 1982에는 공리주의에 대한 변호와 비판, 그리고 공리주의와 경제학에 관한 논문들이 수록되어 있다.

Lomasky 1987은 도덕성에 대한 강력한 우파적 접근방식을 제기한다. Otsuka 2003과 Steiner 1994는 소위 좌파 자유주의를 옹호한다. 우파 자유주의(Nozick 1974는 그 지지자다)와 대조적으로 좌파 자유주의는 점유되지 않은 자연자원은 만인의 것이라는 입장이다. 이는 다소 평등주의적인 방식의 재분배에 대한 정당화의 근거를 제공한다. 경제학자들 중에서 우파 자유주의는 드물지 않다. Milton Friedman의 아들 David는 급진적인 지지자들 중 한 사람이다. D. Friedman 1989[1973]을 보라. 자본주의는 자기 소유(self-ownership)로부터 도출될 수 있다는 사상에 대한 비판자이자 사회주의의 지지자는 Cohen 1995이다.

사회계약론은 홉스, 로크, 칸트, 루소의 정치사상에 기원한다. 현대 사회계약론은 타산적 계약론(contractarianism)과 규범적 계약론(contractualism)이라는 두 가지 외피를 입고 있다. 전자는 홉스로부터 파생된 것으로, 인간은 이기적이며, 협동과 도덕적 행위는 상황에 대한 합리적·이기적 분석의 결과라는 입장이다. 후자는 칸트로부터 파생된 것으로, 이성은 우리에게 인격의 존중을 요구하며, 따라서 도덕 법칙은 보편적으로 정당화될 수 있는 그런 것이어야 한다는 입장이다. 홉스적 계약론에 대한 현대의 가장 저명한 지지자는 David Guthier 1986이다. 칸트적 계약론에 대한 현대의 가장 저명한 지지자는 롤스 1971과 더불어 Thomas Scanlon이다. Scanlon 1998을 보라.

역량 접근방식에 관한 훌륭한 최근의 논문 선집으로 Brighouse and

Robeys 2010이 있다. 그의 2009에서 Sen은 자신이 "초월론적"이라고 규정한, 완전히 정의로운 사회를 확인하는 것을 과업으로 이해하는 정치철학적 접근방식을 비판한다. 그는 우리가 그 대신, 세상을 덜 불공정하게 만드는 법을 말해주고, 그가 생각하는 완전성의 본질을 아는 것은 이런 과업에 필수적인 것도, 특별히 도움이 되는 것도 아니라는 비교연구적 접근방식이 필요하다고 주장한다.

15장

행동경제학과 『넛지』

개요

리처드 탈러와 카스 선스타인이 쓴 『넛지: 똑똑한 선택을 이끄는 힘 (Richard Thaler and Cass Sunstein 2008; 이후 T&S)』이라는 책은 상당히 많은 비판을 받으면서도 폭넓은 관심을 끌어왔다. 구글 학술검색에 따르면, 시장에 나온 지 2년이 된 『괴짜 경제학』이 943번 인용되었는데, 이 책은 1760번이나 인용되었다(2012년 6월). 이 책에 대한 서평은 『뉴요커』와 『뉴스위크』 같은 잡지 뿐 아니라, 『뉴욕타임즈』, 『가디언』, 독일의 『한델스블라트』 같은 일간지에도 수없이 많이 실렸다. 『이코노미스트』는 2008년 "올해 최고의 책"으로 선정했다. 리처드 탈러는 자산관리 회사의 창립자다. 카스 선스타인은 시카고 로스쿨에서 27년 간 가르친 법률학자였는데, 지금은 백악관 정보 및 규제 업무부서의 행정관으로 있으면서 오바마 행정부에서 눈에 띄는 영향력을 행사해왔다. 그는 그런 일을 맡아서 『포린폴리시』에서 "세계 7위의 세계적 사상가"라는 명성을 안게 되었다. 현실에 부응하고 영향력 있게 경제철학을 하고 싶으면 『넛지』 같은 책을 써라.

이 책이 『넛지』에 대한 논의로 끝을 맺는 이유는, 그에 대한 찬사를 덧붙이기 위해서가 아니라(많은 동료 경제철학자들과 달리 나는 그것을 좋아하지만), 이 책에서 언급된 많은 주제들, 즉 합리성, 실험경제학, 증거, 웰빙 이론과 정의론, 시장실패 등을 멋지게 묶어 내놓은 정책 제안에 대해 논의하기 위해서다. 내 견해로는 이런 모든 영역을 경제철학 안에서 제대로 이해하지 않으면 T&S의 정책 제안인 "자유주의적 온정주의"에 대해 충분히 알기 어렵다. 그래서 『넛지』에 대한 논의로 끝을 맺는 것이 가장 적절하다.

행동경제학

T&S의 정책 권고는 의사결정에 미치는 인지적 · 감정적 · 사회적 요인들의 효과에 대한 여러 가지 실험적 발견과 아울러 그것이 시장에 미치

는 최종적인 결과에 바탕을 두고 있다. 그리고 이런 것들을 뭉뚱그려 "행동경제학"이라는 꼬리표를 붙인다. 행동경제학은 현재 경제학 안에서 번창하는 하위 분야이며, 지금까지 "심리학과 경제학의 융합"으로 표현되곤 했다. 그 업적을 말할 때, 행동경제학이 행동 주체의 합리성, 의지력, 이기심(이런 것들의 실패에 대해 차례대로 알아볼 것이다)을 중심으로 한 많은 이상화를 완화함으로써 경제이론을 (주류 신고전학파 경제학에 비해) 좀 더 현실적으로 만든 것이라고 해도 무방할 것이다(아래에 논의되는 모든 발견은 내적·외적 타당성의 문제로 빠져들 소지가 크기 때문에 조심스럽게 다루어져야 한다. 10장, 11장을 참조하라. 여기에서는 윤리적, 정책적 논점들에 초점을 맞추고 방법론적인 문제는 무시하기로 한다. 성숙 단계의 넛지에 대한 평가는 당연히 그런 문제에 대한 평가를 포함시켜야 할 것이다.)

합리성의 실패

우리는 이미 합리적 선택이론, 게임이론, 실험경제학에 대해 다룬 여러 장들에서, 보통 사람들은 합리적 선택과 게임이론에서 묘사하는 것과 달리 충분한 합리성을 보여주지 않는다는 것을 입증하는 실험적 발견에 대해 살펴보았다. 여기에 이 장의 뒷부분과 유의미한 관계가 있는 실패의 예들을 소개한다.

손실회피/ 프레임짜기 효과

손실회피(loss aversion)란 사람들이 이익의 획득보다 손실의 회피를 더 강하게 선호하는 경향을 가리킨다. 예컨대 사람들은 자기들이 어떤 상품을 얼마에 살 수 있다는 지불의사를 보여주는데, 단기간 그 상품을 보유한 뒤에는 그보다 더 높은 가격을 요구하곤 한다. 몇몇 연구가 시사하는 바로는, 심리적 경험 면에서 손실은 이득보다 두 배 더 강력하다.

이것은 "프레임짜기(framing)"라는 개념과 관계가 있다. 사람들은 그 거래가 이익으로 틀이 짜여 졌느냐 아니면 손실로 짜여 졌느냐에 따라 다른 결정을 내린다는 증거가 있다. 이것은 신용카드 할증을 "현금 할인" 으로 표현하는 보편화된 관례를 설명해준다. 즉 사람들은 액수가 같을 때는 그만큼의 이익 획득보다는 손실 회피를 선호한다. 산술적인 예로, 아래에서 선택을 한다고 생각해보자(Tversky and Kahneman 1981).

선택 1
프로그램 A : 200명 구조
프로그램 B : 600명 구조 확률 p=1/3; 구조자 없을 확률 p=2/3

선택 2
프로그램 C : 400명 사망
프로그램 D : 사망자 없을 확률 p=1/3; 600명 사망 확률 p=2/3

연구 결과, 응답자의 약 4분의 3이 선택 1에서는 선택지 B에 비해 A를 선호하고, 선택 2에서는 약 4분의 3이 선택지 C에 비해 D를 선호한 것으로 나타났다. 그러나 선택지 A와 C, 선택지 B와 D는 각각 똑같다.

시간적으로 비일관적인 선택

사람들은 미리 계획을 세울 때는 합리적인 선택을 하다가도 어떤 비용 이나 이득이 눈앞에 나타날 때는 상대적으로 근시안적인 결정을 한다. 가령, 어떤 사람이 보기에 옳다고 생각되는 걸 할 경우, 대안이 바로 뒤 에 나타날 때보다 먼 미래에 나타날 때 하길 선호할 가능성이 훨씬 크다 (먼 미래의 일에는 상대적으로 더 느긋한 태도를 취한다—역자주). 나는

1년 뒤 오늘 술 마시기보다 공부하는 선호를 상대적으로 쉽게 형성할 수 있으나, 같은 결정을 오늘 저녁에 할 때에는 내 의지력은 그야말로 시들어 버린다. 결국 사람들은 시간적으로 먼 미래에 비해 코 앞에 닥친 미래를 더 크게 할인하는 셈이다(참을성이 적을수록 더 근시안이 되고, 할인율은 커진다-역자주). 한 연구에서 인디언 농부들에게 조만간 배급하게 될 일정량의 쌀 가운데 선택하도록 했다. 빨리 배급하는 쌀의 배급량을 고정시키고 뒤에 배급하는 쌀의 양을 바꿔가며 할인율을 추정하였다. 즉시 배급은 선택되지 않았다. 시야가 넓어짐에 따라 시기별 할인율은 줄어들었다. 평균 추정 할인율은 7개월에 0.46인데 5년에는 0.33이었다(Pender 1996).

그런데, 사람들이 이런저런 방식으로 할인한다고 해서 비합리적이라 할 수는 없다. 문제는 시간에 따라 변화하는 할인율이 선호 변화를 유도한다는 데 있다. 존 엘스터(Jon Elster)는 이것을 다음과 같은 소위 "치과의사 현상"으로 보여준다.

> 3월 1일 나는 4월 1일에 만나자고 치과의사와 약속을 한다. 3월 30일 나는 그녀와 전화를 하면서 (거짓으로) 가족의 장례식 때문에 약속을 지킬 수 없다고 말했다. 그 사이에 시간이 경과한 것 외에는 아무런 변화가 없었다. 특히 치통은 여전하다.
>
> (Elster 2007: 218)

그 상황은 그림 15.1에 나타나 있다. 결정이 T1에서 이루어졌을 경우 선택지 O2의 주관적 가치는 대안적 선택지 O1보다 높다. T2의 시간이 되면 선호는 변해서 O1이 O2보다 높게 평가된다(이와 같은 선호는 현재를 미래보다 중시한다는 점에서 '현재 지향 편향'이며, 사람들의 근시안적 경향을 보여준다-역자주).

그림 15.1 할인으로 유도된 선호 변화

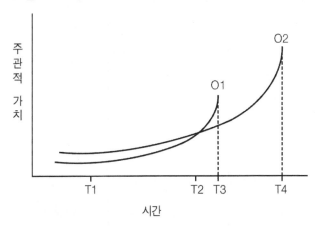

소유효과, 손실회피, 프레임짜기 효과, 쌍곡형 할인은 선호 변화를 유도한다. 피실험자들은 이미 머그를 갖고 있지 않을 경우 그것을 더 받는 것보다 2달러 갖기를 선호한다. 하지만 이미 그것을 가진 적이 있으면 머그를 5달러만큼 선호한다. 그들은 평균 200명이 구조되지만 그 결과가 "구조"가 아닌 "사망"이라는 용어로 묘사되는 도박보다는 200명의 확실한 구조를 선호한다. 그들은 치과의사와의 약속이 3주 뒤에 있을 때는 치과의사와의 약속을 치통이 심해질 가능성보다 선호하지만, 약속한 날이 내일로 다가오면 치과의사를 만나느니 차라리 치통이 심해질 가능성을 선호한다(이런 예들은 사람들이 행동의 일관성을 유지하기가 얼마나 어려운지 말해준다—역자주). 이런 모든 요인들 —소유, 프레임, 시간— 은 어떤 사람의 선호와 무관해야 하는 것들이기 때문에 이런 데이터들은 사람들의 선호가 안정성 가정, 불변성 가정, 또는 둘 다에 위배된다는 걸 보여준다(이런 가정들에 대한 내용을 보려면 3장을 참조하라).

닻내림 효과(anchoring)

기대효용이론을 뒷받침하려면 확률에 대한 신뢰를 요한다. 그런데 후속 연구 결과는 피실험자가 확률이론의 공리와 충돌할 정도로 확률에 대해 오판하기도 한다는 것을 보여준다. 가령, 한 연구는 피실험자들이 두 사상(event) 중 하나에 거는 선택이 주어질 때의 결과를 보여주는데, 여기에는 다음과 같은 여러 가지 사상들이 있다.

- **단순 사상** – 빨간 마블이 50%, 흰 마블이 50% 담긴 단지에서 한 개의 빨간 마블 꺼내기
- **결합 사상** – 빨간 마블이 90%, 흰 마블이 10% 담긴 단지에서 연속해서 일곱 번 빨간 마블 한 개씩 꺼내기(복원 추출로)
- **비결합 사상** – 빨간 마블이 10% , 흰 마블이 90% 담긴 단지에서 일곱 번 꺼낼 때 최소한 한 번, 한 개의 빨간 마블 꺼내기(복원 추출로)

사람들은 단순 사상(확률=0.5)보다 결합 사상(확률=0.48)을 선호하고, 비결합 사상(확률=0.52)보다 단순 사상을 선호하는 경향이 있다(Bar-Hillel 1973). 트버스키와 캐너먼은 이런 현상을 "닻내림(anchoring: 준거점 효과라고도 한다—역자주)"으로 설명한다(1974). 단순 사상의 확률이 결합 사상과 비결합 사상을 추정하기 위한 자연적 출발점을 제공한다. 조정이 이루어지지만 보통은 불충분한 정도에 머물러서 복합 사상에 대한 추정치가 단순 사상의 확률에 가깝게 되는데, 이때 단순 사상의 확률이 "준거점"을 제공하는 역할을 한다(우연히 주어진 어떤 숫자의 영향을 받아 판단이 이루어지는 것인데, 이는 전통적 경제이론에서 말하는 합리적 판단과는 거리가 멀다—역자주).

실패하고 있는 의지력

앞의 하위 절에서 논의했던 합리적 선택이론의 가정에 위배되는 결과들은 예측이론이자 설명이론인 그 이론에 문제가 된다고 할 수 있는 반면, 사람들이 완전한 자제력을 가진 경우에 자기가 하고 싶은 것이라고 해서 항상 하지는 않는다는 사실은 규범적 선택이론으로서의 합리적 선택이론이나 웰빙에 관한 선호만족이론에 주로 문제가 된다(12장 참조). 자신의 선호 순서와 일치하지 않는 행동을 하는 사람들은 결코 합리적으로 행동한다고 말할 수 없으며, 그렇게 하는 것이 그들 자신의 웰빙을 개선할 것 같지도 않다. 우리가 집에 있으면서 차나 마시며 양서를 읽겠다는 결심은 얼마든지 할 수 있지만 결국에는 나가서 술 마시고 바보 같은 짓을 하곤 한다. 웰빙을 실제로 개선하는 것은 결심이 아니라 행동이다.

의지력에 대한 초기의 연구로는 심리학자 월터 미셸(Walter Mischel)이 1972년에 수행한 스탠포드대학교의 마시멜로 실험이 있다(Shoda et al. 1990). 그 실험에서 4세에서 6세의 아이들은 그들이 고를 수 있는 (오레오 쿠키, 마시멜로, 프레첼 막대와 같은) 선물이 탁자 위에 놓여 있는 방으로 안내되었다. 아이들은 선물을 바로 가질 수도 있지만 그런 유혹에 넘어가지 않고 15분만 참으면 그 보상으로 같은 종류의 선물을 2차로 받을 수 있다는 말을 들었다. 아이들의 약 3분의 1만 참아내고 대부분의 아이들이 끝내 굴복하고 말았다. 그 실험은, 실험할 때 대부분의 아이들이 의지력이 부족했다는 결론적인 증거를 제시하지 않았다. 아마도 그 아이들이 몇 분 뒤의 두 개의 마시멜로보다는 당장의 한 개의 마시멜로를 진정으로 선호한다고 생각할 것이다. 하지만 대부분의 아이들이 잠시라도(평균 약 3분) 기다린 반면, 소수의 아이들만 자기들 것을 즉시 먹었다는 사실은, 그 아이들이 기다리고 싶었으나 그럴 수 없었다는 것을 강하게 시사한다. 종단연구에서 발견된 재미있는 점은, 만족 지연을 잘 한 아이들이 몇 년 뒤, 그 부모들 말로 "실력자"가 되고 SAT 점수도 높았다는 사실이다(Shoda et al. 1990).

마찬가지로, 최근의 연구에서 밝혀진 바로는, 1000명의 동년배들을 출생에서부터 32세까지 종단연구를 해보면 아동기의 자제력으로 장래의 신체 건강, 약물 의존성, 개인적 재정상태, 범죄적 공격성, 지능 관리, 사회 계급을 예측할 수 있다는 것이다(Moffitt et al. 2011). 다른 연구에서도 의지력(또는 그 결여)이 개인이 행사할 수 있는 자제력의 정도를 설명해주며, 의지력은 주기적으로 고갈되었다가 다시 보충된다(자아고갈이론과 관련된 설명이다—역자주)는 것을 시사한다(Burger et al. 2009).

이기심의 실패

사람들은 자기 잇속 이상의 것에 관심을 갖고, 때로는 자기 손해를 감수하면서까지 타인을 이롭게 하거나 응징하는 결정을 하기도 한다. 그런 행동을 비합리적이라고 말하는 것은 솔직하지 못하다. 이타심이 없었다면 인류는 생존할 수 없었을 것이며, 경제적 거래에서조차 대부분의 거래를 엄청나게 비싸게 만들 수 있는 거래비용을 만들어내지 않으려면 어느 정도의 이타심은 반드시 필요하다(Arrow 1973). 그럼에도 불구하고 이타적 결정이 의사결정자의 웰빙을 일반적으로 개선한다고 생각하는 것은 잘못일 것이다. 그날의 유일한 한 끼가 될 한 줌의 쌀을 자기 아이들과 나눠 먹으려는 아빠의 결정은 대체로 그 종족에게는 이득일지 몰라도 그 자신에게는 좋지 않다. 유명한 스테이크 식당 고객을 혼내주려는 엄격한 채식 운동가의 결정은 그 지역 소들에게는 이득일지 몰라도 대체로 그 자신에게는 좋지 않다. 따라서 이타적 행동은 실제 선호만족이 웰빙과 동일시될 수 없는 다른 이유를 구성한다.

우리는 앞 장들에서 비이기적 행위에 대한 많은 증거사례를 보았다.

이를테면, 사람들은 최후통첩 게임에서 자기 소유의 거의 절반을 포기한다. 독재자 게임에서 보복당할 위험이 없는 상황에서도 사람들은 다른 참가자에게 돈을 건넨다. 어떤 사람들은 사회규범을 지키려고 불공정한 제안을 거절하지만, 동시에 지나치게 공정한 제안도 거절한다. 사람들은 공익에 엄청난 기여를 하고 죄수의 딜레마와 같은 상황에서도 협동한다. T&S가 넛지를 이기적인 행동 쪽으로 고찰하지 않기 때문에 나는 여기에서 이타적 선호에 대해 더 이상 거론하지 않겠다.

행동적 대안

위에서 언급한대로, 행동경제학은 그 자체로 하나의 이론틀이라기보다는, (주류 경제학에 비해) 관측된 인간 행동의 이상현상(anomalies)에 대한 설명을 추구하는 접근방식들을 지칭하는 우산 용어(umbrella term)에 더 가깝다. 따라서 결국 대안이 무엇인지 그 본질을 한 문장으로 요약할 수가 없다. 그러므로 그런 요약문을 제시하는 대신, 행동경제학에서 거둔 이론적 성과 몇 가지를 소개하도록 하겠다.

프로스펙트이론

프로스펙트이론은 기대효용이론보다 더 정확하게 현상을 설명한다고 여겨진다(Kahneman and Tversky 1979). 그 이론은 선택 프로세스에 있는 두 단계를 편집(editing)과 평가(evaluation)로 구분한다. 편집 단계는 제시된 프로스펙트를 단순한 형태로 조직화하고 재구성한다. 예를 들어, 결과는 캐너먼과 트버스키가 코딩(coding)이라고 부른 심적 조작을 이용하여 이익과 손실 중 하나로 변환되는데, 여기에서 피실험자의 현재의 자산 상태와 같은 중립적 준거점이 사용된다. 두 번째 국면은 단순화된 프로스펙트를 평가해서 가장 가치가 큰 프로스펙트를 선택한다. 이것은 두 개의 성분, 즉 확률가중함수와 가치함수를 사용하여 이루어진다. 가중함수 w(p)는 다음 두 가지 요소를 결합한다. (1) 확률가중 수준은 위험 성향을 표현하는 방식이다(위험회피적인 사람은 어떤 것을 획득할 가능성에 낮은 확률을 준다). (2) w(p) 안의 곡률은 확률의 차이에 대한 그 사람의 민감도를 포착한다. (3) 만약 사람들이 극단의 확률에 더 민감하면 그들의 w(p) 곡선은 낮은 확률을 과대평가하고 높은 확률은 과소평가할 것이다. 가치 함수 v는 사람들이 이익과 손실을 다르게 평가한다는 사실을 반영한다(프로스펙트이론은 개인이 현재 자산을 기준으로 자산 상태의 변화가 이득인지 손실인지 주목하고, 같은 값이면 이득을 추구하기보다 손실 회피를 택한다고 설명한다. 손실 회피 현상은 사람들이 효용의 극대화를 우선적으로 추구한다는 기존 기대효용이론의 설명과 어긋난다.-역자주). 캐너먼-트버스키 공식에서 프로스펙트의 전체 효용이나 기대효용은 다음과 같다.

$$U = \sum w(p_i)v(x_i)$$

여기에서 x_i는 결과이고 p_i는 그 확률이다. v의 모양은 그림 15.2에서 보는 바와 같다.

그림 15.2 프로스펙트이론에 따른 효용함수

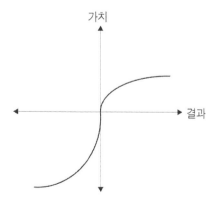

이렇게 해서 EUT의 여러 가지 이상현상들(anomalies)이 프로스펙트 이론에 바로 수용된다. 예를 들어 이 장의 앞부분 "합리성의 실패"에 관한 절에 나오는 예의 두 프로그램 A/C(그리고 B/D)는 그 이론을 적용하는 첫 번째 단계에서 손실과 이익이 동등한 것으로 개념화되지 않고 각기 별개의 것으로 따로따로 개념화된다. 손실이 그에 상응하는 이익보다 중요하다고 여겨지기 때문에 A/C(그리고 B/D)는 등가가 아니다. 그렇게 해서 그 이론은 피실험자가 선택 1에서는 A를 선택하고, 선택 2에서는 D를 선택한다는 것을 정확히 예측한다. 그 이론이 예상하는 이상현상으로는 소유 효과, 손실 회피, 현상유지편향(status quo bias) 등이 있으며, 금융 분야의 수수께끼로는 주식의 과다수익 현상(equity premium puzzle), 초과이익률 현상(exess returns puzzle), 장기시세/환율의 구매력 평가 현상(long swings/PPP puzzle)이 있다.

쌍곡형 할인

경제학자들의 표준적 가정에 의하면, 사람들은 정확히 0과 1 사이에 있는 δ를 가진, 기하급수적으로 감소하는 할인 인자 $d(t) = \delta^t$로 미래의 효용에 대해 가중치를 부여한다. 할인 인자 δ는 $1/(1+r)$로 표현될 수도 있는데 여기에서 r은 **할인비율**이다. 그러나 단순 쌍곡형 할인 함수 형태 $d(t) = 1/(1+kt)$는 지수할인 모형보다 실험적 데이터에 더 잘 맞는 경향이 있다. 효용을 지수적으로 할인하는 사람들은 같은 선택, 같은 정보에 직면하게 되면 먼 미래에 대해 결정할 시간이 마치 코앞에 다가온 것처럼 결정한다. 반면, 시간에 따라 다른 쌍곡형 할인을 가진 사람들은 장래에 관하여 장차 자신이 장기적 안목을 갖고 행동하기를 바라지만, 막상 그 미래가 코앞에 닥칠 때는 그 전에 가졌던 바람에 반(反)하고, 장기적 웰빙보다는 즉각적 만족을 구하는 행동을 할 것이다.

따라서 쌍곡형 할인은 엘스터(J. Elster)가 묘사한 치과의사 현상 뿐 아니라 사람들이 이용하는 크리스마스 저축클럽(미국에서 한 때 유행했던 금융상품으로서, 다음 크리스마스 때 쓸 돈을 모으려고 무이자로 의무적으로 1년 간 예금한다. 이는 절제할 자신이 없는 가입자가 스스로 자기를 구속하는 행위로 해석된다—역자주)과 비유동성 자산에 대한 투자와 같은 자기 구속 장치를 비롯해서 저축, 교육적 투자, 노동 공급, 헬스와 다이어트, 범죄와 약물 사용에 대한 결정에 관련된 자제력 문제를 설명해준다(Laibson et al. 1998).

행동게임이론

실험적 조건에서 피실험자들의 행동은 앞에서 살펴본 바와 같이 전략적 상황에서도 여러 모로 합리적 선호이론의 예측과 어긋난다. 이런 발견을 바탕으로 표준적 게임이론에 많은 변형을 가해 행동게임이론이 구축된다. **사회적 선호**(social preferences)라는 가정은 그런 변형의 하나다. 사람들은 자신의 보상 뿐 아니라 상대방의 보상에 대해서도 관심을 갖는다고 생각된다. 우리는 4장에서 페르와 슈미트의 공정성이론에 대해 살펴보았다. 다시 말하자면, 그들의 2인 게임에 대한 효용함수는 다음과 같은 형식을 갖는다(Fehr and Schmidt 1999: 822).

$$U_i(x) = x_i - \alpha_i \max \{ x_j - x_i, \ 0\} - \beta_i \max\{x_i - x_j, \ 0\}, \ i \neq j$$

여기에서 x는 참가자 i와 j의 금전적 보상을, α와 β는 유리·불리한 불평등이 어떤 참가자의 효용에 어떤 영향을 미치는지 측정하는 모수다. 만약 참가자들의 α와 β가 측정 가능하다면 효용함수는 전략적 조건에서 그들이 할 선택을 예측하는데 사용될 수 있다.

행동게임이론이 수정을 가하는 다른 부분은 내쉬균형이 함축하고 있

는 상호 일치라는 가정을 포기하는 것이다. 미인대회 게임을 예로 들어
보자. 게임 참가자들에게 0부터 100까지의 숫자 중에 하나를 적게 한다.
그리고 모든 사람들이 적어낸 숫자의 평균치의 2/3에 가장 가깝게 적어
내는 사람이 우승한다. 이 게임에서 내쉬균형은 0이다. 만약 어떤 참가
자가 다른 참가자들이 무작위로 골라서 평균이 50일 게 틀림없다고 믿는
다고 가정하자. 만약 다른 참가자들도 그런 식으로 추론한다면 22를 선
택하는 것이 그런 전략에 대한 최선 대응이 될 것이다. 그런 추론이 시
종일관 계속되면 결국에는 0이 된다. 이 게임의 실험적 검증에서 피실험
자들은 대부분 33 또는 22를 선택하지만 그런 계단식 추론을 계속하지
는 않았다. 단발성 게임이나 반복 게임의 첫 단계에서 이루어진 그런 선
택을 이해하기 위해 결정 규칙들(decision rules)이 제시되어왔다(예컨대,
Stahl and Wilson, 1995; Coasta-Gomes et al. 2001; Camerer et al.
2003 참조). 게임학습이론에 관해서도 상당히 많은 연구가 있다(개론을
보려면 Camerer 2003: 6장 참조).

자유주의적 온정주의

이론

이렇게 해서 우리는 행동경제학으로부터 사람들이 ─자신들의 선호
순위를 바르게 매기지 못하거나 확률을 오판하고 의지력이 결핍되어서
─ 자주 나쁜 선택을 한다는 것을 알게 된다. 자유주의적 온정주의의 단
순한 아이디어에 의하면, 사람들의 선택은 그들에게 입수 가능한 선택
지의 범위를 제한하지 않고도 그들의 삶을 더욱 행복하게 하는 방향으로
미묘하게 조종될 수 있다는 것이다. 한편으로는 T&S가 "사람들이 그들
의 삶을 개선시키는 방향으로 선택하도록 유도하기 위해 정부나 민간 부

문 단체들이 기울이는 의식적인 노력을 지지하는 주장을 펼친다"는 의미에서 그들이 지지하는 정책을 **온정주의적**(paternalistic)이라고 한다. 그들이 이해하기로는 "만약 정책이 선택하는 사람들로 하여금 **그들 스스로 판단하여** 자신에게 이로운 선택을 하는 데 영향을 주려고 한다면 그 정책은 '온정주의적'이다"(T&S 2008: 5, 강조도 원저에 의함). 다른 한편, 그들이 옹호하는 정책은 "일반적으로 사람들은 하고 싶은 것을 할 ―그들이 원한다면 바람직하지 않은 제도 장치로부터 옵트아웃(opt-out: 불참의사를 표명하지 않으면 자동 가입으로 보는 제도 하에서 불참의사를 표명하는 것―역자주)할― 자유가 있어야 한다고 주장한다"는 점에서 "자유주의적(libertarian)"이다(T&S 2008: 5).

사람들이 자기가 좋아하는 것을 자유롭게 하면서 동시에 그들의 선택이 자애로운 정책입안자와 사기업 경영자들에 의해 영향을 받는 것이 어떻게 가능할까? 그에 대한 논증을 위해 T&S는 **선택설계**(choice architecture)라는 개념을 들고 나온다. 선택은 필연적으로 어떤 맥락과 환경 속에서 이루어진다. 만약 여러분이 바나나에 비해 딸기를 선호한다면 진공상태에서 그렇게 하는 것이 아니라 과일이 어떤 식으로 진열되어 있는 슈퍼마켓에서 또는 목록의 어느 곳에 그것이 적혀 있는 음식점 메뉴판을 보고 그렇게 하는 것이다. 여러분이 만약 과일을 선택하지 않으면 어떤 추정(이를테면, 3단계 코스 식사를 할 때 디저트를 과일로 대신할 수 있는데 그렇게 하지 않고 그냥 일반적인 디저트인 초콜릿 케이크를 먹으려고 하는구나 하고)이 이루어질 것이다. 그럴 경우 그 선택지들은 특정한 방식으로 또는 이런저런 방식으로 묘사되거나 "광고"될 것이다.

이제 T&S는 선택의 맥락이 당면한 결정을 위해 중요하다는 사실에 주목한다. 눈높이나 계산대 근처에 설치된 품목들은 그게 무엇이건 상관없이 덜 눈에 띄는 장소에 둔 품목에 비해 선택될 가능성이 더 크다. 사람들의 행동은 타성과 현상유지편향을 보인다. 그래서 초기설정(default)을 어떻게 해도 사람들이 결국 선택하게 되는 대안에 중요한 영향을 미친다. 위에서 프레임짜기 효과(제시방식이 선택에 영향을 미치는 것-역자주)가 사람들의 선택에 영향을 미치는 예를 들었다. 자, 이제 여러분이 '생명을 구할 것이냐 아니면 사람을 죽게 할 것이냐'라는 말로 묘사된 정책들 중 하나를 선택해야 하는 실험실 피실험자가 아니라, 의사가 제시한 다음과 같은 치료 방법들 중에서 하나를 선택해야 하는 환자라고 하자.

> 의사가 "이 수술을 받은 사람 100명 중 90명이 5년 후에도 생존했습니다."라고 말한다. 여러분은 어떻게 하겠는가? 당신이 어떤 식으로 그 사실을 염두에 둔다면, 그 의사의 말은 다소 위안이 될 것이며 당신은 필경 수술을 받을 것이다.
> 그러나 의사가 제시 방식을 조금 바꿔서 대답의 프레임을 짠다고 가정해 보자. 의사는 이렇게 말한다. "이 수술을 받은 사람 100명 중 10명이 5년 이내에 죽었습니다." 당신이 보통 사람들과 다르지 않다면 의사의 말이 충격적으로 들릴 것이고, 그래서 수술을 받지 않을 것이다.
>
> (T&S 2008: 36)

T&S의 이론에서 첫걸음은 선택의 맥락이나 환경이 사람들이 실제로 하는 선택에 영향을 준다는 것이고, 다음은 사람들이 항상 자신에게 이익이 되는 선택을 하지는 않는다는 것이다. 여기에는 사실상 두 가지 측면이 있다. 먼저, T&S는 "세탁된 선호" 후생론(12장 참조)을 가정한다. 이것은 위에서 인용한 그들의 온정주의적 개입의 정의로부터 아주 분명해진다. 즉 그것은 선택자들로 하여금 **그들 스스로 판단하여** 행복한 삶을 살게 하는 데 목표를 둔다. 이 말은, 개인이 충분한 정보를 갖고 있고 주

의를 기울이며, 긴 안목을 가진 선호에 따라 행동하고 편견이 없을 경우에 한해서만 웰빙을 개선할 수 있다고 해석할 수 있다. 그래서 T&S는 객관적 목록이론과 아울러 쾌락주의와 같은 대안적인 후생이론(다른 경제학자들, 그 중에서 가장 유명한 다니엘 캐너먼과 그의 동료들에 의해 지지된 이론)을 거부한다. 이것은 중요하다. 왜냐하면, 어떤 정책이 어떤 사람의 웰빙을 향상시킨다는 주장에 대한 증거를 제시하려고 할 경우, 웰빙이 예컨대 건강을 비롯한 객관적 역량으로 구성될 때에 비해서 웰빙이 충분한 정보를 갖는 등의 조건 하에 있는 사람들의 선택으로 구성될 때 한층 더 어려워 보이기 때문이다. 딸기가 초콜릿 케이크보다 한 사람의 건강에 더 좋다는 건 명확하지만, 실제로 초콜릿 케이크를 먹는 사람이라면 다소 이상화된 조건에서 무엇을 선택하게 될 지는 분명하게 알 수 없다.

두 번째로, T&S는 사람들이 충분한 정보와 더 강한 의지를 가졌다면 하지 않았을 선택을 한다는 증거가 있다고 믿는다. 결정적인 증거라고는 할 수 없어도 그 주장을 뒷받침하는 생각을 제시할 수 있다. 예를 들어, 점진적 저축 증액 정책(Save More Tomorrow policy)(아래에서 더 상세하게 살펴볼 것이다)에 관한 논의를 할 때 T&S가 주장한 바는 다음과 같다(T & S 2008: 6장).

- 절대적인 액수로 말하자면 미국인들은 저축을 **적게** 한다(개인의 저축률은 1970년대 이래 감소하고 있고 2000년대에는 마이너스 수준에 도달했다).
- 저축을 거의 안 할 경우에는 과도하게 저축할 때보다 더 많은 대가를 치러야 한다(이를테면 은퇴 연령 이후에도 일자리를 구하기보다는 일찍 은퇴하기 쉽다).

- 은퇴 연금 플랜에 **전혀** 가입하지 않는 사람들이 있다.
- 어떤 사람들은 자신이 너무 적게 저축한다고 **말한다**. 예컨대 한 연구에서 68%의 401(k) 가입자들이 자신의 저축률이 너무 낮다고 말했다.

　마지막 세 번째 걸음은, 사람들이 의사결정을 할 때 결함이 없었다면 선택했을 법한 방식으로 선택의 맥락이나 환경이 미묘하게 조종될 수 있다는 발상이다. 이런 조종을 T&S는 "넛지(nudge)"라고 부른다. 구체적으로 말해서 넛지는 "선택설계자가 취하는 방식으로서, 사람들에게 어떤 선택을 금지하거나 그들의 경제적 인센티브를 크게 변화시키지 않고 예측 가능하게 그들의 행동을 바꾸는 것이다"(T&S 2008: 6). 어떤 환경이 사람들의 선택에 영향을 미치는 식으로 조종될 수 있을 때 그런 환경을 "선택설계"라 하고, 조종하는 사람은 "선택설계자"라고 부를 수 있다.

　이 사상의 "온정주의"적인 부분에 의하면, 넛지가 (a) 선택에 개입해야 하고 (b) 선택자의 웰빙을 향상시켜야 한다. 그 "자유주의"적인 부분에 의하면 넛지는 "거칠게 떠밀기(shoves)"가 아닌 그냥 "슬쩍 밀기(nudges)"이고, 노골적인 "부추기기(holdups)"다. 즉 (c) 가용한 많은 선택지를 줄이지 않고 선택에 따르는 대가를 극적으로 바꾸지도 않는다. 이제부터 (a)–(c)를 만족시키는 선택 환경의 조종만을 "넛지"라고 부른다(어쩌면 그 용어에 대한 T&S의 용법과 다를 수도 있다. 아래를 보라). T&S가 제시한 몇 가지 실용적인 예를 통해 이것이 실제로 어떻게 쓰이는지 알아보자.

몇 가지 예

캐롤린의 구내식당

T&S는 독자들에게 대도시 학교 시스템을 위한 음식 서비스를 운영하면서 식품을 어떻게 전시할 것인지에 대한 구체적인 지침을 학교 구내식당의 관리자들에게 줄 것인지, 그렇다면 어떤 방향으로 줄 것인지 결정해야 하는 캐롤린이라는 가공의 친구를 생각해보라고 한다. 그녀는 구내식당을 재배치하면 식품 소비가 무려 25% 더 늘어날 수도 있고 더 줄어들 수도 있다는 것을 안다. 여기에 개입해야 할까? 그런다면 어떻게 해야 하나? 그녀는 다음 선택지들을 심사숙고하고 있다(T&S 2008: 2).

1. 모든 것을 고려하여 학생들의 건강에 가장 이로운 방향으로 식품을 배열한다.
2. 식품 순서를 무작위로 선택한다.
3. 아이들이 자신의 판단에 따라 식품을 선택할 때와 똑같은 순서로 식품을 배열하기 위해 노력한다.
4. 가장 많은 뇌물을 기꺼이 제공하려는 공급업체의 품목이 가장 많이 팔리게 한다.
5. 수익을 극대화하도록 한다.

따라서 캐롤린은 선택설계자다. 그녀가 만약 아이들에게 입수 가능한 선택지의 수를 제한하지 않고 (1)을 선택한다면 자유주의적 온정주의의 계율에 따라 행동한다고 하겠다. 이를테면 단 것보다 과일을 먹는 것이 아이들의 생활을 더 낫게 만든다면 관리자들에게 과일을 눈높이에 그리고 계산대 가까운 곳에 비치하라고 요청한다. 하지만 그래도 단것들이 식당에서 판매될 수 있다. 단지 그런 것들은 그냥 찾기가 약간 덜 용이할 뿐이다.

내가 강조하고 싶은 전형적인 넛지 사례들에는 세 가지 특징이 있다. 첫째, 캐롤린의 **구내식당**과 같은 사례들에서는 개입하지 **말라**는 것이 무엇을 뜻하는지 그 의미가 분명하지 않다. 물론 그녀가 구내식당 관리자들에게 일체 지침을 안 주고 그냥 놔둘 수 있다. 하지만 이 경우에는 행동하지 않는 것도 하나의 개입일 수 있다. 왜냐하면 구내식당이 식품을 전시하게 되면 어차피 아이들의 웰빙에 영향을 주게 되기 때문이다. 둘째, 식품이 전시되는 그 방식이 사실상 아이들의 웰빙에 영향을 줄 것이다. 이상사회에서라면 식품을 눈높이에 비치하든 그보다 약간 다른 높이에 비치하든 개인의 선택에 별 문제가 안 되겠지만, 여기에서는 매우 중요한 문제가 된다. 셋째, 학교 구내식당은 학생들에게 식품을 제공하는 독점업체인 셈이다. T&S가 이런 측면에 대해 명시적으로 언급하지는 않았지만 원칙적으로 소비자들이 다른 업자들 중에서 선택권을 갖느냐 하는 것은 큰 차이를 낳는다. 학교가 정상적으로 운영된다면 학교 구내식당은 하나뿐이니 학생들은 그 식당을 이용하거나 아니면 굶어야 한다.

이런 상황에서 선택지 (1)이 합리적인 선택이다. 선택지 (2)는 운이 나빠서 건강에 좋을 것 같지 않은 음식을 고르기 쉽게 배열한 구내식당이 있는 학교를 다니는 학생들에게 불이익을 줄 것이다. 선택지 (3)은 원칙상으로는 좋은 것이지만, 구내식당의 전시가 영향을 미친다고 한다면 학생들이 무엇을 "자기 스스로 선택"할지 알기 어렵다. 선택지 (4), (5)는 구내식당이 음식 제공을 독점한다면 불공정해 보인다. 특히 선택지 (4)는 그것을 둘러싼 불법의 연결고리를 갖고 있지만, 사실상 "수수료" ─소매점의 (특별한 종류의) 선반 공간을 매입하는 식품공급업자가 지불하는 돈─ 라고 하는 것이 오늘날 일반적인 관행이다.

401(k) 저축 연금 플랜

401(k)는 미국에서 운용되는 일종의 은퇴 저축 계좌다. 구체적으로는, (2012년 현재) 17000달러 한도 내에서 매년 기여금을 걷는 확정 기여형 플랜(plan)이다. 401(k) 저축은 여러 가지로 매력적이다. 기여분에 대해 세금이 공제되고, 누적되는 금액에 대해 세금이 유예되며, 많은 고용주들이 노동자의 기여분에 대해 일부분이라도 기여금을 보태준다. 401(k) 플랜에 등록하는 것이 노동자들에게 큰 혜택임에도 불구하고 자격자의 약 30%가 가입신청을 하지 못한다. 어떤 유형의 노동자들 입장에서는 비가입은 문자 그대로 돈을 갖다버리는 셈이다. 일정 조건 하에서 노동자는 거기에 가입을 했다가 벌금 없이 기여금 납부를 취소할 수 있고, 그 즉시 고용주가 보탠 금액을 가질 수 있으니까. 그럼에도 불구하고 한 연구에 의하면, 401(k) 가입 자격을 갖춘 노동자들 가운데 자그마치 40%가 그 플랜에 가입하지 않았고, 고용주가 보태주는 돈을 십분 활용할 정도로 충분히 저축하지도 않았다(T&S 2008: 108).

사람들이 독자적으로 충분히 저축하지 않는다고 믿을 이유가 있다는 것을 위에서 보았다. T&S가 내놓은 답은 초기설정을 바꾸는 것이다. 현재 초기설정은 비등록이다. 노동자들이 먼저 가입 자격을 갖추면 작성할 양식을 받는다. 가입을 원하는 사람은 얼마를 저축할 것인지 그리고 해당 플랜에 제시된 펀드에 자신의 투자금을 어떻게 할당할 것인지 결정해야 한다. 하지만 타성과 현상유지편향 때문에 가입을 원하는 많은 사람들이 요구된 양식에 가입 희망을 표시하지 않는다. T&S는 그 대신에 일단 자격을 갖추면 근로자가 탈퇴를 요청하는 양식을 작성하지 않는 한 은퇴연금 플랜에 가입될 예정임을 알리는 통지서를 받게 하자고 제안한다. 자동 등록은 미국의 확정기여형 플랜의 등록률을 높이는 데 효과적임이 판명되었다(T&S 2008: 109).

이렇게 해서 또다시 우리는 개입(초기설정을 비등록에서 등록으로 바꾼다)을 통해 그들의 가용한 선택지의 수를 줄이거나 대안을 엄청난 대가로 만들지 않으면서도 —탈퇴가 가능하고 쉽다— 그것이 목표로 하는 의사결정자들의 웰빙을 향상시킬 수 있게 된다(대개 사람들이 저축을 원하지만 타성과 현상유지편향으로 인해 실패하기 때문이다).

점진적 저축 증액 프로그램

점진적 저축 증액 프로그램(Save More Tomorrow)은 가입이 아니라 기여금을 늘리는 데 목표를 둔 하나의 넛지다. 가입된 노동자들은 낮은 기여율의 초기설정을 고수하는 경향이 있다. 점진적 저축 증액 프로그램은 다음과 같은 원칙에 바탕을 두고 기여율을 늘리도록 설계되어 있다.

- 많은 가입자들이 스스로 저축을 늘려야 한다고 말하고 저축을 늘릴 계획을 세우지만 결코 이행하지 못한다.
- 자율적인 규제사항들은 미래의 시점에 일어난다면 채택이 수월해질 것이다(오늘 당장은 아니지만 곧 다이어트를 시작하겠다고 계획하는 사람은 수없이 많다).
- 손실회피: 사람들은 자신의 봉급이 줄어드는 것을 싫어한다.
- 화폐환상(money illusion): 액면가만큼 손실이 느껴진다(즉, 물가 인상에 따라 보정되지 않기 때문에 1995년의 1달러가 2005년의 1달러와 같은 가치를 갖는 것처럼 느낀다).
- 타성이 강력한 역할을 한다.

이 프로그램의 주안점은 기여금의 증액 속도를 봉급 인상과 일치하도록 맞추는 데 있다. 그렇게 하면 실수령액을 전혀 감소시키지 않기 때문에 가입자들이 은퇴연금 기여분의 증가를 손실로 여기지 않게 된다. 일단 노동자가 그 프로그램에 가입하면 자동으로 저축의 증액이 이뤄지며, 그런 식으로 타성을 이용하면 저축을 막지 않고 오히려 늘리게 된다. 그러면서도 훗날 옵트아웃하려고 할 때 언제든 적은 비용으로 그렇게 할 수가 있다.

넛지가 맞는가?

T&S가 선호하는 웰빙 향상을 위한 개입들은 행동에 영향을 주려고 하지만 넛지가 아닌 많은 대안적 시도들과 구별되어야 한다. 특히 공익광고, 직접적인 지시나 금지, 잠재의식 광고를 통한 합리적 설득에 대해 살펴보자.

공익광고

많은 정부가 사람들의 선택에 영향을 주기 위한 캠페인 광고에 돈을 쓴다. 2006년 폭염이 유럽을 휩쓸고 지나간 후, 런던 지하철 게시판에 승객들이 더위를 식히도록 물병을 갖고 다니라고 권고하는 포스터가 붙었다. 그런 광고도 넛지의 사례일까? 답: 하기 나름이다. T&S는 많은 캠페인을 긍정적으로 언급하면서 구체적으로 특정 신호와 슬로건을 넛지라고 부른다. 한 가지 예는, 원래 고속도로에 버려지는 쓰레기를 줄이려고 시도되었던 "텍사스를 더럽히지 마" 캠페인이다. 왜 후자의 슬로건은 넛지이고 승객들에게 물병을 갖고 다니라고 권고하는 포스터는 넛지가 아닐까? "텍사스를 더럽히지 마" 캠페인 이전에도 아주 다른 공익적인 광고 캠페인들이 있었는데, 모두 쓰레기를 줄이는 것이 시민의 의무라고 사람들을 설득하려 했다. 하지만 모두 소용이 없었다. 행동을 변화시키고 싶어 하는 몇몇 엘리트 관료들의 아이디어에 사람들이 별로 큰 인상을 받지 않았던 것이다. 그래서 대안이 모색되었는데 그것은 바로, 소리를 버럭버럭 지르며 텍사스에 산다는 자긍심에 호소하면서 쓰레기를 줄이자고 말하는 것이었다.

그런데 항상 어떤 편향이나 비합리성을 활용한다는 점에서 넛지는 말하고자 하는 목표를 **합리적 설득**에 두는 공익 광고와는 성격을 달리한다. 텍사스 주 인기 풋볼팀인 댈러스 카우보이 선수들을 특별히 참가시킨 슬로건과 처음의 광고는 쓰레기를 버리지 않는 것이 "멋진" 선택인 것처럼 보이게 만들었다. 시민의 의무에 대한 이성적 호소가 아닌 이런 것이 성공을 이끌어냈다.

그와 대조적으로 런던 지하철 캠페인은 설득에 주력했다. A0 크기의 대형 포스터에는 날이 더울 때 어떻게 할 것인지 권고하고 왜 그래야 하는지 설명하는 글로 빼곡히 채워졌다. 이것은 넛지라기보다 이성에 호소하는 글이다.

직접적인 지시와 금지

안전벨트 매기는 대부분의 나라에서 의무다. 아마도 바람직한 현상일 것이다. 안전벨트가 생명을 구한다는 것은 널리 인정되고 있다. 대부분의 운전자들이 자살을 원치 않을 것이므로 생명을 구하는 것은 그들의 웰빙을 개선한다. 그러면 안전벨트법은 넛지를 구성하는가? 언뜻 보기보다 그 질문에 답하기가 좀 복잡하다. 절대적인 의미에서 대안을 차단하는 정책은 드물기 때문이다. 안전벨트법이 준수 불이행을 불법으로 규정하지만, 벌금을 물거나 다른 방식으로 처벌 받는 것이 불법적인 대안의 선택에 부과된 비용이라고 생각할 수 있다. 그렇다면, 소위 "범죄와의 전쟁"은 그냥 사람들의 마약 사용을 줄이게 하려고 일치단결하여 넛지를 가하려는 집단적인 노력이 되는가?

여기에서 경계선이 다소 유동적이지만, 자유주의적 온정주의를 따르는 정책은 경제적 인센티브를 **심각**하게 바꿀 수가 없다. 이것은 안전벨트 법 및 다른 직접적인 지시와 금지가 넛지를 구성하지 못하는 한 가지 이유가 된다. 그것은 특정한 행동과 결부된 비용을 크게 증가시킨다. 저축형 연금 탈퇴양식 작성비용과 미주리, 펜실바니아, 위스콘신에서 안전벨트 미착용에 부과하는 벌금 10달러 간의 차이를 구분하는 명확한 선을 긋기가 힘든 것은 사실이다. 하지만 양쪽에는 나름의 전형적인 사례가 있다. 그래서 어떤 정책은 분명히 넛지이지만 어떤 것은 분명히 이와는 성격을 달리한다. 게다가 여기에 언급된 사례에서 직접적인 지시와 금지가 선택자의 입장에서 편향이나 비합리성을 활용하지 않는다는 점에서 다른 차이가 있다. 직접적인 지시와 금지는 법의 제재를 받는 사람들의 심리에는 주목하지 않으면서 행동을 금지하거나 처방을 내린다.

잠재의식 광고

잠재의식 광고는 소비자가 의식하지 못하는 형태의 광고다. 예컨대 동영상에서 "팝콘을 먹어" 또는 "코카 콜라"와 같은 암시가 상영자에 의해 스크린 상에 아무도 알아채지 못할 정도로 순간적으로 투사된다. 그런 광고가 행동에 영향을 주는지 논란이 되고 있지만(Pratanis and Greenwald 1988), 그럴 수 있다고 가정하자. 자유주의적 온정주의가 잠재의식 광고를 용납할까? T&S는 분명히 용납하지 않는다. 그들은 잠재의식 광고가 위반하는 두 가지 원칙, 즉 투명성 원칙과 공표 원칙을 지지한다. 한편으로 넛지는 넛지되고 있는 개인이 보려고 하면 눈에 잘 띄어야 한다. 잠재의식 광고는 보는 사람으로 하여금 받는 메시지를 의식하지 못하게 하는 데 중점을 둔다. 다른 한편, T&S는 롤스의 "공표 원칙" 고수를 지지한다. 이 원칙은 정부가 시민들이 공개적으로 지지할 수 없는 정책을 채택하지 못하도록 막는다. 소비자의 행동을 변화시키기 위해 잠재의식 광고를 사용하는 것을 공개적으로 옹호할 정부는 거의 없을 것이다.

자유주의적 온정주의의 철학적 쟁점

내가 우연히 접한 자유주의적 온정주의에 대한 대부분의 철학적 논평들은 매우 비판적이다. 다음에서 나는 문헌에서 발견할 수 있는 몇 가지 반대에 대해 설명하고 논의하되 가급적 공정을 기하도록 하겠다.

정말 온정주의인가?

많은 저자들이 T&S가 옹호하는 접근방식이 정말로 온정주의의 범주에 드는 요소들을 갖고 있는지 의문을 제기했다. 제럴드 드워킨은 그 개념을 다음과 같이 정의한다(Dworkin 2010): "온정주의란 국가나 개인이 다른 사람의 의지에 반(反)하여 하는 간섭이며, 간섭을 받는 사람이 잘 살게 되거나 위해로부터 보호를 받는다는 이유를 내세워 옹호되거나 동기화 되는 것이다." 이 정의에서 세 가지 특징이 눈에 띈다. 즉, **간섭이 존재한다는 것, 간섭이 간섭 받는 사람의 의지에 반하여 행해진다는 것, 그 사람을 잘 살게 하기 위한 목적을 갖는다는 것**이다. 위험한 다리를 건너려는 사람을 강제로 막는 것은 온정주의적 행동의 전형적인 예에 해당한다. 그 예는 존 스튜어트 밀에게서 빌려온 것인데, 온정주의에 대한 신랄한 비판이다(Mill 2003[1859]: 80). 밀은 일반적으로 사람의 자유를 그의 웰빙과 맞바꿀 수 있다고 생각하지 않았다.

육체적으로든 도덕적으로든, 본인한테 이롭다는 게 충분한 이유가 될 수 없다. 개인에게 억지로 무엇을 하게 하거나 인내하도록 만드는 것이 그를 더 잘 살게 하거나 더 행복하게 한다고 해서, 그리고 그렇게 하는 것이 현명하거나 심지어 올바르다는 여론이 있다고 해서 정당화될 수는 없다.

(Mill 2003[1859]: 73)

강제를 온정주의의 본질적 속성인 것처럼 보는 경향이 있다. 하지만 T&S의 넛지에 대한 묘사를 보면 표면적으로는 거기에 강제를 포함시키지 않는다. 그래서 앤더슨(J. Anderson), 하우스만(D. Hausman), 웰치(B. Welch)는 모두 넛지가 강제를 포함하지 않으므로 온정주의라고 하기보다는 선행이라 하는 게 더 적합하다고 생각한다(J. Anderson 2010;, Hausman and Welch 2010; 하지만 이들 중 누구도 넛지가 온정주의적임을 부정하지는 않는다).

그 제안을 일종의 온정주의라고 부르는 것이 다소 철학자들을 오도하고 있는 것처럼 보일지 모르지만, 탈러(행동경제학자)와 선스타인(법학자)이 철학자들과 같은 방식으로 용어를 사용하지 않는다고 해서 그들의 제안에 대해 부정적으로 말해선 안 된다. 여기에는 단어를 둘러싼 논쟁 이상의 중요한 논점이 있다. 어떤 사람들한테는 온정주의가 강제를 내포하기 **때문에** 도덕적으로 문제가 있는 것처럼 보일 것이다. 한 예로, 밀은 선택을 방해받은 사람이 (어린이거나 술에 취해서) 유능한 의사결정자나 충분히 정보를 가진 사람이 아닐 때를 제외한다면 어떤 온정주의적인 처사도 부당하다고 생각했다(다리의 예에서처럼 —밀은 안전하지 않은 다리에 막 발을 디디려고 하는 사람이 다리를 무사히 건너길 바란다고 전제한다). 이 말은 강제를 차치하면 넛지가 도덕적으로 문제가 없다는 의미인가? 다음 하위 절에서 보게 되겠지만, 넛지는 대안적 선택지를 차단하거나 그 선택지를 엄청나게 비싸게 만들지 않는다는 의미에서 의사결정자의 자유를 제한하게 설계되지 않았지만, 자유를 더 광의로 이해하면 자유를 방해한다고 볼 수 있다는 주장이 있어 왔다.

자유와 자율성

T&S 제안의 "온정주의" 부분이 문제가 있는 정도라고 한다면, "자유주의" 부분은 그야말로 지뢰밭이다. 그 제안에 대해 논평하는 대부분의 철학자들은 의사결정자의 자유를 제한하지 않는다는 약속이 성공적이라고 생각하지 않는다. 입수 가능한 선택지의 범위를 제한하거나 그에 결부되는 비용을 심각하게 증가시키지 않더라도 넛지는 사람들이 가졌다고 상정되는 자유를 방해한다는 것이다. 여기에는 두 가지 주요 논거가 있다. 하나는, 넛지가 비록 사람들이 협의로 이해된 선택의 자유를 감소시키지 않는다 하더라도 사람들의 자율성을 저해한다는 것이다. 다른 하나는, 그 제안이 개인에 대한 정부의 영향력을 증가시키고 그럼으로써 사람들의 자유를 제한할 가능성이 있다는 것이다.

T&S의 주장에 **뭔가** 의심스러운 데가 있는 게 틀림없다. 넛지가 사람들이 자유를 행사하는 것을 방해하지 않는다면 어떻게 그것이 그들의 선택에 영향을 줄 수 있다는 말인가? 하우스만과 웰치의 주장에 의하면 제시된 양립가능성은 "자유"를 협의의 의미로, 즉 "가능한 선택을 차단하거나 더 많은 비용, 불편, 불쾌감 등을 초래하는 것과 같은 구속의 결여"로 이해한 데서 비롯된다(Hausman and Welch 2010: 124). 하지만 사람들이 자신의 욕망, 선택, 특징 등에 대해 행사하는 통제력에 초점을 맞추는, 보다 광의로 이해된 자유의 다른 측면 ―그들의 **자율성**― 이 있다. 이전에는 한 개인의 통제 하에 있던 선택이 넛지되는 순간, 최소한 넛지하는 쪽의 의지의 결과물이 되기 때문에 넛지는 한 사람의 자율성을 방해할 위험이 있다. 하우스만과 웰치는 다음과 같이 주장한다.

> [T&S]에 의해 제시된 온정주의적 정책들은 ... 개인의 선택에 대한 통제력을 위협할 것이다. 혼자서 자신의 대안을 평가할 능력은 물론이고 스

스로의 고려에 대한 통제력을 훼손하려고 시도할수록 광의로 이해된 자유에 대한 위협이 됨이 분명하다. 이는 노골적인 강제나 다름없다.

(Hausman and Welch 2010: 130)

T&S가 어디에서도 넛지가 [한] 개인 스스로의 사려에 대한 통제력을 훼손하는 것을 목표로 삼는다고 말하지 않았고, 또 정반대로, 대부분의 예들이 개인의 선택이 완전히 자기 의지대로 완전히 통제되지 않는 것처럼 보이는 상황과 관련이 있다고 말하지도 않았으니까(초콜릿 케이크를 눈높이에 놓느냐, 그보다 약간 위 또는 아래에 놓느냐 하는 것이 그 외에 어떻게 문제가 **될 수** 있겠는가?) 이 인용문은 적당히 걸러서 들어야 한다. 어떤 넛지도 도덕적으로 문제가 될 그런 방식으로 개인의 자율성을 훼손할 것 같지는 않다.

그러나 결국 넛지는 두 가지 방식으로 자율성에 심각하게 영향을 미친다. 첫째, 의사결정자의 웰빙을 향상시키는 것을 목표로 삼는 넛지하기(nudging)가 규범이 된다고 가정하자. 선택 상황을 가공하는 긴 과정 끝에 그 대부분이 영리하게 설계되어 평균적으로 의사결정자의 웰빙을 향상시킬 것이다. 그런 일이 일어나면 의사결정자는 스스로 좋은 결정을 하려고 열심히 노력하기보다 자신에게 좋은 것이 무엇인지 알기 위해 (정부, 사용자 또는 누구든 간에) 외부 기관에 의존하기 시작할 것이고 자율성을 상실할 것이다. 그러나 만약 이것이 사실이라면 자유주의적 온정주의가 존립하기 어려워질 게 틀림없다. 그 접근방식의 핵심이 되는 특징은 넛지가 의사결정자 **스스로 판단하여** 자신의 웰빙을 향상시킨다는 데 있다. 만약 의사결정자에게 판단의 기준 — 의사결정자 자신의 좋음에 대한 개념— 이 없다면 선택설계의 조종이 누군가의 웰빙을 개선할 수 있다는 말이 무의미해진다. 다시 말해서 이런 조종은 더 이상 넛지가 아닐 것이다. 그것이 사람들로 하여금 자신에게 좋은 것에 대해 더 적게 생각하도록 유인하고 대신에 남에게 의존하도록 하기 때문에 우리는 그 접근방식을 과용하지 말라고 경고하고 싶지만, 자유주의적 온정주의가 개인의 자율성과 공존하기에는 한계가 있다.

둘째, 사람들의 정보력과 결정을 위한 자제력을 향상시켜 자율성 등을 증진하는 것을 목표로 삼는 다른 정책들에 비해 넛지는 자율성을 감소시킬 것이다. 내가 생각하기에 이것이 하우스만과 웰치가 실제로 염두에 두고 있는 것이다. 예컨대 그들은 캐롤린이 음식을 전시하는 진열대를 조작하는 대신에 각각의 식품이 갖는 영양학적인 가치에 대한 정보를 제공할 수도 있었을 것이라고 주장한다(Hausman and Welch 2010: 129). 구내식당 운영자는 그때 많은 것에 대한 정보를 제공하고 무엇을 먹을 것인지에 대한 더 자율적인 결정을 하게 할 수 있었을 것이다. 사람들의 선택에 영향을 주는 이런 대안적인 전략을 그들은 "합리적 설득"이라고 부르고 그에 대해 이렇게 말한다.

> 합리적 설득은 개인의 자유와 그의 의사결정에 대한 관리자의 통제를 모두 존중하는 반면, 속임수는 가용한 선택을 제한하거나 개인의 의지를 교묘하게 피하는 선택 리스크(risk)를 조장한다.
> …
> 합리적 설득은 정부가 시민의 행동에 영향을 주는 이상적인 방법이다.
> (Hausman and Welch 2010: 130, 135)

나도 합리적 설득이 넛지에 대한 하나의 대안으로서 다른 사람들에게 영향을 미치는 —그러기를 원한다면— 훌륭한 전략일 수 있다는 데 동의한다. 또한 하우스만과 웰치가 자율성을 위협할 것을 우려하는 데 대해서도 동의한다. 하지만 나 역시 그들이 T&S의 논증에서 중요한 전제로 삼은 것을 무시한다고 생각한다. T&S는 인간이 **제한적으로** 합리적이고,

제한된 의지력을 갖고 있고, **제한적으로** 이기적이라는 행동경제학자들의 견해로부터 출발한다. 물론 그런 전제를 비판할 수도 있다. 하지만 우리가 그렇게 하지 않는다면, 그리고 하우스만과 웰치가 그것을 비판할 것으로 생각하지 않는다면, 합리적 설득은 그들이 그렇게 보이게 만든 것보다 훨씬 덜 매력적인 전략이다.

제한된 이기심은 T&S가 관심을 좀 덜 가졌던 것이기 때문에 다른 두 제한성을 여기에서 살펴보도록 하자. 제한된 인식능력과 의지력을 가진 인간은 매사에 똑같은 관심을 갖고 결정을 할 수가 없다. 더욱이 그렇게 했다가는 분별력이 없어질 것이다. 왜 그런지 알아보기 위해서 나는 두 가지 제한성을 의지력부터 차례대로 살펴보려고 한다.

인간 심리에 대해 행동경제학자들이 갖고 있는 이미지에서, 의지력은 재충전할 수 있는 배터리의 전력처럼 작동한다. 사람은 처음에는 충만한 상태였다가 그것을 써서 "배터리"를 고갈시키다가 완전히 방전된다. 많은 결정을 하기가 힘들고 어려운 결정은 의지력을 소진시킨다. 사람들이 모든 결정에 똑같은 노력을 쏟으면 나날이 하는 결정이 지지부진한 채 큰 일에 실패하는 대가를 치르고 끝날 가능성이 크다. 그래서 대부분의 사람들은, 참으로 합리적으로, 상당한 시간을 자동 항법장치를 켜고 항해를 한다. 이런 경우에 합리적 설득은 그다지 도움이 안 된다. 왜냐하면 문제는 어떻게 하는 것이 정말로 옳은가를 **아는** 것(기저에 있는 가치나 욕망과 관련된)이 아니라, 옳다고 인지하는 것을 실제로 **하는** 것이기 때문이다. 합리적 설득은 기저의 가치와 욕망을 겨냥한다. 하지만 대부분의 사람들은 이미 더 건강하게 먹고 싶어 하고, 더 운동하고, 덜 마시고, 세금 신고서와 여행 변상 요구서를 제때 부치고, 시트콤을 더 적게 보고, 크리스마스카드를 더 많이 보내고 싶어 한다(나도 확실히 그렇다). 문제는 사람들에게 무엇이 옳은지 설득하는 것이 아니라 의지를 행동으로 옮기는 것이다. 그리고 이것이 넛지가 도움을 주려는 부분이다.

정보 부족으로 인해서 나쁜 선택을 하는 것은 이와 성격이 다른 문제다. 하지만 여기서도 제한된 인지능력이 중요한 역할을 한다. 사람들은 접하는 대안들에 대해 알아야 할 모든 것을 다 찾아낼 수 없고, 사실상 어떤 대안들이 있는지조차 알기 어렵다. 사람들은 "적당히 만족스러운" 의사결정을 할 수 있는 정도가 될 때까지 정보 수집에 투자를 한다. 허버트 사이먼(Herbert Simon 1959)은 이것을 "극대화"에 빗대어 "만족화 (satisficing)"라고 부른다. 캐롤린이 모든 식품에 대한 영양학적 정보를 플래카드에 써서 그 옆에 붙여둔다고 가정하자. 그런 전략은 소비자들의 선택을 개선할 가능성이 있을까? 그들의 입장에서는 ―예컨대 기대되는 맛, 프레젠테이션, 쉬운 입수 가능성 다음으로― 영양학적 가치라고 하는 다차원적인 모수(parameter) ―예를 들어 단백질, 탄수화물, 지방, 섬유질, 비타민― 가 새로 추가되었다는 것을 의미한다. 그런데 그 모수들 자체도, 단백질은 얼마나 포함되어 있는지 동물성인지 식물성인지 등등, 다차원적이다. 이런 모든 차원을 감안한 선호를 갖는다는 것이 간단한 일이 아니고, 무엇이 최적의 선택인지 계산하는 것은 더 말할 나위가 없다. 그래서 현실의 사람들은 음식을 선택할 때 휴리스틱(heuristic)을 사용하는 경향이 있다. 맛이 영양학적 가치를 나타내는 지표였던 때가 있었다. 오늘날엔 식품들이 공장에서 생산되고 있기 때문에 지방과 설탕을 넣지 않는 게 거의 없을 정도다. 그래서 맛있는 것은 더 이상 우리들에게 이로운 것이 아니다. 고도로 가공 처리된 식품을 다루는 훌륭하고 간단한 전략 같은 것은 없다. 그런 관점에서 보면 영양학 분야의 전문가가 되길 원치 않는 사람들을 위해 몇 가지 넛지를 제공하는 것이 그리 나쁜 발상은 아니다.

정의(正義)의 측면도 있다. 가난한 사람들은 상대적으로 부유한 사람들에 비해 나쁜 선택을 하는 경향이 있다. 부유한 사람들이 어디에 가서 식사를 할 때는 이탈리아식이냐 중식이냐 하는 결정이지만, 가난한 사람들은 식사를 할 것인지 말 것인지, 돈을 다른 데 쓴다면 어디에다 쓰면 제일 좋을지 결정해야 한다. 우리 모두 제한된 인식을 갖고 있다면 결정이 복잡할수록 기대되는 성과는 더 나쁘다. 따라서 가난은 차선의 결정을 낳는다(Spears 2010). 넛지가 누구에게나 도움이 되지만, 그럴 땐 결정이 어려운 약자들에게 특히 가치가 있다.

그뤼네야노프(Grüne-Yanoff)는 다른 논점을 제기한다. 그는 정부가 시민들에 대한 이익을 넘어 권력을 확장할 것을 우려한다. 특히 다음과 같이 말한다.

> 따라서 그런 정책을 채택하는 정부는 시민들에 대한 자의적인 권력을 강화한다. 자의적인 권력의 강화는 곧 시민이 "가차 없이 간섭을 받게 될 가능성"(Petit 1996, 577)이 커진다는 것이고, 시민들의 자유가 위축될 충분조건이다(자유에 대한 공화주의적 설명을 보려면 Petit 1996, 579 참조). 따라서 영향력 있는 자유주의적 입장에 따르면, 이런 정책을 시행하라는 지시만으로도 자유는 줄어든다.
>
> (Grüne-Yanoff 2012: 638)

넛지 전형 사례들(nudge paradigm cases) 중 어떤 것도 정부의 "시민에 대한 자의적 권력"을 키울 가능성이 없기 때문에, 이런 우려가 기우에 불과하다는 사실을 단박에 알 수 있다. 캐롤린은 어떻게든 "가차 없이 간섭을 받게 되는", 정부가 운영하는 구내식당을 책임지고 있다. 다른 두 가지 예에서 선택설계자는 정부가 아니라 대부분 민간기업의 사용자들이다. 물론 정부가 구내식당 관리자 —정부가 고용한 사람이든 아니든— 에게 어떤 식으로 구내식당 배치를 설계하라고 지시할 수 있고, 마찬가지로 모든 사용자들에게 초기설정을 바꾸라고 강요할 수도 있다. 하지만

T&S는 새로운 법을 거의 지지하지 않으며, 지지할 때에는 예컨대 특정 정보가 어떤 식으로 개방되어야 한다고 주장한 점에서 자유주의적인 원칙과 더욱 일치되는 것처럼 보인다(T&S 2008: 93-4 참조).

자, 이쯤 되면 T&S의 프로젝트가 정부에다가 일차적으로 대부분의, 또는 모든 선택 환경을 T&S의 수칙과 일치되게 설계하도록 지시하라고 권고했다는 것을 알았을 것이다. 하물며 이것이 그뤼네야노프가 시사한 것처럼 우려스러울까?

나는 다시 한 번 여기에서 한 가지 결정적인 전제가 무시되고 있다고 느낀다. 선택설계가 불가피할 때, 우리는 정부 간섭이냐 그것을 삼갈 것이냐 하는 선택이 아니라 오히려 정부 간섭이냐 아니면 다른 어떤 것이냐 하는 선택에 직면한다. 그리고 대개 실제 선택설계자들이 염두에 두는 것은 기업의 이윤획득이지 소비자의 웰빙이 아니다. 물론 많은 예가 있으나 특별히 한 가지만 언급하고자 한다.

이 장의 대부분은 로테르담에서 북해 재즈 페스티벌이 열리는 중에 집필되었다. 나는 아티스트들의 연주가 좋아서 그 페스티벌을 사랑하지만, 음식을 제공하는 방식만큼은 페스티벌에 가는 사람들이 원하는 것 이상으로 먹고 마시게 하는 데 목표를 둔 거창한 안티 넛지(anti-nudge)라고 표현할 수밖에 없다. 식음료를 사면서 허용되는 지불 수단으로는 부스나 기계에서 사야하는 토큰뿐이다. 원칙적으로는 가진 토큰을 즉시 또는 페스티벌이 끝나고 현금으로 바꿀 수 있지만, 일단 현금을 토큰으로 바꾸면 손실 회피 심리 때문에 현금을 날리는 기분이 들어서 토큰을 식음료와 교환하게 된다. 어쨌든 뒤에 돌려받는 돈은 처음의 비용보다 저평가된다.

페스티벌 주최측으로서는 음식점들이 돈을 받고 거스름돈을 주는 일을 할 필요가 없기 때문에 고객들이 식음료 서비스를 빨리 받을 수 있어서 고객들의 구매를 촉진할 수 있다고 토큰 시스템을 정당화하고 싶을 것이다. 하지만 토큰 부스나 기계 대신에 "거스름돈 안 받기" 방침을 도입하거나 거스름돈 바꿔주는 부스나 기계를 제공했더라면 같은 효과를 낼 수 있었을 것이다. 미국의 어떤 대중 버스는 바로 그와 같은 이유로 거스름돈을 안 받기로 방침을 정했다. 게다가 주최측은 상인들에게 가격을 50센트의 배수로 하라고 요청할 수도 있었다. 현재는 모든 가격이 1.25유로의 배수다.

관련된 안티 넛지는 4배수로 토큰을 판매하는 것이다. 다시 말해, 이론상으로는 토큰 하나로 물 한 잔을 사 마실 수 있다 —토큰 4개를 구입하면 그 중 세 개를 먼저 환불하고 나머지 한 개로 뒤에 물 한 잔을 살 수 있다. 하지만 누가 그렇게 하겠는가?

다음으로, 가격의 투명성이 부족하다. 누구도 토큰 하나 값이 얼마인지 어디서도 들은 적이 없다. 유독 올해 가격을 결정하기 어려웠다. 토큰 4개가 10유로에 팔렸다. 내 기억이 맞는다면 작년 토큰 네 개 값이 9.6유로였다. 그런 가격이라면 여러분이 5.5토큰에 팔리는 음식값이 얼마인지 나에게 말해줄 수 있겠는가? 또 그러고도 제대로 음악을 즐길 수나 있겠는가?

그리고 가격은 당연히 토큰으로만 광고된다. 토큰이 유일한 교환 통화라 해도 고정 환율이 있으니까 메뉴판에 유로로 가격을 표시하는 것은 어렵지 않았을 것이다. 그러니 가격을 모호하게 한 것은 사람들로 하여금 더 많이 소비하게 하는 색다른 상술인 셈이다.

13장에서 보았듯이, 우리 생활의 면면이 날로 상품화되는 경향을 한탄하는 철학자들과 사회과학자들이 수없이 많다. 북해 재즈 페스티벌은 그런 상품화의 한 사례다. 그것이 몇 년 전 네덜란드 헤이그에서 개최되었을 때만 해도 음악이 전부였다. 요즘에 와서는 음악을 핑계로 온갖 것을 다 먹는다는 느낌이 든다 —굴에서부터 스위스 퐁듀, 베트남 스프링 롤(spring roll), 네덜란드 판네쿼컨(pannekoeken)을 먹고, 샴페인 바에서

산 음료수로 속을 씻어 내리고, 그래도 성에 안 차면 흐로쉬(Grolsch) 맥주를 마신다(덧붙이자면, 하이네켄은 팔지도 않는다).

물론 다 문제될 건 없다. 하지만 갈수록 우리의 생활이 상품화되어 가는 게 사실이라면, 그리고 시장의 공급자들이 시민을 위해서가 아니라 자신들에게 이익이 되는 방향으로 선택설계를 하는 경향이 있다면, 더욱이 공급자들이 엄청난 시장 지배력을 갖고 있다면, 정부가 그와 다른 방향으로 지시한 넛지가 그뤼네야노프가 규정한 것처럼 꼭 그렇게 극악한 것처럼 보이지는 않는다. 내가 대부분의 시장에 대해 갖고 있는 이미지는, 정부가 없으면 사람들이 "동의하는 어른들 간의 자발적 교환"에 행복하게 참여할 텐데 괜히 정부가 나서서 방해한다고 하는 노직(Nozick)의 시장에 대한 이미지와는 다르다. 오히려 사람들이 제한된 합리성과 의지력을 가졌기 때문에 어떤 식으로든 갖가지 영향을 받기 쉽고, 그런 영향들은 대부분 소비자의 웰빙 개선에 목표를 두지 않는다. 만약 정부가 실제로 더 "넛지하기"를 지시했다면 이것은 자유를 훼손하는 간섭이 되기보다는 교정적인 간섭이 될 가능성이 더 클 것이다.

전형 사례들은 얼마나 전형적인가?

마지막으로 살펴볼 문제는 T&S가 제공하고 내가 여기에서 논의한 전형적 사례들이 다른 종류의 선택 상황의 조종을 대표할 수 있는가 하는 것이다. 한 가지 두드러진 문제는, T&S가 고안한 많은 제안들이 실은 그들이 규정한 바와 달리 넛지가 아니라는 것이다. 심지어 카롤린의 구내식당조차 정말로 제대로 된 넛지를 포함하지 않는 듯하다. 그 이유는, 넛지가 **선택자 스스로 판단하여** 선택자의 웰빙을 개선하는 데 의미가 있는데, 어린이는 아마도 웰빙을 잘 판단하지 못할 것이기 때문이다. 12장에서 보았듯이 웰빙에 대한 세탁된 선호 이론은 일반적으로 문제가 있다.

그것을 어린이에게 적용하면 가망이 없다. 하지만 기저의 세탁된 선호가 있다면 선택 상황의 교묘한 조종은 선택자의 웰빙을 향상시키는 —T&S가 이해한— 그런 목적을 추구할 수 없고, 그런 조종은 넛지를 구성할 수 없다. 사실상 캐롤린의 구내식당에서의 선택설계는 선택자의 웰빙 향상뿐 아니라 선택자에게 좋은 것을 선택자 자신보다 더 잘 아는 것을 목표로 삼는다. 온정주의는 자신을 위해서 좋은 선택을 할 가능성이 없는 사람들이나 아이들을 표적으로 삼는다면 별로 우려스럽지 않다. 결과적으로(내가 보기에 바르게) T&S는 여기에서 단도직입적으로 온정주의 정책을 옹호한다. 그럼에도 불구하고 그 예를 "전형적인" 넛지 사례로 든 이유는 구내식당이라고 하면 으레 대학생이나 대기업 노동자들을 상상하게 되기 때문이다. 위에서 지적한 모든 것은 아이들을 고객으로 하지 않는 그런 구내식당에 적용되어야 한다.

따라서 캐롤린의 구내식당 오리지널 버전은 온정주의적이지만 자유주의적 온정주의는 아니다. T&S가 언급하는 다른 예들은 자유주의 원칙과 일치하지만 온정주의적이지 않다. 그 정책들에는 정보 제공과 조언해 주기가 들어 있기 때문이다. 하우스만과 웰치는 다음과 같은 것들을 이런 범주에 넣는다(Hausman and Welch 2010: 127). "교육적인 캠페인([T&S 2008:] p. 68/69), 담배에 경고 라벨 붙이기(p. 189/191), 노동자에 대한 회사의 위험 고지 규정(p. 189/1910, 더운 날 사람들에게 물을 더 마시라고 경고 신호 보내기(p. 244/247)", T&S가 제안한 이동통신 회사의 비용 공개 규정 등.

그런데 그들이 제시하는 다른 정책들은 입수 가능한 선택지의 범위를 확장한다는 점에서 자유주의적이다. 그래서 T&S는 환자들에게 의사들의 의료과실에 대해 소송을 제기할 권리로부터 옵트아웃할 선택권이 주어져야 한다고 주장한다(T&S 2002: 14장). 자신들의 제안에 대한 자유주의적인 주장에 의하면 권리를 갖는다는 것은 비용을 낳는 것이고, 환자는 자기 권리가 살 가치가 있는지 스스로 결정해야 한다는 것이다. 그들은 또 결과주의적인 주장도 제시한다. 실제 시스템은 의료과실에 대한 의미 있는 억지력을 제공하지 못하며, 의료과실사고를 당한 환자들 중에서 비용 청구를 하는 사람은 거의 없으며, 소송을 제기하여 유리한 합의를 이끌어 내어도 그 돈을 손에 쥐지 못한다. 그 돈의 상당 부분은 결국 변호사들 주머니로 들어 간다. T&S는 그 시스템이 너무 비효율적이므로 거기에서 옵트아웃할 권리가 환자들에게 주어져야 한다고 주장한다. 사람들에게 소송을 제기할 권리로부터의 옵트아웃을 허용한다고 해서 자유가 증진될 지 의문이다. 왜냐하면, 예컨대 의사들이 옵트아웃을 거부하는 환자를 보려고 하지 않을 테니까. 설령 그렇게 해서 자유가 증진된다 해도 이런 제안에는 온정주의가 없다.

T&S가 제시하는 제안들 중에는 전형적인 넛지와는 다른 범주에 속하는 것이 있다. 그들의 책 11장에서 T&S는 장기기증을 늘리기 위해 "추정된 동의(presumed consent)" 정책(명시적으로 장기기증에 반대하지 않으면 동의한 것으로 추정하고 기증자 명단에 올리는 것-역자주)을 촉구한다. 그 제안은 은퇴 저축을 늘리는 정책과 비슷하다. 선택의 자유를 보존하면서 초기설정 규칙을 바꾸는 것이다. 기증할 의사가 없는 사람은 가령 관련 웹사이트에서 클릭 한 번으로 쉽게 등록할 수 있다.

어떤 사람의 은퇴를 위해 저축을 늘리게 하는 넛지와 장기를 기증하게 하는 넛지 간에는 중대한 차이가 있다. 두 가지 경우 모두 그런 설계에 동참하고 싶어 하지 않는 사람들이 있고, 타성 때문에 또는 다른 사정으로 거기에서 탈퇴하지 못할 수도 있다. 하지만 수혜를 받는 사람이 의사결정자 본인이라면 그 사람에게 다소 불만스런 대안을 주는 것이 별 문제가 안 되겠지만 다른 사람이라면 문제가 된다. 더구나 장기기증에 관련된 선택은 은퇴 저축에 관련된 선택보다 훨씬 심각하다. 일부 여호와의 증인들은 장기기증을 식인풍습(canivalism)과 같은 것으로 간주한다. 사망한 신자가 '비기증'에 등록하지 못했다고 해서 그로부터 장기를 적출하는 것은 그 장기로 누군가의 생명을 구하는 것과는 비교할 수 없는 중대한 악을 구성한다.

T&S가 제시한 정책 제안들 중에서 그들이 이해한 넛지 개념에 부합하는 것이 소수에 불과하다고 한다면, 선택상황에 대한 이런 유형의 교묘한 조종이 사실은 매우 드물지 않을까 하는 우려를 하게 된다. 이런 문제를 여기에서 더 이상 다룰 수 없지만 조종이 순수한 넛지가 되려면 몇 가지 조건을 충족하지 않으면 안 되며, 당연히 그것이 매우 어려울 것이라는 경고의 말로 끝을 맺고자 한다.

결론

『넛지』는 흥미진진한 공공정책을 제안한다. 더 전통적인 많은 정책 제안들과 달리, 그것은 경제이론이나 규범이론보다는 행동과학에 바탕을 둔다고 생각된다. 그것은 의사결정자에게 이득이라고 알려진 의사결정의 결함을 파헤친다. 그럼으로써 불가능한 것을 이루어내는 것, 즉 선택의 자유를 위한 자유주의적 관심을 사람들의 웰빙에 대한 온정주의적 관심과 양립시키는 것이 목적이다. 이 장은 철학자들이 세 가지 주된 이유로 제기했던 비판으로부터 그 제안을 부분적으로 변호하는 시도를 했다. 첫째, 나는 그것이 현재의 정책 선택의 폭을 넓혔다는 단순한 이유만으로도 심각하게 받아들여야 할 정도로 독창적이고 도전적인 새로운 제안이라고 믿는다. 둘째로, 철학과 주류 경제학에서 많이 발견할 수 있는 고도로 이상화된 인간 모형보다는 현실의 인간(human)을 위한 정책을 기획하려는 그 시도가 매우 칭찬할 만한 것이라고 생각한다. 셋째로, 그것은 제도 — 이 경우엔 선택설계— 에 초점을 맞춘 정책 제안의 하나라는 것이다. 철학자들에 의해 제안되고 채택된 대부분의 정책 권고는 (부의 재분배와 같은) 결과나 고도로 추상적인 원칙에 초점을 맞춘다. 그러나 결과는 제도에 의해 만들어지고 원칙은 그것을 통해서만 효과를 낸다. 그리고 제도가 시행되는 방식은 결과의 만족도와 원칙의 적절성에 고스란히 영향을 미친다. 『넛지』는 제도 유형에 직접 초점을 맞춘다. 또한 그런 이유로 상당한 정도로 더 구체적이고 현실적인 정책 제안을 한다. 『넛지』가 비록 세부적으로는 문제가 있지만 나는 철학자들이 잘 하는 전통적인 추상적 제안보다 정책 논쟁을 훨씬 더 진전시켰다고 믿는다.

연구 문제

1. "행동경제학은 하나의 이론이 아니다. 이론적 토대가 없는 경험적 발견의 집적에 불과하다."는 주장에 대해 논하라.
2. "자유주의적 온정주의"는 모순어법인가?
3. 사람들의 웰빙을 개선하려는 정치적 전략으로서 "합리적 설득"은 얼마나 유망한가?
4. 전형적인 어떤 날을 보내는 중에 선택 상황에 처한다고 상상해보라. 여러분은 얼마나 자주 자신에게 이롭게 넛지되고 있는가? 그리고 얼마나 자주 자신에게 나쁘게 넛지되고 있는가?
5. 여러분의 정부가 모든 영역에서 넛지 정책을 추진하고 있다는 말을 들었다고 하자. 여러분은 정부의 간섭이 많아져서 위협을 느끼는가? 여러분의 답변을 변호하라.

권장 도서

Angner 2012, Wilkinson and Klaes 2012와 E. Cartwright 2011은 행동경제학에 대한 유용하고도 대중적 입문서다. 그 심리학적 기초에 대한 입문서를 원한다면 Kahneman 2011을 보라. 자유주의적 온정주의에 대한 논의가 별로 많지 않아서 내가 찾은 것을 위에 포함시켰다. Thaler and Sunstein 2003은 자유주의적 온정주의에 대한 간단한 변론을 제시한다. Bovens 2009는 넛지에 대한 다른 분류법을 제시하고 어떤 유형의 넛지가 윤리적으로 정당화될 수 있는지 묻는다. Heimann은 이중정보처리론(dual process theory: 인간은 직관적 시스템과 논리적 시스템이 이중으로 작동하여 정보를 처리한다는 행동경제학 이론–역자주)을 계속해서 사용하는데, 그것은 넛지에 특징적인 이론틀로 제시되고 성공의 기준을 공식화하기도 한다. Sugden 2009는 Thaler와 Sunstein의 초기 저서에 대한 비평이다.

경제철학은 경제학의 이론적, 방법론적, 윤리학적 기초를 연구하는 분야이다. 경제학 이론의 특성과 그 가정, 경제학자가 사실과 법칙, 인과관계를 규명할 때 사용하는 방법, 시장에서의 자원의 배분 및 분배 문제를 둘러싼 윤리적 문제 등을 형이상학, 인식론, 윤리학적 관점에서 고찰한다.

이 책의 특징은 아담 스미스의 '보이지 않는 손' 가설과 과학철학의 '설명이론'을 내용 구성과 서술의 원리로 삼는다는 점이다. 이론과 방법론에 대해 논하는 책의 전반부에서는 설명이론이 초점이 된다. 이 점을 미리 알고 읽으면 도움이 될 것이다.

설명은 과학의 여러 가지 목표들 중에서도 중요하게 여겨진다. 철학자들은 과학의 성과를 반영하는 철학적 탐구를 통해 설명이론을 제시하려고 노력해왔다. 즉, 그들은 좋은 설명이란 어떤 것인지, 그리고 근본적으로 설명이란 무엇인지 고찰해왔다.

논리 실증주의자인 칼 헴펠(Carl Hempel)은 설명을 매우 제한적으로 이해했다. 그는 설명은 전제로부터 결론을 이끌어내는 논증의 형식으로 표현되어야 한다고 보았다. 어떤 현상을 설명할 때, 전제에 법칙을 포함해서 결론에 높은 개연성을 부여하는 논증을 구성하고, 거기에 그 현상을 끼워 넣어 연역하면 현상에 대한 좋은 설명이 될 수 있다는 것이다. 이런 설명 모형을 연역-법칙(D-N) 모형이라 한다. 그러나 D-N 모형은 얼마 지나지 않아 소멸하고 말았다.

그 모형을 소멸하게 한 것은 유명한 '비대칭 문제'다. 그 가장 유명한 실례는 깃대와 그림자 사례다. 우리는 깃대 높이로부터 그림자 길이를 연역할 수 있지만, 역으로 그림자 길이로부터 깃대 높이를 연역할 수도 있다. 하지만 후자는 설명이 아니다. 설명은 그렇게 뒤집힐 수 없다. 따라서 법칙을 포함하는 좋은 논증이 반드시 좋은 설명은 아니다. 논리 실증주의는 결국 비대칭 문제를 해결하지 못하고 사라졌다.

하지만 헴펠의 행위에 대한 설명이론은 주목할 만하다. 사람들의 행위는 그들이 가진 바람(욕망)과 믿음으로 설명된다. 행위의 궁극 목적은 기대효용의 극대화. 합리성은 그런 목적을 달성할 적절한 수단을 선택하는 문제다. 합리성에 대한 이런 생각은 근대 서양을 대표하는 사고방식으로 여겨질만큼 사회과학 전반에 퍼져 있다.

신고전학파 경제학은 경제현상을 개인의 선택으로 설명한다. 그 이론적 근거는 기대효용이론과 합리적 선택이론이다. 그 이론들은 개인은 자신의 이익을 추구하되, 무엇이 자신에게 이익인지 본인이 가장 잘 안다고 가정한다. 경제학자는 개인이 무엇을 원해야 하는지에 대해 실질적 가정을 하기 싫어한다. 그래서 추상적인 형식논리로서 선호의 일관성을 합리성의 거의 유일한 기준으로 삼는다. 그리고 선호의 합리성을 판단할 형식적 기준을 몇 가지 공리(axioms)로 정리해놓았다.

하지만 경제 세계는 깔끔하게 법칙으로 정리해서 설명할 수 있는 것이 아니다. 선택 상황에서의 불확실성이나 개인들 간의 상호의존성, 사회규범의 작용, 행위의 맥락 의존성 등으로 말미암아 개인이 선호의 일관성을 유지하기가 쉽지 않다. 따라서 선호의 일관성에 대한 형식적 가정에 바탕을 둔 선택이론은 사람들의 선호와 선택에 대한 예측이론, 설명이론으로서 뚜렷한 한계가 있다. 이런 한계는 합리적 선택이론을 전략적 상황에 적용한 게임이론에서도 그대로 드러난다.

이 책의 합리적 선택이론과 게임이론에서 말하는 합리성 개념은 개인적, 이기적 합리성이다. 아마도 그래서 협력의 중요성을 시사하는 진화게임이론은 소개되지 않은 것 같다.

다시 과학철학의 설명이론으로 들어가보자. 헴펠과 달리 웨슬리 새먼(Wesley Salmon)은 설명이 논증과 다른 것이라고 판단하여 인과 개념에 주목했다. 하지만 어떤 설명이론이라도 인과 개념을 도입하는 순간, 원인과 결과 사이의 관계가 분명치 않다는 철학적 문제를 해결해야 한다. 결과를 일으키는 원인은 무수히 많고 연쇄적으로 서로 얽혀 있기 때문이다. 여기서 결과를 일으킨 원인을 골라내는 문제는 결국 원인과 결과가 시공간적으로 어떻게 연결되는가에 대한 분석을 필요로 한다. 개략적으로 말해서, 인과 분석의 성공은 다른 요인들을 얼마나 잘 통제하느냐에 달렸다.

경제학자들은 혼란스러운 원인을 분리하여 '세테리스 파리부스(다른 것들이 같다면)'라는 울타리에 가두어둔다. 그런 조건에서 어떤 규칙성이 성립하는지 관찰한다. 규칙성은 방해요인들이 분리된 상태에서 성립한다. 물리학에서는 주요 변수와 방해요인을 합성하여 결과를 추론하는 것이 가능하다. 그런데 경제학에서는 방해요인들의 법칙이 잘 알려지지 않았기 때문에 어떤 요인이 결과에 미치는 영향에 대한 추론이 대체로 정성적(定性的)이다. 그래서 밀(J. S. Mill)은 경제학의 법칙을 경향성으로 이해했다.

경제학자들은 수학적 모형을 선호한다. 모형을 만든다는 것은 복잡한 현상을 단순화해서 좀 더 친숙한 것에 비유해서 표현해보려는 시도다. 문제는 모형이 그리고자 했던 대상, 즉 표적 체계를 얼마나 잘 표상하는가 하는 것이다. 모형이 너무 단순화되고 이상화되면 현실을 왜곡하기 쉽고 적용 범위도 좁아진다. 유명한 경제 모형인 호텔링의 모형을 분석해보면 그런 문제점이 드러난다. 그 모형의 적용 가능성은 일부 영역에 국한된다. 다시 말해서, 모형은 실재와 대응하지 않으며, 그런 의미에서 모형은 참이 아니라는 것이다.

경제학에서 인과적 설명이 정당화되려면 a) "모형은 참이어야 한다". 그런데 호텔링의 모형에서 보듯이 b) "경제 모형은 참이 아니다". 그럼에도 c) "경제 모형은 설명을 한다"고 여겨진다. 이것이 하나의 논증이라면 논리적 모순이다. 이것을 저자는 '설명의 역설'이라고 부른다. 여기서 세 가지 명제 중 하나를 부정하면 모순이 해소될 수 있겠지만, 지금까지 제시된 이론에 비추어 과연 그런 전략이 유효한지 하나하나 검토한다. 그에 대한 결론은 부정적이다. 지금까지 제시된 이론으로는 설명의 역설이 해소되지 못한다는 것이다.

과학철학에서 인과주의적 설명이론의 대안으로 제시된 것이 통합주의적 설명이론이다. 설명을 통합으로 보는 이론은 필립 키처(Philip Kitcher)에 의해 자세히 전개되었다. "구슬이 서말이라도 꿰어야 보배"라는 말처럼, 다양한 현상을 몇 개의 일반 원리로 통합하는 설명이 좋은 설명이다. 과학은 가능한 한 폭넓게 적용할 수 있는 설명 도식을 전개하려 한다.

키처에 의하면, 설명이 통합적이려면 논증을 생성하는 논증 패턴이 엄격해야 한다. 그런데 저자에 의하면, 경제학의 논증 패턴은 전혀 엄격하지 않다. 생성될 수 있는 논증의 범위가 엄격히 제한되지 않는다.

다른 학문 분야처럼 경제학 연구도 이론과 경험적 증거를 조합한다. 이론은 개념적인 틀을 제공할 뿐 아니라 데이터를 해석하는 열쇠가 된다. 반대로, 경험적 증거는 이론의 가정이나 결론을 검증하면서 이론을 개선하고 이론 자체를 뒤집기도 한다.

하지만 경험적 증거로 이론을 검증하거나 이론을 뒤집기가 쉽지 않다.

실험을 통해 증거가 제시된다고 해도 그것이 이론의 타당성을 검증(반증)할 결정적인 역할을 하지 못한다. 설사 이론에 반하는 증거가 나와도 대체로 하나 이상의 이론적 해석이 가능하기 때문이다. 이것을 '증거에 의한 이론의 과소결정' 문제라 하는데, 이 책은 선호역전 현상을 그 대표적인 예로 소개한다.

방법론을 둘러싼 귀납 대 연역 논쟁은 철학사에서 계보가 있는 논쟁이다. 경제학에서도 이른바 '방법론 대논쟁'에서 그와 유사한 성격의 논쟁이 펼쳐진 적이 있다. 이 논쟁을 통해 귀납법의 한계와 이론의 중요성이 다시 확인되었다. 귀납법을 체계화하는 데 온갖 노력을 쏟았던 밀이지만 일찍이 경제 세계가 워낙 복잡하고 실험으로 통제될 수 없다고 생각하여 연역적 접근을 옹호했다. 밀 이후 지금까지 경제학계에서는 '이론 우선'의 관점이 지배해왔다.

사회를 철저히 경험주의적인 관점에서 보면 개인과 개인의 행위만 있을 뿐이며, 사회는 단지 개인들의 집합을 가리키는 이름에 불과하다. 철학에서는 이런 입장을 유명론이라 한다. 일찍이 막스 베버는 사회현상을 개인 행위들의 집합의 결과로 분석해야 한다고 주장했다. 다시 말해서 사회를 설명하는 데 사회 자체에 대한 특별한 가정 없이 개인에 대한 가정만으로 충분하다는 것이다. 이런 생각을 '방법론적 개인주의'라 한다.

그런데 경제학의 경우 중요한 차이점이 있다. 거시경제학에 미시적 기초를 놓기 위해 소비자, 기업, 정부를 각각 대표하는 개인('대표적 개인')을 상정한다. 많은 개별 경제주체들을 마치 고립된 섬에 사는 로빈슨 크루소처럼 개인으로 모형화한다. 설명의 편의를 위해 예컨대, 소비자가 저마다 갖고 있는 이질적인 속성들을 추상화한 '대표적 개인'은 현실에 존재하지 않는다. 모형의 단순화는 우리의 이해를 돕기도 하지만 현실과 괴리되는 폐단을 낳기도 한다('대표적 개인' 모형은 점점 쇠퇴하고 있다).

자연과학과 달리 경제학은 가치판단이 들어가는 학문이다. 경제학자가 사용하는 방법이 잘 작동하기 위해서는 윤리적 판단을 해야 한다. 인플레 측정이 좋은 예다. 인플레를 측정하려면 재화의 품질 변동에 관해 가치판단을 해야 한다. 그런 판단은 소비자 후생이라는 개념을 필요로 하므로 윤리적 성격을 갖는다. 사실과 가치는 서로 엉켜있다. 그러니까 경제학자들이 가치중립성을 지킨다는 게 실제로 가능하지 않을 뿐더러 바람직하지도 않다.

이제 경제학의 윤리적 기초에 대해 알아보자. 이 부분에서는 자유시장에서 사익의 추구가 사회적으로 바람직한 결과에 이른다는 '보이지 않는 손' 가설이 서술의 초점이 된다. 이론상으로는 시장의 자동조절 기능으로 인해 자원이 완벽하게 효율적으로 배분되어야 맞다. 하지만 현실의 시장은 실패한다. '후생경제학'은 시장실패의 원인을 찾아 해법을 제시하는 분야다.

시장은 외부효과, 독점, 정보 비대칭 등 여러 가지 이유로 실패한다. 각각의 시장실패 유형에 대해 어떤 도덕적 기반 위에서 어떻게 대응할 것인가 하는 것이 흥미로운 주제이긴 하지만, 시장실패가 갖는 도덕적 시사점을 평가하기란 사실 그리 쉬운 일이 아니다. 예컨대, 독점 문제만 하더라도, 시장의 구체적인 모습을 추상화하면 독점이 바람직한지 그렇지 않은지 답을 하기 어렵다. 시장에 대한 정부의 간섭이 정당화될 수 있느냐 하는 것은 일률적으로 답할 수 없고, 하나하나 사례별로 따져보아야 할 문제다.

'보이지 않는 손' 가설은 개인의 선호 만족이 개인의 삶을 복되게 한다고 가정한다. 그렇지만 개인이 주관적으로 선호하는 것이 곧 그에게 좋은 것이라는 보장이 없다. 그래서 사람들에게 객관적으로 좋은 것의 목록을 제시하는 이론이 등장했다. 하지만 개인들 각자에게 좋은 것이 무엇인지에 대해 철학자가 더 잘 안다고 주장할 근거가 무엇인지, 목록에 어떤 항목을 꼭 넣어야 하는지 합의를 보기는 어렵다는 난점이 있다.

경제학에 효용 개념을 도입해서 학문의 혁신을 가져온 데에는 공리주의의 덕이 컸다. 그런데 공리주의는 분배에 대해서는 총량을 극대화하는 한에서 오직 간접적으로만 관심을 가지며, 인권은 무시한다. 이 지점에서 공리주의와 자유주의가 갈라진다.

자유지상주의자인 노직(Robert Nozick)은 개인을 수단이 아닌 목적으로 대우해야 한다는 것을 기본 원리로 삼는다. 개인은 자기 인생을 설계하고 그에 의미를 부여하는 유일한 존재이기 때문이다. 노직 정의론의 핵심은 개인들 간의 자유로운 거래에 의해 자원의 배분이 이루어졌다면 그것이 어떤 결과로 귀착되어도 문제될 게 없다는 것이다. 따라서 부의 재분배에 국가가 개입하는 것은 월권행위가 된다.

롤스(John Rawls)는 이기적이고 합리적인 개인들이 자신의 처지를 모르는 소위 '무지의 베일'을 쓰고 정의의 원칙에 합의한다는 사고실험을 제안한다. 이런 위험 하의 의사결정 상황에서 사람들이 선택할 수 있는 최선책은 '최소극대화의 원리'인데, 이는 사회의 최소수혜자를 배려하는 선에서 차등을 정당화(차등의 원칙)하는 것으로 구체화된다. 하지만 롤스는 그런 상황에서도 사람들은 자유를 대가로 복지를 얻는 원칙에는 합의하지 않을 것으로 보았다(자유 우선성의 원칙).

최소한의 인간적인 생활조건조차 갖추지 못한 저개발 국가의 사람들에게는 자유도 중요하지만 인간다운 생활을 할 수 있는 실질적 조건이 더 절실하다. 여기에 역점을 둔 이론이 아마르티아 센의 역량이론이다. 센에 의하면 빈곤은 물질자원이 부족한 상태가 아니라 '잠재 역량을 키울 수 있는 기회를 박탈당한 상태'로 정의된다. 센의 역량이론은 아리스토텔레스의 덕이론을 계승한 것으로 평가된다.

이 책의 마지막 장(章)은 세 부분으로 이루어져 있다. 먼저 서론에서는 합리성으로는 설명할 수 없는 행동 메커니즘(소유효과, 손실회피, 프레임짜기 효과, 쌍곡형 할인, 타성 등)이 간단히 소개된다. 사람들이 종종 나쁜 선택을 하는 이유를 설명하기 위해서다. 행동경제학에 의하면, 합리적 선택이론의 설명과 달리, 사람들은 인지능력과 인내력의 한계 때문에 **제한적으로 합리적**이고 자주 나쁜 선택을 한다. 본론에서는, 사람들이 자신들을 위해 좋은 선택을 하도록 넌지시 유도하는 전형적인 '넛지(nutge)' 사례들이 상세히 설명된다. '넛지'는 행동경제학이 발견한 행동 메커니즘을 정책에 응용한 것이다. 결론에서는 넛지와 같은 '자유주의적 온정주의'에 대한 철학자들의 논평을 살펴보고, 그 논평들이 온당한지 숙고하며 끝을 맺는다.

경제철학 입문서이니만큼 저자는 독자들의 이해를 돕기 위해 일상에서 끌어온 쉬운 예를 많이 든다. 그래도 내용을 잘 이해하려면 사전에 경제학과 철학에 대한 배경지식을 갖고 읽는 것이 좋다. 요즘 인기 있는 행동경제학을 쉽게 소개한 책을 먼저 읽기를 권한다. 이 책의 곳곳에 행동경제학의 성과가 반영되어 있기 때문이다. 과학철학을 다룬 기본적인 교양서도 나와 있다. 유투브에서도 그에 관한 쉽고 재미있는 강연을 찾아볼 수 있다.

이 책은 입문서이지만 쟁점에 대한 저자의 견해를 분명하게 밝히고 있다. 이것을 단점으로 여길 수도 있겠으나 다양한 견해를 단순히 나열하는 것보다 오히려 낫다고 생각한다. 쟁점을 분명히 하고 확실한 근거를 제시하며 자신의 견해를 밝히는 것은 그 자체로 가치 있는 일이다. 그런 작업이 책에 생기를 불어넣는다면 독자들에게 동기부여가 될 것이니 그것을 이 책의 장점으로 보아도 될 것이다.

참고문헌

ABC News (2011). "Teen Gives Birth, Loses Cancer Fight." December 29. Online. Available HTTP ⟨http://abcnews.go.com/blogs/health/2011/12/29/teen-gives-birth-loses-cancer-fight/⟩. 2012.11.21.

Aklof, G. (1970). "The Market for 'Lemons': Quality Uncertainty and the Market Mechanism." *Quarterly Journal of Economics* 84(3): 488-500.

Alexandrova, A. (2006). "Connecting Economic Models in the Real World: Game Theory and the FCC Spectrum Auction." *Philosophy of Social Sciences* 36(2): 173-92.

Alexandrova, A. (2008). "Making Models Count." *Philosophy of Science* 75(3): 383-404.

Alexandrova, A. and R. Northcott (2009). "Progress in Economics: Lessons from the Spectrum Auctions." In H. Kincade and D. Ross (eds.) *The Handbook of Philosophy of Economics*. Oxford University Press, 306-36.

Allais, M. (1953). "Le comportement de l'homme rationnel devant le risque: critique des postulats et axiomes de l'ecole Americaine." *Econometrica* 21(4): 503-46.

Anand, P. (1993). "The Philosophy of Intransitive Preference." *Economic Journal* 103(417): 337-46.

Anderson, E. (1993). *Value in Ethics and in Economics*. Cambridge, MA: Harvard University Press.

Anderson, J. (1993). "Review of Nudge: Improving Decisions about Health, Wealth, and Happiness." *Economics and Philosophy* 26(3): 369-76.

Andreoni, J. and L. K. Gee (2001). "The Hired Gun Mechanism." *NBER Report* 17032. Cambridge, MA: National Bureau of Economics Research.

Angell, M. (2004). *The Truth about the Drug Companies*. New York: Random House.

Angner, E. (2009). "Subjective Measures of Well-being: Philosophical Perspectives." In H. Kincade and D. Ross (eds.) *The Handbook of Philosophy of Economics*. Oxford University Press, 560-79.

Angner, E. (2012). *A Course in Behavioral Economics*. Basingstoke: Palgrave

Mcmillan.

Angrist, J. D. (1990). "Lifetime Earnings and the Vietnam Era Draft Lottery: Evidence from Social Security Administrative Records." *American Economic Review* 80(3): 313-36.

Angrist, J. D. and V. Lavy (1999). "Using Maimonides' Rule to Estimate the Effect of Classsize on Scholastic Achievement." *Quarterly Journal of Economics* 114(2): 533-75.

Angrist, J. D. and J.-S. Pischike (2008). *Mostly Harmless Econometrics: An Empirisist' s Companion.* Princeton, NJ: Princeton University Press.

Angrist, J. D. and J.-S. Pischike (2010). "The Credibility Revolution Empirical Econometrics: How Better Research Design is Taking the Con out of Econometrics." Cambridge, MA: National Bureau of Economics Research. 15794.

Anscombe, E. (1992 [1971]). *Causality and Determination.* Cambridge: Cambridge University Press.

Arneson, R. J. (1990). "Liberalism, Distributive Subjectivism, and Equal Opportunity for Welfare." *Philosophy & Public Affairs* 19(2): 158-94.

Arnold, R. A. (2008). *Macroeconomics.* Mason, OH: Cengage Learning.

Arrow, K. J. (1973). "Some Ordinalist-Utilitarian Notes on Rawls's Theory of Justice." *Journal of Philosophy* 70(9): 245-63.

Aumann, R. J. (1959). "Acceptable Points in General Cooperative n-Person Games." In A. W. Tucker and R. D. Luce (eds.) *Contributions to the Theory of Games IV.* Annals of Mathematics Study 40. Princeton, NJ: Princeton University Press, 287-324.

Aumann, R. J. (1962). "Utility Theory without the Completeness Axiom." *Econometrica* 30(3) : 445-62.

Backhouse, R. E. (2008). "Methodology of Economics." In S. N. Durlauf and L. E. Blume(eds.) *The New Palgrave Dictionary of Economics.* Basingstoke: Palgrave Macmillan.

Baker, D. (2005). "The Reform of Intellectual Property." *Post-autistic Economics Review* 32, July 5, article 1. Online. Available HTTP: ⟨http://www.paecon. net/PAEReview/issue32/Baker32.htm⟩, accessed November 21, 2012.

Banerjee, A. V. (1992). "A Simple Model of Herd Behavior." *Quarterly Journal of Economics* 107(3): 797−817.

Banerjee, A. V. (2007). *Making Aid Work*. Cambridge, MA: MIT Press.

Banerjee, A. V. and E. Duflo (2011). *Poor Economics: A Radical Rethinking of the Way to Fight Global Poverty*. New York: Public Affairs.

Bar−Hillel, M. (1973). "On the Subjective Probability of Compound Events." *Organizational Behavior and Human Performance* 9(3): 396−406.

Bardsley, N., R. Cubitt, G. Loomes et al. (2010). *Experimental Economics: Rethinking the Rules*. Princeton, NJ: Princeton University Press.

Barro, R. J. and X. Sala−i−Martin (1999). *Economic Growth*. Cambridge, MA: MIT Press.

Baumgartner, M. (2008). "Regularity Theories Reassessed." *Philosophia* 36: 327−54.

Becker, G. S. and Y. Rubinstein (2011). "Fear and the Response to Terrorism: An Economic Analysis." *CEP Discussion Paper* 1079. London: London School of Economics.

Bentham, J. (1907 [1789]). *An Introduction to the Principle of Morals and Legislation*. Oxford: Clarendon Press.

Bicchieri, C. (2006). *The Grammar of Society. The Nature and Dynamics of Social Norms*. Cambridge: Cambridge University Press.

Binmore, K. (1987). "Modeling Rational Players: Part I." *Economics and Philosophy* 3(2): 179−214.

Binmore, K. (2007). *Playing for Real: A Text on Game Theory*. Oxford : Oxford University Press.

Binmore, K. (2009). *Rational Decisions*. The Gorman Lectures in Economics. Princeton, NJ : Princeton University Press.

Binmore, K. and P. Klemperer (2002). "The Biggest Auction Ever: The Sale of the British 3G Telecom Licences." *Economic Journal* 112(478): C74−C96.

Blaug, M. (1992). *The Methodology of Economics or How Economists Explain*. Cambridge: Cambridge University Press.

Bogen, J. and J. Woodward (1988). "Saving the Phenomena." *Philosophical Review* 97 : 302−52.

Bokulich, A. (2011). "How Scientific Models Can Explain." *Synthese* 180(1): 33−45.

Boldrin, M. and D. K. Levine (2008). *Against Intellectual Monopoly*. Cambridge : Cambridge University Press.

Bonfiglioli, K. (2008). *All the Tea in China*: New York: Overlook.

Bongerson, K. (2009). "Valuing Evidence: Bias and the Evidence Hierarchy of Evidence Based Medicine." *Perspectives in Biology and Medicine* 52(2):218-33.

Boumans, M. and J. Davis (2010). *Economic Methodology: Understanding Economics as a Science*. Basingstoke: Palgrave Macmillan.

Bovens, L. (2009). "Hie Ethics of Nudge." In X Griine-Yanoff and S. O. Hansson (eds.) *Preference Change*. Dordrecht, Netherlands: Springer, 207-19.

Box, G. and N. Draper (1987). *Empirical Model-Building and Response Surfaces*. New York: John Wiley & Sons.

Brenner, S. (2001). "Determinants of Product Differentiation: A Survey." Berlin: Institute of Management, Humboldt University.

Brighouse, H. and I. Robeyns, eds. (2010) *Measuring Justice: Primary Goods and Capabilities*. Cambridge: Cambridge University Press.

Broome, J. (1991). *Weighing Goods: Equality, Uncertainty and Time*. Oxford: Blackwell.

Bunge, M. (1997). "Mechanism and Explanation." *Philosophy of the Social Sciences* 27(4): 410-65.

Burger, N., G. Charness andj. Lynham (2009). Three Field Experiments on Procrastination and Willpower." *Levine' s Working Paper Archive*. Los Angeles: Department of Economics, UCLA.

Caldwell, B. (1982). *Beyond Positivism*. London: Allen and Unwin.

Caldwell, B. (2004). *Hayek's Challenge*. An Intellectual Biography of F. A. Hayek. Chicago: University of Chicago Press.

Callon, M. and F. Muniesa. (2007). "Economic Experiments and the Construction of Markets." In D. MacKenzie, F. Muniesa and L. Siu (eds.) *Do Economists Make Markets? On the Performativity of Economics*. Princeton, NJ: Princeton University Press, 163-89.

Camerer, C. F. (2003). *Behavioral Game Theory: Experiments in Strategic Interaction*. Princeton, NJ: Princeton University Press.

Camerer, C. F., T. Ho and K. Chong (2003). "Models of Thinking, Learning, and

Teaching in Games." *American Economic Review* 93(2): 192−5.

Card, D. and A. Krueger (1995). *Myth and Measurement: The New Economics of the Minimum Wage*. Princeton, NJ: Princeton University Press.

Carpenter, J. and E. Seki (2006). "Competitive Work Environments and Social Preferences: Field Experimental Evidence from a Japanese Fishing Community." *B.E. Journal of Economic Analysis & Policy* 5(2): Contributions in Economic Analysis & : Policy. Article 2. Online, December 31.

Carpenter, J., S. Burks and E. Verhoogen (2005). "Comparing Students to Workers: The Effect of Social Framing in Distribution Games." In J. Carpenter, G. Harrison and J. List (eds.) *Field Experiments in Economics*. Amsterdam: Elsevier, 261−90.

Cartwright, E. (2011). *Behavioral Economics*. Abingdon and New York: Routledge.

Cartwright, N. (1979). "Causal Laws and Effective Strategies." *Nous* 13: 419−37.

Cartwright, N. (1983). *How the Laws of Physics Lie*. Oxford: Oxford University Press.

Cartwright, N. (1989). *Nature's Capacities and Their Measurement*. Oxford: Clarendon Press.

Cartwright, N. (1999a). *The Dappled World*. Cambridge: Cambridge University Press.

Cartwright, N. (1999b). "The Vanity of Rigor in Economics: Theoretical Models and Galilean Experiments." *CPNSS Discussion Papers* 43/99. London: Centre for Philosophy of Natural and Social Sciences, London School of Economics.

Cartwright, N. (2007a). "Are RCTs the Gold Standard?" *Bio Societies* 2(1): 11−20.

Cartwright, N. (2007b). *Hunting Causes and Using Them*. Cambridge: Cambridge University Press.

Cartwright, N. (2009a). "Evidence−Based Policy: What's to Be Done about Relevance?" *Philosophical Studies* 143(1): 127−36.

Cartwright, N. (2009b). "What Is This Thing Called 'Efficacy'?" In C. Mantzavinos (ed.) *Philosophy of the Social Sciences. Philosophical Theory and Scientific Practice*. Cambridge: Cambridge University Press, 185−206.

Cartwright, N. and E. Munro (2010). "The Limitations of Randomized Controlled Trials in Predicting Effectiveness." *Journal of Evaluation in Clinical Practice*

16(2): 260-6.

Coalition for Evidence-Based Policy (CEBP) (2002). *Bringing Evidence-Driven Progress to Education: A Recommended Strategy for the U.S. Department of Education.* Washington, DC : CEBP.

Coase, R. H. (1960). "The Problem of Social Cost." *Journal of Law and Economics* 3: 1-44.

Cohen, G. A. (1995). *Self-Ownership, Freedom, and Equality.* Cambridge: Cambridge University Press.

Cohen, J. and W. Easterly (2009). "Introduction: Thinking Big versus Thinking Small." In Cohen and Easterly (eds.) *What Works in Development. Thinking Big and Thinking Small.* Washington, DC: Brookings Institution, 1-23.

Costa-Gomes, M., V. P. Crawford and B. Broseta (2001). "Cognition and Behavior in Normal-Form Games: An Experimental Study." *Econometrica* 69(5) : 1193-235.

Cox, J. C. (2004). "How to Identify Trust and Reciprocity." *Games and Economic Behavior* 46(2): 260-81.

Cox, J. C. (2008). "Preference Reversals." In C. R. Plott and V. L. Smith (eds.) *Handbook of Experimental Economics Results.* New York: Elsevier, 967-75.

Cramton, P. (1997). "The FCC Spectrum Auctions: An Early Assessment." *Journal of Economics and Management Strategy* 6(3): 431-95.

Crisp, R. (2006). *Reasons and the Good.* Oxford: Clarendon Press.

Crisp, R. (2008). "Well-Being." In E. N. Zalta (ed.) *The Stanford Encyclopedia of Philosophy.* Online. Available HTTP: 〈HTTP://plato.stanford.edu/archives/win2008/entries/well being/〉, accessed November 21, 2012.

Dasgupta, P. (2005). "What do Economists Analyze and Why: Values or Facts?" *Economics and, Philosophy* 21(2): 221-78.

Dasgupta, P. (2007). "Reply to Putnam and Walsh." *Economics and Philosophy* 23(3): 365-72.

Davidson, D. (1970). "Mental Events." In L. Foster and J. W. Swanson (eds.) *Experience and Theory.* Amherst: University of Massachusetts Press, 79-101.

Davidson, D. (1974). "Psychology as Philosophy." In S. C. Brown (ed.) *Philosophy of Psychology.* New York: Harper & Row, 41-52.

Davidson, D. (1980). *Essays on Actions and Events*. Oxford: Clarendon Press.

Davidson, D., J. C. C. McKinsey and Patrick Suppes (1955). "Outlines of a Formal Theory of Value, I," *Philosophy of Science* 22(2): 140-60.

Davies, J. B., S. Sandstrom, A. Shorrocks and E. N. Wolff (2006). *The World Distribution of Household Wealth*. Helsinki: World Institute for Development Economics Research.

Davis, J. B. and D. W. Hands, eds. (2011). *The Elgar Companion to Recent Economic Methodology*. Cheltenham: Edward, Elgar.

Davis, J. M. (1958). "The Transitivity of Preferences," *Behavioral Science* 3(1): 26-33.

de George, R. T. (2009). *Business Ethics*. Upper Saddle River, NJ: Prentice-Hall.

de Palma, A. V. Ginsburgh, Y. Y. Papageorgiou and J.-F. Thisse (1985). "The Principle of Minimum Differentiation Holds under Sufficient Heterogeneity." *Econometrica* 53(4): 767-81.

de Soto, H. (2000). *The Mystery of Capital: Why Capitalism Triumphs in the West and Fails Everywhere Else*. London: Black Swan.

Deaton, A. (2010a). "Instruments, Randomization, and Learning about Development." *Journal of Economic Literature* 48(2): 424-55.

Deaton, A. (2010b). "Understanding the Mechanisms of Economic Development." *Journal of Economic Perspectives* 24(3): 3-16. Department of Education (US) (2005). "What Works Clearinghouse (WWC).M Online. Available HTTP: ⟨http://www2.ed.gov/about/offices/list/ies/ncee/wwc.html⟩, accessed July 10, 2012.

Diewert, W. E. (1998). "Index Number Issues in the Consumer Price Index." *Journal of Economic Perspectives* 12(1): 47-58.

Dowe, P. (2004). "Causes Are Physically Connected to Their Effects: Why Preventers and Omissions Are Not Causes." In C. Hitchcock (ed.) *Contemporary Debates in Philosophy of Science*. Oxford: Blackwell, 187-96.

Driver, J. (2009). "The History of Utilitarianism." In E. N. Zalta (ed.) *The Stanford Encyclopedia of Philosophy*. Online. Available HTTP: ⟨http://plato.stanford.edu/entries/utilitarianism-history/⟩, accessed November 21, 2012.

Duflo, E., R. Glennerster and M. Kremer (2004). "Randomized Evaluations of

Interventions in Social Service Delivery." *Development Outreach* 6(1): 26-9.

Duhem, P. (1991 [1914]). *The Aim and Structure of Physical Theory.* Princeton, NJ: Princeton University Press.

Dworkin, G. (2010). "Paternalism." In E. N. Zalta (ed.) *The Stanford Encyclopedia of Philosophy.* Online. Available HTTP: ⟨http://plato.stanford.edu/entries/paternalism/⟩, accessed November 21, 2012.

Dworkin, R. (1978). *Taking Rights Seriously.* Cambridge, MA: Harvard University Press.

Easterly, W. (2009). "Comment." In J. Cohen and W. Easterly (eds.) *What Works in Development. Thinking Big and Thinking Small.* Washington, DC: Brookings Institution, 227-32.

Economist, The (2009). "What Went Wrong with Economics." *The Economist*, July 16.

Edmond, C. and P.-O. Weill (2009). "Aggregate Implications of Micro Asset Market Segmentation." Cambridge, MA: National Bureau of Economic Research. 15254.

Ellsberg, D. (1961). "Risk, Ambiguity, and the Savage Axioms." *Quarterly Journal of Economics* 75 (4): 643-69.

Elster, J. (1983). *Explaining Technical Change: A Case Study in the Philosophy of Science.* Cambridge: Cambridge University Press.

Elster, J. (1989). *Nuts and Bolts for the Social Sciences.* Cambridge: Cambridge University Press.

Elster, J. (1998). "A Plea for Mechanisms." In P. Hedstrom and R. Swedberg (eds.) *Social Mechanisms: An Analytical Approach to Social Theory.* Cambridge: Cambridge University Press, 45-73.

Elster, J. (2007). *Explaining Social Behavior: More Nuts and Bolts for the Social Sciences.* Cambridge: Cambridge University Press.

Fehr, E. and K. M. Schmidt (1999). "A Theory of Fairness, Competition, and Cooperation." *Quarterly Journal of Economics* 114(3): 817-68.

Ferguson, N. (2008). *The Ascent of Money. A Financial History of the World.* New York: Penguin Press.

Feyerabend, P. (1975). *Against Method.* London: Verso.

Fisher, I, (1911). *The Purchasing Power of Money: Its Determination and Relation to*

Credit and Crisis. New York: Macmillan.

Fisher, R. A. (1935). *The Design of Experiments*. Oxford: Oliver & Boyd.

Flaherty, J. M. (2012). "Jobs, Growth, and Long-Term Prosperity: Economic Action Plan 2012." Ottawa, ON: Public Works and Government Services Canada.

Foster, J. B. and F. Magdoff (2009). *The Great Financial Crisis. Causes and Consequences*. New York: Monthly Review Press.

Franklin, A. (1986). *The Neglect of Experiment*. Cambridge: Cambridge University Press.

Frederick, S. and G. Loewenstein. (1999). "Hedonic Adaptation." In D. Kahneman, E. Diener and N. Schwarz (eds.) *Well-Being: The Foundations of Hedonic Psychology*. New York: Russel Sage Foundation Press, 302-29.

Frey, B. S. and S. Luechinger (2003). "How to Fight Terrorism: Alternatives to Deterrence." *Defence and Peace Economics* 14(4): 237-49.

Friedman, D. (1989 [1973]). *The Machinery of Freedom: Guide to a Radical Capitalism*. La Salle: Open Court.

Friedman, M. (1953). "The Methodology of Positive Economics." In *Essays in Positive Economics*. Chicago: University of Chicago Press, 3-44.

Friedman, M. (1962). *Capitalism and Freedom*. Chicago: University of Chicago Press.

Friedman, M. and A. J. Schwartz (1963). "Money and Business Cycles." *Review of Economics and Statistics* 45(1, part 2, Supplement): 32-64.

Friedman, Michael. (1974). "Explanation and Scientific Understanding." *Journal of Philosophy* 71(1): 5-19.

Frigg, R. and S. Hartmann. (2012). "Models in Science." In E. N. Zalta (ed.) *The Stanford Encyclopedia of Philosophy*. Online. Available HTTP: 〈http://plato.stanford.edu/entries/models-science/〉, accessed November 21, 2012.

Frisch, R. (1933). "Editor's Note." *Econometrica* 1(1): 1-4.

Fudenberg, D. and J. Tirole (1991). *Game Theory*. Cambridge, MA: MIT Press.

Galison, P. (1987). *How Experiments End*. Chicago: University of Chicago Press.

Gasking, D. (1955). "Causation and Recipes." *Mind* 64: 479-87.

Gauthier, D. (1986). *Morals by Agreement*. Oxford: Oxford University Press.

Gibbard, A. and H. R. Varian (1978). "Economic Models," *Journal of Philosophy* 75(11): 664-77.

Gilboa, I. (2010). *Rational Choice.* Cambridge, MA: MIT Press.

Gilboa, I., A. Postlewaite, L. Samuelson and D. Schmeidler (2011). "Economic Models as Analogies." Online. Available HTTP: 〈http://www.ssc.upenn. edu/%7Eapostlew/paper/pdf/GPSS.pdf〉, accessed December 5, 2012.

Glennan, S. (1996). "Mechanisms and the Nature of Causation." *Erkennttnis* 44(1): 49–71.

Glennan, S. (2002). "Rethinking Mechanistic Explanation." *Philosophy of Science* 69 (S3): S342–S353.

Glennan, S. (2010). "Ephemeral Mechanisms and Historical Explanation." *Erkenntnis* 72(2): 251–66.

Goodin, R. (1986). "Laundering Preferences." In J. Elster and A. Hylland (eds.) *Foundations of Social Choice Theory.* Cambridge: Cambridge University Press, 75–102.

Gooding, D., T. Pinch and S. Schaffer, eds. (1989). *The Uses of Experiment: Studies in the Natural Sciences.* Cambridge: Cambridge University Press.

Graafland, J. (2007). *Economics, Ethics and the Market.* Abingdon and New York: Routledge.

Greene (2000). *Econometric Analysis.* Upper Saddle River, NJ: Prentice–Hall.

Grether, D. and C. Plott (1979). "Economic Theory of Choice and the Preference– Reversal Phenomenon." *American Economic Review* 69 : 623–38.

Griffin, J. (1986). *Well–Being.* Oxford: Clarendon Press.

Grüne–Yanoff, T. (2008). "Game Theory." Internet Encyclopaedia of Philosophy. Online. Available HTTP: 〈http://www.iep.utm.edu/g/game-th.htm〉, accessed December 6, 2012.

Grüne–Yanoff, T. (2009). "Learning from Minimal Economic Models." *Erkenntnis* 70(1): 81–99.

Grüne–Yanoff, T. (2012). "Old Wine in New Casks: Libertarian Paternalism Still Violates Liberal Principles." *Social Choice and Welfare* 38(4): 635–45.

Grüne–Yanoff, T. and A. Lehtinen. (2012). "Philosophy of Game Theory." In U. Maki (ed.) *Philosophy of Economics.* Oxford: Elsevier, 531–76.

Guala, F. (2001). "Building Economic Machines: The FGG Auctions." *Studies in History and Philosophy of Science Part A* 32(3) : 453–77.

Guala, F. (2005). *The Methodology of Experimental Economics*. Cambridge: Cambridge University Press.

Guala, F. (2006). "Has Game Theory Been Refuted." *Journal of Philosophy* 103(5) : 239–63.

Guala, F. (2008). "Paradigmatic Experiments: The Ultimatum Game from Testing to Measurement Device." *Philosophy of Science* 75(5): 658–69.

Guala, F. (2010). "Extrapolation, Analogy, and Comparative Process Tracing." *Philosophy of Science* 77(5) : 1070–82.

Guala, F. and R. Burlando (2002). "Conditional Cooperation: New Evidence from a Public Goods Experiment." *CEEL Working Paper* 0210. Trento: Cognitive and Experimental Economics Laboratory, Department of Economics, University of Trento, Italy.

Gul, F. and W. Pesendorfer (2008). "The Case for Mindless Economics." In A. Caplin and A. Schotter (eds.) *The Foundations of Positive and Normative Economics: A Handbook*. New York: Oxford University Press, 3–39.

Guyatt, G., J. Cairns, D. Churchill et al. (1992). "Evidence–Based Medicine. A New Approach to Teaching the Practice of Medicine." *JAMA: The Journal of the American Medical Association* 268 (17): 2420–5.

Hacking, I. (1983). *Representing and Intervening*. Cambridge: Cambridge University Press.

Hacking, I. (1999). *The Social Construction of What?* Cambridge, MA: Harvard University Press.

Hahnel, R. and K. A. Sheeran (2009). "Misinterpreting the Coase Theorem." *Journal of Economic Issues* 43(1): 215–38.

Hall, N., J. Collins and L. A. Paul, eds. (2004). *Causation and Counterfactuals*. Cambridge, MA: MIT Press.

Hamilton, J. (1997). "Measuring the Liquidity Effect" *American Economic Review* 87(1) : 80–97.

Hamminga, B. and N. De Marchi, eds. (1994). *Idealization in Economics*. Amsterdam : Rodopi.

Hands, D. W. (2001). *Reflection without Rules. Economic Methodology and Contemporary Science Theory*: Cambridge: Cambridge University Press.

Hanson, N. R. (1958). *Patterns of Discovery: An Inquiry into the Conceptual Foundations of Science*. Cambridge: Cambridge University Press.

Hardin, R. (1982). *Collective Action*. Baltimore, MD: Johns Hopkins University Press.

Hargreaves Heap, S., M. Hollis, G. Loomes et al. (1992). *The Theory of Choice: A Critical Guide*. Oxford: Blackwell.

Hargreaves Heap, S. and Y. Varoufakis (2004). *Game Theory: A Critical Text*. London: Routledge.

Harrison, G. W. and J. A. List (2004). "Field Experiments." *Journal of Economic Literature* 42(4) : 1009–55.

Hausman, D. M. (1992a). The Inexact and Separate Science of Economics. Cambridge: Cambridge University Press.

Hausman, D. M. (1992b). "When Jack and Jill Make a Deal." *Social Philosophy and Policy* 9(1): 95–113.

Hausman, D. M. (2000). "Revealed Preference, Belief, and Game Theory." *Economics and Philosophy* 16(1): 99–115.

Hausman, D. M., ed. (2008). *The Philosophy of Economics. An Anthology*. Cambridge: Cambridge University Press.

Hausman, D. M. (2012). *Preference, Value, Choice, and Welfare*. Cambridge: Cambridge University Press.

Hausman, D. M. and M. S. McPherson (2006). *Economic Analysis, Moral Philosophy, and Public Policy*. New York: Cambridge University Press.

Hausman, D. M. and M. S. McPherson (2009). "Preference Satisfaction and Welfare Economics." *Economics and Philosophy* 25(01): 1–25.

Hausman, D. M. and B. Welch (2010). "Debate: To Nudge or Not to Nudge*." *Journal of Political Philosophy* 18(1): 123–36.

Hayek, F. (1944). *The Road to Serfdom*. Chicago: University of Chicago Press.

Hayek, F. (1960). *The Constitution of Liberty*. Chicago: University of Chicago Press.

Heckman, J. (1992). "Randomization and Social Policy Evaluation." In C. F. Manski and I. Garfinkel (eds.) *Evaluating Welfare and Training Programs*. Boston, MA: Harvard University Press, 201–30.

Heckman, J. (1996a). "Comment," *Journal of the American Statistical Association* 91(434): 459–62.

Heckman, J. (1996b). "Randomization as an Instrumental Variable." *Review of Economics and Statistics* 78(2): 336–41.

Hedstrom, P. (2005). *Dissecting the Social: On the Principles of Analytical Sociology*. Cambridge: Cambridge University Press.

Hedstrom, P. and R. Swedberg, eds. (1998). *Social Mechanisms: An Analytical Approach to Social Theory*. Cambridge: Cambridge University Press.

Hedstrom, P. and P. Ylikoski (2010). "Causal Mechanisms in the Social Sciences." *Annual Review of Sociology* 36(1): 49–67.

Heien, D. and J. Dunn (1985). "The True Cost-of-Living Index with Changing Preferences." *Journal of Business & Economic Statistics* 3(4): 332–5.

Heilmann, C. (forthcoming). "A Success Criterion for Nudge."

Hemingway, E. (1999). *True at First Light: A Fictional Memoir*. New York: Simon & Schuster.

Hempel, C. (1965). *Aspects of Scientific Explanation and Other Essays in the Philosophy of Science*. New York: Free Press.

Hempel, C. (1966). *The Philosophy of Natural Science*. Upper Saddle River, NJ: Prentice-Hall.

Hempel, C. and P. Oppenheim (1948). "Studies in the Logic of Explanation." *Philosophy of Science* 15: 135–75.

Hendry, D. and M. Morgan (1995). *The Foundations of Econometric Analysis*. Cambridge: Cambridge University Press.

Henrich, J., R. Boyd, S. Bowles et al. (2001). "In Search of Homo Economicus: Behavioral Experiments in 15 Small-Scale Societies." *American Economic Review* 91(2): 73–8.

Hesslow, G. (1976). "Two Notes on the Probabilistic Approach to Causality." *Philosophy of Science* 43: 290–2.

Hicks, J. R. (1956). *A Revision of Demand Theory*. Oxford: Clarendon Press.

Hill, A. B. (1965). "The Environment and Disease: Association or Causation?" *Proceedings of the Royal Society of Medicine* 58(5): 295–300.

Hindriks, F. (2008). "False Models as Explanatory Engines." *Philosophy of the Social Sciences* 38(3): 334–60.

Hitchcock, C. (2007). "How to Be a Causal Pluralist." In P. Machamer and G. Wolters (eds.) *Thinking about Causes: From Greek Philosophy to Modern Physics*. Pittsburgh: University of Pittsburgh Press, 200–21.

Hobbes, T. (1994 [1651]) *Leviathan*. In E. Curley (ed.) Leviathan, with Selected Variants from the Latin Edition of 1668. Indianapolis: Hackett.

Hoover, K. D. (2001). *Causality in Macroeconomics*. Cambridge: Cambridge University Press.

Hoover, K. D. (2003). "Nonstationary Time–Series, Cointegration, and the Principle of the Common Cause." *British Journal for the Philosophy of Science* 54: 527–51.

Hoover, K. D. (2004). "Lost Causes." *Journal of the History of Economic Thought* 26(2): 149–64.

Hoover, K. D. (2006). "Econometric Methodology." In K. Patterson and T. C. Mills (eds.) *The Palgrave Handbook of Econometrics*. Basingstoke: Palgrave Macmillan, 61–87.

Hoover, K. D. (2009). "Microfoundations and the Ontology of Macroeconomics." In H. Kincaid and D. Ross (eds.) *The Oxford Handbook of Philosophy of Economics*. New York: Oxford University Press, 386–409.

Hotelling, H. (1929). "Stability in Competition." *Economic Journal* 39(153): 41–57.

Hume, D. (1752). "Of Money." In *Political Discourses*, 2nd edn. Edinburgh: R. Fleming, 41–60.

Hume, D. (1960 [1739]). *A Treatise of Human Nature*. Oxford: Clarendon Press.

Hume, D. (1999 [1748]). *An Enquiry concerning Human Understanding*. Oxford: Oxford University Press.

Hyamson, M. (1937). *Mishneh Torah, Book I* (The Book of Knowledge). New York: Jewish Theological Seminary.

Imbens, G. W. (2009). "Better LATE than Nothing: Some Comments on Deaton (2009) and Heckman and Urzua (2009)." Cambridge, MA: National Bureau of Economic Research. 14896.

Ireland, P. N. (2008). "Monetary Transmission Mechanism." In S. N. Durlauf and L. E. Blume (eds.) *The New Palgrave Dictionary of Economics*. Basingstoke: Palgrave Macmillan. Online. Available HTTP: ⟨http://www.dictionaryofeconomics.com/article?id=pde2008_M000214⟩, accessed

December 5, 2012.

James, A. (2009). "Academies of the Apocalypse?" *Guardian*, April 7.

Jeffrey, R. C. (1990). *The Logic of Decision*. Chicago: University of Chicago Press.

Kagel, J. and A. Roth, eds. (1997). *The Handbook of Experimental Economics*. Princeton: Princeton University Press.

Kahneman, D. (2011). *Thinking, Fast and Slow*. New York: Farrar, Straus and Giroux.

Kahneman, D.,J. L. Knetsch and R. H. Thaler (1990). "Experimental Tests of the Endowment Effect and the Coase Theorem." *Journal of Political Economy* 98(6): 1325–48.

Kahneman, D. and A. B. Krueger (2006). "Developments in the Measurement of Subjective Well-Being." *Journal of Economic Perspectives* 20(1): 3–24.

Kahneman, D. and A. Tversky (1979). "Prospect Theory: An Analysis of Decision under Risk." *Econometrica* 47(2): 263–92.

Kalai, E. and E. Lehrer (1993). "Rational Learning Leads to Nash Equilibrium." *Econometrica* 61(5): 1019–45.

Kaldor, N. (1957). "A Model of Economic Growth." *Economic Journal* 67(268): 591–624.

Kaldor, N. (1961). *The Theory of Capital*. London: Macmillan.

Kandori, M., G. Mailath and R. Rob (1993). "Learning, Mutation, and Long Run Equilibria in Games." *Econometrica* 61(1): 29–56.

Kant, I. (1998 [1787]). *Critique of Pure Reason*. Cambridge: Cambridge University Press.

Kant, I. (2004 [1783]). *Prolegomena to Any Future Metaphysics that Will be Able to Come Forward as Science: With Selections from the Critique of Pure Reason*, ed. G. C. Hatfield. Cambridge: Cambridge University Press.

Kami, E. and Z. Safra (1987). "Preference Reversal' and the Observability of Preferences by Experimental Methods." *Econometrica* 55(3): 675–85.

Keller, S. (2002). "Expensive Tastes and Distributive Justice." *Social Theory and Practice* 28(4) : 529–52.

Kennedy, A. G. (2012). "A Non-Representationalist View of Model Explanation." *Studies in History and Philosophy of Science Part A* 43(2): 326–32.

Khan, B. Z. and K. L. Sokoloff (2001). "History Lessons: The Early Development of Intellectual Property Institutions in the United States." *Journal of Economic Perspectives* 15(3): 233–46.

Kincaid, H. (1996). *Philosophical Foundations of the Social Sciences*. New York: Cambridge University Press.

Kincaid, H. (1997). *Individualism and the Unity of Science: Essays on Reduction, Explanation, and the Special Sciences*. Lanham, MD: Rowman & Littlefield.

Kincaid, H. and D. Ross, eds. (2009). *The Oxford Handbook of Philosophy of Economics*. New York: Oxford University Press.

Kitcher, P. (1981). "Explanatory Unification." *Philosophy of Science* 48: 507–31.

Kitcher, P. and W. Salmon (1989). *Scientific Explanation*. Minneapolis, MN: University of Minnesota Press.

Klein, J. and M. Morgan (2001). *The Age of Economic Measurement*. Durham, NC: Duke University Press.

Knight, F. H. (1921). *Risk, Uncertainty and Profit*. Boston, MA: Hart, Schaffner & Marx; Houghton Mifflin Co.

Knuuttila, T. (2009). "Isolating Representations versus Credible Constructions? Economic Modelling in Theory and Practice." *Erkenntnis* 70(1): 59–80.

Koopmans, T. (1947). "Measurement without Theory." *Review of Economic Statistics* 29(3): 161–71.

Kreps, D. M. and R. Wilson (1982). "Sequential Equilibria." *Econometrica* 50(4): 863–94.

Krimsky, S. (2003). *Science in the Private Interest: Has the Lure of Profits Corrupted Biomedical Research?* Lanham, MD: Rowman & : Littlefield.

Krueger, A. (2007). *What Makes a Terrorist: Economics and the Roots of Terrorism*. Princeton, NJ: Princeton University Press.

Krugman, P. (2009a). "How Did Economists Get It So Wrong?" *New York Times*, September 2.

Krugman, P. (2009b). *The Return of Depression Economics and the Crisis of 2008*. New York: Norton.

Kuhn, T. S. (1996 [1962]). *The Structure of Scientific Revolutions*. Chicago: University of Chicago Press.

Kuorikoski, J., A. Lehtinen and C. Marchionni (2010). "Economic Modelling as Robustness Analysis." *British Journal for the Philosophy of Science* 61(3): 541-67.

Laibson, D. I., A. Repetto and J. Tobacman (1998). "Self-Control and Saving for Retirement." *Brookings Papers on Economic Activity* 1998(1): 91-196.

Lawson, T. (1997). *Economics and Reality*. London: Routledge.

Layard, R. (2005). *Happiness: Lessons from a New Science*. New York: Penguin Press.

Levitt, S. and S. Dubner (2005). *Freakonomics: A Rogue Economist Explores the Hidden Side of Everything*. New York: William Morrow.

Lebow, R. N. (2010). *Forbidden Fruit: Counterfactuals and International Relations*. Princeton, NJ: Princeton University Press.

LeGrand, J. (1982). *The Strategy of Equality*. London: Allan and Unwin.

Lehtinen, A. and J. Kuorikoski (2007). "Computing the Perfect Model: Why Do Economists Shun Simulation?" *Philosophy of Science* 74: 304-29.

Lerner, A. P. and H. W. Singer (1937). "Some Notes on Duopoly and Spatial Competition." *Journal of Political Economy* 45(2): 145-86.

Levi, I. (1997). "Prediction, Deliberation, and Correlated Equilibrium." In *The Covenant of Reason*. Cambridge: Cambridge University Press, 102-16.

Levitt, S. D. and J. A. List (2007). "What do Laboratory Experiments Measuring Social Preferences Reveal about the Real World." *Journal of Economic Perspectives* 21(2): 153-74.

Lewis, D. (1973). *Counterfactuals*. Cambridge, MA: Harvard University Press.

Lichtenstein, S. and P. Slovic (1971). "Reversals of Preference between Bids and Choices in Gambling Decisions." *Journal of Experimental Psychology* 89(1): 46-55.

Lichtenstein, S. and P. Slovic (1973). "Response-Induced Reversals of Preference in Gambling: An Extended Replication in Las Vegas." *Journal of Experimental Psychology* 101(1): 16-20.

List, J. A. (2003). "Does Market Experience Eliminate Market Anomalies?" *Quarterly Journal of Economics* 118(1): 41-71.

List, J. A. (2004). "Neoclassical Theory versus Prospect Theory: Evidence from the Marketplace." *Econometrica* 72(2): 615-25.

List, J. A. (2006). "The Behavioralist Meets the Market: Measuring Social Preferences and Reputation Effects in Actual Transactions." *Journal of Political Economy* 114(1): 1–37.

List, J. A. (2007). "Field Experiments: A Bridge between Lab and Naturally Occurring Data." B.E. *Journal of Economic Analysis & Policy* 5(2). Online.

Little, D. (1991). *Varieties of Social Explanation*. Boulder, CO: Westview.

Little, D. (1998). *Microfoundations, Method, and Causation: On the Philosophy of the Social Sciences*. New Brunswick, NJ: Transaction Publishers.

Little, I. M. D. (1949). "A Reformulation of the Theory of Consumers Behaviour." *Oxford Economic Papers* 1(1): 90–9.

Locke, J. (1988 [1689]). *Two Treatises of Government*. Cambridge: Cambridge University Press.

Logeay, C. and S. Tober (2004). "Explaining the Time–Varying Nairu in the Euro–Area." Luxembourg: Office for Official Publications of the European Communities.

Lomasky, L. (1987). *Persons, Rights, and the Moral Community*. New York: Oxford. University Press.

Loomes, G. and. R. Sugden (1982). "Regret Hieory: An Alternative Theory of Rational Choice under Uncertainty." *Economic Journal* 92(368): 805–24.

Loomes, G., C. Starmer and R. Sugden (1991). "Observing Violations of Transitivity by Experimental Methods." *Econometrica* 59(2): 425–39.

Lucas, R. (1976). "Econometric Policy Evaluation: A Critique." *Carnegie–Rochester Series on Public Policy* 1: 19–46.

Luce, D. (2005 [1959]). *Individual Choice Behavior: A Theoretical Analysis*. Mineola, NY: Doven

Machamer, P., L. Darden and C. F. Craven (2000). "Thinking about Mechanisms." *Philosophy of Science* 67: 1–25.

Mackie, J. (1974). *The Cement of the Universe: A Study of Causation*. Oxford: Oxford University Press.

Mäki, U. (1992). "On the Method of Isolation in Economics." In C. Dilworth (ed.) *Idealization IV: Structuralism, Intelligibility in Science*. Amsterdam and Atlanta, GA: Rodopi, 317–51.

Mäki, U. (1994). "Isolation, Idealization and Truth in Economics,M In B. Hamminga and
   N. De Marchi (eds.) *Idealization in Economics*. Amsterdam: Rodopi, 147-68.

Mäki, U. (2001). "Explanatory Unification: Double and Doubtful." *Philosophy of the
   Social Sciences* 31: 488-506.

Mäki, U. (2005). "Models are Experiments, Experiments are Models." *Journal of
   Economic Methodology* 12(2): 30-315.

Mäki, U. (2009). "Missing the World. Models as Isolations and Credible Surrogate
   Systems." *Erkenntnis* 70(1): 29-43.

Mäki, U. (2011). "Models and the Locus of Their Truth." *Synthese* 180: 47-63.

Maloney, B. and T. Lindenman (2008). "Behind the Big Paydays." *Washington Post*.
   November 15.

Marshall, A. (1961 [1920]). *Principles of Economics*. Amherst, NY: Prometheus.

Mas-Colell, A., M. Whinston and J. R. Green (1995). *Microeconomic Theory*.
   Oxford: Oxford University Press.

Maxwell, G. (1962). "The Ontological Status of Theoretical Entities." In H. Feigl and G.
   Maxwell (eds.) *Scientific Explanation, Space, and Time: Minnesota Studies
   in the Philosophy of Science*. Minneapolis, MN: University of Minnesota
   Press, 3-27.

McAllister, James W. (2004). "Thought Experiments and the Belief in Phenomena."
   Philosophy of Science 71(5): 1164-75.

McClennen, E. F. (1988). "Sure-Thing Doubts." In P. Gardenfors and N.-E. Sahlin
   (eds.) *Decision, Probability, and Utility*. Cambridge: Cambridge University
   Press, 166-82.

McCloskey, D. N. (1983). "The Rhetoric of Economics." *Journal of Economic
   Literature* 21(2): 481 -17.

McKelvey, R. D. and T. R. Palfrey (1992). "An Experimental Study of the Centipede
   Game." *Econometrica* 60(4): 803-36.

McMullin, E. (1985). "Galilean Idealization." *Studies in the History and Philosophy of
   Science* 16: 247-73.

Menger, C. (1963). *Problems of Economics and Sociology*. Urbana, IL: University of
   Illinois Press.

Merges, R. (2011). *Justifying Intellectual Property*. Cambridge, MA: Harvard

University Press.

Miguel, E., S. Satyanath and E. Sergenti (2004). "Economic Shocks and Civil Conflict: An Instrumental Variables Approach." *Journal of Political Economy* 112(4): 725–53.

Mill, J. (1986) [1823]), *Essays on government, jurisprudence, liberty of the press, and law of nations.* Fairfield, NJ : A.M. Kelley.

Mill, J. S. (1844). "On the Definition of Political Economy; and on the Method of Investigation Proper to It." In *Essays on Some Unsettled Questions of Political Economy.* London: Parker, 120–64.

Mill, J. S. (1874 [1843]). *A System of Logic, Ratiocinative and Inductive.* New York: Harper & Brothers.

Mill, J. S. (1963a [1848]). *Principles of Political Economy.* In J. M. Robson (ed.) Collected Works of John Stuart Mill, vols. II and III. Toronto: University of Toronto Press.

Mill, J. S. (1963b [1861]). "Utilitarianism." In J. M. Robson (ed.) *Collected Works of John Stuart Mill,* vol. X. Toronto: University of Toronto Press, 203–60.

Mill, J. S. (2003 [1859]). *On Liberty.* New Haven, CT: Yale University Press.

Mirowski, P. and E. Nik–Khah (2007). "Markets Made Flesh: Performativity, and a Problem in Science Studies, augmented with Consideration of the FCC Auctions." In D. MacKenzie, R Muniesa and L. Siu (eds.) *Performing Economics: How Markets are Constructed.* Princeton, NJ: Princeton University Press, 190–225.

Mishkin, F. S. (1996). "The Channels of Monetary Transmission: Lessons for Monetary Policy." Cambridge, MA: National Bureau of Economic Research.

Mitchell, S. D. (2009). *Unsimple Truths: Science, Complexity, and Policy.* Chicago: University of Chicago Press.

Moffitt, T. E., L. Arseneault, D. Belsky et al. (2011). "A Gradient of Childhood Mf–Control Predicts Health, Wealth, and Public Safety." *Proceedings of the National Academy of Sciences* 108(7): 2693–8.

Morgan, M. S. (1990). *The History of Econometric Ideas.* Cambridge: Cambridge University Press.

Morgan, M. S. (2001). "Models, Stories and the Economic World." *Journal of*

Economic Methodology 8(3): 361−84.

Morgan, M. S. (2012). *The World in the Model: How Economists Work and Think.* New York: Cambridge University Press.

Morgan, M. S. and M. Morrison, eds. (1999). *Models as Mediators. Perspectives on Natural and Social Science.* Cambridge: Cambridge University Press.

Morgan, S. L. and C. Winship (2007). *Counterfactuals and Causal Inference: Methods and Principles for Social Research.* Cambridge: Cambridge University Press.

Mullainathan, S. and R. H. Thaler. (2001). "Behavioral Economics." In N. J. Smelser and P. B. Bakes (eds.) *International Encyclopedia of the Social and Behavioral Sciences.* Oxford: Pergamon Press, 1094−100.

National Institute for Clinical Excellence (NICE) (2003). *NICE Guideline CG6 Antenatal Care: Routine Care for the Healthy Pregnant Woman.* London: NICE.

Neumark, D. and W. L. Wascher (2008). *Minimum Wages.* Cambridge, MA: MIT Press.

Nichols, S. (2002). "Folk Psychology." In L. Nadel (ed.) *Encyclopedia of Cognitive Science.* London: Nature Publishing Group, 134−40.

Niiniluoto, I. (2002). "Truthlikeness and Economic Theories." In U. Maki (ed.) *Fact and Fiction in Economics: Models, Realism and Social Construction.* Cambridge: Cambridge University Press, 214−28.

Nik-Khah, E. (2005). "Designs on the Mechanism: Economics and the FCC Spectrum Auctions." Unpublished PhD dissertation, University of Notre Dame, Indiana.

Nik-Khah, E. (2006). "What the FCC Auctions Can't Tell Us about the Performativity Thesis." *Economic Sociology* 7: 15−21.

Nobelprize.org. (2012). "The Prize in Economic Sciences 2011." July 26. Online. Available HTTP: 〈http://www.nobelprize.org/nobel_prizes/economics/laureates/2011/〉, accessed, November 21, 2012.

Nordhaus, W. D. (2008). *A Question of Balance: Weighing the Options on Global Warming Policies.* New Haven, CT: Yale University Press.

Nozick, R. (1974). *Anarchy, State, and Utopia.* Oxford: Basil Blackwell.

Nussbaum, M. (2000). *Women and Human Development: The apabilities Approach.*

Cambridge: Cambridge University Press.

OECD (Organisation for Economic Co-operation and Development) 2011. *Divided We Stand: Why Inequality Keeps Rising.* Paris; OECD.

Osborne, M. (2004). *An Introduction to Game Theory,* Oxford: Oxford. University Press.

Otsuka, M. (2003). *Libertarianism without Inequality.* New York: Oxford University Press.

Parfit, D. (1984). *Reasons and Persons.* Oxford: Oxford University Press.

Parkinson, C. N. (1957). *Parkinsons Law.* Cutchogue, NY: Buccaneer Books.

Paternotte, C. (2011). "Rational-Choice Theory." In I. C. Jarvie and J. Zamora-Bonilla (eds.) *The Sage Handbook of the Philosophy of Social Sciences.* London: Sage, 307-21.

Pearl, J. (2000). *Causation: Models, Reasoning and Inference.* Cambridge: Cambridge University Press.

Pender, J. L. (1996). "Discount Rates and Credit Markets: Theory and Evidence from Rural India." *Journal of Development Economics* 50(2): 257-96.

Peterson, M. (2009). *An Introduction to Decision Theory.* Cambridge: Cambridge University Press.

Pigou, A. C. (1932 [1920]). *The Economics of Welfare.* London: Macmillan and Co.

Plott, C. (1981). "Experimental Methods in Political Economy: A Tool for Regulatory Research." In A. R. Ferguson (ed.) *Attacking Regulatory Problems.* Cambridge, MA: Ballinger, 117-43.

Plott, C. (1997). "Laboratory Experimental Testbeds: Application to the PCS Auction." *Journal of Economics and Management Strategy* 6(3): 605-38.

Popper, K. (1959). *Logic of Scientific Discovery.* New York: Basic Books.

Poundstone, W. (2008). *Gaming the Vote. Why Elections Aren' t Fair (and What We Can Do About It).* New York: Hill and Wang.

Pratkanis, A. R. and A. G. Greenwald (1988). "Recent Perspectives on Unconscious Processing: Still No Marketing Applications." *Psychology and Marketing* 5(4): 337-53.

Putnam, H. and V. Walsh (2007). "A Response to Dasgupta." *Economics and Philosophy* 23(3) : 359-64.

Ramsey, F. (1931 [1926]). "Truth and Probability." In *The Foundations of Mathematics and Other Logical Essays* ed. R. B. Braithwaite. London: Routledge & Kegan Paul, 156−98.

Rapoport, A. and A. M. Chammah (1965). *Prisoner's Dilemma. A Study in Conflict and Cooperation.* Ann Arbor: University of Michigan Press.

Rasmusen, E. (2006). *Games and Information: An Introduction to Game Theory.* Oxford: Blackwell.

Ratcliffe, M. (2007). *Rethinking Commonsense Psychology: A Critique of Folk Psychology, Theory of Mind and Simulation.* Basingstoke: Palgrave Macmillan.

Rawls, J. (1971). *A Theory of Justice.* Cambridge, MA: Harvard University Press.

Rawls, J. (1993). *Political Liberalism.* New York: Columbia University Press.

Rawls, J. (2001). *Justice as Fairness: A Restatement,* Cambridge, MA: Harvard University Press.

Reiss, J. (2001). "Natural Economic Quantities and Their Measurement." *Journal of Economic Methodology* 8(2): 287−311.

Reiss, J. (2002). "Epistemic Virtues and Concept Formation in Economics." Unpublished PhD dissertation, London School of Economics.

Reiss, J. (2005). "Causal Instrumental Variables and Interventions." *Philosophy of Science* 72(5): 964−76.

Reiss, J. (2007a). "Do We Nad Mechanisms in the Social Sciences?" *Philosophy of the Social Sciences* 37(2): 163−84.

Reiss, J. (2007b). "Time Series, Nonsense Correlations and the Principle of the Common Cause." In F. Russo and J. Williamson (eds.) *Causality and Probability in the Sciences.* London: College Publications, 179−96.

Reiss, J. (2008a). *Error in Economics: Towards a More Evidence−Based Methodology.* Abingdon : Routledge.

Reiss, J. (2008b). "Social Capacities." In S. Hartmann and L. Bovens (eds.) *Nancy Cartwrights Philosophy of Science.* Abingdon: Routledge, 265−88.

Reiss, J. (2010). "In Favour of a Millian Proposal to Reform Biomedical Research." *Synthese* 177(3): 427−47.

Reiss, J. (2011). "Third Times a Charm: Causation, Science and Wittgensteinian

Pluralism." In P. McKay Illari, F. Russo and J. Williamson (eds.) *Causality in the Sciences*. Oxford: Oxford University Press, 907–27

Reiss, J. (2012). "Counterfactuals." In H. Kincaid (ed.) *Oxford Handbook of the Philosophy of Social Science*. Oxford: Oxford University Press, 154–83.

Reiss, J. and P. Kitcher (2009). "Biomedical Research, Neglected Diseases, and Well Ordered Science." *Theoria* 24(3): 263–82.

Resnik, M. D. (1987). *Choices: An Introduction to Decision Theory*. Minneapolis: University of Minnesota Press.

Ricardo, D. (1817). *On the Principles of Political Economy and Taxation*. London: John Murray.

Risse, M. (2000). "What Is Rational about Nash Equilibria?" *Synthese* 124(3): 361–84.

Roberts, J. T. (2004). "There Are No Laws of the Social Sciences." In C. Hitchcock (ed.) *Contemporary Debates in Philosophy of Science*. Oxford: Blackwell, 151–67.

Robeyns, I. (2011). "'The Capability Approach." In E. N. Zalta (ed.) *The Stanford Encyclopedia of Philosophy*. Online. Available HTTP: ⟨http://plato.stanford.edu/entries/capabilityapproach/⟩, accessed November 21, 2012.

Rodrik, D. (2007). *One Economics, Many Recipes: Globalization, Institutions, and Economic Growth*. Princeton: Princeton University Press.

Rosenberg, A. (1992). *Economics: Mathematical Politics or Science of Diminishing Returns?* Chicago: University of Chicago Press.

Ross, D. (2005). *Economic Theory and Cognitive Science: Microexplanation*. Cambridge, MA: MIT Press.

Ross, D. (2009). "Integrating the Dynamics of Multi-scale Economic Agency." In H. Kincaid and D. Ross (eds.) *The Oxford Handbook of Philosophy of Economics*. Oxford: Oxford University Press, 245–79.

Ross, D. (2010a). "Game Theory." In E. N. Zalta (ed.) *The Stanford Encyclopedia of Philosophy*. Online. Available HTTP: ⟨http://plato.stanford.edu/entries/game-theory/⟩, accessed November 21, 2012.

Ross, D. (2010b). "Should the Financial Crisis Inspire Normative Revision?" *Journal of Economic Methodology* 17(4): 399–418.

Roth, A. E. (1986). "Laboratory Experimentation in Economics." *Economics and Philosophy* 2(2): 245–73.

Roth, A. E., V. Prasnikar, M. Okuno-Fujiwara and S. Zamir (1991). "Bargaining and Market Behavior in Jerusalem, Ljubljana, Pittsburgh, and Tokyo : An Experimental Study." *American Economic Review* 81(5) : 1068-95.

Rousseau, J.-J. (2002 [1755]). "Discourse on the Origin and the Foundations of Inequality among Mankind." In S. Dunn (ed.) *The Social Contract and The First and Second Discourses*. New Haven, CT: Yale University Press, 69-148.

Royall, R. (1997). *Statistical Evidence: A Likelihood Paradigm*. London: Chapman & Hall.

Russell, B. (1967). *The Autobiography of Bertrand Russell*. London: George Allen and Unwin.

Sackett, D. L., W. M. C. Rosenberg, J. A. Muir Gray et al. (1996). "Evidence-Based Medicine: What It Is and What It Isn't." *British Medical Journal* 312(7023): 71-2.

Salmon, W. C. (1984). *Scientific Explanation and the Causal Structure of the World*. Princeton, NJ: Princeton University Press.

Salmon, W. C. (1989). *Four Decades of Scientific Explanation*. Pittsburgh : University of Pittsburgh Press.

Salmon, W. C. (1991). "Hans Reichenbachs Vindication of Induction." *Erkenntnis* 35(1) : 99-122.

Salmon, W. C. (1992). "Scientific Explanation." In M. H. Salmon (ed.) *Introduction to the Philosophy of Science: A Text by the Members of the Department of the History and Philosophy of Science of the University of Pittsburgh*, Indianapolis: Hackett, 7-41.

Samuelson, P. A. (1938). "A Note on the Pure Theory of Consumer's Behaviour." *Economica* 5(17): 61-71.

Samuelson, P. A. and W. Nordhaus (1992). *Economics* 14th edn. Boston, MA: McGraw-Hill.

Sandel, M. J. (1998). "What Money Can't Buy: The Moral Limits of Markets." *The Tanner Lectures on Human Values*, delivered at Brasenose College, Oxford May 11 and 12, 1998.

Sandel, M. J. (2012). *What Money Can't Buy: The Moral Limits of Markets*. London: Allen Lane.

Santos, A. C. D. (2010). *The Social Epistemology of Experimental Economics.* Abingdon: Routledge.

Satz, D. (2010). *Why Some Things Should Not Be for Sale: On the Limits of Markets.* Oxford: Oxford University Press.

Savage, L. J. (1972). *The Foundations of Statistics.* New York: Courier Dover Publications.

Scanlon, T. (1998). *What We Owe to Each Other.* Cambridge, MA: Harvard University Press.

Schelling, T. C. (1960). *The Strategy of Conflict.* Cambridge, MA: MIT Press.

Schelling, T. C. (1978). *Micromotives and Macrobehavior.* New York: Norton.

Schelling, T. C. (1999). "Social Mechanisms and Social Dynamics." In P. Hedstrom and R. Swedberg (eds.) *Social Mechanisms: An Analytical Approach to Social Theory.* Cambridge: Cambridge University Press, 32–44.

Schlimm, D. (2009). "Learning from the Existence of Models: On Psychic Machines, Tortoises, and Computer Simulations." *Synthese* 169(3): 521–38.

Schultze, C. and C. Mackie, eds. (2002). *At What Price? Conceptualizing and Measuring Cost-of-Living and Price Indexes.* Washington, DC: National Academy Press.

Sciolino, E. (2008). "Even France, Haven of Smokers, Is Clearing the Air." *New York Times* January 3.

Selten, R. (1975). "Reexamination of the Perfectness Concept for Equilibrium Points in Extensive Games." *International Journal of Game Theory* 4(1): 25–55.

Selten, R. (1978). "The Chain Store Paradox." *Theory and Decision* 9(2): 127–59.

Sen, A. (1970). "The Impossibility of a Paretian Liberal." *Journal of Political Economy* 78(1): 152–7.

Sen, A. (1973). "Behaviour and the Concept of Preference." *Economica* 40(159): 241–59.

Sen, A. (1977). "Rational Fools: A Critique of the Behavioral Foundations of Economic Theory." *Philosophy and Public Affairs* 6(4): 317–44.

Sen, A. (1983a). "Accounts, Actions and Values: Objectivity of Social Science." In C. Lloyd (ed.) *Social Theory and Political Practice.* Oxford: Clarendon Press, 87–107.

Sen, A. (1983b). *Poverty and Famines: An Essay on Entitlement and Deprivation*. New York: Oxford University Press.

Sen, A. (1987). *On Ethics and Economics*. Malden, MA: Blackwell.

Sen, A. (1993). "Internal Consistency of Choice." *Econometrica* 61(3): 495-521.

Sen, A. (1999a). "Assessing Human Development: Special Contribution." In UNDP (ed.) *Human Development Report*. New York: Oxford University Press. 23.

Sen, A. (1999b). *Development as Freedom*. Oxford: Oxford University Press.

Sen, A. (2009). *The Idea of Justice*. Cambridge, M A: Harvard University Press.

Sen, A. and B. Williams (1982). *Utilitarianism and Beyond*. Cambridge: Cambridge University Press.

Shadish, W. R., T. D. Cook and D. T. Campbell (2002). *Experimental and Quasi-experimental Designs for Generalized Causal Inference*. Boston, MA: Houghton Mifflin.

Shanks, N. and C. R. Greek (2009). *Animal Models in Light of Evolution*. Boca Raton, FL: BrownWalker Press.

Shapere, D. (1982). "The Concept of Observation in Science and Philosophy." *Philosophy of Science* 485-525.

Shapiro, M. and D. Wilcox (1996). "Mismeasurement in the Consumer Price Index: An Evaluation." *NBER Working Paper Series* 5590. Cambridge, MA: National Bureau of Economic Research.

Shoda, Y. W. Mischel and P. K. Peake (1990). "Predicting Adolescent Cognitive and Self Regulatory Competencies from Preschool Delay of Gratification: Identifying Diagnostic Gonditions." *Developmental Psychology* 26(6): 978-86.

Sidgwick, H. (1874). *The Methods of Ethics*. London: Macmillan.

Simon, H. A. (1953). "Causal Ordering and Identifiability." In W. Hood and T. Koopmans (eds.) *Studies in Econometric Method*. New York: John Wiley, 49-74.

Simon, H. A. (1959). "Theories of Decision-Making in Economics and Behavioral Science." *American Economic Review* 49(3): 253-83.

Simon, H. A. and N. Rescher (1966). "Cause and Counterfactual." *Philosophy of Science* 33(4) : 323-40.

Singer, P. (1979). *Practical Ethics*. Cambridge: Cambridge University Press.

Skyrms, B. (2004). *The Stag Hunt and the Evolution of Social Structure*. Cambridge: Cambridge University Press.

Slovic, P. and S. Lichtenstein (1983). "Preference Reversals: A Broader Perspective." *American Economic Review* 73(4): 596-605.

Smith, A. (1904 [1776]). *An Inquiry into the Nature and Causes of the Wealth of Nations*. London: Methuen & Co.

Sober, E. (1987). "The Principle of the Common Cause." In J. Fetzer (ed.) *Probability and Causality: Essays in Honor of Wes ley Salmon*. Dordrecht, Netherlands: Reidel, 211-28.

Spears, D. (2010). "Economic Decision-Making in Poverty Depletes Behavioral Control." *Centerfor Economic Policy Studies Working Paper 213*. Princeton, NJ: Center for Economic Policy Studies, Princeton University. Online. Available HTTP: ⟨http://www.princeton.edu/ceps/workingpapers/213spears.pdf⟩, accessed December 6, 2012.

Spirtes, P., C. Glymour and R. Scheines (2000). *Causation, Prediction and Search*. Cambridge, MA: MIT Press.

Stahl, D. O. and P. W. Wilson (1995). KOn Players' Models of Other Players: Theory and Experimental Evidence." *Games and Economic Behavior* 10(1): 218-54.

Stapleford, T. (2007). *The Cost of Living in America: A Political History of Economic Statistics, 1880-2000*. New York: Cambridge University Press.

Steel, D. (2004). "Social Mechanisms and Causal Inference." *Philosophy of the Social Sciences* 34(1) : 55-78.

Steel, D. (2008). *Across the Boundaries. Extrapolation in Biology and Social Science*. Oxford: Oxford University Press.

Steel, D. (2011). "Caimlity, Causal Models, and Social Mechanisms." In I. C. Jar vie and J. Zamora-Bonilla (eds.) *The Sage Hmdbook of the Philosophy of Social Sciences*. London: Sage, 288-304.

Steiner, H. (1994). *An Essay on Rights*. Cambridge, MA: Blackwell.

Stern, N. H. (2009). *The Global Deal: Climate Change and the Creation of a New Era of Progress and Prosperity*. New York: Public Affairs.

Stiglitz, J. E. (2006). "Scrooge and Intellectual Property Rights: A Medical Prize Fund Could Improve the Financing of Drug Innovations." *British Medical Journal*

333: 1279-80.

Stiglitz, J. E. (2009). "Tlie Anatomy of a Murder: Who Killed the American Economy?" *Critical Review* 21(2-3): 329-39.

Stiglitz, J. E. and L. J. Bilmes (2008). *The Three Trillion Dollar War: The True Cost of the Iraq Conflict.* New York: Norton.

Stiglitz, J. E., A. Sen and J.-P. Fitoussi (2010). *Mismeasuring Our Lives: Why GDP Doesn't Add Up.* New York: New Press.

Strevens, M. (2004). "The Causal and Unification Accounts of Explanation Unified-Causally." *Nous* 38: 154-79.

Suarez, M., ed. (2009). *Fictions in Science. Philosophical Essays on Modeling and Idealization.* New York: Routledge.

Sugden, R. (2000). "Credible Worlds: The Status of Theoretical Models in Economics." *Journal of Economic Methodology* 7(1): 1-31.

Sugden, R. (2009). "Credible Worlds, Capacities and Mechanisms." *Erkenntnis* 70(1): 3-27.

Sugden, R. (2011). "Explanations in Search of Observations." *Biology and Philosophy* 26(5): 717-36.

Sumner, L. W. (1996). *Welfare, Happiness, and Ethics.* Oxford: Oxford University Press.

Suppes, P. (1970). *A Probabilistic Theory of Causality.* Amsterdam: North-Holland.

Thaler, R. H. and C. R. Sunstein (2003). "Libertarian Paternalism." *American Economic Review* 93(2): 175-9.

Thaler, R. H. and C. R. Sunstein (2008). *Nudge: Improving Decisions about Health, Wealth, and Happiness.* New Haven, CT: Yale University Press.

Titmuss, R. (1970). *The Gift Relationship. From Human Blood to Social Policy.* New York: New Press.

Tversky, A. and D. Kahneman (1974). "Judgment under Uncertainty: Heuristics and Biases." *Science* 185(4157): 1124-31.

Tversky, A. and D. Kahneman (1981). "The Framing of Decisions and the Psychology of Choice." *Science* 211(4481): 453-8.

Urbach, P. (1985). "Randomization and the Design of Experiments." *Philosophy of Science* 52(2): 256-73.

Urquiola, M. and E. Verhoogen (2009). "Class-Size Caps, Sorting, and the Regression Discontinuity Design." *American Economic Review* 99(1) : 179-215.

Vallentyne, P. (2012). "Libertarianism." In E. N. Zalta (ed.) *The Stanford Encyclopedia of Philosophy*. Online. Available HTTP: ⟨http://plato.stanford. edu/entries/libertarianism/⟩, accessed November 21, 2012. Urquiola, M. and E. Verhoogen (2009). "Class-Size Caps, Sorting, and Stanford Encyclopedia of Philosophy. Online. Available HTTP: ⟨http://plato.stanford.edu/entries/ libertarianism/⟩, accessed November 21, 2012.

Vandenbroucke, J. P. (2008). "Observational Research, Randomised Trials, and Two Views of Medical Science." *PLoS Med* 5(3): e67.

Varian, H. R. (1992). *Microeconomic Analysis*. New York: Norton.

Varian, H. R. (2010). *Intermediate Microeconomics*. New York: Norton.

von Neumann, J. and O. Morgenstern (1944). *The Theory of Games and Economic Behavior*. Princeton, NJ: Princeton University Press.

Wallis, W. A. and M. Friedman. (1942). "The Empirical Derivation of Indifference Functions." In O. Lange, F. McIntyre and T. O. Yntema (eds.) *Studies in Mathematical Economics and Econometrics in Memory of Henry Schultz*. Chicago: University of Chicago Press, 175-89.

Walzer, M. (1983). *Spheres of Justice: A Defense of Pluralism and Equality*. New York : Basic Books.

Way, J. (forthcoming). "Explaining the Instrumental Principle." *Australasian Journal of Philosophy*.

Weber, M. (1949 [1904]). "Objectivity in Social Science and Social Policy." In M. Weber, E. Shils and H. Finch (eds.) *The Methodology of the Social Sciences*. Glencoe, IL : Free Press, 50-112.

Weber, M. (1968). *Economy and Society: An Outline of Interpretive Sociology*. New York: Bedminster Press.

Weibull, J. (2004). "Testing Game Theory." In S. Huck (ed.) *Advances in Understanding Strategic Behaviour*. New York: Palgrave, 85-104.

Weisberg, M. (2007). "Three Kinds of Idealization." *Journal of Philosophy* 104(12): 639-59.

Wilkinson, N. and M. Klaes (2012). *An Introduction to Behavioral Economics*.

Basingstoke: Palgrave Macmillan.

Williams, B. (2011). *Ethics and the Limits of Philosophy*. Abingdon: Routledge.

Wimsatt, W. (2007). *Re-engineering Philosophy for Limited Beings: Piecewise Approximations to Reality*. Boston, MA: Harvard University Press.

Wolff, J. (2004). "Are There Moral Limits to the Market?" Unpublished manuscript, London School of Economics. Online. Available HTTP: ⟨http://sas-space. sas.ac.uk/672/⟩, accessed December 5, 2012.

Wolff, J. (2006). *An Introduction to Political Philosophy*. Oxford: Oxford University Press.

Woodward, J. (1989). "Data and Phenomena." *Synthese* 79: 393–472.

Woodward, J. (2000). "Data, Phenomena, and Reliability." *Philosophy of Science* 67(Supplement): S163–S179.

Woodward, J. (2002). "What Is a Mechanism?" *Philosophy of Science* 69: S366–S377.

Woodward, J. (2003). *Making Things Happen*. Oxford: Oxford University Press.

Woodward, J. (2009). "Why Do People Cooperate as Much as They Do?" In C. Mantzavinos (ed.) *Philosophy of the Social Sciences. Philosophical Theory and Scientific Practice*. Cambridge: Cambridge University Press, 219–65.

Worrall, J. (2000). "The Scope, Limits, and Distinctiveness of the Method of 'Deduction from the Phenomena': Some Lessons from Newton's 'Demonstrations' in Optics." *British Journal for the Philosophy of Science* 51(1): 45–80.

Worrall, J. (2002). "What Evidence in Evidence-Based Medicine?" *Philosophy of Science* 69 : S316–S330.

Worrall, J. (2007a). "Evidence in Medicine and Evidence-Based Medicine." *Philosophy Compass* 2: 981–1022.

Worrall, J. (2007b). "'Why There's No Cause to Randomize." *British Journal for the Philosophy of Science* 58(3): 451–88.

Wright, C. (1969). "Estimating Permanent Income: A Note." *Journal of Political Economy* 77(5) : 845–50.

Young, H. P. (1993). "The Evolution of Conventions." *Econometrica* 61(1): 57–84.

색인

경제철학 입문: 현대편

초판 1쇄 인쇄 2020년 4월 10일
초판 1쇄 발행 2020년 4월 20일

지은이 줄리안 라이스
옮긴이 김용준 · 김승원
펴낸곳 논형
펴낸이 소재두
등록번호 제2003-000019호
등록일자 2003년 3월 5일
주소 서울시 영등포구 당산로 29길 5-1 502호
전화 02-887-3561
팩스 02-887-6690
ISBN 978-89-6357-236-9 94320
값 33,000원

이 도서의 국립중앙도서관 출판예정도서목록(CIP)은 서지정보유통지원시스템 홈페이지(http://
seoji.nl.go.kr)와 국가자료공동목록시스템(http://www.nl.go.kr/kolisnet)에서 이용하실 수 있습
니다. (CIP제어번호: CIP2020012626))